데이터베이스 설계, 이렇게 하면 된다

제2판

達人に学ぶ DB 設計徹底指南書 第2版
(Tatsujin ni Manabu DB Sekkei Tetteishinansho Second Edition: 8662-7)
© 2024 Mick

Original Japanese edition published by SHOEISHA Co.,Ltd.
Korean translation rights arranged with SHOEISHA Co.,Ltd.
in care of The English Agency (Japan) Ltd. through Danny Hong Agency
Korean translation copyright © 2025 by J-Pub Co., Ltd

이 책의 한국어판 저작권은 대니홍 에이전시를 통한 저작권사와의 독점 계약으로 제이펍에 있습니다.
저작권법에 의해 한국 내에서 보호를 받는 저작물이므로 무단 전재와 무단 복제를 금합니다.

데이터베이스 설계, 이렇게 하면 된다(제2판)

1판 1쇄 발행 2025년 11월 6일

지은이 미크
옮긴이 윤인성
펴낸이 장성두
펴낸곳 주식회사 제이펍

출판신고 2009년 11월 10일 제406-2009-000087호
주소 경기도 파주시 회동길 159 3층 / **전화** 070-8201-9010 / **팩스** 02-6280-0405
홈페이지 www.jpub.kr / **투고** submit@jpub.kr / **독자문의** help@jpub.kr / **교재문의** textbook@jpub.kr

소통기획부 김정준, 이상복, 안수정, 박재인, 박새미, 송영화, 김은미, 나준섭, 권유라
소통지원부 민지환, 이승환, 김정미, 박예은 / **디자인부** 이민숙, 최병찬

진행 이상복 / **교정·교열** 김도윤 / **내지 디자인** 이민숙 / **내지 편집** 최병찬 / **표지 디자인** nu:n
용지 타라유통 / **인쇄** 해외정판사 / **제본** 일진제책사

ISBN 979-11-94587-51-4 (93000)
책값은 뒤표지에 있습니다.

※ 이 책은 저작권법에 따라 보호를 받는 저작물이므로 무단 전재와 무단 복제를 금지하며,
　 이 책 내용의 전부 또는 일부를 이용하려면 반드시 저작권자와 제이펍의 서면 동의를 받아야 합니다.
※ 잘못된 책은 구입하신 서점에서 바꾸어드립니다.

제이펍은 여러분의 아이디어와 원고를 기다리고 있습니다. 책으로 펴내고자 하는 아이디어나 원고가 있는 분께서는
책의 간단한 개요와 차례, 구성과 지은이/옮긴이 약력 등을 메일(submit@jpub.kr)로 보내주세요.

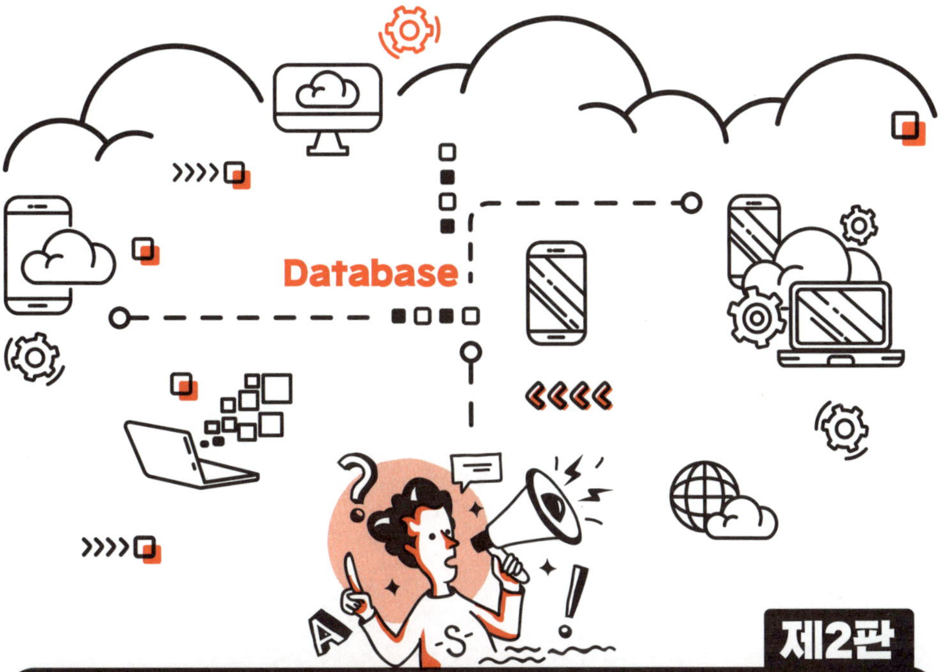

Database

데이터베이스 설계, 이렇게 하면 된다

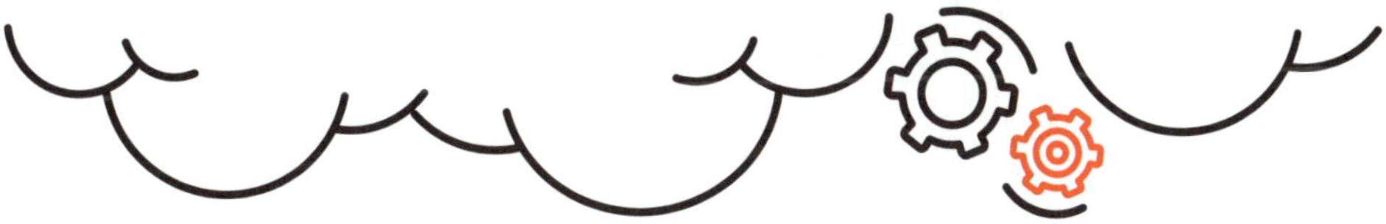

제2판

미크 지음 / 윤인성 옮김

※ 드리는 말씀

- 이 책에 기재된 내용을 기반으로 한 운용 결과에 대해 지은이/옮긴이, 소프트웨어 개발자 및 제공자, 제이펍 출판사는 일체의 책임을 지지 않으므로 양해 바랍니다.
- 이 책에 등장하는 회사명, 제품명은 일반적으로 각 회사의 등록상표 또는 상표입니다.
  본문 중에는 ™, ⓒ, ® 등의 기호를 생략했습니다.
- 이 책에서 소개한 URL 등은 시간이 지나면 변경될 수 있습니다.

차 례

옮긴이 머리말 — x
머리말 — xii
베타리더 후기 — xv

CHAPTER 1 | 데이터베이스를 제압하는 자가 시스템을 제압한다　1

1.1 시스템과 데이터베이스 — 2
　1.1.1 데이터 처리로서의 시스템 2 / 1.1.2 데이터와 정보 3
1.2 다양한 데이터베이스 — 4
　1.2.1 대표적인 데이터베이스 모델 5 / 1.2.2 문서형 데이터베이스 7
　1.2.3 DBMS의 차이가 설계에 영향을 줄까? 9
1.3 시스템 개발 과정과 설계 — 10
　1.3.1 시스템 개발에서의 설계 11 / 1.3.2 설계 단계와 개발 모델 12
1.4 설계 단계와 데이터베이스 — 14
　1.4.1 DOA와 POA 15 / 1.4.2 3계층 스키마 17 / 1.4.3 개념 스키마와 데이터 독립성 19

CHAPTER 2 | 논리 설계와 물리 설계　23

2.1 개념 스키마와 논리 설계 — 24
　2.1.1 논리 설계 단계 24 / 2.1.2 엔터티 추출 25 / 2.1.3 엔터티 정의 26
　2.1.4 정규화 27 / 2.1.5 ER 다이어그램 작성 27
2.2 내부 스키마와 물리 설계 — 29
　2.2.1 물리 설계의 단계 29 / 2.2.2 테이블 정의 30 / 2.2.3 인덱스 정의 30
　2.2.4 하드웨어 용량 산정 31 / 2.2.5 스토리지 중복 구성 35
　2.2.6 데이터베이스 파일의 물리적 배치 41
2.3 데이터베이스 단위의 중복 구성: 복제 — 46
　2.3.1 읽기 전용 복제본을 활용한 부하분산 48 / 2.3.2 복제와 백업의 차이 49
2.4 클라우드에서의 데이터베이스 중복 구성 — 50
　2.4.1 클라우드에서 권장하는 RAID 레벨의 의문점 51 / 2.4.2 다중 AZ 구성: 복제 52
　2.4.3 멀티 리전 구성을 활용한 가용성 향상: 재해 복구 55

2.4.4 크로스 리전 복제: 재해 복구의 세 가지 선택지 56

2.5 클라우드 활용 시점과 상황 ··· 58

2.5.1 클라우드의 장점과 단점 58

2.6 백업 설계 ··· 63

2.6.1 백업의 기본 분류 64 / 2.6.2 전체 백업 / 차등 백업 / 증분 백업 64
2.6.3 전체 백업 65 / 2.6.4 차등 백업 67 / 2.6.5 증분 백업 69
2.6.6 백업 방법의 트레이드오프 71 / 2.6.7 어떤 백업 방법을 채택해야 할까? 72

2.7 복구 설계 ··· 75

2.7.1 복구와 복원 76 / 2.7.2 복원과 롤 포워드 78

CHAPTER 3 | 논리 설계와 정규화: 왜 테이블을 분할해야 할까? 82

3.1 테이블이란? ··· 82

3.1.1 2차원 표 ≠ 테이블 83

3.2 테이블의 구성 요소 ··· 85

3.2.1 행과 열 85 / 3.2.2 키 86 / 3.2.3 제약 조건 91 / 3.2.4 테이블과 열의 이름 규칙 93

3.3 정규화란 무엇인가? ··· 96

3.3.1 정규형이란? 97

3.4 제1정규형 ··· 97

3.4.1 제1정규형의 정의: 스칼라값 원칙 98 / 3.4.2 제1정규형 만들기 98
3.4.3 하나의 셀에 왜 여러 값을 넣으면 안 될까? - 함수 종속성 102

3.5 제2정규형: 부분 함수 종속 ··· 104

3.5.1 제2정규형 만들기 105 / 3.5.2 제2정규형이 아닐 때 발생할 수 있는 문제점 106
3.5.3 무손실 분해와 정보 보존 108

3.6 제3정규형: 이행적 함수 종속 ··· 109

3.6.1 이행적 함수 종속 110 / 3.6.2 제3정규화하기 111

3.7 보이스-코드 정규형(BCNF) ·· 112

3.7.1 제3정규형과 제4정규형 사이 113 / 3.7.2 보이스-코드 정규화하기 117

3.8 제4정규형 ·· 118

3.8.1 다중 값 종속성: 키와 집합의 대응 관계 120 / 3.8.2 제4정규형 만들기 121
3.8.3 제4정규형의 의미 122

3.9 제5정규형 ·· 123

3.9.1 제5정규화하기 124

3.10 정규화 정리 ··· 124

3.10.1 정규화의 세 가지 포인트 125 / 3.10.2 정규화를 반드시 해야 할까? 126

CHAPTER 4 | ER 다이어그램: 여러 테이블의 관계 표현하기 131

4.1 테이블이 너무 많아! ··· 132

4.2 테이블 사이의 관계 파악하기 ··· 132
    4.2.1 일대일, 일대다, 다대다 관계 134

4.3 ER 다이어그램 작성 방법 ·· 135
    4.3.1 테이블(엔터티) 표기 방법 135 / 4.3.2 IE 표기법으로 ER 다이어그램 그리기 136
    4.3.3 IDEF1X로 ER 다이어그램 그리기 138

4.4 '다대다' 관계와 관계 엔터티 ·· 140

CHAPTER 5 | 논리 설계와 성능: 정규화의 단점과 비정규화 146

5.1 정규화의 장단점 ·· 147
    5.1.1 정규화와 SQL(조회) 147 / 5.1.2 정규화와 SQL(갱신) 151
    5.1.3 정규화와 비정규화, 어느 쪽이 정답인가? 152

5.2 비정규화와 성능 ·· 154
    5.2.1 집계 데이터의 중복과 성능 154 / 5.2.2 선택 조건의 중복과 성능 157

5.3 중복성과 성능의 트레이드오프 ·· 160
    5.3.1 갱신 성능 문제 161 / 5.3.2 실시간성 문제 161 / 5.3.3 수정 비용 문제 161

CHAPTER 6 | 데이터베이스와 성능 164

6.1 데이터베이스 성능을 결정하는 요소 ·· 165
    6.1.1 인덱스 165 / 6.1.2 통계 정보 165

6.2 인덱스 설계 ·· 167
    6.2.1 B-tree 인덱스 168 / 6.2.2 B-tree 인덱스의 장점 168 / 6.2.3 B-tree 인덱스의 구조 169

6.3 B-tree 인덱스 설계 방법 ·· 173
    6.3.1 B-tree 인덱스를 어떤 열에 생성해야 할까? 173 / 6.3.2 B-tree 인덱스와 테이블 크기 174
    6.3.3 B-tree 인덱스와 카디널리티 175 / 6.3.4 B-tree 인덱스와 SQL 176
    6.3.5 B-tree 인덱스와 관련된 추가 주의 사항 179

6.4 통계 정보 ·· 180
    6.4.1 옵티마이저와 실행 계획 180 / 6.4.2 통계 정보 설계 지침 182

6.5 인덱스 이외의 튜닝 방법 ·· 186
    6.5.1 파티션 186 / 6.5.2 힌트 구문 190 / 6.5.3 병렬 쿼리 192 / 6.5.4 인메모리 194

CHAPTER 7 | 논리 설계 안티패턴   198

7.1 논리 설계에서 하지 말아야 하는 것 ··· 198

7.2 비스칼라값(제1정규형 미만) ·· 199
　　7.2.1 배열 타입으로 인한 비스칼라값 200 / 7.2.2 스칼라값의 기준 202

7.3 더블 미닝 ··· 204
　　7.3.1 이 열의 의미는 무엇일까요? 204 / 7.3.2 테이블의 열은 '변수'가 아니다 205

7.4 단일 참조 테이블 ·· 207
　　7.4.1 여러 개의 테이블을 합치고 싶을 때 207 / 7.4.2 단일 참조 테이블의 장단점 209

7.5 테이블 분할 ·· 210
　　7.5.1 테이블 분할의 종류 210 / 7.5.2 수평 분할 211 / 7.5.3 수직 분할 213 / 7.5.4 집계 215

7.6 부적절한 키 ·· 219
　　7.6.1 키는 변하지 않아야 한다. 220
　　7.6.2 같은 데이터를 의미하는 키는 동일한 자료형을 사용해야 한다 220

7.7 더블 마스터 ·· 221
　　7.7.1 더블 마스터는 SQL을 복잡하게 만들고 성능을 저하시킨다 222
　　7.7.2 더블 마스터가 발생하는 이유 223

7.8 좀비 마트와 다단계 마트 ·· 224
　　7.8.1 데이터 마트란? — BI/DWH에서의 외부 스키마 224 / 7.8.2 데이터 마트가 필요한 이유 225
　　7.8.3 좀비 마트 — DWH 안티패턴 ① 226 / 7.8.4 다단계 마트 — DWH의 안티패턴 ② 227

CHAPTER 8 | 논리 설계의 그레이 노하우   231

8.1 규칙의 경계선에 위치한 설계 ··· 231

8.2 대리 키: 기본 키가 잘 작동하지 않을 때 ·· 232
　　8.2.1 기본 키를 정할 수 없거나 기본 키로 충분하지 않은 경우 232 / 8.2.2 대리 키로 해결하기 235
　　8.2.3 자연 키를 사용한 해결 방법 237 / 8.2.4 오토넘버링의 적절성 241

8.3 칼럼 기반 테이블 ·· 247
　　8.3.1 배열처럼 표현하고 싶을 때 248 / 8.3.2 칼럼 기반 테이블의 장점과 단점 248
　　8.3.3 로 기반 테이블 250

8.4 애드혹 집계 키 ··· 252

8.5 다단계 뷰 ··· 255
　　8.5.1 두 단계로 이루어지는 뷰 접근 255 / 8.5.2 다단계 뷰의 위험성 256

8.6 데이터 클렌징의 중요성 ··· 258
　　8.6.1 설계 전에 해야 하는 데이터 클렌징 258 / 8.6.2 대표적인 데이터 클렌징 259

CHAPTER 9 | 고급 논리 설계: RDB로 트리 구조 다루기　268

9.1 관계형 데이터베이스의 약점 ··········· 269
　9.1.1 트리 구조란?　269
9.2 오래되었지만 새로운 해법: 인접 리스트 모델 ··········· 271
　9.2.1 인접 리스트 모델에서의 검색　272　/　9.2.2 인접 리스트 모델에서의 갱신　276
9.3 폐쇄 테이블 모델 ··········· 279
　9.3.1 폐쇄 테이블 모델의 검색　281　/　9.3.2 폐쇄 테이블 모델의 갱신　283
9.4 어떤 모델을 사용해야 할까? ··········· 284

APPENDIX A | 부록: 연습 문제 해답　288

1장 해답 (연습 문제 ➡ 22페이지) ··········· 288
　연습 1-1 DBMS 정보 확인하기　288　/　연습 1-2 애플리케이션 수정 유형과 비용　290
2장 해답 (연습 문제 ➡ 81페이지) ··········· 293
　연습 2-1 데이터베이스 서버 클러스터 구성　293　/　연습 2-2 하드웨어 자원 정보 수집하기　296
　연습 2-3 이론적으로 서버 CPU 용량 산정하기　297
3장 해답 (연습 문제 ➡ 130페이지) ··········· 299
　연습 3-1 정규형의 단계　299　/　연습 3-2 함수 종속성　299　/　연습 3-3 정규화　300
4장 해답 (연습 문제 ➡ 142페이지) ··········· 302
　연습 4-1 ER 다이어그램　302　/　연습 4-2 관계 엔터티　303　/　연습 4-3 다대다 관계　304
5장 해답 (연습 문제 ➡ 162페이지) ··········· 304
　연습 5-1 정규화된 테이블을 대상으로 SQL 작성하기　304
　연습 5-2 비정규화로 SQL 튜닝하기(성능 개선하기)　308
6장 해답 (연습 문제 ➡ 196페이지) ··········· 311
　연습 6-1 비트맵 인덱스와 해시 인덱스　311　/　연습 6-2 인덱스 재구성　313
7장 해답 (연습 문제 ➡ 230페이지) ··········· 315
　연습 7-1 머티리얼라이즈드 뷰　315
8장 해답 (연습 문제 ➡ 264페이지) ··········· 316
　연습 8-1: 비즈니스 로직 구현 방법 검토　316　/　연습 8-2 임시 테이블　321
9장 해답 (연습 문제 ➡ 286페이지) ··········· 325
　연습 9-1 트리 구조를 다루는 모델의 정규형　325　/　연습 9-2 리프 노드를 구하는 쿼리(오답 예)　325
　연습 9-3 재귀 계산 연습　326

맺음말 ··········· 327
찾아보기 ··········· 331

옮긴이 머리말

인류는 다른 동물들과 달리 데이터를 수집하고, 체계화하고, 분석하고, 활용하는 능력을 갖고 있습니다. 그리고 이런 능력을 바탕으로 지금까지 큰 발전을 이루어왔습니다. 데이터를 다루는 기술은 오래전부터 꾸준히 발전해왔으며, 현재 그 정점에 있는 기술이 바로 **데이터베이스**입니다. 그리고 그중에서도 가장 널리 사용되는 것은 **관계형 데이터베이스**입니다.

이 책은 **관계형 데이터베이스 설계**를 다루는 책입니다. 데이터베이스 설계는 일반적으로 논리 설계와 물리 설계로 나눌 수 있는데, 이 책은 논리 설계를 중심으로 다룹니다(물리 설계도 일부 포함합니다).

데이터베이스 설계뿐만 아니라 '설계'와 관련된 내용을 읽다 보면, "당연한 거 아닌가?"라는 생각이 많이 듭니다. 심지어 "이걸 왜 책으로 사서 읽고 있지?"라며 의문을 가질 수도 있고, 어떤 독자는 "나는 배운 적도 없는데 자연스럽게 이렇게 하고 있었네?"라고 느낄 수도 있습니다. 그 이유는 설계라는 것이 충분히 고민하다 보면 결국 비슷한 결론에 도달하기 때문입니다.

하지만 이런 '당연한 체계'를 일부 생각해낼 수는 있더라도, 이 책에 포함된 여러 설계는 수많은 사람의 오랜 고민과 연구가 쌓여서 만들어진 결과라는 점을 놓쳐서는 안 됩니다. 한 개인이 스스로 그 모든 결론에 도달하는 것은 불가능에 가깝고, 가능하다 해도 굉장히 긴 시간이 걸릴 겁니다. 따라서 이 설계 책은 지금까지 인류가 축적해온 '당연한 결론들'을 쉽고 빠르게 확인할 수 있게 도와주는 책이라 생각하며 읽어주세요.

책의 앞부분을 읽을 때는 "당연한 이야기잖아? 읽을 필요가 없겠네"라고 느낄 수도 있습니다. 하지만 끝까지 읽어보면, "이런 당연한 흐름이 이렇게나 넓고 깊게 이어져 있구나"를 느낄 수 있을 것입니다. 추가적으로 이 책은 현실에서 마주칠 수 있는 '당연하지 않은 설계' 사례도 다룹니다. 왜 그렇게 당연하지 않게 설계되었는지, 또 그런 설계는 어떻게 수정해야 하는지를 함께 다루고 있어서 실무적으로도 많은 도움이 될 겁니다.

좋은 책을 번역할 기회를 주신 제이펍 출판사에 감사드리며, 번역 과정에서 도움을 주신 모든 분께도 감사드립니다.

윤인성

머리말

이 책의 초판이 출간된 지 10년이 넘었습니다. 그동안 시스템과 비즈니스 세계에는 전혀 예상하지 못했던 큰 변화들이 일어났습니다. '빅데이터'라는 용어는 단순한 유행어를 넘어 기업의 의사결정에 실제로 활용되기 시작했고, 데이터를 전문적으로 분석하는 '데이터 사이언티스트'라는 직업도 새롭게 등장했습니다. 클라우드 사용은 이제 당연한 것이 되었으며, 오히려 하이브리드 클라우드와 멀티 클라우드처럼 클라우드를 어떻게 활용할지 고민하는 시대로 접어들고 있습니다. 그리고 무엇보다 생성형 AI를 중심으로 한 인공지능의 물결이 모든 산업에 밀려오고 있습니다.

하지만 이런 변화 속에서도 변하지 않은 것이 있습니다. 바로 데이터베이스의 중요성입니다. 오히려 '데이터 기반 경영'이라는 말이 보여주듯, 데이터와 이를 관리하는 데이터베이스의 중요성은 모든 분야에서 점점 더 커지고 있습니다.

이 책은 다양한 데이터베이스 중에서도 핵심적인 위치를 차지하는 관계형 데이터베이스(relational database)의 설계에 관한 책입니다. KVS(key-value store) 또는 문서형 데이터베이스와 같은 NoSQL은 이 책에서 다루지 않습니다. 데이터베이스 설계'라고 해도 그 내용은 매우 다양합니다. 이 분야의 책들은 크게 다음 세 가지로 나눌 수 있습니다.

1. 논리 설계
2. 물리 설계
3. 구현 설계

1번 책들(논리 설계)은 정규화나 ER 다이어그램과 같은 도구를 활용한 데이터 모델 설계를 다룹니다. 일반적으로 '데이터베이스 설계'라고 하면 대부분의 사람들이 가장 먼저 떠올리는 분야가 바로 이것입니다.

2번 책들(물리 설계)은 서버와 스토리지 같은 물리적 하드웨어 차원의 설계를 다룹니다. 데이터베이스도 결국은 이러한 하드웨어 위에서 작동하기 때문에 물리 설계 역시 중요합니다. 특히 데이터베이스는 데이터의 영구 저장과 일관성 유지라는 핵심 임무를 가진 미들웨어로, 스토리지와 매우 긴밀한 관계를 맺고 있습니다.

3번 책들(구현 설계)은 특정 데이터베이스 제품을 기반으로 구체적인 구축 방법과 절차를 설명합니다. 데이터베이스 제품마다 구조가 다르기 때문에 실제 시스템을 구축할 때는 해당 제품에 맞춰 접근해야 합니다. '○○로 구축하는 데이터베이스 서버', '○○ 실전 성능 최적화' 같은 제목의 책들(○○는 데이터베이스 제품명)이 이 카테고리에 해당합니다.

이러한 분류에 따르면, 이 책이 다루는 범위는 원칙적으로 1. 논리 설계와 2. 물리 설계입니다. 많은 책이 1.과 2.를 분리해서 한쪽에만 초점을 맞추기도 하지만, 이 책에서는 두 가지를 함께 살펴보는 방식을 취하고 있습니다. 책의 구성은 편의상 논리 설계와 물리 설계 부분으로 나누었지만, 어느 한쪽을 다루는 장에서도 반드시 다른 쪽 내용이 함께 등장합니다.

이 책이 논리와 물리 두 설계를 동시에 다루는 이유는 단순히 그편이 이해하기 쉽기 때문이 아닙니다. 사실 한쪽에 집중할 때는 다른 쪽은 잠시 잊는 것이 오히려 더 이해하기가 쉽습니다. 그럼에도 이 책이 두 설계를 함께 다루는 이유는 이 두 가지 설계 사이에 강한 트레이드오프 관계가 존재하기 때문입니다.

트레이드오프(trade-off)는 쉽게 말해 '한쪽을 얻으면 다른 쪽을 잃는다'는 개념입니다. 즉, 논리 설계를 완벽하게 하려고 하면 물리 설계가 손해를 보고, 반대로 물리 설계에 중점을 두면 논리 설계가 손해를 본다는 것입니다.

트레이드오프는 데이터베이스 설계에만 적용되는 개념이 아닙니다. 시스템 개발 전반을 포함해서 우리 삶의 모든 영역에 적용되는 원리입니다. 미국의 경제학자 그레고리 맨큐(Nicholas Gregory Mankiw)는 이렇게 말했습니다.

> 의사결정의 첫 번째 원칙은 '공짜 점심은 없다'라는 속담이 모든 것을 말해준다. 원하는 것을 얻기 위해서는 일반적으로 다른 무언가를 포기해야 한다. 의사결정은 항상 하나의 목표와 다른 목표 사이의 트레이드오프를 요구한다.

여러분은 이 책을 통해 바람직한 논리 설계와 물리 설계가 무엇인지 배우게 될 것입니다. 하지만 이 책의 목적은 단순히 그것을 이해하는 것에서 끝나지 않습니다. 더 중요한 것은 바람직한 논리 설계를 추구할 때 무엇을 희생해야 하는지, 또 어떤 상황에서 바람직한 물리 설계를 포기해야 하는지와 같은 트레이드오프 관계를 배우는 것입니다.

이 책의 초판이 출간된 후 10년 동안 클라우드 사용은 데이터베이스 영역에서도 일상적인 것이 되었습니다. 그래서 이 책의 물리 설계 부분에서도 클라우드를 다루고 있습니다.

앞에서 "이 책이 다루는 범위는 원칙적으로 1. 논리 설계와 2. 물리 설계입니다"라고 말했지만, 물리 설계로 퍼블릭 클라우드를 고려할 때는 어쩔 수 없이 특정 구현에 의존할 수밖에 없습니다. 그런데 클라우드는 아직 역사가 짧아 표준이 확립되지 않았고, 각 서비스마다 구현 방식이 상당히 다릅니다.

따라서 이 책에서는 퍼블릭 클라우드의 선두 주자이자 시장 점유율 1위인 AWS를 기준으로 물리 설계를 설명합니다. 물론 용어와 개념이 AWS 전용이라고 해도, 보편적인 개념은 애저와 구글 클라우드 등의 다른 퍼블릭 클라우드에서도 동일하게 적용할 수 있을 것입니다. 따라서 AWS를 기준으로 설명한다고 해서 이 책의 보편성이 손상되는 것은 아닙니다.

자, 이제 데이터베이스의 깊고 흥미로운 세계를 함께 탐험해봅시다!

베타리더 후기

 김동우(스타트업 개발 PM)

RDBMS의 사용법이나 고급 쿼리에 대해 설명하는 책은 많지만, 데이터베이스 설계에 대해 이토록 친절하고 자세하게 설명해주는 책은 귀합니다. 잘 설계된 데이터베이스를 사용하면 고급 쿼리의 사용 빈도도 줄어듭니다. 좋은 데이터베이스 설계가 무엇인지, 어떻게 해야 하는지, 그리고 왜 해야 하는지를 알고 싶다면 이 책을 추천합니다. 단순 쿼리만 개발해보다가 그 이상을 알고 싶어진 개발자들에게 단비와 같은 책입니다.

김진영(클로버추얼패션)

책의 전반적인 난이도는 쉬운 편입니다. 정보처리기사 공부 때 암기 위주로 외웠던 정규화를, 실무 경험을 통해 자연스럽게 이해하게 되었고, 이 책이 그 과정을 한층 체계적으로 정리해주었습니다. 특히 물리적 레벨에서의 구성까지 다루어준 점이 인상 깊었습니다. '일본 최고 DB 전문가에게 배우는'이라는 말에 걸맞게 매우 쉽게 잘 설명되었다고 생각됩니다.

김호준(데이터소프트나우)

관계형 데이터베이스 기초부터 데이터의 논리/물리 설계, 안티패턴, 그리고 설계 노하우까지 물 흐르듯 자연스러운 설명에 감탄하게 되는 책입니다. 특히 비즈니스 로직을 어디에서 구현하는가에 대한 저자의 의견 및 제안은 매우 논리정연하며 많은 부분 동감이 됩니다. 데이터베이스 설계를 처음 접하는 개발자는 물론 어느 정도 경험이 쌓인 개발자들에게도 도움이 될 만한 책입니다.

 신진규(PIPG)

기본적인 DB 설계에 대해 알기 쉽게 설명해주는 책이었습니다. DB를 직접적으로 다뤄본 적이 없는 개발자에게 많은 도움이 될 것 같습니다. DB 설계는 보통 DB에 대해 어느 정도 이해한 뒤 접근하게 되는데, 책은 초급자 대상으로 설명하는 것 같아 좀 애매한 면은 있었습니다.

 윤명식(EnterpriseDB)

'DB 설계의 바이블'이 드디어 개정됐습니다. 2판은 클라우드 환경까지 아우르며 논리 설계, 정규화, 성능 최적화까지 체계적으로 정리했습니다. 설명이 명쾌해 며칠 만에 완독할 수 있고, 풍부한 샘플과 연습 문제 덕분에 실무 적용성도 높습니다. 초급을 벗어나고 싶은 DB 엔지니어라면 꼭 읽어야 할 책입니다. 최신 NoSQL 트렌드 미반영은 아쉽지만, DB 설계의 정석을 배우기엔 최고의 가이드북입니다.

 이성희(순천향대학교)

데이터 구조와 분석 관점에서 설계의 중요성을 배울 수 있었습니다. 실전 감각을 키우는 데 유익한 경험이었습니다. 책의 구성과 내용, 오탈자 등이 모두 잘 다듬어져 있고, 흐름을 따라가기 쉽게 설명되어 있어 실무 관점에서 설계의 중요성을 자연스럽게 체득할 수 있었습니다.

 임승민(씨에스리)

'데이터 일관성과 성능'의 트레이드오프 관계는 RDB의 가장 큰 화두입니다. 이 책은 데이터베이스의 논리 설계와 물리 설계의 과정을 '데이터의 일관성'과 '성능'을 중심으로 잘 설명합니다. SQL을 활용한 데이터 핸들링이 보편화된 오늘날, 데이터베이스를 더 깊게 공부하고 이해하고 싶은 모든 분에게 적극 추천합니다.

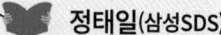 **정태일(삼성SDS)**

데이터베이스를 잘 설계하기 위해 꼭 필요한 지식을 간결하고 쉽게 설명합니다. 효율적으로 잘 설계된 데이터를 기반으로 성능 좋고 안정적인 시스템 개발을 하고자 하는 모든 분에게 추천합니다. 대학 시절 데이터베이스 시간에 배웠던 정규화와 설계 원칙을 다시금 떠올려보고 정리할 수 있었던 유익한 시간이었습니다. 실무에서 테이블 설계 시에도 늘 고려하는 내용들이 잘 정리되어 있었고요.

제이펍은 책에 대한 애정과 기술에 대한 열정이 뜨거운 베타리더의 도움으로 출간되는 모든 IT 전문서에 사전 검증을 시행하고 있습니다.

CHAPTER 1
데이터베이스를 제압하는 자가 시스템을 제압한다

데이터베이스는 우리 주변의 모든 시스템에서 활용되고 있습니다. 시스템을 개발할 때도 데이터베이스 설계는 굉장히 중요한 역할을 합니다. 이번 장에서는 데이터베이스가 시스템과 개발 과정에서 가지는 중요성을 '시스템에서 데이터베이스 위치'와 '개발 프로세스와 데이터베이스의 관계'에서 살펴보겠습니다.

학습 포인트
- 우리가 평소에 인식하지 못하지만, 일상생활 속 곳곳에서 다양한 데이터베이스의 도움을 받고 있습니다.
- 데이터베이스는 데이터를 저장하는 방법에 따라 여러 가지 종류가 있습니다. 이 책은 현재 가장 널리 사용되는 관계형 데이터베이스를 설계하는 방법을 다룹니다.
- '데이터베이스'와 'DBMS'는 서로 다른 개념입니다. '데이터베이스'는 데이터를 모아둔 것을 의미하는 논리적인 개념이고, 'DBMS'는 이러한 '데이터베이스'를 실제로 구현한 소프트웨어입니다.
- 데이터베이스 설계를 잘하면 시스템 개발도 잘할 수 있습니다. 시스템은 데이터에 맞게 만들어지기 때문입니다(시스템에 맞게 데이터를 만드는 것이 아닙니다).
- 데이터베이스를 설계할 때는 외부 스키마, 개념 스키마, 내부 스키마라는 3가지 계층으로 나누어 접근하는 것이 좋습니다.

1.1 시스템과 데이터베이스

오늘날 우리는 일상생활 속에서 수많은 시스템과 함께하고 있습니다. 이처럼 많은 사람이 시스템에 의존해 살아가는 시대는 지금까지 없었습니다.

시스템은 사람이 하던 일을 대신 처리해주는 뛰어난 서비스 대행자와 같습니다. 또한 이전에 없던 서비스를 창조함으로써 우리 생활을 완전히 바꿔놓는 혁명적인 면모도 갖고 있습니다. 20세기 말에 등장한 구글(Google) 검색 엔진을 시작으로, 21세기에 성장한 SNS 서비스(페이스북, X, 인스타그램), 스마트폰(아이폰, 안드로이드), 전자책(아마존 킨들) 같은 시스템들은 우리의 삶을 돌이킬 수 없게 변화시키는 힘을 갖고 있습니다.

1.1.1 데이터 처리로서의 시스템

이러한 시스템들은 서로 다른 하드웨어와 소프트웨어를 사용하지만, 한 가지 공통점이 있습니다. 바로 모든 시스템이 '데이터'를 다룬다는 것입니다. 예를 들어 구글은 전 세계 웹사이트를 돌아다니며 각 사이트의 임시 복사본(캐시)을 자사 서버에 저장하고, 이를 기반으로 검색 결과 순위를 매깁니다. 페이스북과 X에서는 사용자들이 주고받는 메시지를 데이터로 저장하고 처리하여 서비스를 제공합니다. 아마존 같은 온라인 쇼핑몰에서는 고객이 무엇을 샀는지 기록한 데이터를 분석해서 '추천 상품'을 보여주는 것이 이제는 당연한 일이 되었습니다.

이렇게 중요한 '데이터'를 안전하게 보관하고 필요할 때 쉽게 찾아 쓸 수 있게 해주는 시스템이 바로 '데이터베이스(database)'입니다(줄여서 'DB'라고도 합니다). 여기서 한 가지 구분해야 할 것이 있는데, '데이터베이스'는 '데이터를 모아둔 것 자체'를 의미하고, 이 데이터베이스를 관리하는 프로그램을 **DBMS(database management system, 데이터베이스 관리 시스템)**라고 부릅니다. 이 책에서는 이 두 용어를 구분해서 사용할 것입니다.

현대의 모든 시스템은 데이터베이스를 가지고 있습니다. 시스템을 구성하는 작은 프로그램[1] 중에는 데이터베이스가 없는 것도 있지만, 하나의 완성된 서비스 관점에서 보면

---

[1] 이런 작은 프로그램을 '모듈'이라고 부릅니다.

반드시 데이터베이스가 존재합니다.

데이터베이스는 주로 개인정보와 같은 민감한 데이터를 다루기 때문에 사용자 눈에 보이지 않게 숨겨져 있습니다. 그래서 우리가 시스템을 사용할 때 데이터베이스의 존재를 느끼지 못하는 것입니다. 마치 우리가 평소에 '공기'를 의식하지 않지만 공기가 늘 존재하는 것처럼, 우리는 데이터베이스에 둘러싸여 살고 있지만, 그저 그 존재를 모르고 있을 뿐입니다.

핵심 포인트 1 이 세상에 데이터베이스를 사용하지 않는 시스템은 존재하지 않습니다.

1.1.2 데이터와 정보

앞에서 '데이터(data)'라는 말이 나왔습니다. '데이터'는 보통 '정보(information)'라는 말과 함께 사용되며 여러 가지로 정의할 수 있지만, 이 책에서는 다음과 같이 정의하겠습니다.

데이터는 **정해진 형식(포맷)에 맞게 정리된 사실**이다.

예를 들어 한 사람에 대한 데이터를 만들려면 먼저 어떤 특징(나이, 성별, 키, 몸무게, 좋아하는 음식 등)을 기록할지 정해야 합니다. 그리고 이러한 특징들을 정해진 형식에 맞춰 나열합니다. 가장 알기 쉬운 형식은 아마도 표 형태일 것입니다. 데이터베이스는 이렇게 일정한 형식에 맞춰 정리된 데이터들을 모아놓은 것입니다.

■ **2차원 표(사람 데이터)**

이름	나이	성별	키(cm)	몸무게(kg)	좋아하는 음식
철수	36	남	181	68	카레
영희	29	여	162	60	초콜릿
민수	32	남	178	65	감자칩

정보는 데이터와 다른 개념입니다. 정보는 데이터를 특정한 목적이나 관점에 맞춰 정리하고 가공한 것을 의미합니다.

예를 들어 '아마존 상품 추천 기능'을 예로 들어보겠습니다. 고객의 구매 기록 데이터는 단순히 '누가 언제 무엇을 얼마나 구매했다'는 사실을 담고 있을 뿐입니다. 하지만 판매자가 정말 알고 싶은 것은 '이 고객이 앞으로 어떤 상품을 구매할까?'입니다. 이런 통찰이 바로 '정보'입니다. 이러한 정보는 단순히 많은 데이터를 바라보기만 해서는 얻을 수 없습니다. '주로 어떤 시기에 구매하는지', '어떤 종류의 상품을 자주 사는지'와 같은 특정한 관점(문맥)으로 분석해야 합니다. 즉, 정보는 데이터에 의미 있는 해석을 더해 만들어지는 것입니다.

핵심 포인트 2 정보는 데이터와 문맥의 특정한 관점의 결합으로 만들어집니다.

시스템을 데이터와 정보의 관계로 살펴보면(그림 1-1), 시스템은 사용자가 시스템에 데이터를 입력하고,[2] 이를 가공해서 의미 있는 정보를 만드는 하나의 순환 과정이라고 볼 수 있습니다.

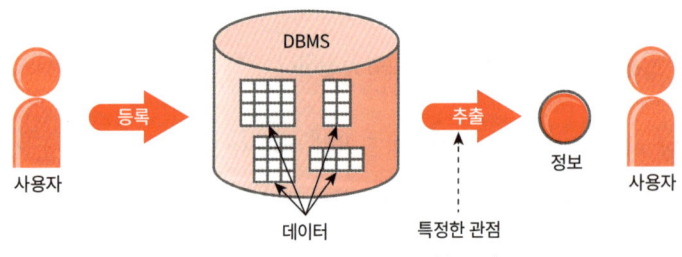

그림 1-1 **시스템의 순환 과정(사이클)**

1.2 다양한 데이터베이스

이 책은 시스템의 핵심인 데이터베이스에서 '데이터를 어떻게 보관할지'에 대한 설계 방법을 다룹니다. 하지만 본격적인 내용을 시작하기 전에 데이터베이스, DBMS, 시스템 개발 자체에 대한 기본 지식이 필요합니다. 이번 절과 다음 절에서는 데이터베이스를 처음 접하는 분들을 위해 꼭 알아야 할 기초 내용을 설명하겠습니다. 이미 업무에서 데

---

2 사실 사용자들은 자신이 데이터를 입력하고 있다는 것을 의식하지 못합니다. 그저 서비스를 이용하고 있을 뿐입니다.

이터베이스를 사용한 경험이 있다면, 1.2절과 1.3절을 건너뛰고 1.4절부터 봐도 됩니다.

1.2.1 대표적인 데이터베이스 모델

현재 기업에서 사용하는 데이터베이스는 여러 종류가 있습니다. 데이터를 저장하는 방법에 따라 나뉘는데, 대표적인 모델(구조/방법)을 살펴보겠습니다.

관계형 데이터베이스

관계형 데이터베이스(relational database, RDB)는 현재 가장 많이 사용되는 데이터베이스입니다. IT 업계에서 그냥 '데이터베이스'라고 하면 보통 관계형 데이터베이스를 의미합니다. 관계형 데이터베이스는 1969년에 처음 등장했으며, 50년이 넘는 시간 동안 데이터베이스 시장의 중심을 지키고 있습니다.

관계형 데이터베이스의 가장 큰 특징은 데이터를 표 형태로 관리한다는 점입니다. 덕분에 다른 데이터베이스들에 비해 데이터를 처리하는 방법이 직관적이고 간단합니다(그림 1-2).[3] 이 책도 관계형 데이터베이스를 중심으로 설계 방법을 설명합니다.

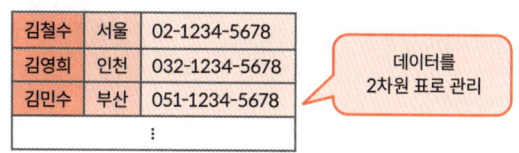

그림 1-2 관계형 데이터베이스

객체지향 데이터베이스

프로그래밍 언어 중에는 객체지향 언어(자바, C++ 등)가 있습니다. 이러한 언어들은 데이터와 이를 다루는 방법을 '객체'라는 하나의 단위로 묶어서 관리합니다. 객체지향 데이터베이스(object-oriented database, OODB)는 이러한 객체를 저장하기 위해 만들어진 데이터베이스입니다(그림 1-3).

---

3   이러한 표 형식에 대해서는 3.1절에서 자세히 설명하겠습니다.

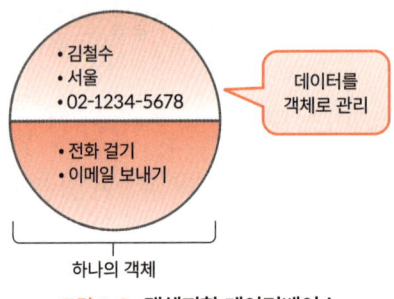

그림 1-3 객체지향 데이터베이스

XML 데이터베이스

한때 웹에서 주고받는 데이터를 XML이라는 형식으로 저장하려는 시도가 있었습니다. XML은 HTML처럼 태그를 사용해 데이터를 다루는 언어입니다. XML 데이터베이스 (XML database, XMLDB)는 이런 XML 형식의 데이터를 저장하고 관리하기 위해 만들어진 데이터베이스입니다(그림 1-4). 관계형 데이터베이스는 계층구조로 된 데이터를 다루기 어려운데, XML 데이터베이스는 이러한 데이터를 잘 처리할 수 있습니다.[4]

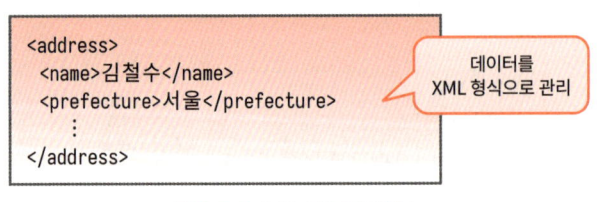

그림 1-4 XML 데이터베이스

키-값 저장소

키-값 저장소(key-value store, KVS)는 데이터를 키(key)와 값(value)이라는 한 쌍으로만 저장하는 단순한 형태의 데이터베이스입니다(그림 1-5). 간단한 데이터를 빠르게 찾아볼 수 있도록 설계되었으며, 특히 대용량 데이터를 신속하게 처리해야 하는 웹 서비스에서 자주 사용됩니다. 다만 SQL의 조인(join)처럼 복잡한 데이터 처리는 어렵다는 단점이 있습니다. Redis와 Valkey가 대표적인 예입니다.

---

[4] 물론 관계형 데이터베이스도 오랜 시간에 걸쳐 계층구조의 데이터를 다루는 방법을 발전시켜왔습니다. 이는 9장에서 자세하게 살펴보겠습니다.

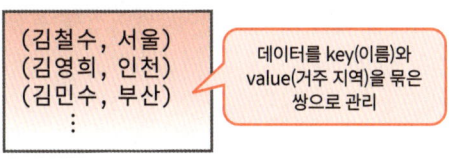

그림 1-5 **키-값 형태의 저장소(KVS)**

1.2.2 문서형 데이터베이스

대표적인 문서형 데이터베이스(document-oriented database)는 몽고DB(MongoDB)입니다. 몽고DB는 JSON(JavaScript Object Notation)이라는 형식으로 데이터를 저장합니다. JSON은 자바스크립트(JavaScript)에서 객체를 정의할 때 사용하는 데이터 구조입니다(그림 1-6).

```
{
  "member": [
    {
      "name": "김철수",
      "age": 45,
      "height": 172
    },
    {
      "name": "김영희",
      "age": 30,
      "height": 185
    },
    {
      "name": "김민수",
      "age": 37,
      "height": 169
    }
  ]
}
```

그림 1-6 **JSON**

JSON은 계층구조나 배열 같은 복잡한 데이터를 쉽게 다룰 수 있어서, 이런 형태의 데이터를 저장할 때는 문서형 데이터베이스가 유용합니다(최근에는 관계형 데이터베이스도 JSON 형식을 지원하면서 문서형 데이터베이스의 장점을 많이 수용하고 있습니다).

참고로 KVS, 문서형 데이터베이스, 그래프 데이터베이스를 통틀어 NoSQL이라고 부릅니다.

계층형 데이터베이스

계층형 데이터베이스(hierarchical database)는 데이터를 나뭇가지처럼 뻗어나가는 계층 구조(트리 구조)로 저장하는 데이터베이스입니다(그림 1-7). 이전에는 많이 사용되던 데이터베이스였지만, 관계형 데이터베이스(RDB)가 널리 보급되면서 현재는 거의 사용되지 않습니다.

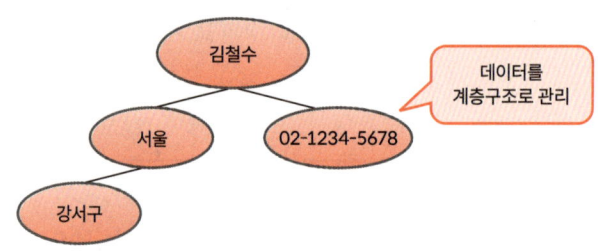

그림 1-7 계층형 데이터베이스

데이터베이스 모델이 다르다는 것은 데이터를 저장하는 방법이 다르다는 의미입니다. 이에 따라 설계 방법도 달라집니다. 즉, 한 모델에서 배운 설계 방법을 다른 모델에 그대로 적용하기는 어렵습니다. 예를 들어 이 책에서 다룰 관계형 데이터베이스의 중요한 설계 기법인 **정규화**는 다른 종류의 데이터베이스에서는 잘 사용하지 않습니다.

하지만 이런 설계 기법들은 모두 데이터의 일관성(무결성)을 유지하고 불필요한 중복을 없애는 등의 실무적인 목적을 위해 만들어졌습니다. 이러한 목적은 데이터베이스 종류가 바뀐다고 해서 달라지지 않습니다. 따라서 이러한 목적에 따라 설계해야 한다는 기본 원칙은 동일합니다.[5]

핵심 포인트 3 　 데이터베이스 모델이 다르면 데이터 형식도 다릅니다. 모델이 다르면 설계 기법도 달라집니다.

5 　목적은 같아도, 목적을 이루는 방법이 다를 수 있습니다. 관계형 데이터베이스가 아닌 다른 데이터베이스의 설계 방법을 배우고 싶다면, 해당 데이터베이스만 자세히 다루는 책을 따로 읽어보는 것을 추천합니다.

1.2.3 DBMS의 차이가 설계에 영향을 줄까?

주요 DBMS

관계형 데이터베이스에도 여러 종류의 DBMS가 있습니다. 대표적인 예는 다음과 같습니다.

- Oracle Database
- PostgreSQL
- SQL Server
- MySQL
- Db2

Oracle Database는 오라클이라는 회사에서 만든 제품으로, 관계형 데이터베이스 DBMS 중에서 가장 많이 사용됩니다(윈도우, 리눅스 등 다양한 운영체제 지원). 보통 줄여서 'Oracle'이라고 부르므로, 이 책에서도 앞으로는 Oracle이라고 하겠습니다.

SQL Server는 마이크로소프트에서 만든 제품입니다. 처음에는 Windows 전용으로만 만들어졌지만, 지금은 Linux에서도 사용할 수 있습니다. Db2는 IBM에서 만든 제품으로 Unix, Windows, 그리고 IBM의 대형 컴퓨터 운영체제 등 다양한 환경에서 사용할 수 있습니다.

지금까지 설명한 세 가지 DBMS는 모두 대형 IT 기업이 만든 제품입니다. 상업적으로 사용할 때는 비용을 지불해야 합니다.

반면, **PostgreSQL**은 미국 버클리 대학교에서 만든 무료 오픈소스 DBMS입니다. **MySQL**도 원래는 오픈소스였지만, 썬 마이크로시스템즈를 거쳐 2010년부터는 앞에서 언급했던 오라클이 소유하고 있습니다.[6]

---

6 즉, 오라클은 주요 DBMS 제품을 두 가지나 가지고 있는 것입니다.

DBMS에 따른 설계 방법의 관계

이전에 데이터베이스 모델이 다르면 설계 방법도 달라진다고 했습니다. 그렇다면 DBMS가 달라도 설계 방법이 다를까요? 이에 대한 답은 **'아니오'**입니다.

데이터베이스 설계 방법은 모델에 따라 달라지지만, DBMS는 단지 그 모델을 실제로 만든 것에 불과합니다. 그래서 이 책에서 설명하는 설계 방법은 어떤 DBMS를 사용하든 똑같이 적용할 수 있습니다. 참고로 '모델을 실제로 만드는 것'을 '**구현**(implementation)'이라고 합니다.

하지만 사실 설계할 때 약간의 주의가 필요하기는 합니다. DBMS마다 제공하는 기능이 조금씩 달라서 설계에 영향을 주는 경우가 있기 때문입니다. 이런 차이는 주로 각 DBMS가 자체적으로 발전시킨 기능들 때문에 생깁니다. 또한 DBMS가 해당 모델의 기능을 완벽하게 구현하지 못해서 생기는 경우도 있습니다.[7]

핵심 포인트 4 DBMS가 달라도 (기본적으로) 설계 방법은 같습니다.

참고로, 지금까지 설명한 관계형 데이터베이스를 관리하는 시스템(DBMS)을 **RDBMS(relational database management system)**라고도 부릅니다. 이 책에서는 특별한 언급이 없으면 'DBMS'와 'RDBMS'를 같은 의미로 사용하겠습니다.

1.3 시스템 개발 과정과 설계

이전 절에서 언급한 것처럼 이 책은 관계형 데이터베이스를 설계하는 방법을 다룹니다. 그런데 본격적으로 시작하기 전에, '설계'라고 부르는 작업이 전체 시스템 개발 과정에서 어떤 역할을 하는지 알아볼 필요가 있습니다.

독자분들 중에는 이미 시스템 개발 경험이 있는 분들도 있을 것입니다. 아마 이런 분들

---

[7] 각 DBMS마다 다른 세부적인 구현은 이 책에서 자세히 다루지 않습니다. 다만 중요한 내용일 때는 그때그때 설명하겠습니다. 더 자세한 내용이 필요하다면, 각 DBMS의 설명서 또는 관련 전문 서적을 참고해주세요.

은 설계가 무엇인지 이미 잘 알고 있을 것입니다. 하지만 처음 접하는 독자분들을 위해 설계가 어떤 순서로 진행되는지 간단히 설명하겠습니다.

1.3.1 시스템 개발에서의 설계

흔히 시스템 개발을 건물 또는 다리를 짓는 것에 비유합니다. IT 업계는 다른 산업에 비해 역사가 짧아서, 일하는 방법의 많은 부분을 다른 분야에서 가져왔기 때문입니다.

개발은 건축처럼 여러 단계로 나눌 수 있습니다. 다음과 같은 주요 단계들이 있습니다.

1. 요구사항 정의
2. 설계
3. 개발(구현)
4. 테스트

❶ 요구사항 정의

시스템이 충족해야 하는 기능과 품질 수준(서비스 수준)을 결정하는 단계입니다. 일반적으로는 고객과 함께 요구사항을 정하지만, 소프트웨어 패키지 또는 웹 서비스를 만들 때는 회사 내부에서만 요구사항을 정하기도 합니다.

❷ 설계

이전 단계에서 정의한 요구사항을 기반으로 시스템을 어떻게 만들지 설계하는 단계입니다. 건축에 비유하면 실제로 건물을 짓기 전에 도면을 그리는 작업에 해당합니다. 이 책은 바로 이 설계 단계에 초점을 맞추고 있습니다. 추가적으로 이 단계는 다시 여러 작은 단계로 나누어지는데, 이와 관련된 내용은 1.4절에서 자세하게 살펴보겠습니다.

❸ 개발(구현)

설계한 내용을 기반으로 실제 시스템을 만드는 단계입니다. IT 업계에서는 '시스템을 실제로 만드는 것'을 '구현한다(implement)'라고 표현합니다(DBMS가 데이터베이스를 '구현'

한다고 표현하는 것과 같은 의미입니다).

이 단계는 일반적으로 프로그래머가 코드를 작성하는 작업을 말합니다. 하지만 서버, 네트워크 장비, 스토리지(저장 장치)와 같은 하드웨어를 준비하고 구축하는 작업도 포함됩니다. 참고로 최근에는 클라우드 기술 덕분에 이런 물리적인 작업들이 많이 간단해졌습니다.

❹ 테스트

구현한 시스템이 실제로 사용해 가능한 품질인지 검증하는 단계입니다. 테스트는 목적에 따라 여러 종류가 있지만, 크게 '시스템이 제대로 작동하는지 확인하는 기능 테스트'와 '시스템의 성능이나 안정성을 확인하는 비기능 테스트' 두 가지로 나눌 수 있습니다.

위의 네 가지 단계는 시스템 개발의 가장 기본적인 과정입니다. 각 단계는 다시 더 작은 단계들로 나눌 수 있습니다. 이 책에서는 '설계' 단계에 초점을 맞춰 자세히 다루겠습니다.

1.3.2 설계 단계와 개발 모델

시스템을 개발하는 방법은 크게 두 가지가 있습니다. **워터폴 모델**과 **애자일 모델**입니다.

워터폴 모델

폭포수(waterfall)처럼 위에서 아래로 흐르듯이, '요구사항 정의 → 설계 → 개발 → 테스트' 순서로 차근차근 진행하는 방법입니다(그림 1-8). 폭포수가 거꾸로 흐를 수 없듯이, 한번 지나간 단계로 돌아가지 않는 것이 원칙입니다.

이는 건물 또는 다리를 짓는 때와 비슷합니다. 건물을 짓다가 '잘 안 되니까 설계도를 다시 그리자'고 하면 시간과 비용이 너무 많이 들 것입니다. 이처럼 이전 단계로 돌아가는 것(역행)은 어렵고, 수정할 때 많은 비용이 들기 때문에, 일반적으로 그렇게 하지 않습니다.

워터폴 모델은 대규모 시스템 개발에서 자주 사용됩니다. 이전 단계로 돌아갈 수 없기 때문에 각 단계에서 해당 단계를 완벽하게 마무리해야 합니다.

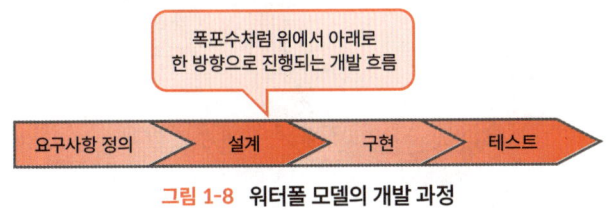

그림 1-8 워터폴 모델의 개발 과정

애자일 모델

반면 애자일(Agile) 모델은 작은 프로그램을 만들어 고객이나 사용자에게 보여주고 피드백을 받아 개선하는 과정을 반복하는 **순환적** 개발 방법입니다(그림 1-9). 이런 개발 주기는 보통 1개월 이내로 진행됩니다. 애자일 개발 방법 중 하나인 스크럼(Scrum)에서는 이러한 한 번의 사이클을 **스프린트(Sprint)**라고 부릅니다.

이 모델은 초기 단계부터 실제 시스템을 개발자와 고객이 함께 확인할 수 있어서, 요구 사항을 놓치거나 의사소통에 문제가 생기는 것을 막을 수 있고, 중간에 변경 사항이 생겨도 쉽게 반영할 수 있다는 장점이 있습니다.

하지만 같은 과정을 계속 반복해야 하고, 너무 많은 변경으로 프로젝트가 통제하기 어려워질 수 있다는 단점도 있습니다. 이런 특성 때문에 과거에는 작은 규모의 시스템 개발에 주로 사용했습니다. 하지만 지금은 큰 규모의 개발에도 적용할 수 있는 방법들이 많이 나오고 있습니다.

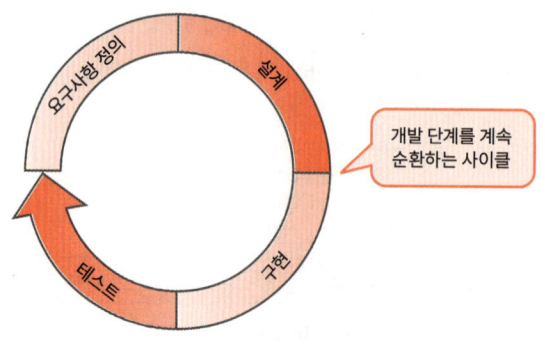

그림 1-9 애자일 모델 개발 사이클

최근에는 애자일 개발을 더 효율적으로 진행하기 위해 CI/CD라는 자동화 기술이 많이 발전했습니다. CI/CD는 'continuous integration(지속적 통합)'과 'continuous delivery(지속적 배포)'의 줄임말입니다. 이 기술을 사용하면 프로그램을 만들고(빌드, build), 테스트하고, 사용자에게 제공(배포, deploy)하는 과정을 자동으로 빠르게 처리할 수 있습니다.

이러한 CI/CD 작업은 Jenkins와 CircleCI 등의 도구를 사용합니다. 또한 애저 데브옵스(Azure DevOps)처럼 클라우드에서 바로 사용할 수 있는 서비스를 활용할 수도 있습니다.

1.4 설계 단계와 데이터베이스

시스템 개발의 네 가지 기본 단계 중에서 이 책은 설계 단계를 자세히 다룹니다. 설계 단계는 다시 여러 작은 단계로 나뉩니다. 예를 들어 프로그램이 어떤 기능을 제공할지 결정하는 '애플리케이션 설계'와 사용자가 실제로 보게 될 화면을 만드는 '사용자 인터페이스 설계' 등이 있습니다.

이 책에서는 이러한 여러 설계 단계 중에서 '데이터 설계', 특히 데이터베이스에 저장할 정보를 어떻게 구성할지 설계하는 방법을 설명합니다.[8] 앞으로 이것을 '데이터베이스

---

[8] 시스템은 데이터베이스 외에도 텍스트 파일, CSV 파일, HTML 파일 등 다양한 형태로 데이터를 저장합니다. 이러한 '데이터베이스 외부' 데이터를 어떻게 저장할지 설계하는 것도 중요합니다. 다만 이 부분은 이 책에서는 다루지 않습니다.

설계(DB 설계)'라고 부르겠습니다. 데이터베이스 설계가 중요한 이유는 다음 두 가지입니다.

- **이유 1**: 시스템에서 사용하는 대부분의 데이터(특히 영구적으로 보관해야 하는 데이터)는 데이터베이스에 저장됩니다. 그래서 보통 '데이터 설계'라고 하면 '데이터베이스 설계'를 의미합니다.
- **이유 2**: 데이터 설계는 시스템의 전체적인 품질을 결정하는 데 가장 중요한 요소입니다. 소프트웨어는 결국 '데이터를 주고받는 시스템'이므로, 어떤 데이터를 어떻게 구성할지에 따라 필요한 프로그램이 달라집니다.[9]

1.4.1 DOA와 POA

위의 두 가지 이유 중에서도 특히 중요한 것은 첫 번째 이유입니다. 최근 소프트웨어 개발에서는 **데이터 중심 접근법**(data-oriented approach, DOA)이라는 방법을 많이 사용합니다. 이는 시스템을 만들 때 프로그램 작성보다 데이터 설계부터 먼저 하는 방법입니다. 즉, '데이터가 먼저'라는 것입니다.

조금 역사적인 이야기를 해보면, 과거 시스템 개발의 주류 개념은 지금과 정반대였습니다. 즉, **프로세스 중심 접근법**(process-oriented approach, POA)이었습니다. 여기서 '프로세스'는 프로그램과 같은 뜻으로 이해하면 됩니다. 하지만 현재 이 개념은 이미 시대에 뒤떨어진 것으로 여겨지며, 일반적으로 POA가 채택되는 경우는 거의 없습니다.

- **DOA**: 데이터 ➡ 프로그램
- **POA**: 프로그램 ➡ 데이터

이는 직관적으로 생각해보면 약간 이상하게 느껴질 수 있습니다. 시스템이라는 것은 프로그램으로 만들어지기 때문에, 프로그램부터 설계를 시작하는 것이 그렇게 이상해 보이지 않습니다. 오히려 자연스럽게 느껴질 수도 있습니다. 실제로 시스템 개발 초보자에

---

[9] 1.2절에서 언급했던 것처럼 데이터베이스 모델이 다르면 설계 방법도 달라집니다. 당연히 이에 따라 프로그램도 달라질 수밖에 없습니다.

게 아무런 사전 지식 없이 개발을 맡기면 열에 아홉은 프로그램 설계부터 시작합니다. 신입 사원 교육 과정에서 신입 사원들이 팀을 이루어 작은 시스템을 개발하는 실습을 진행할 때도, 데이터 설계부터 시작하는 팀은 드뭅니다.

하지만 실제로 POA로 개발을 진행해보면, 처음 예상했던 것보다 비효율적이라는 것을 알 수 있습니다. 프로세스, 즉 업무 처리는 짧은 시간 내에 크게 변화하는 경우가 빈번합니다. 따라서 프로세스 단위로 데이터 설계를 하다 보면, 여러 프로세스에서 동일한 데이터를 개별적으로 관리하는 중복이 발생하는 등 많은 문제가 생깁니다(그림 1-10).

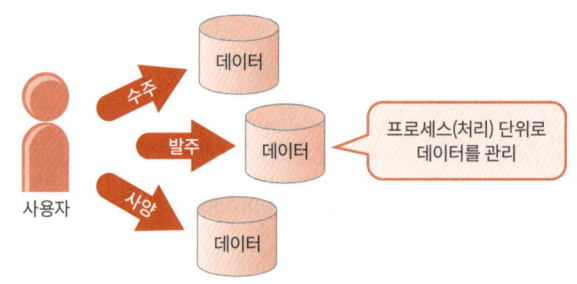

그림 1-10　POA에서는 처리 단위로 데이터가 분산되어 관리가 복잡함

DOA는 이러한 POA의 단점을 해결하기 위해 등장한 것입니다. DOA의 핵심은 데이터가 잘 변하지 않는다는 점(영속적이라는 점)입니다. 데이터의 의미와 형식을 먼저 정해두면 여러 프로그램에서 같은 데이터를 쉽게 공유할 수 있고, 업무 요구사항이 바뀌어도 유연하게 대응할 수 있다는 장점이 있습니다(그림 1-11).

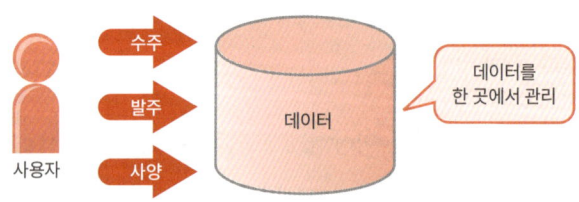

그림 1-11　DOA에서는 데이터를 일원화하여 관리할 수 있음

이러한 이유로 시스템 개발에서는 프로그램을 설계하기 전에 데이터 설계를 먼저 합니다.

> **핵심 포인트 5** 데이터가 먼저입니다. 프로그램은 그다음에 만들면 됩니다.

따라서 데이터 설계(현재는 거의 데이터베이스 설계와 같은 의미로 사용됩니다)는 시스템의 품질을 결정하는 가장 중요한 요소라고 할 수 있습니다. 만약 데이터 설계에서 기본 원칙을 지키지 않는 설계(이를 '안티패턴'이라고 합니다)를 하게 되면, 시스템의 기능적/비기능적 품질에 심각한 문제가 생길 수 있습니다. 이러한 안티패턴에 대해서는 7장과 8장에서 자세하게 살펴볼 것입니다. 또한 DOA가 왜 중요한지는 '안티패턴이 나쁜 이유'(228페이지)라는 칼럼에서 설명하므로, 참고하기 바랍니다.

> **핵심 포인트 6** 데이터베이스를 제압하는 자가 시스템을 제압합니다. 데이터베이스는 시스템의 중심인 동시에 시스템 개발의 중심입니다.

1.4.2 3계층 스키마

지금까지 데이터베이스 설계가 시스템 개발에서 가장 중요한 요소라는 점을 설명했습니다. 지금부터는 구체적으로 어떤 단계를 거쳐 데이터베이스 설계를 진행하는지 살펴보겠습니다.

여기서 중요한 개념으로 **스키마**(schema)가 등장합니다. 스키마는 '틀' 또는 '구도'라는 뜻인데, 데이터베이스 설계에서는 데이터베이스의 데이터 구조와 형식을 의미합니다. 데이터베이스 설계 단계는 이러한 스키마의 레벨과 밀접하게 연결되어 있습니다. 스키마는 일반적으로 다음 세 가지 레벨로 나눕니다.[10]

1. 외부 스키마(외부 모델): 뷰의 세계
2. 개념 스키마(논리 데이터 모델): 테이블의 세계
3. 내부 스키마(물리 데이터 모델): 파일의 세계

---

[10] 이 분류는 미국의 표준 규격을 정하는 ANSI 위원회가 정의한 것입니다. 이 외에도 '개념/논리/물리'와 같이 세 가지로 나누는 방법 등 3계층 스키마를 정의하는 방법이 여러 가지 있습니다. 하지만 내용은 거의 비슷하므로, ANSI의 정의를 먼저 이해하면 다른 방법도 쉽게 이해할 수 있을 것입니다.

이 세 가지 스키마로 시스템을 설명하는 모델을 **3계층 스키마 모델**이라고 합니다(그림 1-12).

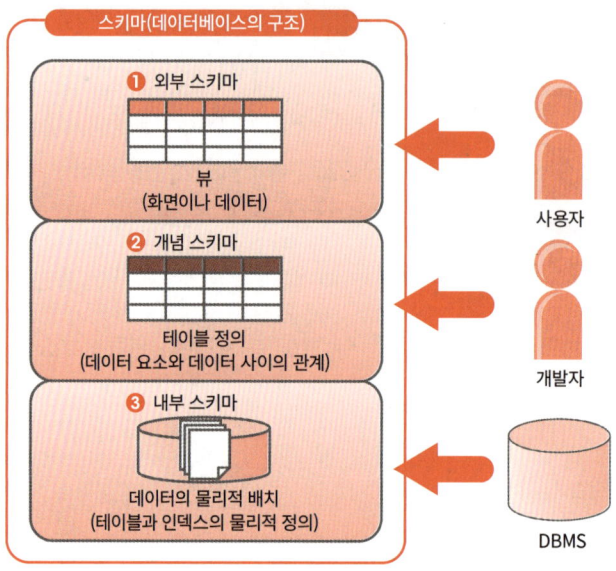

그림 1-12 3계층 스키마 모델

❶ 외부 스키마

외부 스키마는 시스템 사용자의 관점에서 데이터베이스가 어떤 기능과 인터페이스를 가지고 있는지를 정의하는 스키마입니다. 쉽게 말해 **사용자가 보는 데이터베이스**의 모습입니다. 데이터베이스의 객체로는 뷰(view)가 이에 해당합니다(뷰는 8장에서 자세하게 다룰 예정입니다).

추가적으로 외부 스키마는 데이터베이스뿐만 아니라, 화면의 사용자 인터페이스와 입력 데이터 등 사용자가 볼 수 있는 '시스템의 모습'이라고 할 수 있습니다.

❷ 개념 스키마

데이터베이스에 저장될 데이터 요소와 데이터 사이의 관계를 정의하는 스키마입니다. 외부 스키마가 사용자 관점의 데이터베이스라면, 개념 스키마는 **개발자 관점의 데이터베이스**입니다.

데이터베이스 설계에서 중요한 위치를 차지하며, 개념 스키마 설계를 '논리 설계'라고도 부릅니다(여기서 '논리'의 의미는 다음 장에서 설명합니다). 데이터베이스 설계의 핵심이 되는 스키마이므로, 이 책에서도 개념 스키마에 대해 자세하게 살펴봅니다. 주로 3장(정규화)과 4장(ER 다이어그램)에서 다루며, 이후의 장들도 기본적으로 개념 스키마와 관련됩니다.

❸ 내부 스키마

개념 스키마에서 정의된 논리 데이터 모델을 DBMS 내부에 구체적으로 어떻게 저장할지를 정의하는 스키마입니다. 즉 **DBMS 관점의 데이터베이스**입니다. 테이블과 인덱스(색인)의 물리적 정의를 포함합니다.

관계형 데이터베이스도 컴퓨터에서 작동합니다. 따라서 모든 데이터는 최종적으로 '파일' 형태로 관리되므로, '파일로 표현된 세계'라고 이해하면 됩니다. 내부 스키마 설계를 논리 설계와 비교하여 '물리 설계'라고 부릅니다. 이 책에서는 2장(물리 설계)과 6장(성능)에서 주로 다룹니다.

1.4.3 개념 스키마와 데이터 독립성

3계층 스키마를 처음 배우는 사람들이 공통적으로 하는 질문이 있습니다.

개념 스키마가 왜 필요한가요?

외부 스키마와 내부 스키마가 필요한 이유는 비교적 이해하기 쉽습니다. 외부 스키마는 사용자가 데이터를 어떻게 볼 수 있게 할지를 결정하므로, 시스템 사용성에 직접 영향을 주므로 필요합니다. 그리고 내부 스키마는 데이터를 실제 데이터베이스에 어떻게 저장할지를 결정하므로 필요합니다.

하지만 이 둘 사이에 있는 개념 스키마가 왜 필요한지는 처음에는 잘 이해가 되지 않을 수 있습니다. 이를 이해하려면 '만약 개념 스키마가 없다면 어떻게 될까?'라는 질문을 던져보는 것이 좋습니다. 작은 시스템을 만들 때는 개념 스키마 없이 외부 스키마와 내부 스키마만 사용하기도 합니다. 이런 방법을 '2계층 스키마'라고 할 수 있습니다. 하지만 시스템이 커지면 이 방법에는 큰 문제가 생깁니다. 바로 **시스템 변경이 어렵다(유연성이 부족하다)**는 점입니다.

예를 들어 개념 스키마가 없다고 합시다. '데이터를 다르게 출력하고 싶다'라는 요구사항이 있을 때 외부 스키마를 바꾸는 것은 당연합니다. 그런데 내부 스키마까지 바꿔야 할 수도 있습니다. 반대로 내부 스키마를 바꾸면 외부 스키마도 영향을 받아 바꿔야 할 수 있습니다. 2계층 스키마는 스키마들이 서로 너무 의존적이라(=독립성이 적어서), 시스템을 변경하기 어려운 것입니다.[11]

개념 스키마는 이 문제를 해결합니다. 외부 스키마와 내부 스키마 사이에서 **완충재** 역할을 하여, 한쪽의 변경이 다른 쪽에 영향을 주지 않게 만듭니다(그림 1-13).

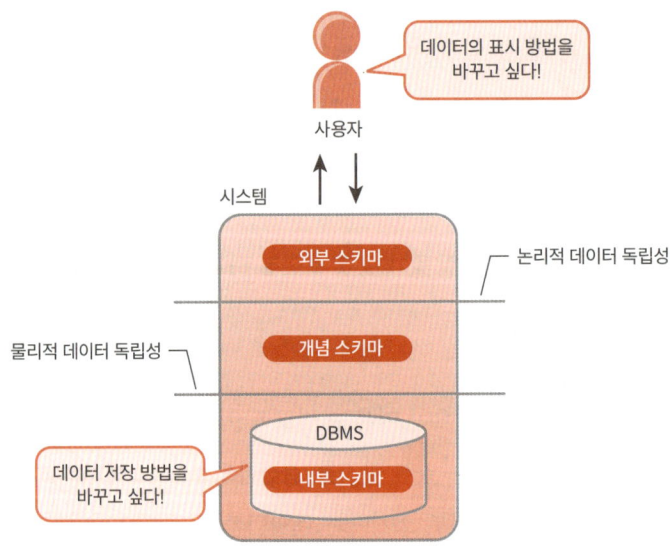

그림 1-13 개념 스키마의 완충재 역할

이렇게 스키마들이 서로 독립적으로 작동할 수 있게 하는 특성을 **데이터 독립성**이라고

---

[11] 실제 현장에서 시스템 개발과 운영을 해보면 실감할 수 있는 것처럼, 시스템 관리는 계속해서 변경 사항에 대응하는 일의 연속입니다. 최근에는 CI/CD(지속적 통합, 지속적 서비스 제공)라는 용어도 많이 사용되고 있습니다.

합니다. 외부 스키마를 변경해도 다른 부분에 영향을 주지 않는 것을 **논리적 데이터 독립성**, 내부 스키마를 변경해도 다른 부분에 영향을 주지 않는 것을 **물리적 데이터 독립성**이라고 합니다.

> **핵심 포인트 7** 개념 스키마는 데이터의 독립성을 보장하기 위해 존재합니다.

시스템 개발의 여러 개념과 방법론을 처음 접하면 '이게 왜 필요한 걸까?', '어떤 도움이 되는 걸까?'라는 의문이 드는 경우가 많습니다. 흥미로운 점은, 이렇게 직관적으로 이해하기 어려운 개념은 오랜 시행착오를 거쳐 만들어진 해결책인 경우가 많다는 것입니다. 우리는 이미 완성된 결과물을 뒤늦게 배우다 보니 이러한 위화감을 느끼는 것입니다.

이런 개념들을 잘 이해하기 위한 좋은 방법이 있습니다. 바로 다음 질문을 던져보는 것입니다.

> 이것이 없으면 어떤 문제가 생길까?

이렇게 반대로 생각해보면, 처음에는 직관적으로 이해하기 어려웠던 개념의 가치가 분명하게 보일 것입니다.

> **핵심 포인트 8** 개념의 유용성을 이해하지 못하겠다면, '이것이 없으면 어떻게 될까?'를 생각해보세요.

참고로 시스템 개발에는 데이터베이스의 3계층 스키마 외에도 또 다른 3계층 모델이 있습니다. 바로 **웹 3계층 모델**이라는 웹 시스템 구성 방법입니다. 이 모델은 웹 애플리케이션에서 매우 기본적인 구조(표준적인 구조)이므로 실무에서 자주 사용됩니다. 하지만 이 모델을 처음 배울 때도 중간 계층인 애플리케이션 계층의 역할을 이해하기 어렵습니다. 애플리케이션 계층 또한 비즈니스 로직을 한 곳에서 관리함으로써 시스템 변경에 유연하게 대응할 수 있게 하는 것이 주요 목적입니다.

다음 장에서는 데이터베이스 설계의 핵심인 개념 스키마와 내부 스키마 설계, 즉 논리 설계와 물리 설계에 대해 자세히 알아보겠습니다.

> 연습 문제

연습 1-1 DBMS 정보 확인하기
현재 사용하고 있거나 이전에 사용해본 관계형 데이터베이스를 기준으로 다음 정보를 찾아보세요.

1. 현재 사용하고 있는 DBMS의 현재 버전과 최신 버전(클라우드 서비스를 사용한다면, 데이터베이스 엔진의 종류와 버전)
2. 에디션(edition)
3. 매뉴얼 또는 공식 문서를 찾을 수 있는 곳

DBMS별로 구현 방법이 다르며, 이는 애플리케이션을 실제로 만들 때 중요한 영향을 미칩니다. 각각의 DBMS는 지원하는 기능이 조금씩 다르고, 자체적인 특별 기능을 가지고 있기도 합니다. 이러한 차이점을 파악하려면 매뉴얼을 자세히 읽어봐야 하는데, 그 전에 먼저 해당 DBMS의 버전과 에디션을 정확히 알고 있어야 합니다.

연습 1-2 애플리케이션 수정 유형과 비용
가장 많이 사용되는 워터폴 모델은 개발 후반 단계에서 이전 단계로 돌아가기 어렵고 수정 비용도 많이 든다는 특징이 있다고 언급했습니다.

다음과 같은 상황을 가정해보겠습니다. 여러분이 참여하고 있는 시스템 개발 프로젝트가 테스트 단계에 들어섰습니다. 프로젝트는 이미 마무리 단계이고 실제 시스템 전환(커트오버, cutover)[12]도 곧 다가오고 있습니다. 이런 상황에서 테스트 중에 다음 문제들이 발견되었습니다.

- **문제 1:** 성능 테스트 중에 특정 배치(일괄처리)용 SQL의 성능이 매우 좋지 않다는 것이 발견되었습니다. 요구사항에 따르면 1시간 내로 끝나야 하는 처리인데, 현재 10시간이나 걸리고 있습니다.
- **문제 2:** 화면에서 온라인으로 출력하는 보고서의 현재 레이아웃에 필요한 정보가 부족하다는 문제가 발견되었습니다. 알아보니 고객과 요구사항을 조율하는 과정에서 이 부분이 누락된 것이 원인이었습니다.

이러한 문제들을 해결하기 위해 구현이나 설계 측면에서 어떤 변경이 가능할지 생각나는 대로 제안해보세요. 아직 데이터베이스 설계를 자세히 배우지 않은 상태이므로, 구체적인 해결 방안까지는 어려울 수 있습니다. 지금은 큰 방향만 생각해보시면 됩니다. 나중에 6장까지 학습을 마친 후에 이 문제를 다시 한번 풀어보기 바랍니다.

---

[12] 옮긴이 시스템 전환이란 기존의 시스템을 종료하고 새로운 시스템(업데이트, 시스템 구성 변경 등의 목적)으로 넘어가는 것을 의미합니다. 기존의 것을 끊고(cut), 넘어간다(over)라는 의미로 cutover라고 부릅니다.

CHAPTER 2
논리 설계와 물리 설계

데이터베이스 설계는 크게 논리 설계(개념 스키마)와 물리 설계(내부 스키마)로 나눌 수 있습니다. 이번 장에서는 각각의 설계를 배울 때 알아야 할 중요한 내용을 살펴보겠습니다. 특히 물리 설계에서 데이터베이스의 주요 요구사항인 가용성(신뢰성), 성능, 용량(capacity)을 충족하기 위해 어떤 점들을 고려해야 하는지 자세히 알아보겠습니다.

학습 포인트
- 논리 설계는 반드시 물리 설계보다 먼저 해야 합니다(최대한 이렇게 해야 합니다).
- DBMS는 사용자가 실제 파일 구조를 신경 쓰지 않아도 되게 만들어져 있습니다. 하지만 설계자는 파일이 실제로 어떻게 저장되고 관리되는지 파일 단위까지 고려해야 합니다. 이것이 물리 설계의 핵심입니다.
- 데이터베이스의 크기를 미리 계산하는 것(사이징, sizing)은 어렵지만 매우 중요한 작업입니다. 클라우드를 사용하더라도 예산이 무제한인 경우는 거의 없기 때문에, 필요한 용량을 정확히 산정해야 합니다.
- RAID 방법을 선택할 때는 신뢰성, 성능, 예산을 고려해야 합니다.
- 복제(replication)는 데이터베이스 전체의 복사본을 만들어두는 기술입니다.
- 클라우드 환경에서 시스템 장애에 대비하려면 복제와 데이터를 여러 곳에 분산 저장하는 것이 좋습니다.
- 백업과 복구 설계(리커버리 설계)는 평소에는 눈에 잘 띄지 않는 작업이지만, 제대로 하지 않으면 심각한 사고로 이어져 뉴스에도 나올 수 있습니다.

2.1 개념 스키마와 논리 설계

개념 스키마를 정의하는 설계를 **논리 설계**라고 합니다. 시스템 개발에서 '논리'라는 단어는 일반적인 의미인 '일관되고 조리 있다'가 아닌, **물리적 제약에 얽매이지 않는다**는 의미로 사용됩니다.

여기서 물리적 제약이란 데이터베이스 서버의 CPU 성능, 스토리지(일반적으로 SSD)의 데이터 저장 위치를 의미합니다. 또한 더 상위 레벨에서는 사용 중인 DBMS가 지원하는 데이터 타입이나 SQL 문법과 같은 구체적인 구현 레벨의 조건을 의미하기도 합니다. 데이터베이스를 처음 설계할 때는 일단 이러한 물리적 제약은 고려하지 않고 진행합니다.

시스템 개발에서 데이터베이스 설계는 그림 2-1의 순서를 따릅니다.

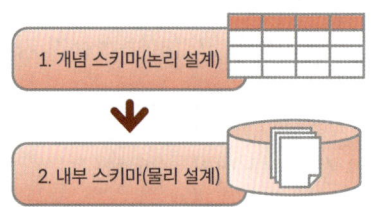

그림 2-1 데이터베이스 설계는 원칙적으로 논리 설계가 물리 설계에 앞섬

논리 설계를 물리 설계보다 먼저 하는 이유는 논리 설계가 물리적 제약에 구애받지 않기 때문입니다. 이는 마치 요리할 때 그릇을 먼저 준비하고 요리를 정하는 것이 아니라, 만들고 싶은 요리에 맞춰 그릇을 선택하는 것과 같습니다.[1]

2.1.1 논리 설계 단계

논리 설계에서는 어떤 작업을 해야 할까요? 논리 설계에서는 일단 현실 세계에 존재하는 다양한 데이터 중에서 무엇을 어떤 형식으로 관계형 데이터베이스에 저장할지 결정해야

---

1 물론 이는 원칙일 뿐입니다. 실제로는 여러 제약(특히 예산 문제) 때문에 큰 그릇을 준비할 수 없어서, 작은 그릇에 맞춰 요리를 정해야 할 때도 있습니다. 하지만 처음부터 이런 태도로 시스템을 만드는 것은 '싸우지도 않고 패배하는 것'과 같아서 권장하지 않습니다. 원칙적으로는 '논리 설계가 물리 설계보다 먼저'라는 것을 꼭 기억해주세요.

합니다. 여기에는 그림 2-2와 같은 작업들이 포함되며, 1~4번은 순서대로 진행해야 합니다.

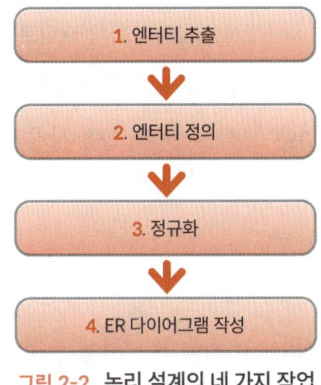

그림 2-2 논리 설계의 네 가지 작업

그럼 각 작업의 내용과 작업할 때 주의해야 할 점들을 살펴보겠습니다.

2.1.2 엔터티 추출

엔터티(entity)는 한국어로 **실체**라고 번역합니다. 이는 현실 세계에 존재하는 데이터의 집합을 가리키는 용어입니다.

엔터티에는 '고객', '직원', '매장', '자동차'처럼 물리적 실체가 있는 것들도 있고, '세금', '회사', '주문 이력'처럼 물리적 실체가 없고 만질 수도 없는, 개념으로만 존재하는 것들도 있습니다. '실체'라는 한국어 단어는 '물리적으로 만질 수 있는 것'이라는 뉘앙스가 있지만, 관계형 데이터베이스에서 다루는 엔터티는 그런 의미를 전혀 포함하지 않습니다.[2]

> 핵심 포인트 9 '엔터티(실체)'가 반드시 물리적 실체를 가질 필요는 없습니다.

관계형 데이터베이스는 현실 세계의 엔터티를 '테이블'이라는 물리적 단위로 저장합니다. 따라서 시스템에 어떤 엔터티(=데이터)가 필요한지 파악하는 것이 논리 설계의 첫 번째 단계입니다.

---

2 3장과 4장에서 자세히 다루겠지만, '관계 엔터티'처럼 순전히 이론적인 필요성 때문에 만들어지는 '실체가 없는' 엔터티도 있습니다. 이는 이후에 다루겠습니다.

이 작업의 일부는 '요구사항 정의'와 겹칩니다. 시스템에 어떤 엔터티가 필요한지 묻는 것은 결국 어떤 데이터를 다룰 것인지를 묻는 것과 같기 때문입니다. 예를 들어 발주/수주 시스템을 만들 때 고객 리스트를 데이터화(엔터티로 추출)하지 않거나, 수강 신청 시스템을 만들면서 학생이나 교수 정보를 데이터화하지 않는 경우는 생각하기 어렵습니다. 따라서 엔터티 추출 작업은 고객 또는 시스템 사용자와 요구사항을 논의하는 과정에서 함께 진행됩니다.

2.1.3 엔터티 정의

엔터티를 추출한 후에는 각 엔터티가 어떤 데이터를 담을지 결정해야 합니다. 엔터티는 데이터를 **속성(attribute)**이라는 형태로 담는데, 이는 2차원 표의 '열(column)'과 같은 의미입니다. 이 책에서도 '속성'과 '열'을 같은 의미로 사용하겠습니다.[3] 관계형 데이터베이스는 2차원 표와 비슷한 '테이블' 형식으로 엔터티를 저장하는데(그림 2-3), 각 테이블이 어떤 '열'을 가질지 정하는 것이 이 단계의 작업입니다.

여기서 특히 중요한 것은 '**키**'라는 열을 정의하는 것입니다. 키는 데이터의 유일성 등을 결정하는데 사용하는 열(여러 열일 수도 있음)을 의미합니다. '테이블'과 '키'와 같은 관계형 데이터베이스의 기본 개념은 3.1절과 3.2절에서 자세히 설명하겠습니다.

---

3 '속성'이 더 이론적인 용어이지만, 실무에서는 이런 차이를 신경 쓸 필요가 없으며, 실제로는 이 용어를 잘 사용하지 않습니다.
　[옮긴이] 이 책에서는 '열'과 '칼럼'이라는 용어가 모두 많이 나옵니다. 같은 의미로 보면 됩니다. '직원명 열', '칼럼 기반 데이터베이스'처럼 두 표현 모두 많이 사용되므로 책에서도 병용했습니다.

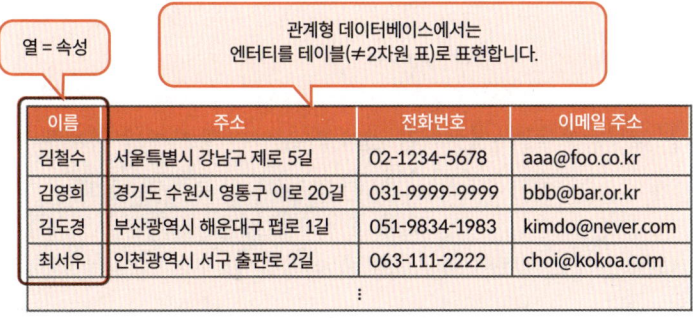

그림 2-3 관계형 데이터베이스의 엔터티

2.1.4 정규화

정규화(normalization)는 엔터티(테이블)를 시스템에서 효율적으로 사용할 수 있도록 정리하는 작업입니다. 특히 데이터 등록, 수정, 삭제와 같은 갱신 작업을 일관성 있게 수행할 수 있도록 엔터티 형식을 정리하는 것이 주요 목적입니다.

단순히 엔터티를 추출하고 속성을 정의하는 것만으로는 실제 시스템에서 활용하기 부족합니다. 따라서 관계형 데이터베이스의 논리 설계에서 정규화는 굉장히 중요한 기초입니다. 정규화는 데이터베이스 논리 설계를 이해하는 핵심이라고 할 수 있습니다.

정규화는 중요한 내용이므로, 이 책에서는 3장 전체를 걸쳐 사례 연구와 함께 자세하게 살펴보겠습니다.

2.1.5 ER 다이어그램 작성

ER 다이어그램은 엔터티 사이의 관계를 표현하는 도구입니다. 정규화하면 엔터티의 수가 증가하는데, 이는 물리적 관점에서 엔터티(=테이블)를 더 작은 단위로 나누는 작업이기 때문입니다. 이 과정에 대해서는 3장의 정규화 부분에서 자세히 다루겠습니다.

엔터티가 늘어나면 자연스럽게 엔터티 사이의 관계를 파악하기가 어려워집니다. 이는 개발 효율을 떨어뜨립니다. 중소 규모의 시스템에서도 보통 수십 개의 엔터티가 필요하며, 대규모 시스템에서는 수백 개의 엔터티가 생성됩니다. 이렇게 많은 엔터티 사이의 관계를 도구 없이 이해하기는 매우 어렵습니다.

이러한 문제를 해결하기 위해 만들어진 것이 바로 엔터티 사이의 관계를 표현하는 도표입니다(그림 2-4). 이는 일종의 '엔터티 청사진'이라고 할 수 있습니다.

ER 다이어그램은 논리 설계에서 매우 중요한 역할을 합니다. ER 다이어그램에는 여러 작성 방법이 있습니다. 이 책에서는 표준적인 IE 표기법과 IDEF1X 두 가지를 다룹니다. 이러한 작성 방법은 4장에서 실제 사례를 보면서 자세하게 살펴보겠습니다.

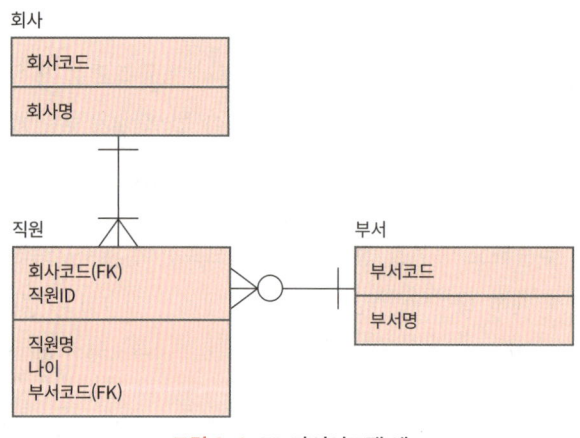

그림 2-4 ER 다이어그램 예

지금까지 논리 설계와 관련된 개요를 간단하게 살펴보았습니다. 논리 설계 단계에서는 서버와 스토리지 같은 하드웨어를 구매하거나 DBMS 미들웨어를 설치할 필요는 없습니다. 모든 작업은 **책상 위**에서 진행할 수 있습니다.

이처럼 논리 설계의 '논리'는 '책상 위에서 할 수 있는 작업'이라는 의미로 이해하면 됩니다. 마치 건축에서 청사진을 그리는 것과 같습니다. 이렇게 책상 위에서 만든 청사진을 기반으로 건축물의 재료를 준비하는 단계가 바로 다음에 다룰 **물리 설계**입니다.

2.2 내부 스키마와 물리 설계

논리 설계가 완료된 후에는 실제로 데이터를 저장할 물리적 공간과 저장 방법을 결정하는 물리 설계 단계가 시작됩니다. 물리 계층에서는 하드웨어를 다루기 때문에, 하드웨어와 DBMS 제품들에 대한 지식이 필요합니다. 이번 절에서는 대부분의 상황에서 적용할 수 있는 기본적인 설계 과정을 설명하겠습니다.

이번 절의 내용은 두 부분으로 나누어져 있습니다. 먼저 온프레미스(기업이 직접 서버를 보유하고 운영하는 방법)의 데이터베이스 물리 설계를 살펴보고, 이후 퍼블릭 클라우드의 데이터베이스 물리 설계를 알아보겠습니다.

온프레미스 환경부터 살펴보는 데는 이유가 있습니다. 클라우드의 경우 물리적인 아키텍처가 숨겨져 있고, 독자적인 추상적 개념을 많이 사용합니다. 따라서 처음부터 클라우드를 배우면 기본 개념을 이해하기 어려울 수 있습니다(만약 이미 온프레미스 설계를 잘 알고 있다면, 2.4절로 바로 넘어가도 좋습니다).

또한 온프레미스 설계를 먼저 배우고 클라우드 설계를 살펴보면 두 방법의 차이점에서 오는 놀라움을 경험할 수 있습니다. 지금까지 설명한 이유들로 이 책에서는 독자들이 이러한 차이점을 직접 경험해보기를 바라는 마음에서 온프레미스 설계를 먼저 다루기로 했습니다.

2.2.1 물리 설계의 단계

물리 설계는 크게 다음 다섯 가지 작업으로 이루어집니다.

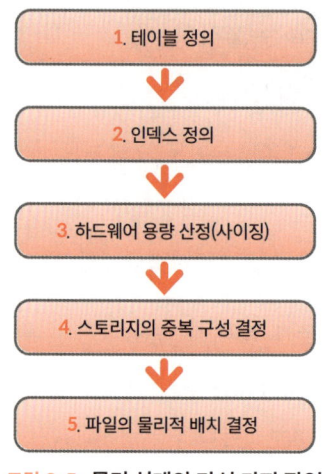

그림 2-5 물리 설계의 다섯 가지 작업

지금부터 각 작업의 내용과 각 작업을 진행할 때 주의해야 하는 점을 살펴보겠습니다.

2.2.2 테이블 정의

논리 설계 단계에서 정의한 개념 스키마를 DBMS 내부에 저장할 수 있게 '테이블' 단위로 변환하는 작업입니다. 이때 논리 설계에서 만든 ER 모델을 '논리 모델'이라 부르고, 이를 변환해 만든 모델을 '물리 모델'이라고 합니다.

테이블은 여러 번 언급했던 것처럼 2차원 표와 비슷한 형태를 가지며, 관계형 데이터베이스에서 데이터를 관리하는 기본 구조입니다. 테이블과 관련된 자세한 내용은 3.1절에서 설명하겠습니다.

2.2.3 인덱스 정의

인덱스(색인)는 관계형 데이터베이스에서 테이블만큼 중요한 개념입니다. 인덱스가 없어도 데이터베이스는 정상적으로 작동하지만, 성능적으로 큰 차이가 있습니다.

인덱스가 어떤 것인지 이해하기 쉽게 책의 용어 색인(찾아보기)을 예로 들어보겠습니다. 책에서 특정 단어가 나오는 페이지를 찾을 때, 첫 페이지부터 하나씩 찾아보는 것은 매우 비효율적입니다. 하지만 책의 색인을 이용하면 찾고 싶은 단어가 있는 페이지를 바로 알 수 있어서 그 페이지로 곧바로 이동할 수 있습니다.

인덱스와 관련된 자세한 내용은 6장에서 성능을 설명할 때 다루겠습니다.

2.2.4 하드웨어 용량 산정

용량 산정은 사이징(sizing)을 나타냅니다. 여기에서 사이징은 '크기를 결정한다'는 의미로, 시스템 개발에서 두 가지 의미로 사용됩니다.

첫 번째는 데이터 규모와 관련된 것으로, '시스템에서 사용할 데이터의 크기를 미리 예측해서 충분한 용량의 스토리지(저장 장치)를 선택하는 것'을 의미합니다. 이때는 말 그대로 데이터의 '크기'가 중요하기 때문에 '용량 추정'이라고 표현할 수 있습니다.

두 번째는 성능과 관련된 것입니다. 이때는 '서버의 CPU와 메모리 크기를 결정하는 것'을 의미합니다. 즉, 시스템이 원하는 성능을 낼 수 있도록 적절한 사양의 서버를 선택하는 작업이라고 할 수 있습니다. 여기서 주의할 점은 성능을 고려할 때도 스토리지가 중요하다는 것입니다. 예를 들어 HDD는 디스크 회전 속도와 같은 성능을 결정짓는 사양을 가지고 있습니다. 실제로 대부분의 성능 문제는 **스토리지의 입출력(I/O) 병목현상** 때문에 발생합니다.

> **핵심 포인트 10** 사이징은 용량과 성능(performance) 두 가지 관점에서 이루어집니다.

> **핵심 포인트 11** 데이터베이스 성능 문제의 80%는 스토리지 I/O로 인해 발생합니다.

데이터베이스에는 중요한 특징이 있습니다. 바로 데이터의 일관성과 성능 사이에 강한 트레이드오프 관계[4]가 존재한다는 점입니다. 일관성을 높이려고 하면 성능이 떨어지고, 성능을 높이려고 하면 일관성이 떨어지는 식입니다.

데이터베이스 설계는 제한된 예산 안에서 이 두 가지의 균형을 맞추는 작업이라고 할

---

4 [옮긴이] 트레이드오프란, 하나를 얻기 위해 다른 것을 포기해야 하는 상황이나 관계를 의미합니다.

수 있습니다. 이는 이 책 전체를 관통하는 핵심 주제입니다. 앞으로 모든 장에서 '일관성을 선택할 것인가, 성능을 선택할 것인가' 등의 질문을 계속 마주하게 될 것입니다. 스토리지 사이징에서 성능을 중요하게 고려해야 하는 이유도 바로 여기에 있습니다.

또, 독자 여러분이 어떤 조직에 속해 있든(혹은 프리랜서라 하더라도), 인간 사회의 모든 조직은 **예산**이라는 제약 아래 운영됩니다. '사이징 문제로 스케일 아웃하고 싶은데 예산을 초과해버렸네요'라는 변명(변명이라고 할 수도 없지만)이 통할 상황은 그리 많지 않습니다. 클라우드도 물리적으로 자원을 확장할 수 있다고 해도, 예산이라는 제약에서 자유로울 수는 없습니다.

따라서 사이징을 하려면, 다음과 같은 정보들이 필요합니다.

용량 산정(capacity sizing)
시스템에서 사용할 데이터양

데이터베이스에 저장할 데이터의 양을 계산하려면 먼저 물리적인 테이블과 인덱스 정의가 완료되어야 합니다. 즉, 논리 설계가 끝나야 이 작업을 시작할 수 있습니다.[5] 그리고 데이터에는 데이터베이스 테이블뿐만 아니라 텍스트, 이미지, HTML 등 다양한 형식의 파일도 모두 포함된다는 점을 잊어서는 안 됩니다.

서비스 종료 시점의 데이터 증가량

시스템을 운영하다 보면 데이터는 기본적으로 계속 쌓입니다. 물론 '최근 3년치 데이터만 보관한다'라는 시스템이라면, 시스템 특성상 데이터가 거의 늘지 않는 경우도 있습니다. 하지만 대부분의 시스템은 서비스가 끝날 때쯤이면 시작 때보다 데이터가 훨씬 많아지기 마련입니다.

그래서 서비스가 끝날 때 데이터가 얼마나 늘어날지 미리 생각해두지 않으면, 운영 중에 스토리지 용량이 바닥나는 심각한 문제가 발생할 수 있습니다. 최근에는 퍼블릭 클라우드가 널리 사용되면서 이후에 스토리지를 추가하기가 쉬워졌지만, 모든 클라우드

---

[5] 다만 현실적으로 일정 제약이 있으므로, 어느 정도 병행해서 진행되는 경우가 많습니다.

스토리지에도 용량 제한이 있고 용량을 늘리는 데 추가 비용이 들기 때문에 데이터 증가량을 예측하는 것은 여전히 중요합니다.

하지만 실제로는 서비스가 끝날 때 데이터가 얼마나 쌓여있을지 정확하게 예측하기 어려운 경우가 많습니다. 특히 지금까지 없었던 완전히 새로운 서비스라면, 얼마나 많은 사람이 사용할지 가늠하기가 쉽지 않습니다. 이런 상황에서는 보통 다음 세 가지 방법 중 하나를 선택합니다.

1. 여유 범위를 크게 잡아 여유 있게 용량을 산정한다.
2. 온프레미스 환경에서 이후에 용량이 부족할 경우 쉽게 스토리지(저장 장치)를 추가할 수 있는 구성을 준비한다.
3. 클라우드를 이용하여 스토리지 용량을 점진적으로 확장한다.

2번과 3번처럼 이후에 확장이 쉬운 구성을 '확장성이 높다'라고 표현합니다. '확장성(scalability)'이란 '확장 가능성'을 의미하며, 시스템이 부하 증가에 대응하기 위해 유연하게 확장될 수 있는 성질을 나타냅니다.

성능 사이징(performance sizing)
성능 요구사항

시스템 개발에서는 성능 요구사항을 두 가지 지표로 정의합니다. 첫 번째는 **응답 시간(response time)**입니다. 이는 '특정 작업을 몇 초 이내에 완료한다'처럼 구체적인 시간으로 정의합니다.

두 번째는 **처리량**(throughput)입니다. 이는 시스템이 일정 시간 동안 처리할 수 있는 작업의 양을 의미합니다. 응답 시간이 '작업을 얼마나 빨리 처리하는가'를 측정한다면, 처리량은 '얼마나 많은 작업을 처리하는가'를 측정합니다. 보통 '초당 처리 건수'를 나타내는 **TPS**(transaction per second)라는 단위를 사용합니다. 데이터베이스의 경우, 초당 처리할 수 있는 쿼리 수를 뜻하는 QPS(query per second)를 사용하기도 합니다.

이러한 두 가지 요구사항은 반드시 요구사항 정의 단계에서 결정해야 합니다.

> **핵심 포인트 11** 성능 요구사항의 두 가지 핵심 지표: '처리 속도'와 '처리량'

자원 사용량 기준값

새로운 시스템을 처음부터 만들 때 특히 어려운 문제가 있다면, 어떤 작업을 수행할 때 얼마만큼의 하드웨어 자원이 필요한지 정확하게 알기 어렵다는 것입니다. 따라서 다른 정보를 기반으로 추정할 수밖에 없는데, 기준이 되는 수치가 필요합니다.

이러한 기준값을 얻는 방법에는 두 가지가 있습니다.

- 방법 1: 비슷한 실제 운영 중인 시스템의 데이터를 참고합니다.
- 방법 2: 개발 초기에 **프로토타입 시스템**을 만들어 성능을 테스트합니다. 개념 증명(proof of concept, PoC)을 진행하기도 합니다.

첫 번째 방법의 경우 비용이 적게 들지만, 참고할 만한 비슷한 시스템을 찾기 어렵다면 정확도가 떨어집니다. 두 번째 방법의 경우 정확도는 높지만, 프로토타입 제작과 테스트에 시간과 인력이 많이 필요해서 예산과 일정에 여유가 있는 프로젝트가 아니면 실행하기 어렵습니다.[6] 최근에는 개발 일정이 **점점 더 짧아지는 추세**라서, 프로토타입 테스트를 할 여유가 없는 경우가 많습니다.

이런 이유로 성능 사이징도 용량 사이징처럼 불확실한 요소(리스크)가 존재합니다. 그래서 안전을 위한 여유 범위와 확장 가능성을 고려해서 사이징해야 합니다.

> **핵심 포인트 13** 정확한 사이징은 어렵습니다. 그러므로 아래를 유념하여 설계하는 것이 중요합니다.
> - 실행할 때는 반드시 안전을 위한 여유 범위를 포함할 것
> - 확장이 쉬운 구조로 설계할 것

사이징은 실패했을 때 피해가 크면서도, 미리 정확하게 수행하기 어려운 까다로운 작업입니다. 스토리지 용량이 너무 크거나 서버 자원이 많이 남는 오버사이징의 경우에는

---

[6] 일반적인 벤치마크 지표(예: SPEC(Standard Performance Evaluation Corporation)이 발표하는 수치)를 기준값으로 사용할 수도 있지만, 권장하지 않습니다. 벤치마크의 테스트 환경과 실제 개발하려는 시스템의 환경이 비슷하다는 보장이 없기 때문입니다. 이는 거의 추측에 가까우므로, 정확도가 매우 낮습니다.

'비용을 더 줄일 수 있지 않았나?'라는 질책 정도로 끝날 수 있습니다. 하지만 하드웨어 성능이 부족한 경우에는 상황이 매우 심각해집니다. 단순히 성능이 떨어지는 정도가 아니라, 시스템 전체가 멈춰서 큰 손실이 발생할 수도 있습니다.

금융기관의 시스템처럼 가장 신중한 사이징이 필요한 곳에서도 처리가 몰려 시스템이 다운되는 사고가 발생한다는 뉴스가 나올 정도입니다. 사이징은 그만큼 물리적 설계에서 어려운 작업입니다. 하지만 이 작업을 잘 수행할 수 있다면 데이터베이스 엔지니어로서 최고 수준으로 인정받을 수 있습니다.

이러한 사이징의 어려움을 해결하기 위해 퍼블릭 클라우드를 활용하는 것이 데이터베이스 분야에서도 보편화되고 있습니다. 작은 규모로 시작해서 '용량이 부족하다' 싶을 때 확장할 수 있는 클라우드는 사이징이 까다로운 시스템에 매우 적합합니다. 이런 상황에서는 클라우드 활용을 적극 검토해야 합니다. 다만 반복해서 강조하지만, **예산**이라는 절대적인 제약을 잊어서는 안 됩니다.

클라우드에도 장점과 단점이 있으므로, 이를 잘 검토한 후에 도입을 결정해야 합니다. 이에 대해서는 이번 장의 뒷부분에서 자세하게 살펴보겠습니다.

2.2.5 스토리지 중복 구성

물리적 설계의 다음 단계는 스토리지의 중복 구성을 결정하는 것입니다. 스토리지는 데이터베이스의 정보를 저장하는 장치로, 오랫동안 HDD(hard disk drive)가 사용되어왔습니다. 최근에는 HDD 대신 SSD(solid-state drive)를 사용하는 것이 일반화되고 있습니다. SSD는 HDD보다 읽기/쓰기 속도가 빠르지만, 용량이 큰 경우 비용이 많이 든다는 단점이 있습니다.

데이터베이스에 저장되는 정보는 기업의 핵심 데이터이므로, 이를 잃어버리는 일은 절대 있어서는 안 됩니다. 따라서 다양한 차원에서 최대한 높은 장애 대응 능력을 갖추도록 시스템을 구축해야 합니다. 이를 위해 가장 먼저 사용되는 기술이 바로 **RAID**입니다.

RAID는 'redundant array of independent disks'의 약자로, '독립 디스크의 중복 배열'을 뜻합니다.[7] 여러 디스크를 하나의 가상 스토리지로 묶어 사용하는 기술이며, 이렇게 묶은 디스크들을 **RAID 그룹**이라고 합니다.

RAID의 본래 목적은 신뢰성이 낮은 저렴한 디스크로도 시스템의 데이터를 안전하게 보관하는 것이었습니다. RAID의 'I'를 **inexpensive(저렴한)**로 해석하기도 하는 것도 이 때문입니다.[8] RAID에는 여러 레벨(방법)이 있지만, 기본 개념은 동일합니다. 여러 디스크에 같은 데이터를 기록하여 **중복화**를 이루면, 한 디스크가 고장 나더라도 나머지 디스크에서 데이터를 복구할 수 있습니다. 여기서 '중복화'란 '같은 데이터를 여러 곳에 보관하는 것'을 뜻합니다.[9]

RAID는 기본적으로 시스템의 신뢰성(가용성)을 높이기 위한 기술이지만, **성능 향상**이라는 또 다른 장점도 있습니다.

대부분의 RAID 레벨은 데이터를 여러 디스크에 **분산** 저장합니다. 이를 통해 시스템에서 가장 큰 성능 병목인 디스크 I/O를 분산하여 전체 성능을 높일 수 있습니다.

> **핵심 포인트 14** RAID는 시스템의 신뢰성과 성능을 함께 개선할 수 있는 기술입니다.

데이터베이스의 물리 설계에서는 다음과 같은 RAID 관련 사항을 고려해야 합니다.

- 해당 데이터에서 신뢰성과 성능 중 무엇이 더 중요한지
- 어떤 레벨의 RAID를 사용할 것인지
- RAID를 구성할 디스크의 개수

이 중 첫 번째 고려 사항이 가장 중요하며, 이에 따라 RAID 레벨과 디스크 개수가 결정됩니다. 이어서 대표적인 4가지 RAID 레벨을 설명하겠습니다. 'RAID2' 등 다른 레벨도 있지만, 실무에서 잘 사용되지 않아 생략합니다.

---

[7] 'redundant array of inexpensive disks'의 약자로도 해석되며, 이때는 '저렴한 디스크의 중복 배열'이라는 뜻입니다.
[8] RAID는 HDD를 기반으로 만들어진 기술이지만 현재는 SSD에서도 사용됩니다.
[9] [옮긴이] '다중화'라고도 합니다.

❶ RAID0

RAID0은 **스트라이핑(striping)**이라고도 부릅니다. 스트라이프는 '줄무늬'라는 뜻인데, 이 이름은 데이터를 여러 디스크에 나누어 저장하는 방법을 줄무늬처럼 표현한 것입니다(그림 2-6). 디스크 수가 늘어날수록 입출력 성능은 좋아지지만, 단 하나의 디스크라도 고장 나면 모든 데이터를 잃게 되므로 중복성이 전혀 없습니다(안전하지 않습니다). 이런 이유로 일부 사람들은 RAID0을 진정한 **RAID로 보지 않습니다**. 하지만 이후에 살펴보겠지만 클라우드 환경에서는 RAID0을 기본 구성으로 사용합니다.

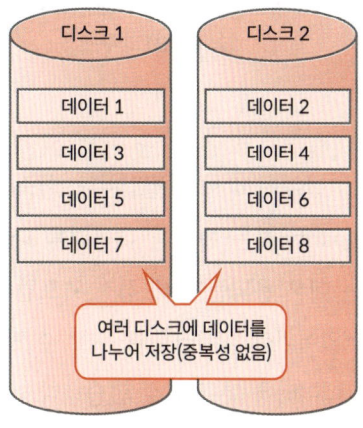

그림 2-6　RAID0의 구조

❷ RAID1

RAID1은 **미러링(mirroring)**이라고도 합니다. 거울처럼 두 개의 디스크에 똑같은 데이터를 복사해서 저장합니다(그림 2-7). 따라서 중복성이 두 배가 됩니다(두 배로 안전합니다). 두 디스크가 동시에 고장 나지 않는 한 데이터는 안전하게 보관됩니다. 하지만 같은 데이터를 두 번 저장하기 때문에 저장 공간을 두 배로 사용하며, 데이터를 나누어 저장하지 않으므로 처리 속도가 하나의 디스크를 사용할 때와 다르지 않습니다.

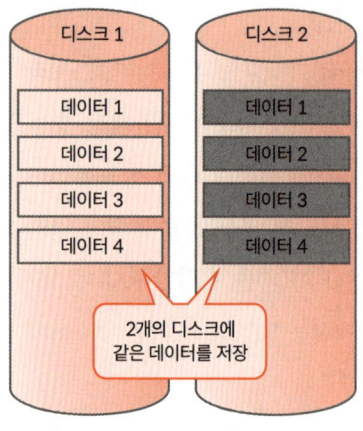

그림 2-7 RAID1의 구조

❸ RAID5

RAID5는 패리티 분산(parity distribution) 방법입니다. 최소 3개의 디스크가 필요하며, 일반 데이터와 함께 **패리티(parity)**라는 특별한 데이터를 나누어 저장합니다(그림 2-8). 패리티는 데이터를 복구하는 데 사용되는 오류 정정 코드입니다. 패리티가 있다면, 하나의 디스크가 고장 나더라도 잃어버린 데이터를 복구할 수 있습니다. 다만 두 개 이상의 디스크가 동시에 고장 나면 데이터를 복구할 수 없습니다.

데이터를 여러 디스크에 나누어 저장하기 때문에 데이터를 읽는 속도(읽기 성능)도 향상됩니다. 디스크 개수가 많아질수록 읽기 속도는 더욱 빨라집니다. 다만 패리티를 계산해야 하므로 데이터를 저장하는 속도(쓰기 성능)는 높지 않습니다. 하지만 데이터베이스는 보통 데이터를 저장할 때보다 읽을 때가 더 많기 때문에, 읽기 성능이 더 중요하게 여겨집니다.

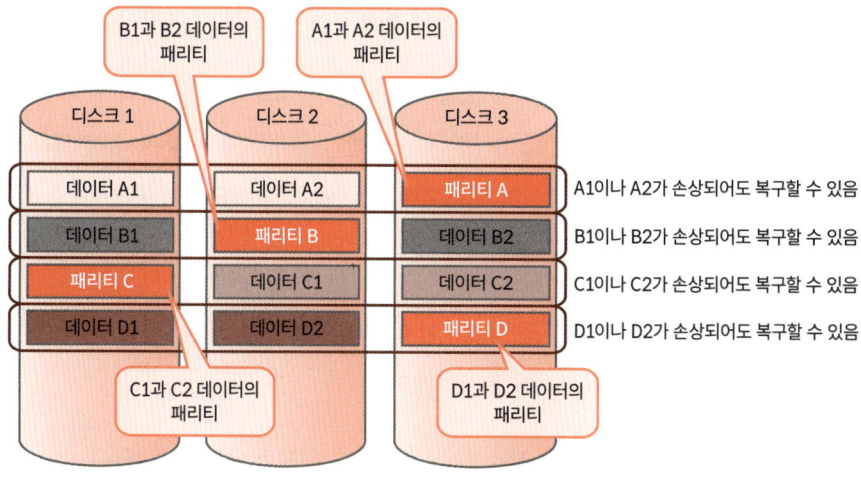

그림 2-8 **RAID5의 구조**

❹ RAID10

RAID10은 RAID1+0이라고도 부릅니다. 이름에서 알 수 있는 것처럼 RAID1과 RAID0의 장점을 합친 방법입니다(그림 2-9). 먼저 RAID1 방법으로 디스크 두 쌍을 각각 미러링한 다음, 이 두 RAID1 그룹을 RAID0 방법으로 연결합니다. 이렇게 하면 RAID1의 안전성과 RAID0의 빠른 속도를 모두 얻을 수 있습니다.

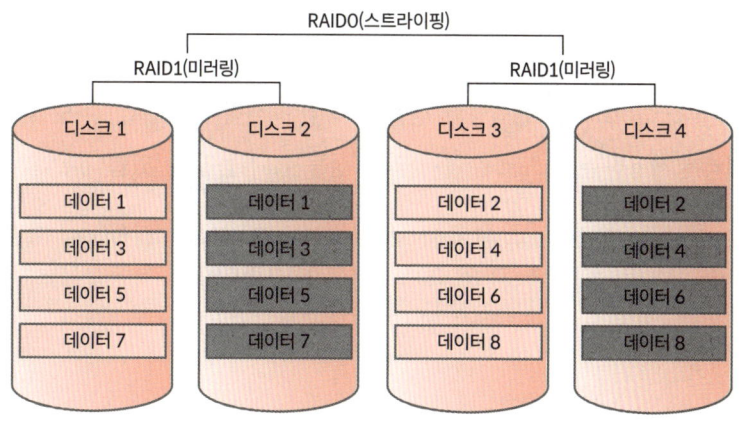

그림 2-9 **RAID1+0의 구조**

하지만 최소 4개의 디스크가 필요하기 때문에 **비용이 많이 든다**는 단점이 있습니다.

비슷한 방법으로 RAID0+1(RAID01)도 있습니다. 이는 RAID1+0(RAID10)과 반대로 먼저 RAID0으로 구성한 뒤 RAID1로 미러링하는 방법입니다. 하지만 같은 수의 디스크를 사용하면서도 RAID1+0보다 안전성이 떨어져서 잘 사용하지 않습니다.

어떤 RAID 패턴을 선택해야 할까?

지금까지 기본적인 RAID 패턴들을 살펴보았습니다. 그렇다면 데이터베이스 서버 스토리지로 어떤 RAID를 사용하는 것이 좋을까요?

신뢰성, 성능 요구사항, 비용을 종합적으로 고려해야 하므로 정해진 정답은 없습니다. 하지만 가능하다면 **RAID10을 선택하는 것이 좋습니다.** 스트라이핑과 미러링의 장점을 모두 가지고 있기 때문입니다. 다만 최소 구성에 필요한 디스크가 많고 가장 비용이 많이 들어서, 예산이 충분할 때만 선택할 수 있습니다.

반면 데이터베이스에서 절대 사용하면 안 되는 것은 RAID0입니다. 장애 대응 능력이 없어서 디스크가 하나라도 고장 나면 즉시 문제가 발생하기 때문입니다. 개인용 컴퓨터가 아닌 이상, 이런 안전장치가 없는 방법은 절대 선택해서는 안 됩니다.

그렇다면 중간 정도의 RAID1과 RAID5는 어떨까요? RAID1은 신뢰성이 매우 높아서 중요한 데이터를 저장하는 데이터베이스에 적합하지만, 성능 향상을 기대할 수 없다는 단점이 있습니다.[10] RAID5는 신뢰성과 성능을 모두 적절히 향상시킬 수 있습니다. 또한 데이터 영역에 사용하는 디스크 수를 늘리면 성능을 더 높일 수 있습니다.

> **핵심 포인트 15** 데이터베이스용 RAID는 최소한 RAID5로 구성해야 합니다. 예산이 충분하다면 RAID10이나 RAID6을 선택하는 것이 좋습니다. RAID0은 절대 고려하지 마세요.

---

10 RAID1은 '높은 성능보다는 신뢰성이 중요한' 데이터 저장에 적합합니다. 그래서 주로 운영체제(OS) 등의 파일을 저장하는 용도로 많이 사용됩니다.

COLUMN RAID6

본문에서는 RAID 종류로 RAID0, RAID1, RAID5, RAID10(그리고 RAID01)을 살펴보았습니다. 이번 칼럼에서는 또 다른 RAID인 **RAID6**에 대해 설명하겠습니다.

RAID6은 RAID5를 개선한 버전입니다. RAID5가 하나의 패리티 디스크로 장애 대응 능력을 높였다면, RAID6은 패리티 외에 또 다른 중복 데이터를 여러 디스크에 분산 저장하는 방법입니다(그림 A).

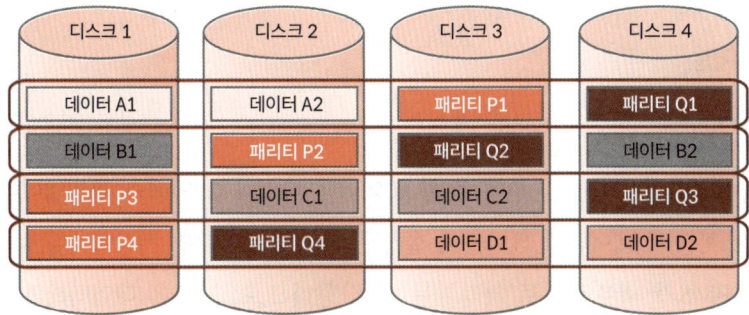

그림 A RAID6(P+Q 방법)의 구조

RAID5에서는 디스크가 2개 고장 나면 데이터가 손실될 수 있지만, RAID6은 이중 장애가 발생해도 데이터를 안전하게 보호할 수 있습니다. 즉, RAID5보다 더 높은 신뢰성을 제공합니다.

다만 RAID6은 RAID5보다 더 많은 디스크가 필요하고, 두 번의 중복 데이터 생성으로 인해 입출력 성능이 더 떨어지는 등의 단점도 있습니다.

하지만 디스크 가격이 계속 내려가고 있어서, 최근에는 디스크를 더 많이 사용하더라도 신뢰성이 높은 RAID6가 RAID5를 대체하는 경우가 늘고 있습니다. RAID 구성을 깊이 이해하려면 꼭 알아두어야 할 방법입니다.

2.2.6 데이터베이스 파일의 물리적 배치

데이터베이스 스토리지의 중복 구성을 결정했다면, 물리적 설계의 마지막 단계로 데이터베이스 파일을 어떤 디스크 또는 RAID 그룹에 배치할지 결정해야 합니다. 최근의 DBMS는 이러한 파일 배치를 자동으로 처리해주므로 엔지니어가 신경 쓰지 않아도 되는 경우가 많습니다. 하지만 기본 개념을 이해하고 있어야 예상치 못한 문제를 피하거나, 문제가 생겼을 때 잘 대처할 수 있습니다.

우선 데이터베이스의 파일은 용도에 따라 다음 5가지로 나눌 수 있습니다. DBMS마다 세부적인 차이는 있지만, 기본 구조는 비슷합니다.

1. 데이터 파일
2. 인덱스 파일
3. 시스템 파일
4. 임시 파일
5. 로그 파일

이 중에서 개발자가 직접 다루는 것은 1. 데이터 파일과 2. 인덱스 파일입니다. 이 파일들은 '테이블'의 데이터와 테이블에 설정된 인덱스 데이터를 저장합니다. 나머지 세 파일은 DBMS가 내부적으로 처리하는 데 사용하므로, 보통은 **데이터베이스 관리자(database administrator, DBA)**만 관리합니다(DBA가 관리하는 또 다른 파일로 오류 로그 파일이 있지만, 이는 구현 설계에서 다루므로 여기서는 설명하지 않습니다[11]). 이제 각 파일의 용도와 특징을 살펴보겠습니다.

❶ 데이터 파일

데이터베이스의 사용자 데이터를 저장하는 파일입니다. 기본적으로 테이블 데이터를 의미합니다. 업무용 프로그램(외부 프로그램)이 SQL을 통해 데이터를 읽거나 수정할 때 사용됩니다. 기본적으로 업무용 프로그램에서는 '테이블'이라는 논리적 단위만 접근하며, 실제 '파일'에는 접근하지 않습니다.

❷ 인덱스 파일

테이블에 만들어진 인덱스를 저장하는 파일입니다. DBMS는 보통 테이블과 인덱스를 서로 다른 파일로 관리합니다. 개발자는 이 파일을 직접 다룰 필요가 없습니다. SQL은 테이블에 대한 접근만 지정할 수 있을 뿐, 특정 인덱스에 직접 접근하는 것은 불가능하

---

11 [옮긴이] 여기에서 '구현 설계'는 각각의 DBMS 구현에 맞게 설계하는 것을 의미합니다. 이 책은 전반적인 '관계형 데이터베이스 설계'를 다루므로 개별적인 DBMS 관련 설계는 다루지 않습니다.

기 때문입니다. 인덱스 사용 여부는 DBMS가 알아서 결정하므로, 사용자는 인덱스의 존재를 신경 쓸 필요가 없습니다.[12]

❸ 시스템 파일

DBMS가 스스로를 자체 관리할 때 필요한 정보를 저장하는 파일입니다. 업무용 프로그램 또는 사용자가 이 파일에 직접 접근하지는 않습니다.

❹ 임시 파일

DBMS가 작업을 처리하는 동안 잠시 필요한 데이터를 저장하는 파일입니다. 예를 들어 SQL의 서브쿼리 실행 결과나, `GROUP BY` 절이나 `DISTINCT`를 사용할 때 필요한 정렬된 데이터 등을 저장합니다. 이런 임시 데이터는 작업이 끝나면 자동으로 삭제되므로, 앞서 설명한 ❶~❸ 파일과 달리 크기가 계속 커지지 않습니다.

❺ 로그 파일

DBMS는 테이블 데이터가 변경될 때 곧바로 ❶데이터 파일을 수정하지 않습니다. 대신 변경 내용을 먼저 로그 파일에 기록해두었다가, 이후 적절한 시점에 데이터 파일에 반영합니다.[13]

이러한 로그 파일의 이름은 DBMS마다 다릅니다. Oracle과 MySQL에서는 'REDO 로그', PostgreSQL, SQL Server, Db2에서는 '트랜잭션 로그'라고 부릅니다(이 책에서는 앞으로 백업을 설명할 때 '트랜잭션 로그' 또는 간단히 '로그 파일'이라고 하겠습니다). 이 파일도 임시 파일처럼 크기가 계속 커지지는 않습니다. 다만 SQL Server 등에서는 백업 일정이 제대로 설정되지 않으면 트랜잭션 로그가 비정상적으로 커질 수 있는데, 이때는 강

---

[12] '힌트'라는 특별한 기능을 사용하면 특정 인덱스를 지정할 수 있지만, 이는 예외적인 방법입니다. SQL이 데이터에 접근하는 경로를 어떻게 결정하는지는 6장에서 자세히 설명합니다.

[13] 이를 WAL(write-ahead logging)이라고 합니다. 이런 복잡한 방법을 사용하는 이유는 두 가지입니다. 첫째, 변경이 있을 때마다 데이터 파일을 직접 수정하는 것보다 로그에 기록하는 것이 더 빠릅니다. 둘째, 로그를 먼저 기록해두면 시스템에 문제가 생겼을 때 데이터를 복구할 수 있습니다. PostgreSQL이나 MySQL에서는 REDO 로그 기능을 끌 수 있지만, 매뉴얼에서도 경고하듯이 실제 서비스 환경에서는 절대로 비활성화하면 안 됩니다(참고: https://dev.mysql.com/doc/refman/8.4/en/innodb-redo-log.html).

제로 백업[14]해서 로그 파일을 정리해야 합니다.

지금까지 다섯 가지 파일에 대해 설명했습니다. 여기서 한 가지 주의할 점이 있습니다. DBMS는 이러한 파일들을 테이블이나 더 상위 개념(예: Oracle의 '테이블 스페이스', SQL Server와 MySQL의 '데이터베이스')으로 감싸서 사용자가 직접 볼 수 없게 합니다. DBMS를 사용할 때는 이런 상위 개념만 알면 되지만, 용량과 성능을 설계할 때는 파일이라는 물리적인 부분까지 이해해야 합니다. 가끔 **테이블 스페이스와 데이터베이스 같은 논리적 수준에서 분리만 하면 입출력이 분산된다**고 생각하는 경우가 있는데, 이는 물리적인 구조를 모르는 사람들이 자주 하는 실수입니다.

각 파일의 특징

다섯 가지 파일의 특징을 정리하면, 표 2-1과 같습니다.

표 2-1 **DBMS 파일의 특징**

파일 종류	용도	사용자의 접근	데이터 크기의 지속적 증가	성능 중요도
데이터 파일	테이블 데이터 저장	테이블을 통해 가능	있음 ※	높음
인덱스 파일	인덱스 저장	인덱스를 통해 가능	있음	높음
시스템 파일	관리용 데이터 저장	DBA만 가능	없음	낮음
임시 파일	임시 데이터 저장	불가능	없음	높음
로그 파일	변경 이력 저장	불가능	없음	중간

※ 테이블의 데이터가 변하지 않는 경우에는 증가하지 않습니다.

이 다섯 가지 파일을 물리적으로 배치할 때 가장 중요한 것은 (크기 계산할 때와 마찬가지로) **저장 공간과 처리 속도**입니다. 저장 공간이 부족한 디스크에는 당연히 파일을 배치할 수 없습니다. 대부분의 사람들은 이 점은 잘 고려하지만, 처리 속도에 대해서는 상대적으로 신경 쓰지 않는 경우가 많습니다.

---

[14] 시스템 장애에 대비해 이 파일을 백업으로 보관할 경우, 백업이 이루어지기 전까지는 로그 데이터가 계속 쌓입니다. 이렇게 보관된 파일을 아카이브 로그 파일이라고 합니다. 하지만 보통은 백업이 끝나면 이 파일을 삭제하므로 크기가 계속 커지지는 않습니다.

다섯 가지 파일 중에서 입출력이 가장 많은 것은 ❶데이터 파일입니다. 실제 업무 데이터가 저장된 테이블을 담고 있기 때문에 당연합니다. 그래서 기본적으로 ❶데이터 파일과 나머지 ❷~❺ 파일은 서로 다른 디스크(또는 RAID 그룹)에 저장하는 것이 좋습니다.

❶ 다음으로 입출력이 많은 것은 ❷인덱스 파일과 ❹임시 파일입니다. 이 두 파일도 가능하면 별도의 디스크에 저장하는 것이 좋습니다. ❺로그 파일은 데이터 변경이 많은 시스템에서는 입출력이 많을 수 있지만, 보통은 ❶데이터 파일을 읽는 양에 비하면 많지 않습니다. ❸시스템 파일은 DBMS가 자체 관리용으로만 사용하므로 입출력이 매우 적습니다.

이를 바탕으로 가장 이상적인 파일 배치는 그림 2-10과 같습니다.

그림 2-10 성능은 이상적이지만 비용이 많이 드는 구성 패턴

모든 파일을 서로 다른 디스크(또는 RAID 그룹)에 저장하는 것이 가장 좋습니다. 이렇게 하면 파일 입출력을 완벽하게 분산시킬 수 있지만, 그만큼 많은 디스크를 확보해야 하므로 현실적으로 어렵습니다.

그래서 좀 더 현실적인 방법으로는, 처리 속도가 중요한 파일은 따로 분리하고 입출력이 적은 파일들은 하나로 모으는 방법을 고려할 수 있습니다(그림 2-11).

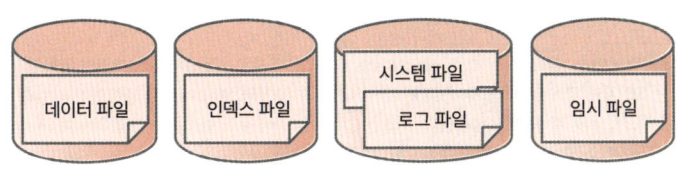

그림 2-11 성능을 조금 포기하고 비용을 줄인 구성

이 방법에서는 I/O 비용이 적은 시스템 파일과 로그 파일을 같은 디스크에 저장합니다.

하지만 이 구성도 비용이 높다면 인덱스 파일과 임시 파일도 같은 디스크에 저장해야 합니다. 다만 파일들을 하나의 디스크에 몰수록 처리 속도는 그만큼 떨어집니다. 이처럼 성능과 비용은 트레이드오프 관계에 있습니다.

한편 최근에는 앞서 설명한 5가지 파일 외에도, 스토리지의 용량이 커지면서 이미지와 같은 바이너리 파일을 데이터베이스에 저장하는 경우가 늘고 있습니다. 이런 데이터를 '대용량 객체(large object, LOB)'라고 합니다. 이것도 일종의 데이터 파일로 볼 수 있지만, 크기가 매우 크고 입출력 부하가 높기 때문에 다른 파일들(특히 일반 데이터 파일)과는 또 다른 별도의 디스크에 저장하는 것이 좋습니다.

2.3 데이터베이스 단위의 중복 구성: 복제

이전 절에서는 스토리지 내부라는 미시적 수준에서 중복 구성 개념인 RAID를 살펴보았습니다. 이번에는 더 상위 수준(데이터베이스 서버 또는 가상 환경의 인스턴스)에서의 중복성과 가용성 확보 방법을 알아보겠습니다. 이때 사용되는 기술이 바로 **복제(replication, 레플리케이션)**입니다. Oracle, MySQL, PostgreSQL 등 주요 DBMS들은 모두 이 기능을 제공합니다.[15] 복제는 이후에 클라우드의 가용성을 높일 때도 중요한 기술로 사용되므로, 이번 절에서 잘 이해해두기 바랍니다.

복제는 액티브(active, 프라이머리라고도 함)와 스탠바이(standby, 세컨더리라고도 함)[16]로 구성된 여러 데이터베이스를 준비하고, 액티브에서 스탠바이로 데이터 변경 사항을 전송하여 데이터베이스 수준에서 데이터가 동일하도록 유지하는 기술입니다.[17]

---

[15] Oracle은 데이터베이스 자체의 복제 기능인 Data Guard 외에도 GoldenGate라는 미들웨어를 제공합니다. GoldenGate는 OS 차이, Oracle 버전 차이, 다른 DBMS 사이의 복제와 멀티 마스터 복제까지 지원하는 고기능 미들웨어입니다. 기본적으로 비동기 복제를 사용합니다. 또한 Oracle의 클라우드 플랫폼인 OCI(Oracle Cloud Infrastructure)에서도 매니지드 서비스 형태로 제공되고 있습니다(참고: https://www.oracle.com/kr/integration/goldengate/).

[16] 옮긴이 과거에는 마스터-슬레이브로 많이 불렀습니다. 다만 최근에 이러한 표현이 차별적 표현일 수 있다고 하여 액티브-스탠바이로 바뀌고 있습니다.

[17] 옮긴이 액티브와 스탠바이라는 표현이 어려울 수 있는데, 액티브 데이터베이스를 '활성 데이터베이스', 스탠바이 데이터베이스를 '대기 데이터베이스'라고 읽으면 쉽게 읽을 수 있을 것입니다.

이를 활용하면, 액티브 데이터베이스에 문제가 생겨도 스탠바이에서 처리를 계속할 수 있습니다(가용성 향상). 또한 **읽기 전용 복제본(read replica)**이라는 것을 추가하여 읽기 처리 성능을 높일 수 있습니다. 참고로 복제한 스탠바이 데이터베이스를 특히 **복제본(replica, 레플리카)**이라고 부릅니다.

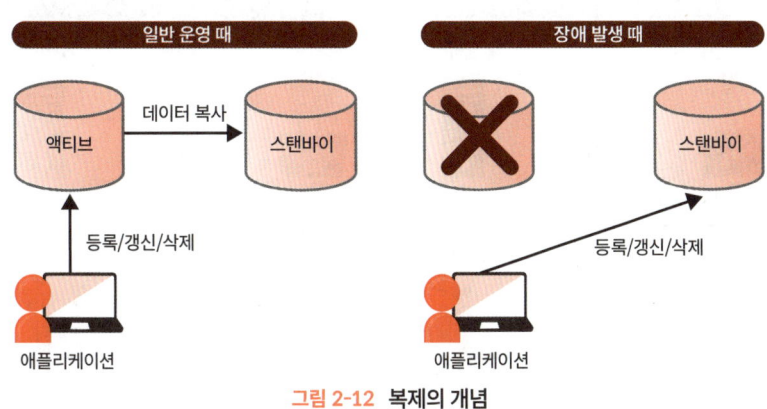

그림 2-12 복제의 개념

핵심 포인트 16 복제는 액티브의 트랜잭션 갱신 정보를 스탠바이에 반영하여 복제본을 생성하는 것입니다.

데이터 복사는 트랜잭션 로그에 기록된 갱신 내용을 액티브에서 스탠바이로 전송하여 반영하는 방법입니다(반영 방법에 따라 물리적 복제와 논리적 복제로 나뉩니다. 이와 관련된 자세한 내용은 50페이지에 있는 '물리적 복제와 논리적 복제' 칼럼을 참고해주세요).

복제본에 갱신을 반영할 때는 **동기 복제**와 **비동기 복제**라는 두 가지 방법을 사용할 수 있습니다. 동기 방법은 모든 스탠바이(복제본)의 트랜잭션 로그 기록이 완료된 후에 사용자에게 커밋(commit)[18] 완료를 알립니다. 반면 비동기 방법은 스탠바이에 데이터가 기록되기 전에 커밋 완료를 알립니다.

비동기 방법은 트랜잭션 응답이 빠르다는 장점이 있지만, 장애가 발생하면 갱신한 데이터를 잃을 수 있습니다. 반대로 동기 방법은 커밋까지 시간이 더 걸리지만, 액티브에 문

---

18 [옮긴이] commit은 영어로 '저지르다'라는 의미입니다. 일반적으로 소프트웨어에서는 '변경 사항을 기록하는 것'을 의미합니다. 따라서 커밋 완료는 '변경 사항 기록을 완료'라는 의미입니다.

제가 생겨도 데이터를 잃지 않습니다.[19]

재해 복구를 위해 복제본을 멀리 떨어진 곳에 두기도 하는데, 이런 경우 동기 방법의 지연이 문제가 되기 쉬워 설계 때 신중하게 선택해야 합니다.

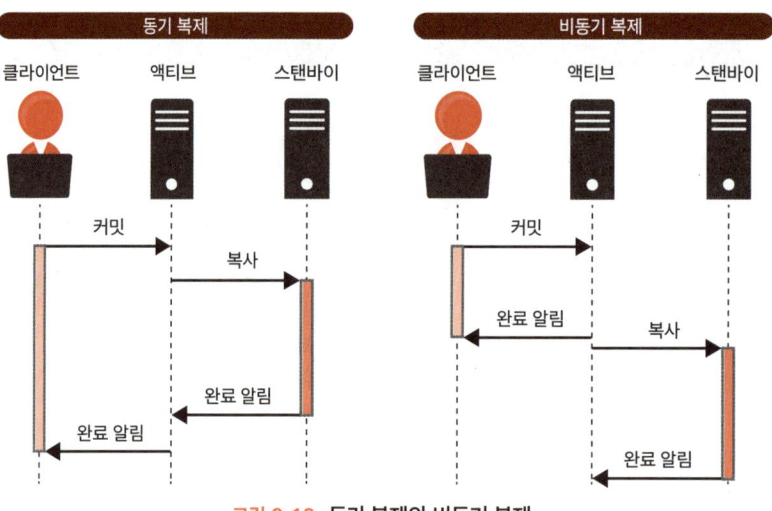

그림 2-13 동기 복제와 비동기 복제

핵심 포인트 17 복제에서 동기 방법과 비동기 방법 중 어떤 것을 선택할지는 신뢰성과 성능 사이의 균형을 맞추는 중요한 결정 지점입니다.

2.3.1 읽기 전용 복제본을 활용한 부하분산

복제는 주로 운영 시스템을 서울에 구축하고 대기 시스템을 부산에 구축하는 등 원격지 복제를 통해 **재해 복구(disaster recovery)** 목적으로 사용됩니다. 하지만 대기 시스템에서도 애플리케이션의 읽기 처리만 허용하는 방법으로 성능 측면에서의 **부하분산(load balancing)**[20]을 할 수도 있습니다. 여러 개의 읽기 전용 복제본을 구성하면 읽기 작업의

---

19 MySQL의 기본값은 비동기 복제입니다. 하지만 플러그인을 설치하면 동기와 비동기의 중간 형태인 **준동기 복제**를 사용할 수 있습니다. 이는 액티브의 트랜잭션 변경 사항이 최소 하나의 스탠바이(복제본) 로그에 기록한 후에 사용자에게 트랜잭션 완료를 알리는 방법입니다. 완전한 데이터 동기화는 아니지만 장애 허용성과 성능 사이의 균형을 맞추고자 하는 방법입니다. PostgreSQL의 기본 복제 모드도 비동기 복제입니다.

20 (옮긴이) 변경이 없는 데이터를 서버 A, 서버 B에 똑같이 복제해서 두고, 사용자의 요청이 있을 때마다 A→B→A→B→… 처럼 돌아가면서 응답하는 것을 예로 들 수 있습니다.

확장성을 높이는 설계가 가능합니다.

특히 MySQL은 초기부터 복제 기능을 지원했고, 모든 에디션에서 DBMS 기본 기능으로 사용할 수 있었기 때문에 웹 서비스의 확장성을 높이는 수단으로 널리 사용되어왔습니다. 웹 서비스 구축을 위한 기본 구성을 나타내는 **LAMP**라는 용어가 있는데, 이는 Linux / Apache / MySQL / PHP의 첫 글자를 모은 것입니다.

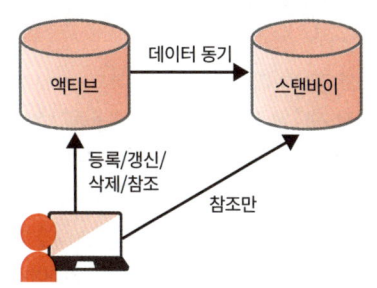

그림 2-14 읽기 전용 복제본을 활용한 성능 향상

물론 복제본을 만들고 운영하는 데도 비용이 들기 때문에 성능과 가용성을 공짜로 향상시킬 수는 없습니다. 이전에 언급했던 것처럼 모든 설계에는 장단점이 존재합니다. 이 세상에 공짜 점심은 없습니다.

> **핵심 포인트 18** 읽기 전용 복제본은 읽기 부하를 분산할 수 있는 훌륭한 해결 방법이지만, 복제본을 늘릴수록 비용도 함께 증가합니다.

2.3.2 복제와 백업의 차이

이번 절에서 살펴본 것처럼 복제는 데이터를 여러 장소에 분산하여 중복 구성을 구현하고, 가용성을 향상시키는 것이 목적입니다. 이러한 방법의 장점은 주 데이터 센터가 대규모 재해로 피해를 입더라도, 원격지의 대기 시스템을 활용해 빠르게 서비스를 복구할 수 있다는 높은 기동성에 있습니다. 즉, 재해 복구 지표인 RPO(recovery point objective, 복구 시점 목표)와 RTO(recovery time objective, 복구 시간 목표)를 개선할 수 있습니다. RPO와 RTO는 모두 0에 가까울수록 이상적입니다.

참고로 복제와 백업은 다릅니다. 백업은 서버 전체의 내용을 미리 저장해서, 서버에 문제가 생겼을 때, 특정 과거 시점으로 데이터를 되돌릴 수 있게 하는 것입니다. 하지만 복제는 대기 시스템이 항상 최신 상태를 유지하게 만드는 것입니다. 따라서 복제를 한다고 해서, **특정 과거 시점으로 돌릴 수 있는 것은 아닙니다.** 백업과 같은 데이터 복구는 2.6절과 2.7절에서 자세하게 설명하겠습니다.

COLUMN 물리적 복제와 논리적 복제

데이터베이스 복제를 조사하고 공부하다 보면, 물리적 복제(physical replication)와 논리적 복제(logical replication)라는 두 가지 개념을 접하게 됩니다. 이는 동기/비동기 방법과는 다른 분류입니다. 두 방법 모두 액티브 데이터베이스의 변경 내용을 트랜잭션 로그로 스탠바이 데이터베이스에 전달한다는 공통점이 있지만, 사용하는 데이터 형식이 다릅니다.

물리적 복제는 트랜잭션 로그 자체(REDO 로그, WAL 로그)를 그대로 전송하여 대기 서버에서 바이너리 수준으로 동일한 데이터베이스를 복제합니다. 즉, 데이터베이스 전체를 완벽하게 복사하는 것입니다.

반면, 논리적 복제는 논리적인 변경 정보(특정 테이블의 레코드에 대한 변경 사항, 이미지로서는 **갱신 SQL 그 자체**)를 전송하여 대기 서버에서 해당 변경 작업을 재실행해서 복제합니다. Oracle과 PostgreSQL에서는 WAL 구조로 이러한 논리적 변경 정보를 추출하는 방법도 사용하고 있습니다.

결과적으로 물리적 복제는 데이터베이스의 모든 객체가 그대로 복제됩니다. 그래서 다른 버전으로 복제가 불가능합니다. 논리적 복제는 테이블 단위의 변경 사항만을 다룹니다. 그래서 다른 버전으로 복제가 가능합니다.

물리적 복제는 주로 재해 복구와 읽기 작업 부하분산에 사용합니다. 그리고 논리적 복제는 특정 테이블 복제, 버전 업그레이드 때 데이터 이전, 다른 운영체제로의 데이터 복제 등에 사용합니다

2.4 클라우드에서의 데이터베이스 중복 구성

지금까지는 온프레미스 환경에서 가용성을 높이기 위한 중복 구성에 대해 배웠습니다(사실 온프레미스에서 많이 사용하는 또 다른 중복 구성 방법이 있지만, 이는 연습 문제에서 다루겠습니다).

이번 절에서는 최근 활발히 사용되고 있는 퍼블릭 클라우드(이하 '클라우드')에서 데이터

베이스의 가용성을 어떻게 확보할 수 있는지 알아보겠습니다. 클라우드는 서비스 제공 업체에 따라 서비스 내용이 다르므로, 이번 절에서는 가장 점유율이 높고 널리 사용되는 AWS를 기준으로 설명하겠지만, 기본 개념은 다른 클라우드 서비스에도 적용할 수 있습니다.

2.4.1 클라우드에서 권장하는 RAID 레벨의 의문점

AWS의 데이터베이스 가용성 관련 문서를 읽다 보면, 놀라운 내용을 발견하게 됩니다. 아래와 같은 문구가 그 예입니다.[21]

> RAID 설정과 관계없이, EBS 볼륨 데이터는 데이터 손실을 방지하기 위해 보조 서버 전체에 복제됩니다. RAID5와 RAID6는 I/O 성능이 RAID0이나 RAID1만큼 좋지 않으므로, EC2 인스턴스에서 호스팅되는 데이터베이스에는 권장되지 않습니다.

데이터베이스 서버에 RAID5와 RAID6을 권장하지 않는다고요?! 이상하지 않나요? 이 책에서 이전에 배운 내용이 잘못되었다는 말일까요? 이번에는 AWS의 블록 스토리지인 EBS(Elastic Block Store)에 관한 문서를 살펴보겠습니다.[22]

> **중요**
> RAID 5 및 RAID 6는 이 RAID 모드의 패리티 쓰기 작업에서 볼륨에 사용 가능한 IOPS의 일부를 사용하기 때문에 Amazon EBS에 권장되지 않습니다.

이 문서를 보면 AWS의 입장이 명확해 보입니다. AWS는 데이터베이스뿐 아니라 일반적인 스토리지 환경에서도 RAID5와 RAID6을 권장하지 않습니다(참고로 EBS에서는 RAID1도 권장하지 않습니다). 이는 이 책의 주장과 정면으로 충돌합니다. 대체 AWS는 왜 이런 입장을 취하는 걸까요? 데이터베이스(더 나아가서 시스템 전체)의 중복성 확보가 필요 없다고 생각하는 걸까요?

---

[21] https://aws.amazon.com/ko/blogs/database/best-storage-practices-for-running-production-workloads-on-hosted-databases-with-amazon-rds-or-amazon-ec2
[22] https://docs.aws.amazon.com/ko_kr/AWSEC2/latest/UserGuide/raid-config.html

물론 그런 뜻이 아닙니다. AWS에는 AWS만의 관점이 있어서 이런 주장을 하는 것입니다. AWS의 EBS는 생성되면 자동으로 같은 AZ(Availability Zone, 가용 영역) 내부에 복제되어 데이터가 분산 저장됩니다.[23] 따라서 RAID로 데이터 중복성을 확보할 필요는 없는 것입니다.[24]

> EBS 볼륨을 생성하면, 해당 볼륨은 같은 AZ에서 자동으로 복제됩니다. 이는 하나의 하드웨어 구성 요소 장애로 인한 데이터 손실을 방지하기 위함입니다.

이는 클라우드가 어떻게 가용성을 확보하는지에 대한 핵심 철학을 보여줍니다. 즉, 퍼블릭 클라우드는 서로 떨어진 곳에 위치한 다양한 시스템이 네트워크로 연결되어 있다는 특성을 활용해, 한 지점의 장애 내구성을 높이는 것보다, 여러 장소에 데이터를 **분산 배치**해서 가용성을 높이는 전략을 취하고 있습니다.

핵심 포인트 19 AWS에서 RAID5와 RAID6을 권장하지 않는다는 사실이 이상하게 보일 수 있지만, 이에 대한 명확한 이유가 있습니다.

2.4.2 다중 AZ 구성: 복제

이는 데이터베이스 서비스(database as a service, DBaaS)인 아마존 RDS(Relational Database Service)의 가용성을 높이는 구성에도 똑같이 적용됩니다. RDS는 단독 인스턴스(스탠드얼론)로도 사용할 수 있지만, 상용 서비스에서는 일반적으로 가용성을 높이기 위해 **다중 AZ** 구성을 채택합니다.

이 구성은 여러 AZ를 액티브-스탠바이 방법으로 복제해서 가용성을 높이는 방법입니다. 액티브 데이터베이스에서 장애가 감지되면, 사람의 개입 없이 자동으로 스탠바이

---

[23] (옮긴이) 한 서버 내부에서 데이터를 복제한다는 의미가 아니라, 데이터 센터 내부의 여러 서버에 복제한다는 의미입니다.
[24] AZ는 AWS 고유 용어로, '하나의 AWS 리전 내에서 서로 분리되어 있고, 중복 전원, 네트워크, 연결 기능을 갖춘 하나 이상의 데이터 센터'를 의미합니다. 즉, 다중 AZ 구성을 사용하면 자동으로 여러 데이터 센터에 걸친 중복 구성이 이루어진다는 뜻입니다.
https://aws.amazon.com/ko/about-aws/global-infrastructure/regions_az/
참고로 마이크로소프트의 애저(Azure)도 AZ와 비슷한 개념으로 '가용성 영역'이 있습니다. 가용성 영역은 하나의 리전 내부에 여러 개가 존재하고, 멀티 존 중복 구성도 할 수 있습니다.

데이터베이스로 장애 조치(페일오버)가 이루어집니다. 페일오버(failover)란 현재 운영 중인 시스템에 장애가 발생했을 때 대기 시스템이 그 역할을 이어받는 것을 말하며, RDS의 자동 페일오버는 약 60초 정도 소요되는 것으로 알려져 있습니다.[25]

여기서도 역시 **여러 물리적 위치에 데이터를 분산 저장한다**는, 가용성 확보를 위한 설계 철학이 잘 드러납니다.

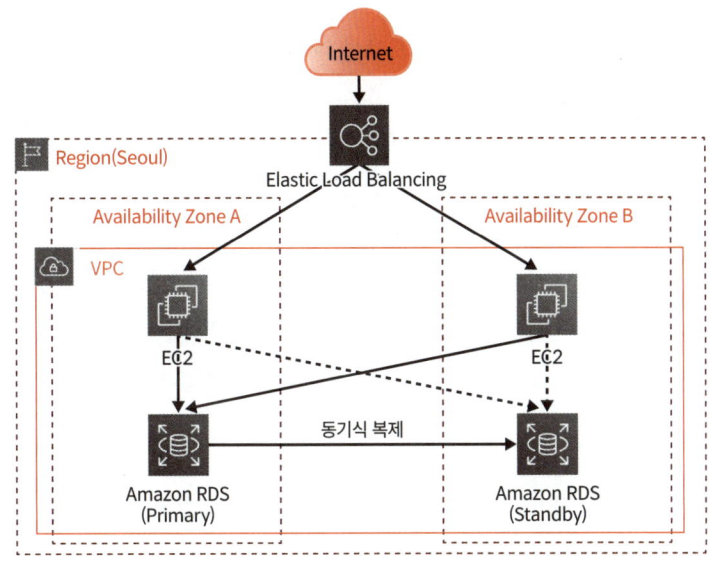

그림 2-15 RDS의 다중 AZ를 통한 중복 구성

그림에서 볼 수 있는 VPC는 AWS 전용 용어로, Virtual Private Cloud의 약자입니다. VPC를 사용하면 사용자 전용 가상 네트워크 환경, 즉 프라이빗 클라우드를 구축할 수 있습니다. VPC는 여러 AZ에 걸쳐 설정할 수 있습니다.

또한 EC2는 AWS에서 다양한 용도로 사용되는 가상 서버로, 여기서는 일반적인 웹/애플리케이션 서버 역할을 담당합니다. RDS는 다중 AZ 구성으로 구성하면, 단일 AZ 구성보다 가용성이 크게 향상됩니다. AWS는 RDS의 다중 AZ 구성에 대해 다음과 같은

---

25 https://aws.amazon.com/ko/rds/features/multi-az/

SLA(service-level agreement, 서비스 수준 계약)를 명시하고 있습니다.[26]

■ **RDS의 다중 AZ 구성에 대한 SLA**

월간 가동률	서비스 크레딧 백분율
99.0% 이상, 99.95% 미만	10%
95.0% 이상, 99.0% 미만	25%
95.0% 미만	100%

많은 사람이 오해하는 부분이 있는데, SLA는 '이 가동률을 반드시 보장한다'는 의미가 아니라, '이 가동률에 미치지 못할 경우 환불해준다'는 계약 사항(agreement)일 뿐입니다(환불은 크레딧 형태로 지급되며, 다음 결제에 사용할 수 있습니다). 따라서 이론적으로는 가동률이 SLA 기준 아래로 떨어질 수 있습니다.

99.95%라는 수치는 1년으로 환산하면 약 4시간 정도의 중단 시간을 허용한다는 의미입니다. 이 정도가 충분한지는 업무 요구사항에 따라 다르지만, 금융 시스템과 같은 핵심 업무 시스템에서는 부족할 수 있습니다(금융이나 전력과 같은 사회 기반 시설 분야에서는 '파이브 나인', 즉 99.999% 이상의 가용성을 요구하는 경우가 많습니다).

다중 AZ보다 더 높은 가용성을 원한다면, 서로 다른 두 AZ에 읽기 복제본을 배치하는 '다중 AZ 데이터베이스 클러스터' 구성도 가능합니다. 물론 그만큼 비용도 증가하므로, 여기서도 공짜 점심은 없습니다. 모든 설계 결정에는 항상 트레이드오프가 따릅니다.

> **핵심 포인트 20** 운영 환경의 데이터베이스는 다중 AZ 구성으로 가용성을 높이는 것이 일반적입니다. 그리고 대기 시스템을 늘릴수록 비용이 증가한다는 점은 온프레미스 환경과 동일합니다.

대기 시스템으로 만들 RDS는 읽기 전용 복제본으로 구성할 수도 있습니다. AWS에서 다중 AZ 구성을 사용하면, 읽기 처리 부하를 분산할 수 있다는 장점이 있습니다(참고로 읽기 전용 복제본은 같은 AZ 내에서도 만들 수 있습니다).

읽기 전용 복제본은 어느 정도의 동기화 지연이 허용된다는 가정이 있으므로, 비동기식

---

[26] https://aws.amazon.com/ko/rds/sla/

복제 기능으로 구현되어 있습니다.[27] 따라서 액티브 데이터베이스 갱신이 즉시 반영되지 않을 수 있다는 점, 장애 발생 때 데이터 손실 가능성이 있다는 점에 주의해야 합니다.

2.4.3 멀티 리전 구성을 활용한 가용성 향상: 재해 복구

리전 전체가 피해를 입는 대규모 재해에도 대응할 수 있게 재해 복구 체계를 구축할 때는 멀티 리전 구성을 채택하는 것이 일반적입니다(리전(region)은 데이터 센터들이 집중된 지역을 의미합니다. 리전은 각각 지리적으로 떨어진 곳에 위치해 있습니다).

예를 들어 서울 리전이 재해를 당했을 경우를 대비해, 일본 도쿄 리전에도 동일한 구성을 준비한다면, 그림 2-16과 같은 아키텍처가 구성됩니다.

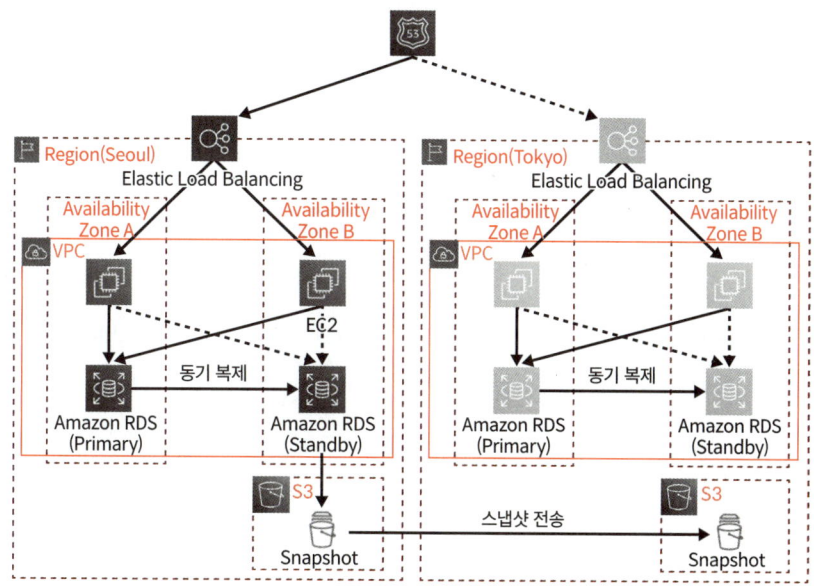

그림 2-16 다중 AZ와 다중 리전을 활용한 중복 구성

메인 사이트(위치)인 서울 리전의 RDS에서 생성한 백업 파일(스냅샷)을 인터넷을 통해 도쿄 리전으로 전송해두고, 문제가 발생했을 때 도쿄 리전에서 스냅샷을 복구하여 서

---

27 https://aws.amazon.com/ko/rds/features/read-replicas/

비스를 계속할 수 있게 하는 것입니다.[28] 온프레미스와 클라우드 모두 백업 파일은 이처럼 원격지(다른 장소)에 보관하는 것이 일반적입니다(백업과 복구는 2.6절과 2.7절에서 자세하게 살펴보겠습니다).

핵심 포인트 21 클라우드 환경에서는 재해 복구를 목적으로 **다중 리전 구성**으로 시스템을 구성하는 것이 일반적입니다. 다중 리전 구성에도 여러 레벨(방법)이 존재합니다.

그림에 나오는 아마존 S3는 AWS에서 제공하는 객체 스토리지 서비스입니다. 놀랍게도 99.999999999%라는 내구성을 제공하게 설계되었습니다.[29]

메인 사이트의 백업을 대기 데이터베이스에서 가져오는 이유는 백업 때 스토리지에 일시적인 I/O 중단이 발생할 수 있기 때문입니다. 다중 AZ 구성의 또 다른 장점은 바로 이러한 서비스 중단을 방지할 수 있다는 점입니다. 다만 예외적으로 데이터베이스 엔진을 **SQL Server**로 사용할 경우, 백업이 주 데이터베이스에서 이루어지므로 I/O 중단이 발생합니다.[30]

2.4.4 크로스 리전 복제: 재해 복구의 세 가지 선택지

AWS는 다른 리전으로 복제할 수 있습니다. 예를 들어 그림 2-17을 살펴봅시다. 평상시 서울 리전에 있는 RDS는 읽기 전용 복제본이며, 비동기적으로 갱신합니다. 그리고 만약 서울 리전에 재해가 발생했을 때, 도쿄 리전의 RDS를 주 인스턴스로 승격합니다.

---

28 실제 가용성 설계에서는 스냅샷 이외에도 EC2의 AMI와 트랜잭션 로그를 원격 리전으로 전송할지, 원격 리전에서도 다중 AZ 구성을 사용할지 등의 요소도 고려합니다.
29 S3는 '객체 스토리지'입니다. 객체 스토리지는 데이터를 '객체'라는 단위로 관리하는 저장소입니다. 우리가 흔히 사용하는 파일 스토리지와 다르게, 폴더 (또는 디렉터리) 같은 계층구조가 없으며, 저장 용량과 파일 수에 제한이 없어 대용량 데이터 저장에 적합합니다.
30 https://docs.aws.amazon.com/ko_kr/AmazonRDS/latest/UserGuide/USER_WorkingWithAutomatedBackups.html

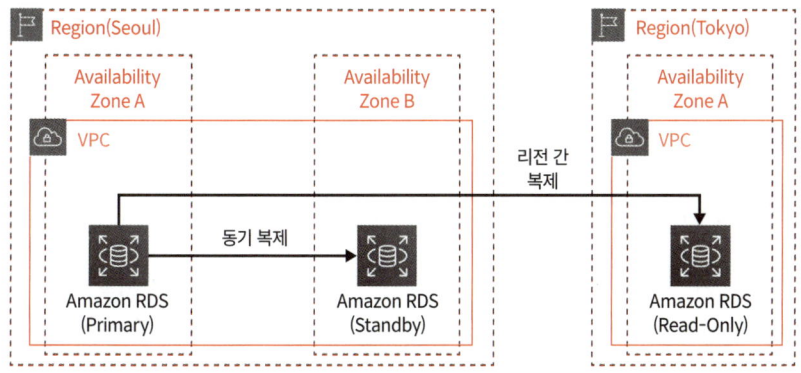

그림 2-17 크로스 리전 복제를 활용한 재해 복구

이 구성의 장점은 RPO가 수 초에서 수 분 전으로 짧고, RTO도 수 분 이내로 짧아서, 백업 파일을 활용한 복구보다 훨씬 빠르다는 점입니다.[31] AWS에서 제공하는 재해 복구 방법 중 최선의 선택이지만, 그만큼 비용이 높다는 점을 고려해야 합니다.

다음은 AWS에서 제공하는 재해 복구 방법을 비교한 표입니다.[32]

표 2-2 RDS를 활용한 재해 복구 방법 비교

기능	RTO	RPO	비용	범위
자동 백업	양호	우수	낮음	단일 리전 내부
수동 스냅샷	우수	양호	중간	서로 다른 리전 간
읽기 전용 복제본	최상	최상	높음	서로 다른 리전 간

읽기 전용 복제본을 활용한 크로스 리전 복제 방법은 비용이 가장 높습니다. 어떤 방법을 선택할지는 업무의 RTO/RPO 요구사항과 예산 상황을 함께 고려하여 결정해야 합니다.

지금까지 클라우드에서의 중복 구성을 살펴보았습니다. 클라우드의 중복 구성 개념도 그 핵심은 온프레미스 환경의 RAID 등과 크게 다르지 않다는 점을 이해했을 것입니다.

---

31 https://docs.aws.amazon.com/ko_kr/prescriptive-guidance/latest/strategy-database-disaster-recovery/choosing-database.html
32 https://aws.amazon.com/ko/blogs/database/implementing-a-disaster-recovery-strategy-with-amazon-rds/

다만 클라우드의 중복 구성은 한 위치에서 여러 중복 장치를 두지 않습니다. 대신 **물리적으로 떨어진 여러 장소에 데이터 복사본을 분산 보관하는 방법**으로 가용성을 높입니다.

2.5 클라우드 활용 시점과 상황

지난 10년 동안 데이터베이스 분야에서 클라우드 사용은 매우 일반화되었습니다. 이미 많은 독자들이 아마존의 RDS와 레드시프트(Redshift), 애저의 SQL Database, 구글 클라우드의 빅쿼리(BigQuery) 같은 데이터베이스 서비스를 사용하고 있을 것입니다. 그렇다면 데이터베이스뿐만 아니라, 클라우드는 언제 어떤 상황에서 활용하는 것이 좋을까요? 이 문제에 대해 함께 생각해보겠습니다.

2.5.1 클라우드의 장점과 단점

클라우드의 장점으로 '비용 절감'이 자주 언급되지만, 이는 다소 오해의 소지가 있습니다. 클라우드의 실제 장점과 단점을 구체적으로 살펴보겠습니다.

장점

초기 투자 비용이 낮다

온프레미스로 시스템을 구축할 때는 하드웨어와 소프트웨어 라이선스를 구매해야 합니다. 여기에 수억 원 단위의 지출이 발생하기도 합니다. 클라우드에서는 이런 초기 비용이 필요 없습니다(물론 완전히 비용이 들지 않는 것은 아니며, 클라우드 서비스 이용료는 발생합니다). 따라서 **작은 규모로 시작**하려는 시스템, 예를 들어 신규 웹 서비스처럼 사용자 수를 예측하기 어려워 적절한 규모 산정이 어려운 경우에 클라우드가 특히 유용합니다. '클라우드는 저렴하다'라는 말의 배경에는 이러한 초기 투자 비용의 절감 효과가 있다고 생각합니다. 또한 회계적 측면에서도 차이가 있는데, 온프레미스에서는 하드웨어/소프트웨어를 고정 자산으로 간주해야 했지만, 클라우드 비용은 변동비로 처리할 수 있고 감가상각도 필요 없다는 장점이 있습니다.

자원 확장이 간편하다

클라우드의 가장 큰 장점은 CPU, 메모리, 스토리지와 같은 하드웨어 자원이 부족할 때 클릭 몇 번으로 쉽게 자원을 확장(스케일 업) 또는 분산(스케일 아웃)할 수 있다는 점입니다. 이 혜택을 가장 많이 받는 경우는 **이커머스 사이트(온라인 쇼핑몰)**의 할인 행사일이나 **온라인 게임**의 이벤트 날처럼 갑자기 사용자가 급증하여 많은 자원이 필요한 **트래픽 폭증(버스트)**이 발생하는 시스템입니다.

이런 부하 특성을 가진 비즈니스에서는 필요한 시점에 필요한 만큼만 자원을 확보함으로써, 항상 최대 부하를 기준으로 자원을 준비해야 하는 온프레미스 방법보다 비용을 크게 절감할 수 있습니다.

운영 관리 인력이 필요 없다

온프레미스 시스템은 운영 단계부터 반드시 유지보수 인력이 필요합니다. 서버와 네트워크 장비 모니터링, 고장 때의 교체, 소프트웨어 패치, 장애 대응, 보안 정책 관리 등 다양한 업무에 인력이 필요합니다. 이런 요소들이 온프레미스 환경에서 지속적인 비용 발생의 원인이 되는데, 클라우드에서는 이러한 인프라 운영 비용이 서비스 요금에 포함되어 있어 인프라 운영을 클라우드 제공 업체에 맡길 수 있습니다.

따라서 클라우드는 **유지보수 운영 인력 확보가 어려운 조직**에게 최적의 솔루션이라고 할 수 있습니다. 실제로 클라우드를 선택한 이유에 대한 설문 조사에서 '자체 운영 조직을 구성할 필요가 없어서'라는 응답이 자주 상위권에 오릅니다. 한국보다 청년 인구 감소가 빨리 이루어진 일본에서는 청년 인구가 줄어들면서 노동 인구가 감소해서, IT 인재 확보가 어려워진 사례가 있습니다. 따라서 유지 보수 인력이 필요 없다는 점은 앞으로 한국에서도 장점으로 더욱 부각될 것입니다.

데이터 분산을 활용한 장애 대책이 쉽다

지금까지 살펴본 것처럼 클라우드는 복제와 데이터 복사를 활용해, 여러 위치에 데이터를 분산 저장해서 가용성을 확보합니다. 따라서 복잡한 설계가 없어도, 쉽게 데이터를 분산하고 백업할 수 있습니다. 재해 복구 시스템도 온프레미스보다 훨씬 간단하게 구축할 수 있습니다. 이런 요구사항이 있는 시스템에는 클라우드가 매우 적합합니다. 백업과 복구 설계는 전통적으로 세심한 주의가 필요한 작업이지만, 클라우드에서는 간단한 설정만으로도 가능하다는 점이 큰 장점입니다.

단점
그렇다면 클라우드의 단점으로는 어떤 것들이 있을까요?

소프트웨어 맞춤 설정이 제한적이다
클라우드는 모든 것이 서비스 형태로 제공됩니다. IaaS나 SaaS 등 서비스 유형에 따라 차이는 있지만, 소프트웨어 업데이트와 보안 패치 일정은 모두 클라우드 제공 업체가 관리하며 사용자에게는 선택권이 거의 없습니다. 또한 패키지 소프트웨어처럼 미리 만들어진 서비스를 사용하는 구조라서 맞춤 설정이 거의 불가능합니다.

RDS를 처음 사용할 때 가장 놀랄 만한 점은 **OS에 직접 접속할 수 없다는 것**과 데이터베이스에 **관리자 권한으로 로그인할 수 없다는 것**입니다. AWS는 OS와 데이터베이스의 패치 적용과 백업을 모두 자체 관리하므로, 사용자가 이런 작업을 할 필요가 없다는 철학을 가지고 있습니다(Oracle이나 SQL Server를 사용할 경우 OS와 데이터베이스에 관리자 권한을 제공하는 'RDS Custom' 옵션을 선택할 수 있습니다).

이는 기존 온프레미스에서 하던 관리 방법을 완전히 새롭게 바꿔야 한다는 것을 의미합니다. SaaS의 경우에는 백업 또는 보안 소프트웨어를 설치하는 것조차 불가능합니다. 또한 온프레미스 시스템에서는 예상치 못한 버그를 방지하기 위해 테스트가 완료된 소프트웨어의 **버전을 고정**하고 싶다는 요구가 많지만, 클라우드에서는 OS와 소프트웨어 버전이 자동으로 업데이트되어 예기치 않은 버그가 발생하거나 사양 변경으로 애플리케이션이 작동하지 않을 수도 있습니다.

기존 온프레미스 시스템과의 연동이 어렵다
모든 시스템을 클라우드로 옮기기로 결정하는 기업도 있을 것입니다. 하지만 현실적으로 대부분의 기업이 클라우드에 구축하는 것은 사내 시스템의 일부분(주로 덜 중요한 시스템)이고, 핵심 업무 시스템은 그대로 온프레미스 환경에 남겨두는 경우가 많습니다.

이를 '하이브리드 클라우드'라고 부릅니다.

시스템 사이에 데이터 연동이 필요할 때, 온프레미스 시스템끼리는 같은 네트워크에서 쉽게 연결할 수 있지만, 클라우드를 이용하면 인터넷을 통하거나 AWS Direct Connect 같은 전용선 연결 서비스를 사용해야 하므로 구축이 복잡해집니다.[33]

비용이 증가할 가능성이 있다

클라우드 사용으로 총소유비용(total cost of ownership, TCO)[34]이 온프레미스보다 오히려 증가할 수도 있습니다. 이전에 언급한 것처럼 클라우드는 자원을 유연하게 조절할 수 있어 트래픽 폭증이 일어나는 시스템에서는 비용 측면에서 유리합니다. 하지만 반대로 안정적인 트래픽을 갖는 시스템은 클라우드로 전환했을 때 TCO가 오히려 커질 수 있습니다. 또한 사용 후 가상 서버를 종료하지 않거나, 고가 서비스를 실수로 사용하거나, 서비스 지원 체계가 바뀌는 경우 예상보다 높은 청구서를 받을 수 있습니다.[35]

또한 시장 점유율이 높은 클라우드 서비스는 대부분 미국 기업이 제공하기 때문에 환율 상승의 위험에 노출되기 쉽다는 점도 간과하기 쉽지만 주의해야 합니다.

보안 대책의 유연성이 부족하다

클라우드는 보안 패치 적용 일정과 어떤 보안 대책을 실시할지에 대한 결정이 모두 클라우드 제공업체에게 맡겨집니다. 따라서 보안 취약점을 발견했을 때, 신속하게 패치를 적용하는 등 사용자가 원하는 보안 조치를 직접 실행하기 어려울 수 있습니다.

특히 여러 퍼블릭 클라우드를 함께 사용하는 **멀티클라우드** 환경에서는 각 제공업체마다 보안 정책이 다르기 때문에 통합적인 대응이 어려울 수 있으므로 주의가 필요합니다. 이는 온프레미스와 퍼블릭 클라우드를 혼합한 **하이브리드 클라우드** 환경에서도 마찬가지입니다.

---

[33] https://aws.amazon.com/ko/directconnect/
[34] 옮긴이 시스템과 제품을 도입/구축하고 운영하는 데 들어가는 비용을 합산한 것을 의미합니다.
[35] AWS RDS의 기본 지원은 2024년 2월에 종료되었고, 3월부터 새로운 연장 지원이 도입되었습니다. 이 자체는 좋은 변화처럼 보이지만, 유료이고 자동 가입 방법(opt-out)이라 기본 지원 종료를 알아차리지 못한 상태로 높은 비용의 청구서를 받고 놀라는 사례가 많이 발생했습니다.

또한 해외 리전을 사용할 때는 개인정보를 포함한 민감한 데이터를 그곳에 저장해도 괜찮은지 검토해야 합니다. 각 리전이 위치한 국가의 법(미국의 **클라우드법** 또는 유럽의 **GDPR** 등)에 따라 데이터 처리에 제한이 생기거나 범죄 수사 때 데이터 공개 의무가 발생할 수 있습니다. 클라우드는 해외 리전을 쉽게 사용할 수 있는 만큼, 이러한 **데이터 보안** 문제에 더욱 세심한 주의가 필요합니다.

개발 과정에서 하기 어려운 장애 테스트가 있다

온프레미스 환경에서는 테스트 단계에서 하드웨어부터 소프트웨어까지 모든 계층에 대해 다양한 장애 상황을 시뮬레이션할 수 있습니다. 하지만 클라우드에서는 물리적 하드웨어 장애와 미들웨어 충돌과 같은 상황을 의도적으로 만들기 어렵습니다. 따라서 일부 테스트는 이론적으로만 검토하거나 제한된 시뮬레이션만 진행할 수 있습니다. 이러한 한계 때문에 중요 업무 시스템에 클라우드를 도입하는 것을 꺼리는 경우도 있습니다.

클라우드 제공업체들도 이 문제를 인식하고 있어, AWS는 2021년부터 다양한 장애 시나리오를 의도적으로 발생시킬 수 있는 'AWS Fault Injection Service'를 출시했습니다. 이 서비스는 원래 카오스 엔지니어링(chaos engineering)[36] 관점에서 개발되었지만, 서비스 기반 시스템의 일반적인 장애 테스트에도 활용할 수 있습니다. 이런 서비스가 계속 발전하면서 앞으로 이 문제는 점차 해결될 것으로 예상되지만, 현 시점에서는 여전히 주의해야 하는 부분입니다.

클라우드에 장애가 발생했을 때 사용자가 할 수 있는 일이 거의 없다

퍼블릭 클라우드도 장애가 꽤 자주 발생합니다. 장비 고장과 소프트웨어 버그는 언젠가 반드시 발생한다는 현실적인 인식이 필요합니다. AWS는 이를 **모든 것은 언젠가 반드시 실패한다**(everything fails, all the time)라는 문구로 표현합니다. AWS와 애저 같은 대형 업체들도 몇 년에 한 번씩 대규모 장애를 겪고 있습니다.

예를 들어 2018년 11월 22일에는 AWS 장애로 쿠팡, 배달의 민족, KBS, 업비트, 놀(야놀자), 리디북스, 넥슨, 왓챠 등의 사이트가 접속되지 않기도 했습니다. 또한 2025년 2월

---

36 〔옮긴이〕 일부러 장애를 유발해서 시스템이 얼마나 잘 버티는지 실험하는 엔지니어링 기법입니다.

26일에는 NHN 클라우드 서비스에 문제가 생겨서, 일부 지자체와 산하 기관 홈페이지에 접속되지 않기도 했습니다. 애저도 2023년 1월 25일 WAN 장애로 Microsoft 365를 사용하지 못하는 문제가 생겼었습니다.

이런 클라우드 자체 장애가 발생하면, 사용자는 스스로 문제를 해결할 수 없고, 조사할 방법도 거의 없습니다. 대기 시스템으로 전환하고, 주 시스템의 복구를 기다리는 것 외에는 선택지가 없습니다(가끔 대기 시스템까지 동시에 장애가 발생하기도 합니다). 장애 조사와 복구는 전적으로 클라우드 제공업체에 의존할 수밖에 없습니다.

이처럼 클라우드와 온프레미스는 각각 장단점이 있으며, 이들은 동전의 양면과 같은 트레이드오프 관계입니다. 클라우드는 시스템 환경의 **통제권**을 클라우드 제공 업체에 넘기고, 복잡한 운영 관리 업무를 맡기는 선택입니다. 이 두 가지를 종합적으로 비교 검토하여 클라우드 도입 여부를 판단해야 합니다. 단순히 초기 비용 절감만 보고 성급하게 클라우드를 선택하면 안 됩니다.

> **핵심 포인트 22** 온프레미스와 클라우드 선택은 각각의 장단점을 신중히 고려해 결정해야 합니다. 단순히 비용 절감만 기대하고 클라우드로 전환하면 기대에 미치지 못할 수 있습니다.

2.6 백업 설계

데이터베이스의 물리 설계와 밀접한 영역으로 데이터 백업 및 복구[37] 설계가 있습니다. 데이터베이스는 시스템에서 가장 중요한 데이터를 한 곳에서 관리하는 곳으로, 시스템의 심장과 같습니다. 따라서 데이터베이스 내부의 데이터가 손실되는 일은 절대 없어야 합니다. 만약 그런 일이 발생한다면 엄청난 손해를 감수해야 합니다. 대규모 시스템에서 이러한 데이터 손실 사고가 발생하면 신문이나 TV 등 미디어에서 대대적으로 보도됩니다.[38]

---

37 [옮긴이] 다음 2.7절에서는 '복원(restore)'과 '복구(recovery)'를 구분해서 사용합니다. 이번 절에서는 둘을 거의 비슷한 의미로 사용합니다. 따라서 둘을 구분하며 읽으려다 보면, 내용이 오히려 헷갈릴 수 있으므로, 일단 둘을 너무 정확하게 구분해서 읽지 않기 바랍니다!

38 시스템 데이터 손실 뉴스는 매년 몇 건씩 보도됩니다. 뉴스를 주의 깊게 살펴보면 여러분도 접한 적이 있을 텐데, 그런 사건의 당사자가 되지 않도록 주의해주세요.

이러한 '사고'를 예방하기 위한 설계에는 두 가지 접근법이 있습니다. 첫째는 최대한 데이터를 잃지 않게 설계하는 것으로, 이전에 설명한 가용성 설계가 여기에 해당합니다. 둘째는 그럼에도 장애로 데이터가 손실되었을 때 복구할 수 있게 준비하는 것입니다. 이 두 번째 접근법이 바로 이번 절과 다음 절에서 다룰 백업과 복구에 관한 내용입니다.

2.6.1 백업의 기본 분류

여러분도 평소에 집 또는 직장에서 컴퓨터를 사용하고 있을 것입니다. 그래서 대부분의 사람들은 백업을 해본 경험이 있거나, 또는 백업을 하지 않아 소중한 데이터를 잃고 후회한 경험이 있을 것입니다. 여기서 말하는 백업이란 기본적으로 **파일을 복사하는 것**입니다('기본적으로'라고 말한 이유는 스토리지 스냅샷이라는 다른 방법도 있기 때문인데, 이에 대해서는 이후에 설명하겠습니다).

시스템 백업도 기본적으로는 이런 개념의 연장선상에 있지만, 많은 사람이 시스템 백업을 이해하기 어렵다고 느낍니다. 가장 큰 이유는 백업 종류가 너무 다양하기 때문입니다. 시스템 관련 책 또는 제품 매뉴얼을 보면 '○○ 백업'이라는 용어가 많이 등장합니다. 처음에는 이런 용어들의 의미와 차이점을 이해하는 것만으로도 큰 어려움을 겪을 수 있습니다.[39]

하지만 사실 데이터베이스 백업에는 주요 분류 기준이 단 하나뿐입니다. 이 기준에 따라 분류되는 세 가지 백업 방법만 알아두면 나머지는 부가적인 것들에 불과합니다. 따라서 먼저 이 주요 세 가지 방법에 대해 알아보겠습니다.[40]

2.6.2 전체 백업 / 차등 백업 / 증분 백업

데이터베이스 데이터를 대상으로 하는 주요 세 가지 백업 방법은 다음과 같습니다.

---

[39] 게다가 DBMS별로 자체적인 용어를 사용하는 경우가 있어, 이 또한 이해를 방해하는 원인이 됩니다.
[40] '데이터베이스'라고 제한한 이유는 OS와 애플리케이션까지 포함하면 세 가지 이외에도 다른 백업 방법이 존재하기 때문입니다. 예를 들어 OS, 애플리케이션, 각종 설정 파일 등을 통째로 백업하는 것을 '시스템 백업'이라고 합니다. 이는 보통 시스템 시작 또는 패치 적용 등 특정 시점에만 이루어집니다.

1. 전체 백업
2. 차등 백업
3. 증분 백업

데이터베이스 백업 설계는 이 세 가지 방법을 조합해 사용합니다(곧 설명하겠지만, 하나만 사용하는 경우는 거의 없습니다). 이 구분은 '백업 데이터를 어떤 단위로 나눌 것인가?'가 기준입니다. 그리고 '전체' 또는 '차등'이라는 용어는 그 단위를 나타냅니다. 그럼 각각을 자세하게 살펴보겠습니다.

2.6.3 전체 백업

전체 백업(full backup)(또는 **완전 백업**)은 모든 백업 방법의 기본이며 가장 단순하고 이해하기 쉬운 방법입니다. '전체'라는 이름 그대로 특정 시점에 시스템에 저장된 모든 데이터를 백업하는 방법입니다. 사용자 데이터뿐만 아니라 설정 파일과 보관된 트랜잭션 로그 파일 등도 백업 대상에 포함됩니다. 특정 시점의 스냅샷(정지 이미지)을 찍는 것과 같은 개념이라고 생각하면 됩니다.

전체 백업으로 저장한 파일에는 백업 시점의 모든 데이터가 포함되어 있으므로, 이 파일만 있으면 백업 시점의 데이터를 완전하게 복구할 수 있습니다.

전체 백업을 그림으로 설명해보겠습니다. 그림 2-18처럼 월요일부터 토요일까지 매일 특정 시간, 예를 들어 밤 10시에 전체 백업을 진행했다고 가정하겠습니다. 그리고 일요일 오후 1시에 장애가 발생했다고 합시다. 이때 최신 데이터를 복구하는 데 필요한 백업 파일은 ❻ 파일 하나입니다. 반대로, 어떤 이유로든 ❻ 파일이 손상되었다면 최신 상태로 복구할 수 없습니다(비극적이지만 충분히 발생할 수 있는 일입니다). 이때는 차선책으로 ❺ 파일을 사용해 금요일 상태로 돌아갈 수밖에 없습니다(만약 ❺도 손상되었다면...).

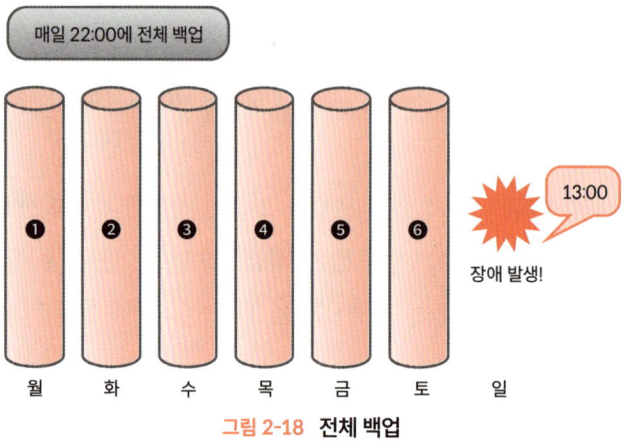

그림 2-18 전체 백업

전체 백업은 매우 단순하고 이해하기 쉬우며, 다른 두 백업 방법의 기초가 됩니다. 그런 점에서 매우 중요하지만, 이 방법만으로는 시스템을 운영하기에는 어렵습니다. 이유는 다음과 같은 단점들이 있기 때문입니다.

단점 1: 백업에 걸리는 시간이 길다

백업에 소요되는 시간을 '백업 윈도'라고 하는데, 전체 백업은 이 시간이 가장 깁니다. 여기서 '길다'는 것은 다른 백업 방법과 비교했을 때의 상대적인 의미입니다. 전체 백업은 항상 모든 데이터를 백업하므로, 세 가지 백업 방법 중 가장 많은 시간이 필요합니다. 실제 소요 시간은 시스템의 데이터 규모나 하드웨어 성능에 따라 달라지므로 딱 정해서 말할 수는 없습니다.

단점 2: 하드웨어 자원에 대한 부하가 크다

'부담이 크다'는 것도 마찬가지로 다른 백업 방법과 비교한 상대적인 의미입니다. 백업할 데이터양이 많다는 것은 스토리지의 디스크 I/O, 서버의 CPU, 메모리 사용량도 증가한다는 의미입니다. 이는 동시에 실행 중인 다른 쿼리의 성능을 저하시킬 수 있습니다.

단점 3: 스토리지 용량 소모가 크다

DBMS 데이터를 통째로 백업한다는 특성상, 가장 많은 저장 공간을 차지합니다. 일반적으로 백업용 스토리지로는 비교적 저렴하게 대용량 데이터를 저장할 수 있는 테이프가 많이 사용되지만, 그렇다고 해도 전체 백업을 여러 세대에 걸쳐 보관하려면 비용이 상당히 커질 수 있습니다.

이러한 특성 때문에 전체 백업은 운영에 엄격한 제약이 따릅니다. 최근 시스템은 24시간 365일 가동이 일반적이므로, 시스템에 부하를 주는 시간을 최대한 줄여야 한다는 요구사항이 많기 때문입니다. 6개월 또는 1년에 한 번만 전체 백업을 실시하는 시스템도 드물지 않습니다.

2.6.4 차등 백업

전체 백업은 매우 단순하고 이해하기 쉽지만 여러 가지 단점이 있습니다. 이를 보완하기 위한 방법이 바로 차등 백업(differential backup)과 이어서 살펴볼 증분 백업입니다.

이전과 마찬가지로 그림으로 설명하겠습니다(그림 2-19). 이번에는 전체 백업을 매일 하지 않고, 월요일에만 전체 백업을 합니다. 그리고 화요일부터 토요일까지는 월요일 이후 **변경된 내용**만 백업합니다. 이런 차등 관리가 어떻게 가능할까요?

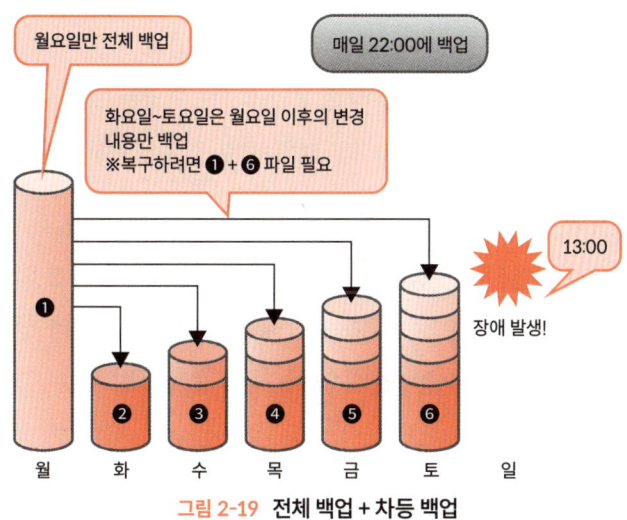

그림 2-19 전체 백업 + 차등 백업

여기에서 '데이터베이스 파일의 물리적 배치'(41페이지)에서 언급한 '로그 파일'을 활용합니다. 차등 백업은 이 로그 파일(트랜잭션 로그)을 백업하는 것입니다.[41]

다시 정리하자면, DBMS는 사용자가 요청한 변경 사항을 바로 데이터 파일에 반영하지 않고, 먼저 트랜잭션 로그에 기록합니다(이는 모든 DBMS의 공통점입니다). 따라서 트랜잭션 로그에는 데이터 변경과 관련된 모든 작업 기록이 남아 있습니다. 이 로그를 백업해두면 **변경 작업을 다시 재현(리플레이)**할 수 있는 것입니다.

전체 백업 + 차등 백업 방법으로 월요일부터 운영을 시작해 일요일에 장애가 발생했다고 가정해봅시다. 최신 데이터로 복구하려면 ❶과 ❻ 파일이 필요합니다. ❶의 전체 백업 파일은 반드시 필요합니다. 변경 기록이 있어도, 이를 적용할 기본 파일이 없으면 의미가 없기 때문입니다.

참고로 ❷~❻ 파일도 모두 차등 백업 파일이지만, 실제로 필요한 것은 가장 최신 버전(❻)뿐입니다. ❷~❺의 내용은 ❻에 모두 포함되어 있기 때문입니다(이것이 이어서 설명할 증분 백업과의 차이점입니다).

그렇다면 차등 백업의 장점과 단점은 무엇일까요?

장점은 백업 데이터양이 감소한다는 것입니다. 전체 백업과 차등 백업을 함께 사용하면, 월요일만 전체 백업하고, 화요일부터 토요일까지는 변경된 로그 파일만 백업할 수 있습니다. 이로 인해 백업 시간이 단축되고 백업 파일 저장 공간도 절약할 수 있습니다.

단점은 복구 때 전체 백업 파일(❶)과 차등 로그(❻)를 적용해야 하므로, 복구 절차가 복잡해지고 시간이 더 길어진다는 점입니다(목표 복구 시간인 RTO에 부정적 영향). 일반적으로 복구 작업은 긴급 상황에서 진행되며, 담당자도 평소와 다른 심리 상태에 있으므로 절차가 복잡하거나 시간이 오래 걸리면 실수하는 등의 문제가 발생할 수 있습니다.

또한 복구를 위해서는 ❶과 ❻ 두 파일을 모두 정상적으로 사용할 수 있어야 합니다.

---

41   Oracle은 차등 백업을 트랜잭션 로그가 아닌, 데이터 파일에서 변경된 블록 이미지만 복사하는 방법으로 구현합니다.

만약 둘 중 하나라도 손상되었다면 복구가 불가능합니다.[42]

2.6.5 증분 백업

마지막으로 소개할 방법은 증분 백업(incremental backup)입니다. 기본 개념은 차등 백업과 같지만, 더 '효율적으로' 설계된 방법입니다.

차등 백업에는 '낭비' 요소가 있었다는 것을 눈치챘나요? ❷~❻의 트랜잭션 로그 파일이 낭비라는 것입니다. 이 파일들은 ❷가 ❸에 포함되고, ❸이 ❹에 포함되는 식으로 최신 로그 파일이 이전 로그 파일의 내용을 모두 포함하는 구조입니다. 그래서 복구를 위해 최신 파일인 ❻만 있으면 충분했습니다.

하지만 이런 방법은 같은 데이터를 여러 번 반복해서 백업하므로, 백업 효율성 측면에서는 중복이라고 할 수 있습니다. 이에 트랜잭션 로그에서 모든 중복을 제거한 방법이 바로 증분 백업입니다. 그림 2-20처럼 매일 그날 발생한 변경 사항만 백업합니다.

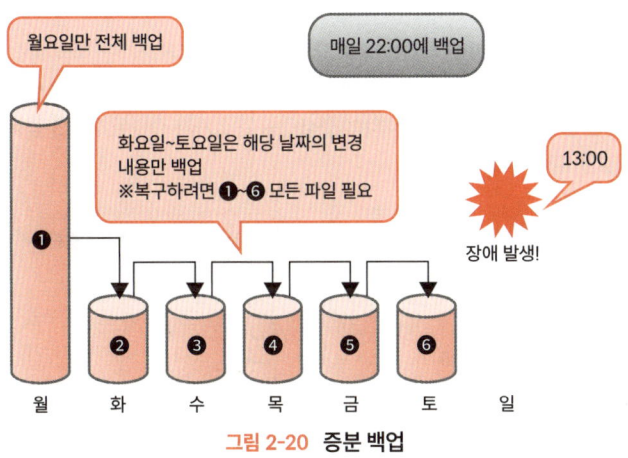

그림 2-20 증분 백업

증분 백업의 장점과 단점은 무엇일까요?

---

42 추가적으로, ❻이 손상된 경우에는 최악의 경우 ❶을 사용하면 월요일 시점으로라도 복구할 수 있습니다. 하지만 ❶이 손상되고 ❻만 남아 있는 경우에는 모든 데이터를 영구적으로 잃게 됩니다.

장점은 세 가지 방법 중 백업 데이터양이 가장 적다는 것입니다. 자연스럽게 백업에 소모되는 시간도 가장 짧고, 백업 파일 저장 공간도 적습니다. 비용 측면에서 가장 효율적인 방법이라 할 수 있습니다.

단점은 복구 절차가 가장 복잡하다는 점입니다. 복구를 위해서는 ❶부터 ❻까지 모든 파일이 필요하며, 목표 복구 시간(RTO)이 가장 긴 방법입니다. 엔지니어는 서비스 복구를 간절히 기다리는 사용자들의 압박 속에서 복구 작업을 진행해야 하므로, 실수가 발생할 가능성이 높아집니다.

또한 복구에 필요한 파일 수가 많아져서 데이터를 완전히 복구할 수 있는 가능성이 가장 낮습니다(전체 백업 파일을 포함해, 파일 ❶~❻이 모두 무사해야 하기 때문입니다).

COLUMN | **네 번째 선택지, 영구 증분 백업**

본문에서 설명한 것처럼 백업 종류는 전체, 차등, 증분의 세 가지가 기본이지만, 추가로 차등 백업과 증분 백업의 장점을 모두 취한 **영구 증분 백업**(forever incremental backup)이라는 방법도 있습니다.

이 방법은 백업을 진행하는 방법 자체는 증분 백업과 동일합니다. 하지만 미리 설정한 백업 세대 수를 초과하면, 그때까지 모은 증분 데이터와 전체 백업을 합쳐 새로운 백업을 만듭니다. 이렇게 하면 백업 시간은 증분 백업처럼 짧게 유지하면서도, 복구 절차가 간단해지는 장점(=목표 복구 시간이 단축되는 장점)을 얻을 수 있습니다.

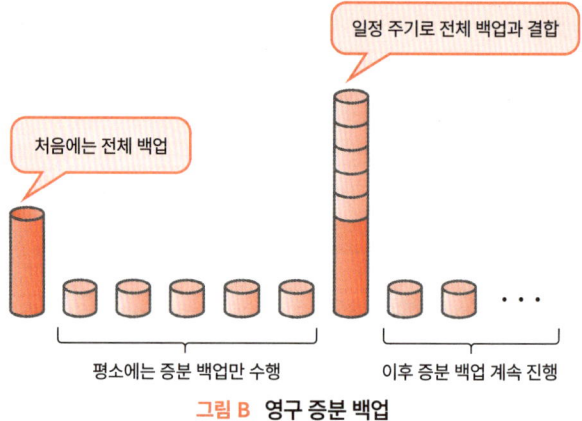

그림 B 영구 증분 백업

> 영구 증분 백업은 이 기능을 지원하는 DBMS와 백업 소프트웨어가 있어야 사용할 수 있다는 제약이 있습니다. 하지만 사용 가능한 환경이라면 매우 효과적인 백업 방법이므로 꼭 기억해두기 바랍니다.

2.6.6 백업 방법의 트레이드오프

지금까지 세 가지 주요 백업 방법을 살펴보았습니다. 전체 백업을 기본으로 하고, 그 단점을 보완하기 위해 차등 백업과 증분 백업이 존재합니다. 차등 백업과 증분 백업은 모두 변경 로그 파일을 백업한다는 점에서 같은 범주에 속한다고 볼 수 있습니다.

그래서 일부 책 또는 제품 매뉴얼에서 차등 백업과 증분 백업을 모호하게 구분하기도 합니다. 심지어 두 방법을 구분하지 않고 모두 '차등 백업'이라고 부르는 경우도 있어 혼란을 가져옵니다. 하지만 이전에 살펴본 것처럼, 차등 백업은 이전 전체 백업 이후의 데이터를 누적하여 보존한다는 점에서 증분 백업과의 차이가 있습니다(그림 2-21).[43]

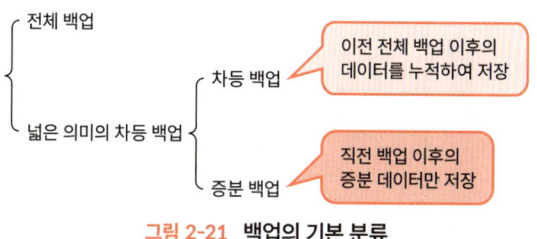

그림 2-21 백업의 기본 분류

세 가지 방법의 특징을 정리하면, 표 2-3과 같습니다.

---

[43] 참고로 DBMS 제공업체에 따라 용어가 다를 수 있습니다. 예를 들어 Db2는 일반적으로 '차등 백업'이라 부르는 방법을 '증분 백업(incremental backup)'이라고 부르므로 혼동하지 않게 주의해야 합니다. 대신 일반적으로 '증분 백업'이라 부르는 방법을 '델타 백업'이라고 부릅니다. '델타'는 그리스어로 변화, 증분을 의미합니다. 또한 SQL Server는 증분 백업을 '트랜잭션 로그 백업'이라고 부릅니다.

표 2-3 세 가지 백업 방법의 특징

명칭	전체 백업	차등 백업	증분 백업
백업 대상 데이터	모든 데이터	이전 전체 백업 이후의 변경 내용	직전 백업 이후의 변경 내용
백업 총 소요 시간	김	중간	짧음
복구 총 소요 시간	짧음	중간	김
장점	• 백업/복구 운영이 간단함 • 복구 시 하나의 파일만 필요	• 모든 면에서 중간 수준 • 복구 시 두 개의 파일만 필요	• 백업 파일 크기가 작음
단점	• 시스템 자원에 부담이 큼 • 백업 윈도가 김		• 복구하려면 모든 파일이 필요함 • 목표 복구 시간(RTO)이 가장 김

이 표를 보면 알 수 있는 것처럼 '백업 비용이 낮을수록 복구 비용은 높아진다'는 트레이드오프 관계가 존재합니다(그림 2-22).

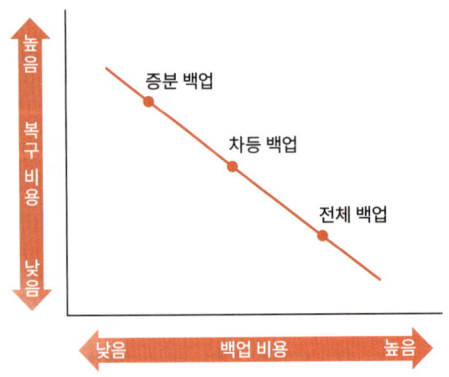

그림 2-22 백업 비용과 복구 비용의 트레이드오프

2.6.7 어떤 백업 방법을 채택해야 할까?

그럼 실제로 백업 설계를 할 때 어떤 방법을 선택해야 할까요?

교과서적인 답변은 '각 방법의 장단점을 비교하여 시스템 특성에 맞게 선택하세요'가

되겠지만, 이것만으로는 다소 추상적이므로, 조금 더 구체적으로 살펴보겠습니다. 백업 설계에서 고려해야 하는 핵심 포인트는 다음 4가지입니다.

- **[포인트 1]**: 어떤 시점의 상태로 복구해야 하는가? 그리고 복구가 실제로 필요한가?
- **[포인트 2]**: 백업에 사용할 수 있는 시간(백업 윈도)
- **[포인트 3]**: 복구에 사용할 수 있는 시간(복구 윈도, RTO)
- **[포인트 4]**: 몇 세대까지의 데이터를 백업해야 하는가(저장 매체 크기에 영향, RPO)

그리고 선택지를 정리하면, 다음과 같은 4가지 패턴입니다.

1. 백업을 하지 않는 방법
2. 전체 백업
3. 전체 백업 + 차등 백업
4. 전체 백업 + 증분 백업

'백업을 전혀 하지 않는다니, **1.**은 말도 안 되는 것 아닌가?'라고 생각할 수도 있습니다. 하지만 반드시 그렇지는 않습니다. 이 방법도 진지하게 고려해볼 만한 상황이 있습니다. 어떤 경우일까요?

정답은 백업 파일 외에 다른 방법으로도 데이터를 복구할 수 있는 경우입니다. 예를 들어 원본 입력 파일을 시스템에 다시 등록하는 것만으로 데이터베이스를 최신 상태로 복구할 수 있는 상황이 있습니다. BI/DWH(비즈니스 인텔리전스/데이터 웨어하우스) 시스템에서는 이런 사례를 종종 볼 수 있습니다.

나머지 세 가지 선택지는 어떨까요?

먼저 전체 백업만 하는 방법은 백업 빈도에 따라 다르지만, 매일 수행한다면 백업 데이터 크기가 매우 커질 수 있다는 것을 생각해야 합니다. 또한 백업에 필요한 시간(**백업 윈도**)도 깁니다. 무엇보다 이 방법으로는 문제가 생겼을 때, 최신 상태로 복구하는 것이 생각보다 어려울 수 있다는 점을 인지해야 합니다.

따라서 현실적으로 가장 많이 선택되는 것은 3.과 4.입니다.[44] 필자의 개발 경험에 비추어보면, 이 두 가지 방법이 전체 사례의 약 90%를 차지합니다. 다만 이 두 방법은 복구 시간(복구 윈도)이 길어질 수 있으므로, 이 부분에 대한 검토가 반드시 필요합니다.

> **핵심 포인트 23** 백업은 '전체 백업 + 차등 백업' 또는 '전체 백업 + 증분 백업'이 일반적인 선택지입니다.

지금까지 내용으로 백업과 복제(리플리케이션)의 차이를 명확하게 이해했을 것입니다. 복제는 데이터를 여러 위치에 분산해 복제본을 유지하는 중복화 방법입니다. 복제본은 항상 최신 상태로 유지될 뿐이고, 과거 특정 시점으로 데이터를 되돌리는 것은 불가능합니다. 따라서 과거 특정 시점으로 데이터를 되돌리는 백업/복구 기능과는 근본적으로 다릅니다.

COLUMN 오프라인 백업과 온라인 백업

백업은 시스템을 중단시킨 상태에서 수행하는 '오프라인 백업'과 시스템이 실행 중인 상태에서 수행하는 '온라인 백업'으로 나눌 수 있습니다. 이를 각각 '콜드 백업', '핫 백업'이라고도 부릅니다. 일반적으로는 서비스를 중단하지 않는 온라인 백업을 더 많이 선호하지만, 서비스를 잠시 중단할 수 있는 시간대가 있다면 오프라인 백업을 선택하기도 합니다.

오프라인 백업의 장점은 사용자 접속이 없어 백업 과정이 단순하고, 백업 시간이 짧다는 점입니다(Oracle의 경우 `NOARCHIVELOG` 모드에서 실행할 수 있다는 추가적인 장점이 있습니다). 이런 장점은 상당히 큰 편이지만, 서비스를 중단해야 하고 마지막 오프라인 백업 시점까지만 데이터를 복구할 수 있다는 단점도 무시할 수 없습니다.

만약 시스템 중단이 걱정된다면, 읽기 전용 복제본을 구성하고 이 복제본만 중단시켜 백업하는 방법이 좋은 대안입니다. 이렇게 하면 일시적으로 읽기 처리 속도가 감소할 뿐, 전체 서비스 연속성에는 영향을 주지 않습니다. 읽기 전용 복제본 유지에 추가 비용이 들긴 하지만, 읽기 성능 향상과 안정적인 백업 모두에 도움이 되므로 많은 시스템에서 채택하고 있습니다.

---

[44] 차등 백업과 증분 백업 모두 전체 백업과 함께 사용하는 것이 전제조건이므로, 이 방법들만 단독으로 사용하는 경우는 없습니다.

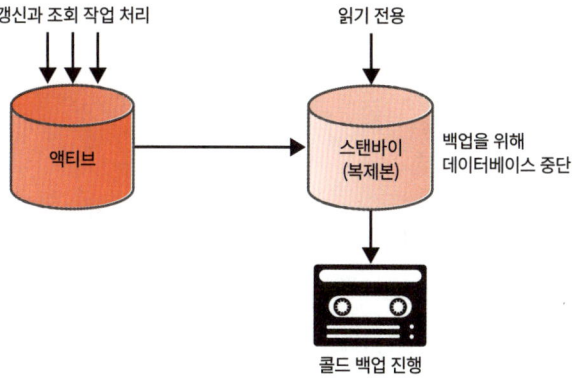

그림 C 오프라인 백업

MySQL은 오래 전부터 데이터 복제 기능을 지원해서, 공식 문서에서도 복제본을 활용한 오프라인 백업 방법을 소개하고 있습니다.[45]

오프라인 백업의 주요 특징은 다음과 같습니다.

- 백업 중에는 서버를 사용할 수 없으므로, 사용자에게 영향을 줄 수 있습니다. 그래서 주로 서비스 가용성에 영향을 주지 않고 잠시 중단할 수 있는 복제본에서 백업합니다.
- 사용자 활동의 방해 없이 진행되므로 백업 과정이 단순합니다.

오프라인 백업은 복제본 환경이 있을 때 편리한 백업 방법이지만, 복구 가능한 시점이 백업을 진행한 시점으로 제한된다는 단점이 있습니다(즉, 장애 발생 시점까지 복구할 수는 없습니다). 이런 이유로 RPO 측면에서는 아쉬운 선택지라고 할 수 있습니다.

2.7 복구 설계

백업 설계와 복구 설계는 보통 함께 진행합니다. 이는 백업 방법에 따라 복구 절차가 달라지기 때문입니다. 따라서 실제로는 백업 방법이 결정되면 복구 설계도 자연스럽게 정해집니다.

그런데 앞에서 백업 방법에 대한 설명을 읽으면서, 이런 의문이 든 분도 있을 것입니다.

'백업 파일만으로 장애 직전 상태로 데이터를 되돌리는 것은 불가능한 것 아닌가?'

---

[45] https://dev.mysql.com/doc/refman/8.0/en/backup-types.html

매우 적절한 의문입니다. 복구 과정을 제대로 이해하려면 먼저 이러한 의문부터 해결해야 합니다.

2.7.1 복구와 복원

백업 방법이 어떤 것이든 상관없지만, 쉽게 설명할 수 있게 '전체 백업'만 사용하는 방법을 가정하겠습니다. 전체 백업은 매일 밤 22:00에 시작해 23:00에 끝납니다. 그리고 장애가 발생해 데이터가 손실된 시점은 일요일 13:00입니다.

토요일 백업이 완료된 후부터 일요일 13:00 사이에도 사용자들이 시스템을 계속 이용하면서 데이터가 변경되었을 것입니다(그림 2-23). 하지만 토요일에 만들어진 ❻ 백업 파일에는 그 이후의 변경 내용이 포함되어 있지 않습니다. 따라서 백업 파일만으로는 '장애 직전' 상태로 데이터를 되돌릴 수 없습니다.

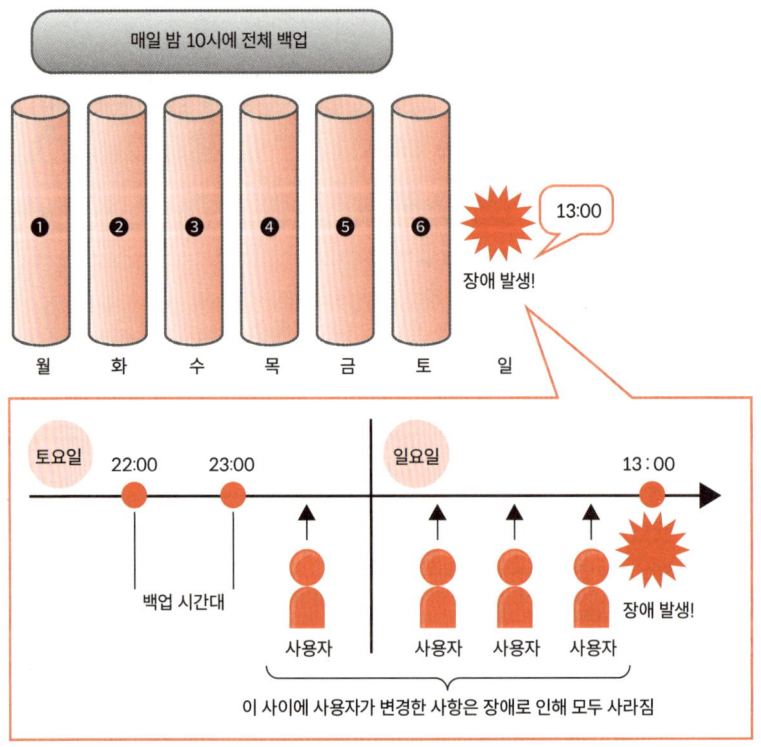

그림 2-23 전체 백업 방법에서 장애가 발생한 경우

이것은 개인 컴퓨터의 파일 백업에서도 마찬가지입니다. 예를 들어 사흘 전에 업무용 문서를 백업했더라도, 오늘 데이터가 손실된다면 최근 이틀 동안의 모든 작업이 물거품이 됩니다. 원리는 같습니다.

즉, 장애 직전 상태로 데이터를 복구하려면, 단순히 백업 파일을 데이터베이스에 되돌려 놓는 것만으로는 부족합니다. 그 이후에 사용자가 진행한 변경 사항까지 다시 반영해야 비로소 복구 과정이 완전히 끝나는 것입니다.

따라서 장애 복구 절차를 엄격히 두 단계로 나눌 필요가 있습니다. '백업 파일을 되돌리는 작업'을 **복원(restore)**[46]이라 하고, '그 파일에 트랜잭션 로그를 적용해 변경 내용을 반영하는 작업'을 **복구(recovery)**라고 합니다(그림 2-24). 지금까지는 이 둘을 구분하지 않고 모두 '복구'라고 불렀지만, 앞으로는 구분해서 사용하겠습니다.

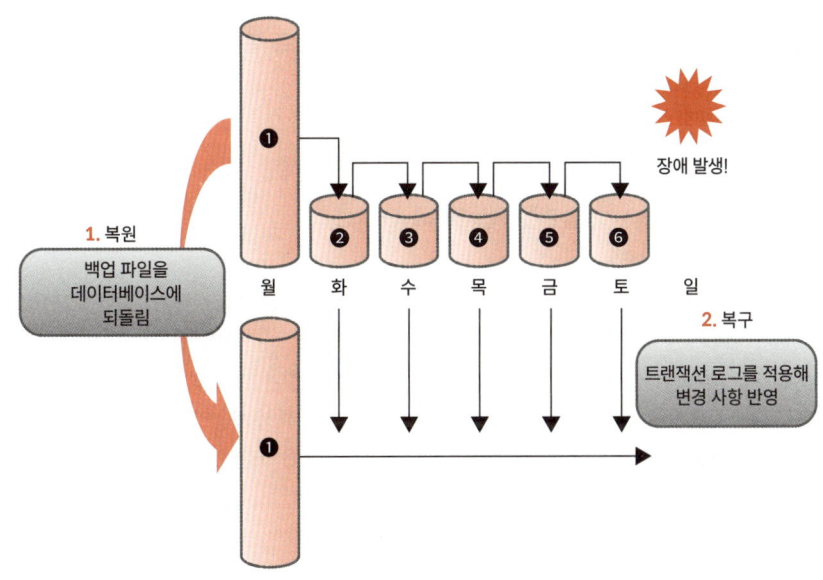

그림 2-24 **복원과 복구**

---

46 'restore'는 영어로 '원래 상태로 되돌린다'는 의미입니다.

2.7.2 복원과 롤 포워드

중요한 것은 바로 '복구'입니다. 백업해 둔 트랜잭션 로그를 적용하는 것도 복구의 일종이지만, 실제로 트랜잭션 로그는 DBMS 내부에도 남아 있습니다. 이 로그에는 마지막 백업 이후 사용자들이 수행한 모든 변경 사항이 포함되어 있습니다. 아직 백업되지 않았을 뿐, 데이터베이스 서버에는 파일 형태로 남아 있는 것입니다.[47]

따라서 이 백업되지 않은 트랜잭션 로그까지 적용해야만 데이터를 장애 직전 상태로 완전히 복구할 수 있습니다. 요약하면, 복원 및 복구 절차는 다음 세 단계로 이루어집니다.

1. 전체 백업 파일을 데이터베이스에 복원한다. ➡ 복원
2. 차등(또는 증분) 백업된 트랜잭션 로그를 적용한다. ➡ 복구
3. 데이터베이스 서버에 남아 있는 트랜잭션 로그를 적용한다. ➡ 롤 포워드(roll forward)

이렇게 하면 장애 발생 직전의 데이터 상태로 성공적으로 복구할 수 있습니다.

최근에는 데이터베이스가 저장하는 데이터양이 계속 증가하는 추세이므로, 복구에 필요한 시간도 길어지고 있습니다. 따라서 복구 계획을 세울 때는 **RTO(복구 시간 목표)**를 충족할 수 있는지 철저히 검토하고 설계해야 합니다.

COLUMN 스냅샷과 D2D2T / D2D2D / D2D2C

본문에서 살펴본 데이터베이스 기능을 활용한 백업 방법 이외에도, 스토리지의 '스냅샷(snapshot)' 기능을 함께 사용하는 경우가 있습니다. 스냅샷은 이름 그대로, 특정 시점의 스토리지 데이터를 사진처럼 포착해 순간적인 이미지를 만들고, 이를 다른 볼륨(볼륨은 OS가 인식하는 스토리지의 관리 단위)에 복사하는 것입니다.

모든 데이터의 스냅샷을 저장하면 용량이 너무 커지므로, 일반적으로는 이전 스냅샷과의 차이만 저장하는 방법(증분 스냅샷)을 많이 사용합니다. 스냅샷의 장점은 다음과 같습니다.

- DBMS 외부에 저장된 파일도 백업 대상에 포함된다.
- 데이터베이스 기능을 사용한 백업보다 처리 시간이 짧다.
- 스냅샷 데이터의 크기가 작다.

---

[47] 물론 장애로 인해 이 파일까지 손상되었다면, 장애 직전 상태로의 복구는 불가능합니다. 이미 백업된 트랜잭션 로그만 적용할 수 있습니다.

- 실수로 운영 환경의 데이터를 변경했을 때 데이터를 복원하는 용도로 활용할 수 있다.

반면, 단점으로는 다음과 같은 것들이 있습니다.

- 스토리지 대역폭을 많이 사용하므로 운영 환경의 입출력 성능에 영향을 줄 수 있다.
- 짧은 시간이라도 읽기/쓰기가 발생하지 않는 정지 상태를 만들어야 한다.
- 특정 시점의 상태만 캡처하는 것이므로, 스냅샷만으로 원하는 시점의 데이터 상태로 완전히 복구할 수는 없다.

스냅샷의 기본 구성은 먼저 운영 환경 스토리지 내부에서 운영 볼륨의 스냅샷을 백업용 볼륨에 생성하고, 이를 테이프에 복사하고, 원격지에 보관하는 방법입니다. 이를 **D2D2T(disk to disk to tape)** 방법이라고 합니다. 가장 전통적인 스냅샷 기반 백업 방법입니다.

최근에는 하드디스크 대신 SSD가 많이 사용되면서 '디스크'라는 용어가 다소 오래된 느낌이 있지만, 개념적으로는 SSD도 똑같이 적용됩니다. 일반적으로 기업용 엔터프라이즈급 스토리지가 완전히 고장 나는 경우는 드물지만, 지진과 화재 같은 재해 상황에서는 스토리지 자체가 물리적으로 파손될 가능성도 있습니다. 그래서 백업은 원격지에 보관하는 것이 기본 원칙입니다.

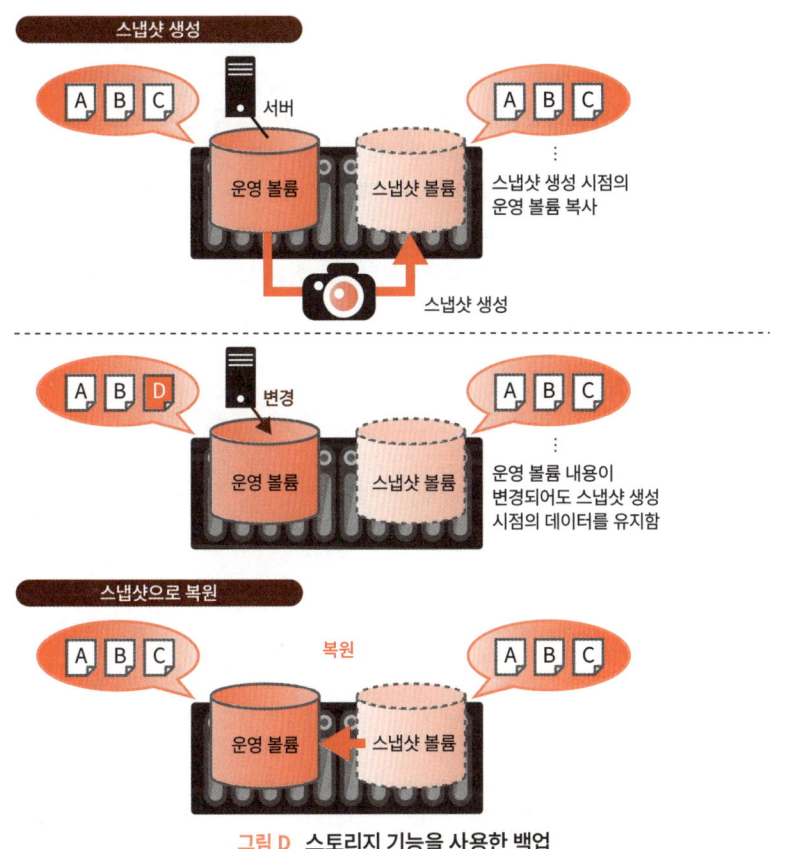

그림 D 스토리지 기능을 사용한 백업

또한 스토리지 비용이 저렴해지면서, 백업 데이터의 최종 보관 장소로 하드디스크를 사용하는 경우도 있습니다. 이를 **D2D2D(disk to disk to disk)** 방법이라고 합니다. 이 방법은 재해 복구 사이트[48]에 데이터를 복제해서, 재해가 발생했을 때 즉시 가동할 수 있는 대기 시스템을 구성할 수 있습니다(물론 단순 원격 보관보다는 비용이 더 발생합니다).

세 번째 방법은 보관 장소를 클라우드로 지정하고 스냅샷을 업로드하는 방법입니다. 이를 **D2D2C(disk to disk to cloud)** 라고 합니다.

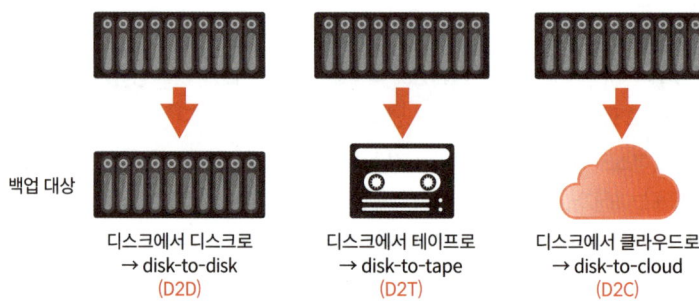

그림 E 백업 보관 위치의 세 가지 옵션

클라우드는 회사 서버가 위치한 곳과 다른 지역을 보관 장소로 선택할 수 있습니다. 그래서 클라우드를 백업의 원격 보관소로 활용하는 사례가 많습니다. 하지만 클라우드 스토리지는 용량과 IOPS(초당 입출력 연산 수)에 따라 요금이 부과되므로, 계속 증가하는 경향이 있는 백업 데이터를 저장할 때는 실제로 비용이 효율적인지 신중하게 검토해야 합니다.

중복 제거 기능을 갖춘 백업 관리 소프트웨어와 클라우드 서비스를 백업 대상으로 선택하는 것도 좋은 방법입니다. 또한 클라우드 백업은 사내 네트워크와 클라우드 네트워크가 분리되어 있어, 최근 증가하고 있는 **랜섬웨어** 공격에 대한 효과적인 방어책이 됩니다. 회사 내부 네트워크가 바이러스에 감염되더라도 클라우드에 저장된 데이터는 안전하게 보존되므로, 바이러스 제거 후 안전한 버전의 데이터로 복구할 수 있습니다.

---

48 [옮긴이] 재해 복구 사이트는 '데이터를 포함해 애플리케이션, 서버, 네트워크 인프라까지 포함해 재해가 발생했을 때 낮은 성능으로라도 비즈니스 연속성을 유지할 수 있는 시스템'입니다.

> 연습 문제

연습 2-1 데이터베이스 서버 클러스터링 구성

이번 장에서는 데이터베이스의 신뢰성과 성능을 높이기 위한 물리적 설계로 RAID와 복제를 배웠습니다. 이 외에도 시스템 전체의 안정성과 성능을 향상시키는 방법으로 '클러스터링'이라는 구성이 있습니다. 일반적으로 서버 클러스터링에는 어떤 형태들이 있는지 조사해보세요.

연습 2-2 하드웨어 자원 정보 수집하기

하드웨어 크기를 결정하려면 현재 시스템의 하드웨어 자원 정보가 꼭 필요합니다. 이 정보를 얻기 위한 운영체제 명령어를 운영체제별로 조사하고 정리해보세요. 구체적으로 **리눅스/유닉스 계열**과 **윈도우 계열**을 대상으로 알아보세요.

연습 2-3 이론적으로 서버 CPU 용량 산정하기

하드웨어, 특히 서버 CPU의 적정 용량 산정 사례를 분석해봅시다.

여러분은 곧 진행되는 시스템 교체(시스템 리플레이스) 프로젝트에서 하드웨어 용량 산정을 맡게 되었습니다.

문제를 단순하게 만들 수 있게, 하드웨어만 교체하고 애플리케이션은 수정 없이 그대로 사용한다고 가정합니다. 바뀌는 것은 서버와 스토리지 같은 하드웨어뿐입니다. 또한 현재 시스템의 접속 로그와 자원 사용 로그를 확보할 수 있어서, 응답 시간과 처리량을 계산할 수 있습니다.

그런데 프로젝트 매니저가 이렇게 말합니다.

> "이 시스템은 현재 사용자들이 피크 시간대에 느리다고 불만을 자주 제기하고 있어, 이번에는 그런 문제가 없도록 적절한 하드웨어를 선택해줘."

프로젝트 예산이 제한되어 있어서 프로토타입 테스트를 할 여유는 없습니다. 그렇다면, 여러분은 어떤 과정으로 서버 CPU의 필요 용량을 계산할 수 있을까요? 최대한 구체적으로 그 과정을 생각해보세요.

CHAPTER 3
논리 설계와 정규화: 왜 테이블을 분할해야 할까?

이번 장에서는 논리 설계의 핵심인 정규화에 대해 살펴봅니다. 정규화의 목적과 이론적 기반을 이해하면, 데이터베이스의 데이터를 일관성 있게 유지하는 방법을 알 수 있습니다.

학습 포인트

- 관계형 데이터베이스의 테이블은 '같은 종류의 데이터 집합'을 의미합니다.
- 키는 특정 정보를 찾아내기 위한 열쇠 같은 역할을 합니다. 특히 테이블에서 가장 중요한 것은 '기본 키'입니다.
- 정규화는 데이터의 불필요한 중복을 제거하는 작업입니다. 이는 데이터를 수정할 때 발생할 수 있는 불일치를 막는 것이 목적입니다.
- 정규화를 제대로 이해하려면 함수 종속 개념을 알아야 합니다. 이 개념의 기초가 되는 것이 '키'입니다.
- 정규화 단계를 높일수록 데이터의 일관성은 향상되지만, 검색 성능은 느려질 수 있습니다. 그래서 보통은 제3정규형까지만 적용합니다.

3.1 테이블이란?

관계형 데이터베이스는 모든 데이터를 '테이블(table)'이라는 단위로 다룹니다. 테이블은 겉보기에 일반적인 표와 매우 비슷합니다. 실제로 영어 단어 'table'은 '표'라는 의미를 가지고 있기도 합니다. 하지만 데이터베이스에서 말하는 테이블과 일반적인 표는 엄밀히 말하면 서로 다른 개념입니다. 이 차이점부터 살펴보겠습니다.

3.1.1 2차원 표 ≠ 테이블

먼저 간단한 퀴즈를 하나 풀어보겠습니다. 특별한 함정은 없으므로, 느끼는 그대로 10초 안에 답해보기 바랍니다.

문제 다음 2차원 표는 데이터베이스 테이블이라고 할 수 있을까요?

항목1	항목2	항목3	항목4
도라에몽	고양이 로봇	4차원 주머니	대나무 헬리콥터
레이디 가가	가수	패션	
알 카포네		마피아	금주법
호빵맨	식빵맨	카레빵맨	세균맨
피카소		클레	마티스

답을 정했나요?

정답은 '아니오'입니다. 이 표는 관계형 데이터베이스의 테이블이라고 할 수 없습니다. DBMS에서 위와 같은 임의의 데이터를 포함한 표를 만드는 것은 가능하지만, 이는 관계형 데이터베이스에서 말하는 진정한 테이블이 아닙니다.

이는 이 표가 테이블이 갖춰야 할 필수 요건을 충족하지 못했기 때문입니다. 그렇다면 테이블의 필수 요건은 무엇일까요? 이를 이해하기 위해 실제 테이블의 예를 보고 차이점을 비교해보겠습니다.

■ **올바른 테이블의 예 (직원 테이블)**
직원

직원ID	직원명	나이	부서
000A	인성	40	개발
000B	아린	32	인사
001F	서하	50	영업
001D	태희	47	영업

■ **올바른 테이블의 예 (직원 테이블)**

직원 (계속)

직원ID	직원명	나이	부서
009F	미나	25	개발
010A	강남	33	총무

앞에서 살펴본 '잘못된 테이블'과 이 '올바른 테이블'을 비교하면 어떤 차이가 있을까요?

가장 큰 차이점은 데이터의 통일성입니다. 잘못된 테이블은 서로 관련 없는 데이터들을 모아놓은 것에 불과하지만, 위의 올바른 테이블은 '직원'이라는 하나의 주제로 통일된 데이터들의 집합입니다. 이 직원 테이블에서 각 행은 한 명의 직원 정보를 나타냅니다. 반면 잘못된 테이블에서는 각 열이 첫 번째 열의 이름과 관련된 정보를 담고 있기는 하지만, 그 구조에 통일성이 없습니다.

즉, 테이블은 단순히 2차원 표 형태를 갖추는 것만으로는 부족하며, '동일한 속성을 가진 데이터들의 집합'이어야 합니다.

> **핵심 포인트 24** 테이블은 공통된 구조를 가진 데이터들의 집합입니다.

테이블은 다르게 표현하면 '동일한 종류의 데이터 집합'이라고 할 수 있습니다. 미국의 저명한 데이터베이스 전문가 조 셀코(Joe Celko)는 이를 다음과 같이 설명합니다.

> "모든 테이블 이름은 복수형 또는 집합명사로 표현할 수 있어야 한다."

예를 들어 앞서 본 직원 테이블은 직원들의 집합이므로 'Employees'가 되고, 상품 정보를 담은 테이블은 'Items', 주문 기록 테이블은 'Orders'와 같이 모두 복수형으로 표현할 수 있습니다.

> **핵심 포인트 25** 테이블 이름을 영어로 작성할 때는 복수형이나 집합명사를 사용해야 합니다. 이렇게 표현할 수 없다면 테이블 설계에 문제가 있을 수 있습니다.

테이블은 단순히 2차원 표 형태를 갖추는 것만으로는 부족하며, 현실 세계와 의미 있게 연결되어야 합니다.[1] 이는 당연해 보일 수 있지만, 실제로 많은 설계 오류가 이 기본 원칙을 지키지 않아 발생합니다. 이러한 원칙을 무시한 테이블이 어떤 문제를 일으킬 수 있는지는 7장과 8장에서 자세하게 살펴보겠습니다. 지금은 테이블이 '동일한 유형의 데이터 집합'이라는 개념만 기억해주세요.

3.2 테이블의 구성 요소

테이블의 구조를 자세하게 살펴보기 전에, 먼저 기본적인 용어들을 정리하겠습니다.

3.2.1 행과 열

테이블에서는 가로로 늘어선 데이터를 **행**(row, 로), 세로로 늘어선 데이터를 **열**이라고 부릅니다(그림 3-1). 행은 레코드(record), 열은 칼럼(column)이라고도 합니다. 2장에서 설명했던 것처럼 열을 속성(attribute)이라고 부르기도 하지만, 실무에서는 거의 사용되지 않으므로 이 책에서는 '열'과 '칼럼'이라는 용어를 주로 사용하겠습니다.

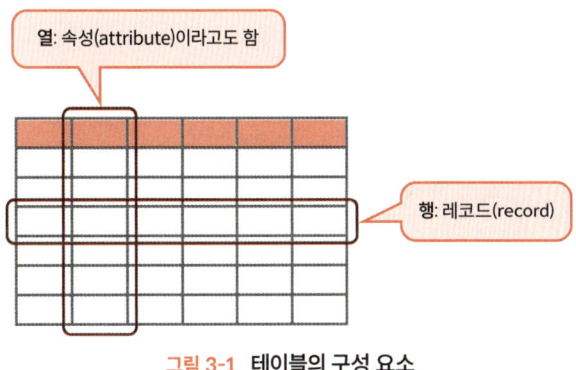

그림 3-1 **테이블의 구성 요소**

---

[1] 2차원 표와 테이블의 정의상 차이점은 이 외에도 더 있습니다. 자세한 내용은 '관계란 무엇인가?' 칼럼(94페이지)을 참고하기 바랍니다.

3.2.2 키

일반적인 표와 달리 관계형 데이터베이스의 테이블에는 반드시 있어야 하는 요소들이 있습니다. 그 중 하나가 **키**입니다. 키는 특정 데이터를 찾아내기 위한 '열쇠' 역할을 합니다. 관계형 데이터베이스에서 키는 **특정 행을 식별하기 위한 열의 조합**을 의미합니다. 키에는 여러 종류가 있지만, 가장 중요한 것은 다음 두 가지입니다.

1. 기본 키
2. 외래 키

❶ 기본 키

테이블에서 가장 중요한 키는 '**기본 키(primary key)**'입니다(주 키 또는 프라이머리 키라고 부르기도 합니다). 기본 키는 테이블마다 반드시 하나만 존재해야 하며, 특정 레코드를 유일하게 식별할 수 있는 열의 조합입니다. 여기서 '유일하게 식별한다'는 것은 영어의 'unique'를 번역한 것입니다.

이전에 살펴보았던 '직원' 테이블을 예로 들어 기본 키를 찾아봅시다. 어떤 열의 조합이 하나의 행을 유일하게 식별할 수 있을까요?

직원

직원ID	직원명	나이	부서
000A	인성	40	개발
000B	아린	32	인사
001F	서하	50	영업
001D	태희	47	영업
009F	미나	25	개발
010A	강남	33	총무

먼저 '나이'와 '부서'는 기본 키가 될 수 없습니다. 예를 들어 '부서=개발'로는 인성과 미나라는 두 명의 직원을 구분할 수 없습니다. '나이'도 현재는 우연히 중복되는 값이 없지만, **엄밀히 말하면** 같은 나이의 직원이 여러 명 있을 수 있으므로 부적절합니다.

'직원명'은 어떨까요? 이 역시 기본 키로 적절하지 않습니다. 회사 규모가 커지면 동명이인이 생길 수 있기 때문입니다.

결국 '직원ID'만 기본 키가 될 수 있습니다. 동명이인이라도 서로 다른 ID를 부여받기 때문에 각 행을 유일하게 식별할 수 있습니다.

이처럼 기본 키가 테이블에 반드시 존재해야 한다는 규칙은 다른 말로 설명하면, 다음과 같습니다.

핵심 포인트 26 테이블에는 중복된 행이 존재할 수 없습니다.

예를 들어 직원 관리 테이블에 같은 직원이 두 번 등록되면 안 됩니다. 이는 상품 관리 테이블 등 모든 테이블도 마찬가지입니다. 일반적인 스프레드시트에서는 데이터가 중복되어도 문제없지만, 관계형 데이터베이스는 어떤 경우에도 행 중복이 일어나서는 안 됩니다. 만약 입력 데이터에 중복이 있다면 새로운 키를 추가하는 등의 방법으로 반드시 중복을 제거해야 합니다.[2]

직원

직원ID	직원명	나이	부서
000A	인성	40	개발
000B	아린	32	인사
001F	서하	50	영업
001D	태희	47	영업
009F	미나	25	개발
009F	미나	25	개발
010A	강남	33	총무

중복된 레코드

여기서 유의해야 하는 것이 있습니다. 사실 대부분의 DBMS에서 기본 키가 없는 테이블(중복 행을 허용하는 테이블)을 만들 수는 있습니다. 하지만 이것이 데이터베이스 설계

---

[2] 이렇게 잘못된 데이터를 정리하는 방법은 8장(데이터 클렌징)에서 자세하게 설명하겠습니다.

원칙에 어긋나는 것이라는 걸 인지해야 합니다.[3]

'직원' 테이블 예에서는 '직원ID' 하나만으로도 기본 키를 만들 수 있었습니다. 하지만 여러 열을 함께 사용해야만 기본 키를 만들 수 있는 경우도 있습니다. 이처럼 여러 열을 조합하여 만든 키를 **복합 키(composite key)**라고 합니다.

일반적으로 테이블을 표기할 때는 기본 키가 되는 열 이름에 밑줄을 그어 나타냅니다. 이 책에서도 이러한 표기법을 사용하겠습니다.

■ 밑줄이 그어진 열 이름(직원ID)은 기본 키를 나타냅니다.

직원ID	직원명	나이	부서
000A	인성	40	개발
000B	아린	32	인사
001F	서하	50	영업
001D	태희	47	영업
009F	미나	25	개발
010A	강남	33	총무

기본 키와 관련해서 '**후보 키(candidate key)**'와 '**슈퍼 키(super key)**'라는 개념도 있습니다. 후보 키는 기본 키로 사용할 수 있는 여러 키들을 말합니다. 한 테이블에는 여러 개의 후보 키가 있을 수 있지만, 그 중 하나만 기본 키로 선택됩니다. 슈퍼 키는 기본 키에 다른 키가 아닌 다른 열을 추가한 조합을 말합니다. 예를 들어 (A, B) 두 열의 조합이 기본 키일 때, 여기에 관련 없는 C라는 열을 추가해 (A, B, C)로 만든 키가 슈퍼 키입니다. 이런 슈퍼 키는 기본 키의 역할은 할 수 있지만, 불필요한 열이 포함되므로 실제로는 사용하지 않습니다.

후보 키와 슈퍼 키는 데이터베이스 설계 이론에서 정의된 개념이지만, 실무에서는 거의 사용되지 않습니다. 따라서 이런 개념이 있다는 정도만 알아두어도 충분합니다.

---

[3] 중복 행을 허용하는 테이블이 설계적으로 문제가 되는 이유는 여러 가지 있습니다. 가장 큰 문제는 SQL로 데이터를 다룰 때 발생하는 여러 가지 제약 사항입니다. 자세한 내용은 '기본 키는 왜 필요할까?'(246페이지)를 참고해주세요.

❷ 외래 키

기본 키 다음으로 중요한 것이 '**외래 키**(foreign key)'입니다. 외래 키는 두 테이블 사이의 관계를 정의할 때 사용합니다. 예를 들어보겠습니다.

■ 외래 키로 두 테이블 사이의 관계를 설정합니다.

직원

직원ID	직원명	나이	부서
000A	인성	40	개발
000B	아린	32	인사
001F	서하	50	영업
001D	태희	47	영업
009F	미나	25	개발
010A	강남	33	총무

부서

부서
개발
인사
영업
총무

이 예에서 '직원' 테이블의 '부서' 열이 외래 키입니다. 이 열은 부서 목록을 저장하는 '부서' 테이블의 '부서' 열을 참조합니다. 외래 키는 '부서' 테이블에 없는 부서가 '직원' 테이블에 실수로 입력되는 것을 방지합니다. 즉, 외래 키는 '직원' 테이블에 **제약**(constraint)을 걸어주는 역할을 합니다. 이를 **참조 일관성 제약**(referential integrity constraint)이라고 합니다.

예를 들어 현재 상태에서 '직원' 테이블에 다음과 같은 데이터는 추가할 수 없습니다.

직원ID	직원명	나이	부서
111Q	서우	22	홍보

이는 '서우' 직원의 소속 부서인 '홍보'가 '부서' 테이블에 없기 때문입니다. 이 데이터를 추가하려는 SQL 문은 오류가 발생합니다.

반면 '부서' 테이블에는 새로운 부서를 자유롭게 추가할 수 있습니다.

부서
연구

'부서' 테이블은 '직원' 테이블의 부모와 같은 역할을 합니다. 따라서 자식 테이블의 상태와 관계없이 새로운 부서를 추가할 수 있습니다. 이는 인간의 부모-자식 관계와 같습니다. 자식이 없는 부모는 있지만, 부모가 없는 자식은 있을 수 없는 것과 같은 원리입니다.

핵심 포인트 27 외래 키는 부모-자식 관계와 같은 원리로 작동합니다.

그렇다면 부모 역할인 '부서' 테이블의 데이터가 변경되거나 삭제되면 자식인 '직원' 테이블은 어떻게 될까요?

이는 '직원' 테이블을 만들 때 설정한 규칙에 따라 다르게 작동합니다. 예를 들어 '부서' 테이블에서 '개발' 부서가 삭제되면, '직원' 테이블의 인성과 미나는 소속 부서가 없는 상태가 됩니다. 기본적으로 '(1) 부모가 없어진 자식 데이터를 함께 삭제한다, (2) 아니면 자식을 갖고 있는 부서 데이터를 삭제하는 SQL 문장 자체를 오류로 처리한다'라는 규칙이 있습니다. 참고로 이때 함께 삭제하는 방법을 **캐스케이드(cascade)**라고 합니다. 부서명을 변경할 때도 마찬가지입니다. 관련된 직원 데이터를 함께 변경할지 아니면 변경 SQL 문장 자체를 오류로 처리할지 선택할 수 있습니다.

핵심 포인트 28 외래 키가 설정된 경우에는 자식 테이블부터 순서대로 데이터를 삭제해야 합니다.

지금까지 키의 개념을 살펴보았는데, 여기서 중요한 점 하나를 짚고 넘어가겠습니다. 바로 '어떤 열을 키로 설정할 것인가'하는 문제입니다.

참고로 '부서' 열을 외래 키로 설정한 것은 단순히 설명을 위한 예입니다. 실제로는 좋은 설계는 아닙니다. 이는 '부서' 열이 대부분 **가변 길이 문자열**로 정의되기 때문입니다. 이름과 같은 데이터는 정확히 몇 글자가 될지 미리 알 수 없습니다. 따라서 테이블을 만들 때는 최대 길이만 정해두고, 그 범위 안에서는 글자 수에 제한이 없는 가변 길이 문자열 형식을 사용합니다.

가변 길이 문자열을 키로 사용하면 여러 문제가 발생할 수 있습니다. 같은 의미의 이름이라도 표기 방법이 조금씩 다를 수 있어서, 실제로는 같은 데이터인데 서로 다르게 인식되거나, 반대로 다른 데이터인데 같은 것으로 인식될 수 있기 때문입니다. 예를 들어 직원 이름을 '홍길동'처럼 붙여 쓸 수도 있고 '홍 길동'처럼 띄어 쓸 수도 있습니다. 이 두 표기는 같은 사람을 가리키지만, 데이터베이스는 이를 서로 다른 값으로 처리합니다. 따라서 외래 키로 연결된 두 테이블에서 한쪽은 '홍길동', 다른 쪽은 '홍 길동'으로 저장되어 있다면, 시스템은 이를 서로 다른 사람으로 인식합니다. 반대로 실제로는 다른 직원인데 이름이 똑같은 경우(동명이인), 시스템이 이를 같은 사람으로 오인하여 데이터 등록이 안 되는 문제가 발생할 수도 있습니다.

이러한 이유로 키로 사용하는 열에는 반드시 코드 또는 ID처럼 표기 방법이 명확한 데이터를 사용하며, 이를 고정 길이 문자열 형식으로 저장합니다. 이는 관계형 데이터베이스의 테이블 설계에서 반드시 지켜야 할 원칙입니다(숫자 자료형 열을 사용하는 또 다른 방법은 8장에서 설명하겠습니다).

> **핵심 포인트 29** 키가 되는 열에는 코드 또는 ID처럼 표기 체계가 정해진 고정 길이 문자열을 사용합니다.

3.2.3 제약 조건

앞서 외래 키를 설명하면서 '참조 일관성 제약'을 언급했습니다. 테이블에는 이 외에도 여러 가지 제약 조건을 설정할 수 있습니다.[4] 대표적인 제약 조건은 다음 세 가지입니다.

---

4 기본 키도 제약 조건의 한 종류이지만, 이는 기본적으로 설정하는 것이 당연하므로 보통 제약 조건으로 언급하지 않습니다.

1. `NOT NULL` 제약(NOT NULL constraint)
2. 유일성 제약(unique constraint)
3. `CHECK` 제약(CHECK constraint)

❶ NOT NULL 제약

데이터베이스에 데이터를 저장할 때, 어떤 값을 넣어야 할지 모르는 경우가 있습니다. (1) 아직 값이 정해지지 않은 경우, (2) 원칙적으로 값이 존재하지 않는 경우가 이에 해당합니다. 관계형 데이터베이스에서는 이러한 데이터를 `NULL`이라는 특별한 값으로 처리할 수 있습니다. 쉽게 말해 '공란(비어 있음)'으로 남겨두는 것입니다(참고로 `NULL` 자체는 실제 데이터값이 아닙니다).

■ NULL의 예

직원ID	직원명	나이	부서
000A	인성	40	개발
000B	아린		인사
001F	서하	50	영업
001D	태희	47	영업
009F	미나	25	개발
010A	강남	33	총무

> 아린의 나이를 알 수 없어서 NULL로 설정한 경우입니다.

다만 `NULL`은 여러 문제를 일으킬 수 있는 요소입니다(`NULL`이 SQL 프로그래밍에서 구체적으로 어떤 문제를 일으키는지는 《SQL, 이렇게 하면 된다》(제이펍, 2026년 출간 예정)를 참고해보세요). 따라서 `NULL` 값을 최대한 사용하지 않는 것이 데이터베이스 설계의 기본 원칙입니다. 따라서 '이 열에서는 절대로 `NULL`이 나올 수 없다'고 확신할 수 있는 경우에는 `NULL`을 완전히 금지할 수 있게 제약을 겁니다.

이러한 `NULL` 제약은 각 열마다 개별적으로 설정할 수 있습니다. `NOT NULL` 제약이 설정된 열에 `NULL` 값을 입력하거나 기존 값을 `NULL`로 변경하려고 하면 SQL 문이 실행되지 않고 오류가 발생합니다.

핵심 포인트 30 테이블을 정의할 때는 최대한 모든 열에 `NOT NULL` 제약을 설정합니다.

참고로 기본 키로 지정된 열에는 DBMS가 자동으로 `NOT NULL` 제약을 추가합니다. 기본 키는 중복된 값을 허용하지 않기 때문에 당연히 `NULL`도 허용하지 않는 것입니다.

❷ 유일성 제약

유일성(유니크) 제약은 특정 열 또는 열들의 조합이 테이블 내에서 중복되지 않도록 보장하는 제약 조건입니다. 기본 키와 비슷하지만, 기본 키는 테이블별로 하나만 설정할 수 있는 반면 유일성 제약은 여러 개를 설정할 수 있다는 차이가 있습니다.

❸ CHECK 제약

`CHECK` 제약은 특정 열에 입력할 수 있는 값의 범위를 제한하는 제약 조건입니다. 예를 들어 '나이' 열에는 '20세부터 65세 사이의 정수만 허용'하거나, '부서' 열에는 '개발', '인사', '영업' 중 하나의 값만 허용'하는 식으로 설정합니다. `CHECK` 제약도 한 테이블에 여러 개를 설정할 수 있습니다. 다만 스노플레이크(Snowflake) 같은 일부 데이터베이스에서는 `CHECK` 제약을 지원하지 않습니다.

3.2.4 테이블과 열의 이름 규칙

테이블과 관련해서 마지막으로 설명할 내용은 이름 짓기 규칙입니다. 먼저 테이블과 테이블 열의 물리적 정의에서 사용되는 이름 규칙을 살펴보겠습니다.

규칙 (1) 이름에 사용할 수 있는 문자

(a) 영문 알파벳

(b) 숫자

(c) _(언더스코어 또는 언더 바)

$, #와 같은 특수문자와 한글을 이름으로 사용할 수 있는 데이터베이스도 있습니다. 하지만 이는 표준 SQL 규칙을 벗어난 독자적인 확장입니다. 따라서 기존의 데이터베이스를 다른 데이터베이스로 옮길 때 문제가 될 수 있습니다.

밑줄 대신 하이픈(-)을 사용하고 싶을 수 있지만, 이 역시 표준 SQL에서 허용하지 않으므로 반드시 언더스코어를 사용해야 합니다.

참고로 이 책에서는 설명의 편의를 위해 테이블과 열 이름을 한글로 표기하고 있습니다. 하지만 **실제 테이블을 정의할 때는 한글을 사용해서는 안 됩니다.**

> **핵심 포인트 31** 테이블과 열의 이름에 한글은 사용하지 않습니다.

규칙 (2) 이름은 영문자로 시작하기

`2009_sales`나 `_name`처럼 이름이 숫자 또는 언더스코어로 시작하면 안 됩니다. 반드시 `sales_2009`처럼 영문자로 시작해야 합니다.

규칙 (3) 이름 중복하지 않기

같은 이름의 테이블, 또는 같은 테이블 내에 이름이 같은 열은 만들 수 없습니다(시도하면 오류가 발생합니다). 다만 적용 범위가 다릅니다. 열의 경우는 간단합니다. 하나의 테이블 안에서 같은 이름의 열을 두 개 이상 가질 수 없습니다.

테이블의 경우는 DBMS가 정한 범위 안에서 같은 이름을 사용할 수 없습니다. 이 범위를 **도메인**(domain) 또는 **스키마**(schema)라고 부릅니다. 서로 다른 도메인이라면 같은 이름의 테이블을 만들 수 있습니다.

지금까지 테이블과 관련된 기본 용어를 모두 살펴보았습니다. 다음 절에서는 데이터베이스 설계의 핵심인 정규화에 대해 알아보겠습니다.

COLUMN 관계란 무엇인가?

'왜 관계형 모델이라고 부르나요? '표 모델(tabular model)'이라고 부르면 되지 않나요?'라는 질문을 자주 받습니다. 여기에는 두 가지 이유가 있습니다. 첫째, 관계 모델(relation model)이 처음 만들어졌을 때는 여러 데이터 간의 관계를 반드시 연결 구조로 표현해야 한다고 생각했습니다. 그렇지 않다는 것을 나타내기 위해 '관계 모델'이라는 이름을 선택했습니다. 둘째, '표(tabular)'보다 '관계(relation)'가 더 높은 수준의 개념입니다. 표는 배열처럼 위치로 데이터를 찾을 수 있다고, 행의 순서가 중요하다는 잘못된 이미지를 줄

수 있습니다. 물론 표라는 표현이 이런 부분에서 오해를 줄 수 있지만, '관계'를 이해하는
가장 쉽게 접근하는 방법은 표라고 생각하고 접근하는 것입니다. 표는 누구나 쉽게 이해할 수
있으니까요.

—에드거 F. 코드[5]

3.1절에서 **'테이블은 겉보기에 일반적인 표와 매우 비슷합니다'**라고 설명했습니다. 실제 개발 현장에서는 이렇게 이해해도 큰 문제는 없습니다. 하지만 그렇다면 왜 처음부터 '표 데이터베이스'와 '표 모델'이라는 이름을 사용하지 않고, '관계형 데이터베이스'와 '관계 모델'이라는 더 어려운 이름을 붙였을까요?

이러한 질문은 사람에 따라 반응이 매우 다릅니다. 어떤 사람은 '그냥 그런가 보다'하고 넘어가지만, 또 어떤 사람은 밤을 새서 고민할 만큼 고민할 것입니다. 이번 칼럼에서는 왜 '관계형 데이터베이스'가 '표 데이터베이스'라는 더 직관적이고 매력적인 이름(?)으로 불리지 않는지 설명하겠습니다.

관계형 데이터베이스 이론을 창시한 에드거 F. 코드(Edgar Frank Codd)도 이런 질문을 자주 받았다고 합니다. 그는 이 질문에 다음 두 가지 이유로 답했습니다.

- 이유 (1) 당시 엔지니어들은 데이터 사이의 관계를 표현할 때 포인터만 생각했다.
- 이유 (2) '관계'와 '표'는 엄밀히 말해 서로 다른 개념이다.

이유 (1)에서 말하는 '연결 데이터 구조'는 C 언어의 '포인터 체인(pointer chain)'을 의미합니다. 최근에는 C 언어를 모르는 개발자도 많으므로 그림으로 설명하겠습니다(그림 A).

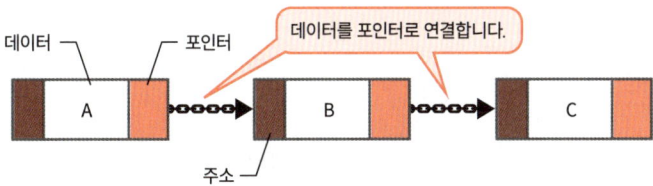

그림 A 포인터 체인으로 연결한 데이터

'포인터'란 특정 데이터가 실제로 저장된 위치(주소)를 가리키는 정보입니다. 예를 들어 [이름, 생년월일, 거주지역]처럼 데이터를 하나로 묶으려면, 그림 A처럼 포인터로 주소를 연결해야 합니다. 이렇게 데이터를 차례대로 연결한 구조를 '포인터 체인(포인터의 사슬)'이라고 합니다.

이 방법은 관계형 데이터베이스가 나오기 이전의 계층형 데이터베이스(hierarchical database)에서 사용하던 방법입니다. 사실 관계형 데이터베이스도 내부적으로는 비슷한 방법을 사용합니다. 사용자에게는 이를 감추고 있을 뿐입니다.

이 방법의 가장 큰 단점은 구현이 매우 복잡하다는 것입니다. 실제로 포인터는 C 언어를 배울 때 가장 어려운 개념으로 꼽힙니다. 그래서 자바, 파이썬 같은 현대적인 프로그래밍 언어들은 사용자가 포인터를 직접 다루지 않아도 되게 만들어졌습니다.

---

[5] 《Turing Award Lectures》(ACM Press, 1987)의 'Relational Database: A Practical Foundation for Productivity' 중에서

에드거 F. 코드는 데이터베이스에서도 사용자가 데이터 간의 관계를 다룰 때 포인터와 주소 같은 복잡한 개념을 신경 쓰지 않게 만들고 싶었습니다. 그래서 데이터베이스에서 주소와 포인터 개념을 없앴습니다. '관계형 데이터베이스'라는 이름에는 '그런 복잡한 것 없이도 데이터 간의 관계를 표현할 수 있다'는 의미가 담겨 있습니다.

이유 (2)는 더 단순합니다. '관계'와 '표'는 실제로 다른 개념이기 때문입니다. 예를 들어 3.3절에서 배울 '정규형' 중 가장 기본적인 제1정규형에서는 다음과 같은 규칙이 있습니다.

> 테이블의 셀(한 칸)에 여러 값을 넣으면 안 된다.

반면 일반적인 표에서는 한 칸에 여러 값을 넣거나 표 안에 또 다른 표를 넣을 수 있습니다. '관계'와 '표'의 차이점은 또 있습니다.

- 표에서는 같은 데이터가 중복될 수 있지만, 관계에서는 그럴 수 없습니다.
- 표의 행은 순서가 의미를 갖지만(상하 순서), 관계의 레코드는 순서에 의미가 없습니다.
- 표의 열은 순서가 의미를 갖지만(좌우 순서), 관계의 열은 순서에 의미가 없습니다.

에드거 F. 코드는 이러한 차이점 때문에 '관계'와 '표'를 명확히 구분해야 한다고 생각했습니다. 하지만 그도 인정한 것처럼 '관계가 무엇인가요?'라는 질문에 대한 가장 이해하기 쉬운 답은 여전히 '표 비슷한 것'입니다.

3.3 정규화란 무엇인가?

이번 절에서는 실제 테이블 예를 살펴보며, 관계형 데이터베이스의 논리 설계 방법을 살펴보겠습니다. 이전 장에서 언급했던 것처럼 논리 설계란 데이터의 형식, 즉 테이블의 구조를 결정하는 것입니다. 이러한 논리 설계에서 가장 중요한 개념은 **정규화**와 이를 통해 만들어지는 **정규형(normal form)**입니다.[6] 생소한 용어일 수 있지만, 관계형 데이터베이스 설계의 핵심 개념이므로 이번 장에서 자세하게 살펴봅시다.

'정규화'라는 단어가 어렵게 들릴 수 있겠지만, 사실 익숙해지면 거의 기계적으로 할 수 있는 작업입니다. 오히려 실무에서 진짜 고민이 필요한 부분은 '정규화를 끝낸 다음'입니다. 이는 이후의 장에서 살펴보겠습니다.

---

[6] '정규화'는 관계형 데이터베이스 외의 분야에서도 사용되는 용어로, 일반적으로 '특정 규칙에 맞춰 정리하는 것'을 의미합니다. 관계형 데이터베이스에서도 같은 의미로 사용됩니다.

그럼 첫 번째 관문이라 할 수 있는 정규화부터 시작해봅시다.

3.3.1 정규형이란?

정규형은 간단히 말해서 데이터베이스의 중복을 없애고 일관성과 효율성을 높이기 위한 데이터 구조입니다.

데이터베이스 설계 지식 없이 무작정 테이블을 만들어 데이터를 저장하면 여러 문제가 발생할 수 있습니다. 예를 들어 **중복성** 문제(같은 정보가 여러 테이블에 중복 저장되어 공간이 낭비되고 갱신이 번거로워지는 문제), **비일관성** 문제(데이터 갱신 처리에서 발생하는 시간 지연으로 데이터 불일치가 발생하거나, 아예 데이터를 제대로 저장할 수 없는 테이블이 만들어질 수 있는 문제)가 대표적인 예입니다.

정규화는 이러한 중복성 문제와 일관성 문제를 해결하기 위해 만들어진 방법입니다. 정규화에는 여러 단계가 있으며, 보통 제1정규형부터 제5정규형까지가 잘 알려져 있습니다. 숫자가 커질수록 더 엄격한 규칙이 적용됩니다.

정규형은 제5정규형까지 있지만, 보통은 제3정규형까지만 이해하면 충분합니다. 실제 업무에서는 대부분 제3정규형까지만 사용하므로, 이 책에서도 제3정규형까지를 중심으로 설명하겠습니다. 제4정규형 이후도 소개하지만, 실무에서는 제3정규형까지만 지켜도 나머지 정규형의 조건을 자연스럽게 충족하는 경우가 많습니다. 따라서 처음에는 제3정규형까지만 이해해도 충분합니다.[7]

> **핵심 포인트 32** 정규형은 제5정규형까지 있지만, 보통은 제3정규형까지만 이해하면 충분합니다.

3.4 제1정규형

이제 정규형에 대해 자세히 알아보겠습니다. 가장 기본이 되는 제1정규형(first normal form)부터 시작하겠습니다. 사실 관계형 데이터베이스의 모든 테이블은 이미 제1정규형

---

[7] 곧 설명하겠지만, 제1정규형은 매우 간단합니다. 따라서 생각하며 공부해야 하는 부분은 제2정규형과 제3정규형입니다.

을 만족하고 있습니다. 너무 당연한 것 아닌가 싶을 수 있지만, 제1정규형의 정의를 보면 왜 그런지 이해할 수 있습니다.

3.4.1 제1정규형의 정의: 스칼라값 원칙

엑셀처럼 테이블의 행과 열이 만나는 한 칸을 '셀'이라고 부르겠습니다.[8] 제1정규형의 정의는 매우 단순합니다. 바로 **'하나의 셀에는 하나의 값만 저장할 수 있다'**입니다.

■ 제1정규형의 예
직원 테이블

회사코드	회사명	직원ID	직원명	나이	부서코드	부서이름
C0001	A상사	000A	인성	40	D01	개발
C0001	A상사	000B	아린	32	D02	인사
C0001	A상사	001F	서하	50	D03	영업
C0002	B화학	000A	태희	47	D03	영업
C0002	B화학	009F	미나	25	D01	개발
C0002	B화학	010A	강남	33	D04	총무

각 셀에 하나의 값만 저장합니다.

이렇게 하나의 셀에 단 하나의 값만 들어 있을 때, 이 값을 **스칼라값**(scalar value)이라고 합니다. 여기서 'scalar'는 영어로 '단일의', '하나의'라는 뜻입니다.

3.4.2 제1정규형 만들기

지금까지 제1정규형의 정의를 살펴보았습니다. 물론 '당연한 것 아닌가?'라고 생각할 수 있습니다. 하지만 실제로 우리가 일상적으로 사용하는 2차원 표에서는 '하나의 셀에 하나의 값'이라는 원칙이 잘 지켜지지 않습니다.

예를 들어서 다음과 같은 표를 생각해봅시다.

---

8 관계형 데이터베이스에서 이 '셀'을 지칭하는 공식적인 용어는 따로 없습니다. 이 책에서는 단순하게 이해를 돕기 위해 '셀'이라는 표현을 사용하는 것입니다.

■ **비정규형 테이블(정규화가 이루어지지 않은 테이블)**
부양가족

직원ID	직원명	자녀
000A	인성	인아 가람
000B	아린	
001F	서하	건우 민규 하진

한 직원이 여러 자녀를 부양하는 경우, 당연히 한 직원에게 여러 자녀 정보가 필요합니다. 이런 경우 위 표처럼 한 셀에 여러 값을 넣어서 표현하는 경우가 많습니다.

하지만 이는 관계형 데이터베이스의 기본 규칙을 위반하는 것입니다. 위와 같은 표는 다음 두 가지 방법 중 하나로 제1정규형에 맞게 변환해야 합니다.

■ **제1정규형(방법1)**
부양가족

직원ID	직원명	자녀 1	자녀 2	자녀 3
000A	인성	인아	가람	
000B	아린			
001F	서하	건우	민규	하진

■ **제1정규형(방법2)**
부양가족

직원ID	직원명	자녀
000A	인성	인아
000A	인성	가람
000B	아린	
001F	서하	건우
001F	서하	민규
001F	서하	하진

> 이 테이블에서 기본 키는 무엇일까요?

(방법1)은 자녀 수만큼 열을 추가하고, (방법2)는 자녀 수만큼 행을 추가하는 것입니다. 두 방법 모두 제1정규형의 조건을 만족합니다.[9] 하지만 두 방법이 모두 실무에서 사용되는 것은 아닙니다. 일반적으로는 여러 이유로 (방법2)를 사용하는 것이 좋습니다. 이와 관련된 자세한 내용은 7장에서 설명할 것이므로, 지금은 이 정도만 기억해둡시다.

제1정규형(방법2)의 문제점과 해결 방법

하지만 (방법2) 테이블에도 두 가지 문제가 있습니다. 첫 번째 문제는 이 테이블에서 **기본 키를 정할 수 없다는 점**입니다.

자녀 정보를 행으로 표현한 이 테이블에서는 하나의 행을 고유하게 식별하기 위해 {직원ID, 직원명, 자녀}라는 세 개의 열(즉, 모든 열) 정보가 필요합니다. 위의 테이블에서 {직원ID, 직원명}만으로는 '직원ID=000A', '직원명=인성'을 생각해봤을 때, 두 개의 레코드가 해당됩니다.

그리고 더 큰 문제는 모든 직원에게 자녀가 있는 것은 아니라는 점입니다. 예를 들어 직원ID가 000B인 아린은 자녀가 없어서 '자녀' 열의 값이 NULL입니다. 하지만 기본 키는 정의상 어떤 부분에도 NULL 값을 포함하면 안 됩니다. 여기서 논리적 모순이 발생합니다.

> **핵심 포인트 33** 기본 키는 어떤 부분에도 NULL 값을 포함할 수 없습니다.

이 문제를 해결하기 위한 한 가지 방법으로, 자녀가 없는 직원의 '자녀' 열에 '자녀 없음'과 같은 특정 값을 입력하는 규칙을 만들 수 있습니다. 이렇게 하면 테이블 구성을 변경하지 않고도 기본 키를 설정할 수 있습니다.

하지만 이 방법으로는 현재 테이블이 '직원'과 '부양가족'이라는 두 가지 서로 다른 개념의 정보를 함께 담고 있어서 **테이블의 의미와 레코드 구성을 직관적으로 이해하기 어렵다는 점**이라는 두 번째 문제를 해결할 수 없습니다.

이러한 두 가지 문제를 모두 해결하려면 다음과 같이 테이블을 분리해야 합니다.

---

[9] 가끔 '(방법1)을 제1정규형이 아니다'라고 하는 설명이 있습니다. 하지만 이는 잘못된 설명입니다. '하나의 셀에 하나의 값'이라는 원칙을 지키고 있으므로 (방법1)도 엄연한 제1정규형입니다.

■ 제1정규형(방법3)(테이블 분할)

직원

직원ID	직원명
000A	인성
000B	아린
001F	서하

부양가족

직원ID	자녀
000A	인아
000A	가람
001F	건우
001F	민규
001F	하진

'부양가족' 테이블에는 자녀가 있는 직원의 정보만 저장하여 기본 키가 NULL이 되는 문제를 해결할 수 있습니다. 이렇게 하면 '부양가족' 테이블만으로는 자녀가 없는 직원(예: 아린(000B))의 정보가 누락되므로, 별도의 '직원' 테이블을 사용합니다. 이렇게 하면 자녀 유무와 관계없이 모든 직원 정보를 저장할 수 있습니다. 이후에 직원명과 자녀 이름을 함께 보고 싶을 때는 직원ID를 이용해 두 테이블을 조인(결합)하면 됩니다.

SQL로는 다음과 같이 작성할 수 있습니다.

■ 직원 테이블과 부양가족 테이블을 내부 조인하기

```
SELECT 직원.직원ID,
       직원.직원명,
       부양가족.자녀
  FROM 직원 INNER JOIN 부양가족
    ON 직원.직원ID = 부양가족.직원ID;
```

결과

```
직원ID 직원명 자녀
------ ----- ---
000A   인성   인아
000A   인성   가람
001F   서하   건우
001F   서하   민규
001F   서하   하진
```

'직원' 테이블과 '부양가족' 테이블을 내부 조인하고, 결합 키로 직원ID를 사용하는 기본적인 `SELECT` 문입니다.

이렇게 하면 자녀가 없는 아린의 레코드는 결과에 나타나지 않습니다. 만약 아린의 정보도 함께 표시하고 싶다면, 내부 조인 대신 다음과 같이 외부 조인을 사용하면 됩니다.

■ **직원 테이블과 부양가족 테이블 외부 조인하기**

```
SELECT 직원.직원ID,
       직원.직원명,
       부양가족.자녀
  FROM 직원 LEFT OUTER JOIN 부양가족
    ON 직원.직원ID = 부양가족.직원ID;
```

결과

직원ID	직원명	자녀
000A	인성	인아
000A	인성	가람
000B	아린	
001F	서하	건우
001F	서하	민규
001F	서하	하진

3.4.3 하나의 셀에 왜 여러 값을 넣으면 안 될까? - 함수 종속성

제1정규형의 정의는 충분히 이해했을 것입니다. 그런데 한 가지 의문이 생길 수 있습니다. 왜 하나의 셀에 여러 값이 포함되면 안 되는 걸까요? 우리가 일상적으로 자주 사용하는 형태의 표인데, 왜 관계형 데이터베이스에서는 스칼라값으로 구성된 테이블만 허용하는 것일까요?

이런 질문을 받으면 경험 많은 데이터베이스 엔지니어도 의외로 답변하기 어려울 수 있습니다. 이는 정규형의 의미와 깊은 관련이 있으므로 꼭 이해해야 합니다.

관계형 데이터베이스에서 하나의 셀에 여러 값을 허용하지 않는 이유는 간단합니다. 셀에 여러 값이 있으면 기본 키가 각 열의 값을 유일하게 결정(하나로 결정)할 수 없기 때문입니다. 이는 기본 키의 정의에 위배됩니다.

반면 스칼라값만으로 구성된 테이블에서는 기본 키가 각 열의 값을 유일하게 결정(하나로 결정)할 수 있습니다. 따라서 관계형 데이터베이스의 모든 테이블은 반드시 제1정규형(스칼라값만으로 구성된 테이블)을 만족해야 합니다.

사실 이는 정규형 전체를 이해하는 데 핵심이 되는 개념과 이어집니다. 바로 **함수 종속성(functional dependency)**입니다.

함수는 우리가 학교에서 배운 $Y=f(X)$와 같은 수식입니다. 이는 '입력(X)에 대해 출력(Y)을 하나로 결정하는 상자'입니다. 모든 함수에서 $X=5$와 같이 값을 정하면 $Y=10$처럼 X에 대해 Y가 하나로 결정됩니다. 이를 '**Y는 X에 종속된다**'고 표현합니다. 관계형 데이터베이스에서는 이 X와 Y의 관계를 다음과 같이 표기합니다:

{X} → {Y}

이는 'X 열의 값을 정하면 Y 열의 값이 하나로 정해진다'는 의미로, 수학의 함수와 같은 개념입니다(다만 여기에서 X와 Y는 하나의 열이 아닌 여러 열의 조합일 수 있습니다.).

정규화란 테이블의 모든 열이 이러한 함수 종속성을 만족하도록 정리하는 과정입니다. 예를 들어 제1정규형 이전의 비정규형 '부양가족' 테이블(99페이지)에서는 다음과 같은 함수 종속성이 성립합니다.

{직원ID} → {직원명}

하지만, 다음과 같은 함수 종속성은 성립하지 않습니다.

{직원ID} → {자녀}

직원ID 'OOOA'에 대해 자녀로 '인아, 가람'이라는 두 사람이 해당되기 때문입니다.

반면 정규화된 '부양가족' 테이블(99페이지)에서는 다음과 같은 함수 종속성이 성립합니다.

- {직원ID} → {직원명}
- {직원ID} → {자녀1}
- {직원ID} → {자녀2}
- {직원ID} → {자녀3}

마찬가지로 정규화된 '직원' 테이블과 '부양가족' 테이블(101페이지)에서도 함수 종속성이 성립합니다.

'부양가족' 테이블의 경우 {직원ID, 자녀}라는 기본 키 열만 존재하는데, 당연히 기본 키는 기본 키 자신에 종속됩니다.

3.5 제2정규형: 부분 함수 종속

이제 제2정규형을 살펴봅시다. 3.4절에서 제1정규형의 예로 사용했던 '직원' 테이블을 다시 한번 예로 사용하겠습니다.

■ **제1정규형(이지만 제2정규형이 아닌 테이블)**

직원

회사코드	회사명	직원ID	직원명	나이	부서코드	부서이름
C0001	A상사	000A	인성	40	D01	개발
C0001	A상사	000B	아린	32	D02	인사
C0001	A상사	001F	서하	50	D03	영업
C0002	B화학	000A	태희	47	D03	영업
C0002	B화학	009F	미나	25	D01	개발
C0002	B화학	010A	강남	33	D04	총무

먼저 이 테이블이 제1정규형을 만족하는지 확인해보겠습니다. 모든 셀이 스칼라값으로 이루어져 있으므로 제1정규형을 만족합니다.

하지만 이 테이블은 아직 제2정규형이 아닙니다. 제2정규형은 테이블의 함수 종속성이 완전해야 한다는 것인데, 이를 만족하지 않기 때문입니다. 이 테이블의 기본 키는 {회사코드, 직원ID}입니다. 다른 모든 열은 이러한 기본 키에 종속되지만, '회사명' 열만큼은 기본 키의 일부인 '회사코드'에만 종속됩니다. 즉, 다음과 같은 함수 종속성이 존재합니다.

{회사코드} → {회사명}

이처럼 기본 키의 일부 열에만 종속되는 열이 있는 경우를 **부분 함수 종속**이라고 합니다. 반대로 기본 키를 구성하는 모든 열에 종속성이 있는 경우를 **완전 함수 종속**이라고 합니다. 제2정규형이란 테이블에서 부분 함수 종속을 없애고 완전 함수 종속만 남긴 형태를 말합니다.

> **핵심 포인트 34** 제2정규형은 부분 함수 종속을 제거하여 만들 수 있습니다.

3.5.1 제2정규형 만들기

부분 함수 종속을 제거하는 방법은 테이블 분할입니다.[10]

제2정규형을 만들려면 부분 함수 종속 관계에 있는 키 열과 종속 열을 별도의 테이블로 분리하면 됩니다. 쉽게 말해 원래 테이블에서 문제가 되던 '회사명' 열을 새로운 테이블로 분리하면 됩니다.

■ **제2정규형**

직원

회사코드	직원ID	직원명	나이	부서코드	부서이름
C0001	000A	인성	40	D01	개발
C0001	000B	아린	32	D02	인사
C0001	001F	서하	50	D03	영업
C0002	000A	태희	47	D03	영업
C0002	009F	미나	25	D01	개발
C0002	010A	강남	33	D04	총무

---

10 제5정규형까지의 모든 정규화 과정은 테이블을 분할하는 형태로 이루어집니다. 그래서 '정규화 = 테이블 분할'이라고 생각하는 사람들도 있습니다. 하지만 128페이지의 '손실 분해' 칼럼에서 이야기하겠지만, 단순한 테이블 분할과 정규화는 다른 개념입니다.

회사

회사코드	회사명
C0001	A상사
C0002	B화학

이렇게 하면 '직원' 테이블과 새로 만든 '회사' 테이블의 모든 열이 기본 키에 완전 함수 종속됩니다. '직원' 테이블은 원래도 '회사명' 열을 제외하면 완전 함수 종속 상태였고, '회사' 테이블은 처음부터 완전 함수 종속 관계인 열들로만 구성되어 있었으므로, 자연스럽게 전체가 완전 함수 종속됩니다. 매우 간단한 해결 방법입니다.

3.5.2 제2정규형이 아닐 때 발생할 수 있는 문제점

지금까지 제2정규형을 만드는 방법을 알아보았습니다. 그렇다면 제2정규형이 왜 필요할까요? 제2정규형으로 만들면 어떤 **장점**이 있을까요? 이런 핵심적인 내용을 이해하지 못한 상태로 정규화 절차만 기계적으로 외우는 엔지니어들도 있습니다. 하지만 이는 본질을 놓치는 태도입니다. 따라서 차근차근 제2정규형의 장점을 제대로 이해해봅시다.

정규화의 장점은 정규화 전후의 테이블을 비교해보면 명확히 알 수 있습니다.

먼저 정규화 이전의 '직원' 테이블(104페이지)을 살펴봅시다. 이 테이블로 실제 업무를 처리하려고 하면 어떤 문제가 생길까요? 예를 들어 직원 정보가 아직 없는 회사(C건설)를 등록하려고 할 때, 기본 키의 일부인 직원ID를 알 수 없는 상태(NULL)이므로 테이블에 등록할 수 없습니다. 물론 직원ID에 임시로 가짜 값을 넣는 방법도 있고, 실제로 그렇게 운영하는 시스템도 있지만 이는 근본적인 해결 방법이 되지 못합니다. 이런 잘못된 방법은 처음부터 피하는 것이 좋습니다.

또 다른 문제도 있습니다. 데이터를 잘못 관리하면 회사코드와 회사명이 레코드마다 다르게 저장될 수 있습니다. 예를 들어 {C0001, **A상사**}라는 레코드가 있는데 {C0001, **A기업**}이라는 잘못된 데이터가 추가될 수 있습니다. 현재 구조로는 이러한 오류를 막을 방법이 없습니다. 애플리케이션에서 데이터를 검증하는 로직을 추가하지 않는다면 이런 오류를 발견하기 어렵습니다. 그리고 SQL로 직접 테이블을 수정한다면, 막을 방법이 전혀 없습니다.

반면 제2정규형으로 분리한 '직원'과 '회사' 테이블에서는 '회사' 테이블에 C건설의 정보만 먼저 등록할 수 있어 이러한 문제들을 쉽게 해결할 수 있습니다.

■ **제2정규형의 장점**

직원

회사코드	직원ID	직원명	나이	부서코드	부서이름
C0001	000A	인성	40	D01	개발
C0001	000B	아린	32	D02	인사
C0001	001F	서하	50	D03	영업
C0002	000A	태희	47	D03	영업
C0002	009F	미나	25	D01	개발
C0002	010A	강남	33	D04	총무

회사

회사코드	회사명
C0001	A상사
C0002	B화학
C0003	C건설

> 직원 정보가 없는 회사도 등록할 수 있습니다.

이렇게 제2정규화했다면, 직원 정보가 없더라도 '회사' 테이블에는 회사 정보를 문제없이 등록할 수 있습니다. 또한 회사코드와 회사명의 관계가 단 하나의 레코드로만 표현되므로 잘못된 데이터가 등록될 위험도 크게 줄어듭니다. 이는 데이터 중복을 제거했기 때문에 얻을 수 있는 장점입니다.

이런 관점에서 보면 제2정규화는 '회사'와 '직원'이라는 서로 다른 수준의 **엔터티를 각각 독립된 테이블로 분리하는 작업**이라고 볼 수 있습니다. 실제 세계에서도 회사가 있고 그 아래에 직원이 소속되어 있듯이, 관계형 데이터베이스에서도 이처럼 회사와 직원을 별도의 테이블로 표현하는 것이 자연스럽습니다.

핵심 포인트 35 정규화는 현실 세계의 엔터티 간 계층구조를 데이터베이스에 반영하는 수단이 되기도 합니다.

3.5.3 무손실 분해와 정보 보존

지금까지 정규형에 대한 설명을 읽으면서 다음과 같은 의문이 들 수 있습니다.

> 테이블을 분할하면 데이터를 등록 또는 수정할 때 발생할 수 있는 실수와 문제를 방지할 수 있다는 장점은 이해했지만, 테이블을 분할하면서 생기는 단점은 없을까? **분할 전 테이블로 되돌릴 수 없게 되는 것**을 문제라고 할 수 있지 않을까?

이는 당연한 의문입니다. 하지만 걱정하지 않아도 됩니다. 제2정규화는 항상 정규화 이전 상태로 테이블을 되돌릴 수 있습니다. 이처럼 되돌릴 수 있는 성질을 '**가역성**(reversibility)'이라고 하며, 제2정규화는 가역적인 작업입니다(그림 3-2). 제2정규화가 가역적인 이유는 정규화 과정에서 어떤 정보도 잃지 않기 때문입니다. 이렇게 모든 정보를 온전히 보존하면서 테이블을 나누는 것을 '**무손실 분해**(lossless decomposition)'라고 합니다.

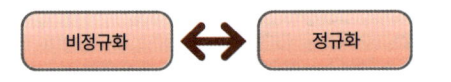

그림 3-2 정규화는 원래 상태로 되돌릴 수 있는 가역적 작업

그렇다면 정규화된 테이블을 비정규화 상태로 어떻게 되돌릴 수 있을까요? **조인**을 사용하면 됩니다. 제2정규형의 '직원' 테이블과 '회사' 테이블(107페이지)을 다음과 같은 조인 `SELECT` 문으로 결합하면 비정규화 상태의 '직원' 테이블(제1정규형)을 만들 수 있습니다.

■ 제1정규형으로 되돌리기(직원과 회사 테이블 내부 조인)

```
SELECT 직원.회사코드,
       회사.회사명,
       직원.직원ID,
       직원.직원명,
       직원.나이,
       직원.부서코드,
       직원.부서이름
```

```
FROM 직원 INNER JOIN 회사
  ON 직원.회사코드 = 회사.회사코드;
```

결과

```
회사코드  회사명  직원ID  직원명  나이  부서코드  부서이름
-------  -----  ------  ------  ----  -------  -------
C001     A상사   000A    인성    40    D01      개발
C001     A상사   000B    아린    32    D02      인사
C001     A상사   001F    서하    50    D03      영업
C002     B화학   000A    태희    47    D03      영업
C002     B화학   009F    미나    25    D01      개발
C002     B화학   010A    강남    33    D04      총무
```

이처럼 '직원' 테이블과 '회사' 테이블을 회사코드를 키로 사용해 내부 조인하면 됩니다. 정규형에서 비정규형으로 되돌릴 때는 항상 이런 조인 SQL을 사용합니다.

 핵심 포인트 36 정규화의 반대 작업은 조인입니다.

3.6 제3정규형: 이행적 함수 종속

제2정규형으로 정규화된 '직원' 테이블(과 '회사' 테이블)은 데이터 등록과 수정 때 발생하는 많은 문제를 막을 수 있게 되었습니다. 하지만 모든 문제가 완벽하게 해결된 것은 아닙니다. 어떤 상황에서 문제가 발생하는지 살펴보겠습니다.

■ 제2정규형(이전과 같음)

직원

회사코드	직원ID	직원명	나이	부서코드	부서이름
C0001	000A	인성	40	D01	개발
C0001	000B	아린	32	D02	인사
C0001	001F	서하	50	D03	영업
C0002	000A	태희	47	D03	영업
C0002	009F	미나	25	D01	개발
C0002	010A	강남	33	D04	총무

회사

회사코드	회사명
C0001	A상사
C0002	B화학

3.6.1 이행적 함수 종속

이번에는 '부서코드'와 '부서명'의 관계를 살펴보겠습니다. 예를 들어 회사코드가 C0001인 A상사를 보면, '직원' 테이블에서 개발, 인사, 영업이라는 세 개의 부서가 있다는 것을 알 수 있습니다. 하지만 A상사에 이러한 3개의 부서만 있다고 확신할 수는 없습니다. 예를 들어서 현재 '홍보' 부서가 있지만, 해당 부서에 소속된 직원이 **한 명도 없어서** 표현되고 있지 않을 수 있기 때문입니다.

이렇게 직원이 한 명도 없는 부서는 현재 제2정규형 '직원' 테이블에 등록할 수 없습니다. 이는 이전처럼 직원이 없는 회사를 등록할 수 없었던 것과 같습니다. 직원ID가 기본 키의 일부이므로, 이 값이 `NULL`인 상태로는 데이터를 등록할 수 없기 때문입니다.

이런 문제가 발생하는 이유는 '직원' 테이블 안에 아직 숨어 있는 함수 종속성이 있기 때문입니다. '부서코드'와 '부서명' 사이에는 다음과 같은 함수 종속성이 있습니다.

`{부서코드} → {부서명}`

또한 직원ID와 부서코드 사이에도 다음 관계가 성립합니다.

`{회사코드, 직원ID} → {부서코드}`

따라서 전체적으로는 다음과 같은 관계가 형성됩니다.

`{회사코드, 직원ID} → {부서코드} → {부서명}`

이처럼 테이블 내부에 존재하는 단계적인 종속 관계를 **이행적 함수 종속**(transitive functional dependency)이라고 합니다.

3.6.2 제3정규화하기

이행적 함수 종속으로 발생하는 데이터 등록 문제를 해결하려면, 제2정규화에서처럼 테이블을 나누어 각각의 함수 종속 관계를 독립시켜야 합니다.

■ **제3정규형**

직원

회사코드	직원ID	직원명	나이	부서코드
C001	000A	인성	40	D01
C001	000B	아린	32	D02
C001	001F	서하	50	D03
C002	000A	태희	47	D03
C002	009F	미나	25	D01
C002	010A	강남	33	D04

회사

회사코드	회사명
C001	A상사
C002	B화학
C003	C건설

부서

부서코드	부서이름
D01	개발
D02	인사
D03	영업
D04	총무

이처럼 새로운 '부서' 테이블을 독립적으로 관리하면서, 모든 테이블에서 비주요 열(기본 키가 아닌 열)이 키 열에만 종속되도록 구성하여 이행적 함수 종속을 제거했습니다. 그 결과 이전에 발생했던 '소속 직원이 없는 부서를 등록할 수 없는' 문제를 해결했습니다. '부서' 테이블에 데이터를 등록할 때 더 이상 직원 정보가 필요하지 않기 때문입니다.

이러한 제3정규화는 직원과 부서라는 서로 다른 수준의 엔터티를 독립된 테이블로 분리하는 작업이며, 제2정규형에서 했던 작업과 같은 의미를 갖습니다. 또한 제3정규화도 무손실 분해입니다. 다음 SQL 문을 사용하면 정규화 이전 상태로 테이블을 되돌릴 수 있습니다.

■ 제2정규형으로 되돌리기(직원 테이블과 부서 테이블을 내부 조인하기)

```
SELECT 직원.회사코드,
       직원.직원ID,
       직원.직원명,
       직원.나이,
       직원.부서코드,
       부서.부서이름
  FROM 직원 INNER JOIN 부서
    ON 직원.부서코드 = 부서.부서코드;
```

결과

회사코드	회사명	직원ID	직원명	나이	부서코드	부서이름
C001	A상사	000A	인성	40	D01	개발
C001	A상사	000B	아린	32	D02	인사
C001	A상사	001F	서하	50	D03	영업
C002	B화학	000A	태희	47	D03	영업
C002	B화학	009F	미나	25	D01	개발
C002	B화학	010A	강남	33	D04	총무

여기서도 정규화의 반대 작업이 조인 SQL이라는 것을 확인할 수 있습니다.

3.7 보이스-코드 정규형(BCNF)

이전에 언급했던 것처럼 일반적인 업무 설계에서는 대부분 제3정규형까지만 고려해도 충분합니다. 따라서 이론적인 내용에 관심이 없다면, 내용을 건너뛰어서 3.10절의 요약과 연습 문제로 넘어가도 좋습니다. 3.7절부터 3.9절까지는 필요할 때 다시 읽어보면 됩니다.

복잡한 업무 설계에서는 제3정규형보다 더 높은 수준의 정규형이 필요한 경우도 있습니다. 정규형은 제5정규형까지 정의되어 있습니다. 제3정규형을 넘어서는 정규형을 '**고차 정규형**'이라고 부릅니다. 이번 절과 이후 몇 절에서는 이러한 고차 정규형을 설명하겠습니다.

3.7.1 제3정규형과 제4정규형 사이

제3정규형 바로 위에 위치한 것이 **보이스-코드 정규형**입니다. 이는 두 창시자 레이먼드 보이스(Raymond Boyce)와 에드거 F. 코드(Edgar F. Codd)의 이름을 따서 만들어졌으며, **BCNF(Boyce-Codd normal form)**라고도 부릅니다.[11]

'제3정규형 다음은 제4정규형이 아닌가요?'라고 생각할 수 있습니다. 하지만 정규형 이론에서는 제3과 제4 사이에 보이스-코드 정규형이 존재합니다. 이는 보이스-코드 정규형이 제3정규형을 더 엄격하게 정의한 것으로 볼 수 있기 때문입니다. 그래서 비공식적으로 '제3.5정규형'이라고도 부릅니다.

제3정규형을 만족하면서도 보이스-코드 정규형을 만족하지 않는 테이블은 흔치 않습니다. 간단하게 예를 들면, 다음과 같습니다.[12]

■ 보이스-코드 정규형을 만족하지 않는 테이블
직원-팀-사수

직원ID	팀코드	팀사수
000A	001	123W
000B	001	456Z
000B	002	003O
001F	001	123W
001F	002	003O
003O	002	999Y

이 테이블의 기본 키는 {직원ID, 팀코드}입니다. 이는 직원과 소속 팀의 관계를 나타냅니다. 한 직원이 여러 팀에 동시에 소속될 수 있습니다(예: 직원 '000B'). 따라서 다음과 같은 기본 키에서 키가 아닌 열로의 함수 종속성이 있습니다.

---

[11] 1974년 레이먼드 보이스와 에드거 F. 코드가 정의했습니다. 코드는 관계형 데이터베이스의 기초 이론을 제시한 사람이기도 합니다. 실제로는 1971년에 이언 히스(Ian Heath)가 비슷한 개념을 먼저 제안했기 때문에, 일부 이론가들은 "이 정규형을 '히스 정규형'이라고 불러야 한다"고 주장합니다.
[12] (옮긴이) 94페이지에서 테이블 이름에 하이픈을 사용하면 안 된다고 했지만, 책에서는 설명의 편의를 위해 하이픈도 사용하고 있습니다.

{직원ID, 팀코드} → {팀사수}

이 테이블에 "팀사수는 팀코드에 대해 함수 종속성을 가진다"는 업무 규칙이 있다고 가정해봅시다. 팀사수는 각 팀에서 특정 직원을 보조하는 역할로, 한 팀에 여러 명이 있을 수 있지만 한 사람이 여러 팀에 있을 수는 없습니다. 따라서 다음 함수 종속성도 존재합니다.

{팀사수} → {팀코드}

이 테이블에는 부분 함수 종속이나 이행적 함수 종속이 없어서 제3정규형은 만족합니다.[13] 하지만 보이스-코드 정규형은 아닙니다. 보이스-코드 정규형은 **키가 아닌 열이 키인 열에 대해 함수 종속성을 가지지 않는 상태**를 의미하기 때문입니다(그림 3-3).

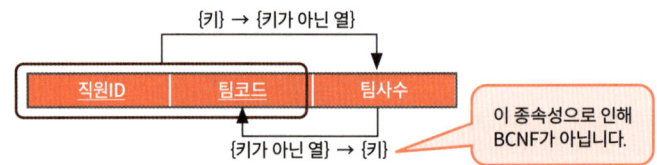

그림 3-3 키가 아닌 열에서 키로의 함수 종속성을 없앤 상태

보이스-코드 정규형을 만족하지 않으면 데이터 갱신 때 다음과 같은 문제가 발생할 수 있습니다.

- **문제 1**: 팀사수 담당자가 팀을 변경할 때 여러 행을 함께 수정해야 합니다(데이터 중복 문제).
- **문제 2**: 새로운 팀사수와 팀의 관계를 등록하려면 반드시 소속 직원이 있어야 합니다.
- **문제 3**: 직원이 팀에서 나갈 때 해당 데이터를 삭제하면, 팀사수와 팀 사이의 관계도 함께 삭제될 수 있습니다.

이러한 문제를 해결하기 위해 **보이스-코드 정규형**을 사용합니다.

---

13 111페이지의 '직원' 테이블에서 이행적 함수 종속은 '부서코드' → '부서명'입니다(키가 아닌 열 → 키가 아닌 열 사이의 함수 종속). 반면 {회사코드, 직원ID} → {부서코드}는 키 → 키가 아닌 열의 함수 종속이므로 이행적 함수 종속이 아닙니다.

지금까지의 정규화 방법을 따르면, '{팀사수} → {팀코드}'라는 함수 종속이 있으므로 팀사수를 기본 키로 하는 별도의 테이블을 만드는 것이 좋아 보입니다. 예를 들어 테이블을 다음과 같이 나눌 수 있습니다.

■ 직원-팀-팀사수 테이블 분해

직원-팀

직원ID	팀코드
000A	001
000B	001
000B	002
001F	001
001F	002
003O	002

팀사수-팀

팀사수	팀코드
123W	001
456Z	001
003O	002
999Y	002

이렇게 테이블을 나누면 두 테이블 모두에서 키가 아닌 열에서 키로의 함수 종속이 사라져서 보이스-코드 정규형을 만족하는 것처럼 보입니다.

하지만 이 분해 방법에는 큰 문제가 있습니다. 바로 이 두 테이블로는 **원래 테이블을 다시 만들 수 없다는 점**입니다. 일반적으로 원래 테이블로 돌려보라고 하면, 다음과 같이 팀코드를 조인 키로 사용해 두 테이블을 연결하는 SQL 문을 작성합니다.

■ 직원-팀 테이블과 팀사수-팀 테이블 내부 조인하기

```
SELECT 직원-팀.직원ID,
       직원-팀.팀코드,
       팀사수-팀.팀사수
  FROM 직원-팀 INNER JOIN 팀사수-팀
    ON 직원-팀.팀코드 = 팀사수-팀.팀코드;
```

결과

```
직원ID  팀코드  팀사수
------  ------  ------
000A    001     123W
```

000A	001	456Z
000B	001	123W
000B	001	456Z
000B	002	0030
000B	002	999Y
001F	001	123W
001F	001	456Z
001F	002	0030
001F	002	999Y
0030	002	0030
0030	002	999Y

SQL 실행 결과를 자세하게 살펴보면 이상한 점이 있습니다.

'원래 테이블보다 데이터 수가 늘어났네...?'

맞습니다. 이 결과에는 있어서는 안 되는 데이터(테두리로 표시한 부분)까지 포함되어 있습니다. 이는 '직원-팀-팀사수' 관계에서 실제로는 존재하지 않는 관계가 만들어졌다는 뜻입니다. 예를 들어 직원 '000B'의 팀 '001'에서는 '456Z'만이 팀사수여야 하는데, '123W'까지 팀사수로 포함되어 있습니다. 이는 명백히 잘못된 결과입니다.

이런 문제가 발생한 이유는 테이블 분해가 **가역적이지 않았기**(비가역적) 때문입니다. 3.5.3절에서 설명했던 것처럼 정규화는 반드시 가역적이어야 합니다. 특히 보이스-코드 정규형으로 변환할 때는 이러한 비가역적 분해가 일어나지 않도록 주의해야 합니다.

> **핵심 포인트 37** 보이스-코드 정규형으로 분해할 때는 비가역적 분해가 일어나지 않도록 주의해야 합니다.

이 문제가 발생한 원인은 **팀코드를 키로 한 조인이 다대다(M:N) 관계**가 되었기 때문입니다. 정규화할 때는 항상 **일대다(1:N)** 관계가 되도록 테이블을 나누어야 합니다. '일대다'와 '다대다' 관계의 차이는 다음 장에서 자세히 설명하겠습니다.

3.7.2 보이스-코드 정규화하기

■ **보이스-코드 정규형을 만족하지 않는 테이블(이전과 같음)**

직원-팀-팀사수

직원ID	팀코드	팀사수
000A	001	123W
000B	001	456Z
000B	002	003O
001F	001	123W
001F	002	003O
003O	002	999Y

그렇다면 올바른 테이블 분해 방법은 무엇일까요?

이전의 시도가 실패한 이유는 원래 테이블이 가지고 있던 다음 함수 종속성을 잃어버렸기 때문입니다.

`{직원ID, 팀코드} → {팀사수}`

이렇게 하면 함수 종속성을 유지하면 가역적 분해가 가능합니다.

■ **보이스-코드 정규형**

직원-팀

직원ID	팀사수
000A	123W
000B	456Z
000B	003O
001F	123W
001F	003O
003O	999Y

팀사수-팀

팀사수	팀코드
123W	001
456Z	001
003O	002
999Y	002

이 두 테이블은 다음 SQL 문으로 원래 테이블로 되돌릴 수 있습니다.

■ 직원-팀사수 테이블과 팀사수-팀 테이블 내부 조인하기

```
SELECT 직원-팀사수.직원ID,
       팀사수-팀.팀코드,
       팀사수-팀.팀사수
  FROM 직원-팀사수 INNER JOIN 팀사수-팀
    ON 직원-팀사수.팀사수 = 팀사수-팀.팀사수;
```

이번에는 '팀사수'를 키로 사용하여 **일대다(1:N)** 관계가 되었습니다. 이것이 올바른 보이스-코드 정규형이지만, 아직 문제가 완벽하게 해결된 것은 아닙니다. 이 구조에서는 원래 등록되면 안 되는 데이터가 등록될 수 있기 때문입니다. 예를 들어 '직원-팀사수' 테이블에 직원 '000A'와 팀사수 '0030'의 조합을 등록하는 것이 기술적으로는 가능합니다.

하지만 '팀사수-팀' 테이블을 보면 이 조합에 문제가 있다는 것을 알 수 있습니다. 팀사수 '0030'는 팀 '002'만 담당할 수 있는데, 이는 현재 팀 '001'에만 소속된 직원 '000A'가 **암묵적으로** 팀 '002'에도 소속되는 결과를 초래할 수 있기 때문입니다.[14]

물론 이것이 허용되는 경우도 있습니다. 예를 들어 '0030' 담당자의 지원을 받는다는 것이 곧 팀 '002' 참여를 의미한다는 **업무 규칙이 있는** 경우입니다. 하지만 모든 업무에 이런 규칙이 있는 것은 아닙니다. 문제는 이런 규칙이 없을 때입니다. 이 경우에는 잘못된 데이터 조합이 등록되지 않도록 애플리케이션에서 따로 제어해야 합니다.

이처럼 **보이스-코드 정규형**은 꽤 복잡한 문제를 포함하고 있는 정규형입니다.

3.8 제4정규형

이어서 직원과 팀 소속 관계를 예로 제4정규형에 대해 알아보겠습니다.

---

[14] 이는 원래 테이블에 있던 직원과 팀 사이의 관계가 정규화 과정에서 무너졌기 때문입니다.

■ **제3정규형**

직원-팀

직원ID	팀코드
000A	001
000B	001
000B	002
001F	001
001F	002
003O	002

직원들 중에는 '000A'처럼 한 팀에만 소속된 경우도 있고, '000B'처럼 여러 팀에 동시에 소속된 경우도 있습니다. 이러한 직원과 팀의 소속 관계를 정확하게 표현하려면 {직원ID, 팀코드} 두 열을 기본 키로 설정해야 합니다. 즉, 이 테이블은 기본 키로만 구성된 테이블입니다.

이렇게 '직원'과 '팀'처럼 엔터티들의 관계를 나타내는 엔터티를 **관계 엔터티**(relationship entity)라고 합니다. 다음 장에서 자세히 설명하겠지만, 제4정규형과 제5정규형은 이 관계 엔터티에서 발생합니다. '직원'과 '회사'처럼 실제 대상을 나타내는 엔터티의 정규화에서는 이런 고차 정규형이 필요하지 않습니다.

다시 본론으로 돌아와서, '직원-팀' 테이블이 제3정규형을 만족한다는 것은 분명합니다. 이 테이블에는 부분 함수 종속이나 이행적 함수 종속이 없습니다. 또한 키가 아닌 열이 없어서 키가 아닌 열에서 키로의 함수 종속도 없으므로 보이스-코드 정규형도 만족합니다.

이제 이 테이블에 '제품코드' 열을 추가해봅시다. 이는 직원이 개발하는 제품을 나타내며, 한 직원이 여러 제품을 개발할 수도 있고 한 제품을 여러 직원이 함께 개발할 수도 있다고 합시다.

■ 제품코드 열 추가(제3정규형)

직원-팀-제품

직원ID	팀코드	제품코드
000A	001	P1
000A	001	P2
000B	001	P1
000B	002	P1
001F	001	P2
001F	002	P2
003O	002	P2
003O	002	P3

직원 '000A'는 'P1'과 'P2' 두 제품을 담당

이 '직원-팀-제품' 테이블도 제3정규형과 보이스-코드 정규형을 만족합니다. {직원ID, 팀코드, 제품코드} 세 열이 기본 키를 구성하기 때문입니다. 이처럼 기본 키만으로 구성되는 것이 관계 엔터티의 특징입니다.

3.8.1 다중 값 종속성: 키와 집합의 대응 관계

하지만 이 '직원-팀-제품' 테이블에서도 데이터 갱신 때 문제가 발생합니다. 예를 들어 직원 '000A'가 팀 '001'에서 '002'로 이동하면 여러 행을 한꺼번에 수정해야 합니다. 이는 데이터가 중복 저장되어 있어서 불일치가 발생할 수 있고 갱신 비용도 높아진다는 뜻입니다. 또 모든 열이 기본 키의 일부이므로 NULL을 사용할 수 없어서, 모든 정보가 확정될 때까지 데이터를 등록할 수 없습니다. 예를 들어 소속 팀은 정해졌지만 담당 제품이 아직 결정되지 않은 직원은 어떻게 처리해야 할까요?

이 문제를 해결하기 위해 테이블의 종속성을 살펴보면, 이전과 다른 특징이 있습니다. **종속성이 키와 키가 아닌 열 사이**가 아닌 **키와 값들의 집합 사이**에 존재합니다.

예를 들어 하나의 직원ID가 여러 개의 팀이 대응될 수 있고, 마찬가지로 여러 개의 제품도 대응될 수 있습니다. 즉, 하나의 키에 값들의 **집합**이 대응되는 형태입니다(그림

3-4). 이는 함수 종속성에서는 볼 수 없었던 특징입니다.

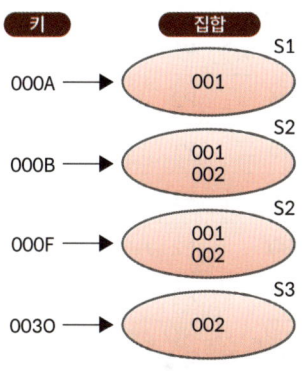

그림 3-4 **직원과 팀의 종속성**

이렇게 키와 집합 간의 대응 관계를 **다중 값 종속성**(multivalued dependency)이라고 하며, ↠ 기호로 표시합니다. 현재 예에서는 다음 두 가지 다중 값 종속성이 성립합니다.

{직원ID} ↠ {팀코드}

{직원ID} ↠ {제품코드}

여기서 팀과 제품 사이에는 특별한 관계가 없으므로 종속성이 없습니다. 이런 경우 위의 두 종속성을 다음과 같이 하나의 식으로 나타낼 수 있습니다.

{직원ID} ↠ {팀코드 | 제품코드}

3.8.2 제4정규형 만들기

제4정규형은 이처럼 서로 독립적인 다중 값 종속성이 여러 개 있는 테이블을 나누어서 만듭니다. 즉, '{직원ID} ↠ {팀코드}'를 나타내는 테이블과 '{직원ID} ↠ {제품코드}'를 나타내는 테이블로 분리하는 것입니다.

■ 제4정규형

직원-팀

직원ID	팀코드
000A	001
000B	001
000B	002
001F	001
001F	002
003O	002

직원-제품

직원ID	제품코드
000A	P1
000A	P2
000B	P1
001F	P2
003O	P2
003O	P3

이렇게 나누면 '직원-팀' 테이블은 직원과 팀 사이의 다중 값 종속성을, '직원-제품' 테이블은 직원과 제품 사이의 다중 값 종속성을 각각 표현합니다. 이런 구조에서는 직원 '000A'가 팀 '001'에서 '002'로 이동하더라도 한 행만 수정하면 되므로 데이터 불일치가 발생할 가능성이 없고 갱신 비용도 최소화됩니다. 담당 제품을 변경할 때도 마찬가지입니다. 또한 이 분리는 가역적이어서 언제든 원래 테이블로 되돌릴 수 있습니다.

3.8.3 제4정규형의 의미

제4정규형은 **자연스러운 정규형**이라고 할 수 있습니다. 여러 다중 값 종속성을 하나의 테이블에서 표현하려는 것은 사실상 무리가 있는 설계이기 때문입니다. 제2정규형 수준의 테이블이 '자연스럽게' 만들어지는 경우가 많아서 제3정규형을 신경 써야 하는 것과는 달리, '직원-팀-제품' 테이블처럼 제3정규형이면서 제4정규형은 아닌 테이블이 자연스럽게 만들어지는 경우는 거의 없습니다.

하지만 '직원-팀-제품' 테이블은 제3정규형을 만족하면서도 데이터 중복이 있는 상태로 만들어질 수 있습니다. 제4정규형은 이런 테이블 구조를 명시적으로 금지합니다. 즉, '관계 엔터티를 설계할 때는 그 안에 포함되는 관계를 하나로 제한해야 한다'는 설계 규칙이 필요하다는 뜻입니다. 이 규칙을 지키면 테이블들은 자연스럽게 제4정규형을 만족하게 됩니다.

> **핵심 포인트 38** 관계 엔터티에 포함되는 관계는 반드시 하나만 존재하도록 해야 합니다.

3.9 제5정규형

제5정규형은 제4정규형을 조금 더 확장한 형태입니다. 이전에 설명한 '직원-팀-제품' 테이블(120페이지)은 **{직원ID} →→ {팀코드}**, **{직원ID} →→ {제품코드}**라는 다중 값 종속성을 가지고 있었습니다. 여기에 만약 **{팀코드} →→ {제품코드}**라는 다중 값 종속성을 추가한다면 어떻게 될까요? 즉, **팀별로 담당하는 제품이 다르다**는 업무 규칙이 있다고 가정해봅시다.

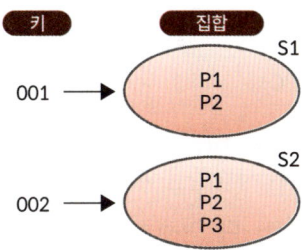

그림 3-5 팀과 제품의 종속성

이렇게 되면, 제4정규형에서 만든 '직원-팀' 테이블과 '직원-제품' 테이블만으로는 '팀-제품' 사이의 종속성을 파악할 수 없다는 문제가 발생합니다.

■ 제4정규형(이전과 같음)

직원-팀

직원ID	팀코드
000A	001
000B	001
000B	002
001F	001
001F	002
003O	002

직원-제품

직원ID	제품코드
000A	P1
000A	P2
000B	P1
001F	P2
003O	P2
003O	P3

3.9.1 제5정규화하기

이 문제를 해결하려면 '팀-제품' 사이의 관계를 나타내는 관계 엔터티를 추가로 만들어야 합니다.

■ **제5정규형**

직원-팀

직원ID	팀코드
000A	001
000B	001
000B	002
001F	001
001F	002
003O	002

직원-제품

직원ID	제품코드
000A	P1
000A	P2
000B	P1
001F	P2
003O	P2
003O	P3

팀-제품

팀코드	제품코드
001	P1
001	P2
002	P1
002	P2
002	P3

이 세 개의 테이블을 보면, 일부 사람들은 제4정규형처럼 '이게 자연스러운 테이블 설계 아닌가?'라고 생각할 수 있습니다. 실제로 '하나의 관계마다 하나의 테이블'을 만드는 것은 단순하고 명확한 설계 방법입니다. 제5정규형을 만족하기 위해 필요한 설계 규칙은 '관계가 있다면 그에 맞는 관계 엔터티를 만드는 것'입니다. 즉, 관계와 관계 엔터티를 일대일로 대응시키라는 뜻입니다. 이 규칙을 지키면 여러분이 설계한 테이블들은 자연스럽게 제5정규형을 만족하게 됩니다.

3.10 정규화 정리

제5정규형까지 모두 살펴보았습니다. 실제 개발 업무에서는 대부분 제3정규형까지만 구현해도 충분합니다. 이제 정규화의 핵심 포인트들을 정리해보겠습니다.

3.10.1 정규화의 세 가지 포인트

포인트 1: 정규화는 데이터 갱신 때 발생하는 문제를 해결하기 위한 것이다.

정규화의 가장 큰 목적은 데이터 등록하거나 갱신할 때 발생하는 문제를 방지하는 것입니다. 또한 데이터 중복을 제거하여 사람의 실수로 인한 데이터 불일치를 막는 목적도 있습니다.

포인트 2: 정규화는 종속성을 이해하는 것부터 시작한다.

정규화하려면 테이블 내부의 종속성 관계를 파악해야 합니다. 부분 함수 종속(제2정규형) 또는 이행적 함수 종속(제3정규형)이 있으면 정규화해야 합니다. 또한 다중 값 종속성이 있다면 제4정규형을 위반하지 않도록 주의해야 합니다.

다만 이러한 종속성은 테이블 구조만 보고는 알 수 없습니다. 어떤 열이 어떤 키에 종속되는지는 업무 규칙(비즈니스 룰)에 따라 결정되므로, 각 열이 업무적으로 어떤 의미와 관계를 가지는지 분석해야 합니다.

포인트 3: 정규형은 언제든 원래대로 되돌릴 수 있다

정규화로 분리된 테이블은 언제든 원래 형태로 되돌릴 수 있습니다. 이는 정규화가 정보를 완전히 보존하는 무손실 분해이기 때문입니다. 이는 고차 정규형이 저차 정규형의 특성을 모두 포함한다는 의미이기도 합니다. 정규형 사이의 관계는 그림 3-6과 같습니다.[15]

---

15 이 그림에서는 BCNF를 제3정규형의 엄격한 형태로 보고, 따로 표시하지 않았습니다.

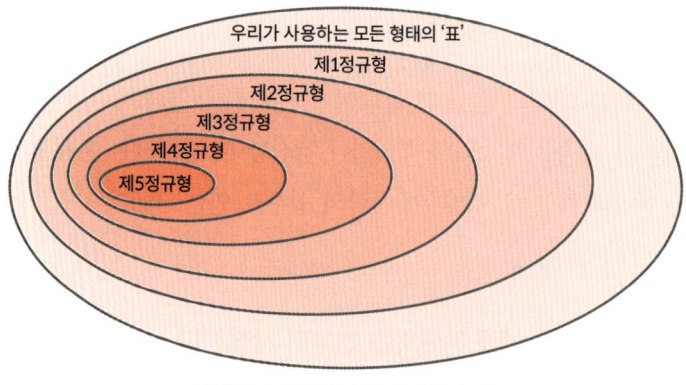

그림 3-6 정규형 사이의 레벨 관계

가장 바깥에는 우리가 사용하는 모든 형태의 '표'가 있습니다. 이곳은 제1정규형도 만족하지 못하는 혼돈의 영역입니다. 그 안쪽에 제1정규형 영역이 있으며, 여기부터 관계형 데이터베이스의 세계입니다. 그 안으로 제2정규형은 제1정규형을, 제3정규형은 제2정규형을 포함하는 형태로 계층을 이루고 있습니다.

3.10.2 정규화를 반드시 해야 할까?

이에 대한 답은 다음과 같습니다.

- 제3정규형까지는 원칙적으로 한다.
- 관계 엔터티가 있다면 관계와 엔터티를 일대일로 대응시킨다.

일반적으로 정규화를 많이 할수록 다음과 같은 장점이 있습니다.

- **장점 1**: 데이터 중복이 없어져서 갱신 시 데이터 불일치가 발생하는 것을 방지할 수 있다.
- **장점 2**: 테이블의 의미가 명확해져서 개발자가 이해하기 쉬워진다.

데이터베이스의 주된 목적은 데이터를 일관성 있게 유지하는 것입니다. 따라서 무엇보다 데이터 불일치를 방지하는 것이 중요하며, 정규화는 이를 위한 방법론입니다.

물론 정규화도 단점을 갖고 있습니다. 기본적인 단점은 다음과 같은 성능 문제입니다.

- **단점**: 테이블이 많아져서 조인을 자주 사용해야 하므로 성능이 떨어질 수 있다.

이 단점이 중요한 경우에는 성능 향상을 위해 의도적으로 낮은 수준의 정규형을 사용하기도 합니다. 이러한 '비정규화'는 5장에서 자세히 설명하겠습니다.

> **COLUMN 정규화 학습에 대한 오해와 비판**
>
> 정규화를 공부하고 나면, 꽤 많은 사람이 다음과 같은 생각을 합니다.
>
> > 굳이 이론으로 배울 필요가 있나? 데이터베이스 설계자라면 이 정도는 상식적으로 알고 있는 거 아닌가?
>
> 실제로 정규형을 전혀 모르는 사람도 데이터 갱신 때 발생하는 문제를 해결하려 노력하거나 자신만의 기준으로 '깔끔한' 테이블 구조를 만들려다 보니, 우연하게 정규화와 비슷한 설계에 도달하기도 합니다. 이런 경험을 근거로 '정규화는 굳이 배울 필요 없어. 이건 당연한 거니까!'라고 주장하는 사람들도 있습니다.
>
> 이러한 비판에 대해 저명한 데이터베이스 이론가 크리스 존 데이트(Chris John Date)는 다음과 같은 명쾌한 반론을 제시했습니다. 다소 긴 내용이지만 중요한 의미가 있어 소개합니다.[16]
>
> > 이전에 언급한 것처럼 정규화 이론은 그저 상식일 뿐이라는 이유로 비판받아왔다. (…) 실력 있는 설계자는 이런 원리를 정식으로 배우지 않고, 그 이름을 모른다고 해도 머릿속에 어떤 개념을 가지고 있을 것이다. 이런 원리는 상식이 맞지만, **공식화된(formalized) 상식**이라는 점이 중요한 것이다. (…) 정규화를 비판하는 사람들은 대부분 이 점을 놓친다. 정규화 이론은 곧 공식화된 상식이며, 이 자체로 의미를 갖는다.
>
> 정규화를 통해 얻는 결론은 일관된 시스템을 만들려고 하다 보면 자연스럽게 도달하게 되는 결론입니다. 그래서 정규화 이론은 새로울 것은 없습니다. 오히려 비판자들의 말처럼 매우 당연한 내용입니다.
>
> 하지만 데이트가 말했던 것처럼, 정규화의 가치는 바로 그 당연함에 있습니다. 상식을 체계화함으로써 누구나 사용할 수 있는 도구가 되고, 잘못된 설계를 막을 수 있는 것입니다.
>
> 정규화가 '상식적'이라고 생각하는 분들은 상상하기 어려울 수 있지만, 세상에는 상식적으로는 도저히 이해할 수 없는 설계를 하는 '비정상적인' 사람들도 있습니다. 논리 설계하는 엔지니어를 의사와 변호사처럼 면허제로 만들어 이런 사람들을 미리 걸러낼 수 있다면 좋겠지만, 그런 나라는 없습니다.
>
> 이 책 뒷부분에서는 이러한 '엉터리 설계' 사례들을 살펴볼 예정입니다. 상식적인 사람이라면 믿기 힘들 정도의 사례들도 있습니다. 이런 사례들을 보고 난 뒤에 정규화된 테이블을 다시 보면, 이전과는 다른 생각이 들 것입니다.
>
> '상식은 많은 사람이 공유할 때 비로소 진정한 가치를 갖습니다.'

---

[16] 《Database in Depth》(O'Reilly, 2005) 7장. 강조는 필자 표시

| COLUMN | 손실 분해 |

이번 장에서는 정규화가 모두 **무손실 분해**라고 설명했습니다. 즉, 테이블을 나눈 후에도 항상 원래 상태로 되돌릴 수 있는 분해라는 것입니다.

반대로 말하면 **무손실이 아닌 분해**, 즉 손실 분해도 있다는 의미입니다. '손실 분해'라는 용어는 관계형 데이터베이스와 정규화 이론에서 공식적으로 사용되지는 않는 용어이지만, 실제로는 이런 손실 분해가 더 많이 발생합니다. 예를 들어 다음과 같이 테이블을 아무렇게나 분리하면 손실 분해입니다.

■ 손실 분해

직원

직원ID	직원명	나이	부서
000A	인성	40	개발
000B	아린	32	인사
001F	서하	50	영업
001D	태희	47	영업
009F	미나	25	개발
010A	강남	33	총무

분해 ⬇

직원

직원ID	직원명
000A	인성
000B	아린
001F	서하
001D	태희
009F	미나
010A	강남

나이-부서

나이	부서
40	개발
32	인사
50	영업
47	영업
25	개발
33	총무

이는 원래 테이블로 되돌릴 수 없는 분해입니다. 두 테이블을 다시 연결할 키가 없기 때문입니다. 추가로 '나이-부서' 테이블에서 기본 키가 사라져버렸으므로, 아무 의미가 없는 분해입니다. 이전에 언급했던 것처럼 관계형 데이터베이스에서는 기본 키가 없는 테이블을 만들 수 없기 때문입니다. 하지만 다음과 같이 '나이-부서' 테이블에 '직원ID'를 기본 키로 넣으면 무손실 분해가 됩니다.

■ 무손실 분해

직원

직원ID	직원명
000A	인성
000B	아린
001F	서하
001D	태희
009F	미나
010A	강남

나이-부서

직원ID	나이	부서
000A	40	개발
000B	32	인사
001F	50	영업
001D	47	영업
009F	25	개발
010A	33	총무

정규화는 아니지만, 원래 테이블로 되돌릴 수 있는 무손실 분해입니다(7장에서 '수직 분할'이라는 안티패턴[17]으로 설명할 예정입니다). 즉, 무손실 분해라고 해서 모두 정규화인 것은 아닙니다. 손실 분해, 무손실 분해, 정규화의 관계는 그림 B처럼 나타낼 수 있습니다.

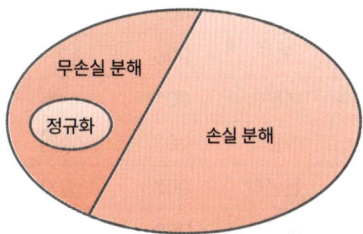

그림 B 손실 분해, 무손실 분해, 정규화의 관계

이처럼 정규화(및 비정규화)는 테이블을 다루는 방법으로서 매우 엄격한 규칙을 따라야 하는 작업입니다. 이런 규칙을 무시하고 테이블을 다루면 여러 가지 안티패턴과 그레이 노하우(gray know-how)[18]가 생길 수 있습니다. 이러한 사례들은 7장과 8장에서 자세하게 살펴보겠습니다.

---

17 [옮긴이] 안티패턴(anti-pattern)이란 문제를 해결하려다 오히려 더 큰 문제를 유발하는 비효율적이거나 잘못된 패턴을 의미합니다.
18 [옮긴이] 그레이 노하우는 공식적인 원칙이나 규칙을 따르지 않고 경험적으로 형성된 비공식적 기술 또는 지식을 의미합니다. 상황에 따라 유용할 수도 있지만 비효율적이거나 문제를 유발할 수 있는 잠재성도 가질 수 있습니다. 좋은 의미로 사용될 때도 있지만, 여기에서는 나쁜 의미로 사용되었습니다.

> 연습 문제

연습 3-1: 정규형의 단계

다음과 같은 '지사-지점-상품' 테이블을 살펴봅시다. 기본 키는 {지사코드, 지점코드, 상품코드}입니다. 이 테이블의 정규형 단계를 구해보세요.

지사-지점-상품

지사코드	지사명	지점코드	지점명	상품코드	상품명	상품분류코드	분류명
001	서울	01	강남	001	비누	C1	욕실용품
001	서울	01	강남	002	수건	C1	욕실용품
001	서울	01	강남	003	칫솔	C1	욕실용품
001	서울	02	명동	002	수건	C1	욕실용품
001	서울	02	명동	003	칫솔	C1	욕실용품
001	서울	02	명동	004	컵	C1	욕실용품
001	서울	02	명동	005	젓가락	C2	식기
001	서울	02	명동	006	숟가락	C2	식기
002	부산	01	해운대	001	비누	C1	욕실용품
002	부산	01	해운대	002	수건	C1	욕실용품
002	부산	02	광안리	007	잡지	C3	서적
002	부산	02	광안리	008	손톱깎기	C4	생활용품

연습 3-2: 함수 종속성

'지사-지점-상품' 테이블에 존재하는 모든 함수 종속성을 찾아보세요.

연습 3-3: 정규화

'지사-지점-상품' 테이블을 더 높은 단계로 정규화해보세요.

CHAPTER 4
ER 다이어그램: 여러 테이블의 관계 표현하기

엔터티(테이블)의 수가 많아지면, 테이블 사이의 관계를 효율적으로 파악하기 위한 도구가 필요합니다. 이것이 바로 ER 다이어그램입니다. ER 다이어그램을 그리는 방법에는 여러 가지가 있지만, 이번 장에서는 널리 사용되는 IE 표기법과 IDEF1X 표기법을 살펴보겠습니다.

학습 포인트
- 테이블(엔터티)이 많아지면 테이블 사이의 관계를 이해하기 어려워져 설계에 문제가 생길 수 있습니다. 이를 해결하기 위해 테이블 사이의 관계를 나타내는 도구인 ER 다이어그램을 사용합니다.
- ER 다이어그램은 여러 가지 형식으로 그릴 수 있는데, 이 중 가장 대표적인 IE 표기법과 IDEF1X 표기법을 살펴보겠습니다.
- 관계형 데이터베이스에서 테이블 사이의 관계는 기본적으로 '일대다' 관계입니다. '다대다' 관계는 '일대다' 관계로 나누어 표현합니다.
- '다대다' 관계를 '일대다' 관계로 나눌 때 필요한 엔터티를 '관계 엔터티'라고 합니다.
- ER 다이어그램을 자동으로 만들어주는 도구들이 있지만, 결국 이를 해석하는 것은 사람이므로 ER 다이어그램의 의미를 제대로 이해할 수 있게 해야 합니다.

4.1 테이블이 너무 많아!

이전 장에서 배운 정규화로 테이블을 정리하다 보면 테이블의 수가 점점 늘어납니다. 실제 업무 시스템을 개발할 때는 수백 개의 테이블이 만들어지는 경우도 드물지 않습니다.

이렇게 많아진 테이블을 그대로 관리하는 것은 사람이 하기에는 매우 어려운 일입니다. 이러한 많은 테이블을 관리하기 위해, 각 테이블의 의미와 테이블 사이의 관계를 명확하게 보여주는 도표를 **ER 다이어그램**(entity-relationship diagram)이라고 합니다. 여기서 E(entity)는 테이블을, R(relationship)은 말 그대로 테이블 사이의 관계를 의미합니다.

ER 다이어그램을 그리는 방법에는 여러 가지가 있지만, 기본 개념은 크게 다르지 않습니다. 따라서 대표적인 두 가지 형식만 알아도 대부분의 상황에 대응할 수 있습니다. 바로 IE(information engineering) 표기법과 IDEF1X 표기법입니다.

IE 표기법은 '까마귀 발 표기법(crow's feet notation)'이라는 별명으로도 알려져 있습니다. IE 표기법은 테이블들 사이의 관계를 직관적으로 이해하기 쉬워서 초보자에게 적합한 표기법입니다. IDEF1X는 미국에서 표준화된 표기법으로, 모든 기능을 배우려면 양이 방대해지므로, 이번 장에서는 주로 실무에서 필요한 부분만 설명하겠습니다.

ER 다이어그램을 테이블 정의서(data definition language, DDL)를 기반으로 자동으로 만들어주는 도구들이 있지만, 결국 완성된 ER 다이어그램을 해석하는 것은 사람입니다. 따라서 스스로 ER 다이어그램을 읽고 이해하는 능력을 키워야 합니다.

4.2 테이블 사이의 관계 파악하기

이전 장에서 제3정규형까지 정규화했던 '직원' 테이블을 예로 ER 다이어그램을 그려보겠습니다.

■ **제3정규형 테이블**

직원

회사코드	직원ID	직원명	나이	부서코드
C001	000A	인성	40	D01
C001	000B	아린	32	D02
C001	001F	서하	50	D03
C002	000A	태희	47	D03
C002	009F	미나	25	D01
C002	010A	강남	33	D04

회사

회사코드	회사명
C001	A상사
C002	B화학
C003	C건설

부서

부서코드	부서
D01	개발
D02	인사
D03	영업
D04	총무

ER 다이어그램을 그릴 때 가장 먼저 살펴봐야 할 점은 특정 테이블의 기본 키가 다른 테이블의 열로 포함되어 있는지 여부입니다.[1] 그렇다면 두 테이블 사이에 의미 있는 관계가 있다는 것을 나타내기 때문입니다.

예를 들어 '회사' 테이블과 '직원' 테이블의 경우, '회사' 테이블의 기본 키인 회사코드[2]가 '직원' 테이블에도 포함되어 있습니다. 마찬가지로 '부서' 테이블의 기본 키인 부서코드도 '직원' 테이블에 포함되어 있습니다.

이 경우 두 테이블 사이에는 **일대다** 관계가 성립합니다. 예를 들어 '회사' 테이블에는 하나의 회사가 한 행으로만 존재하지만(회사코드가 기본 키이므로 당연합니다), '직원' 테이블에는 하나의 회사가 여러 행에 나타날 수 있습니다. 즉, '회사=1'에 대해 '직원=다

---

[1] 실제로는 서로 다른 열 이름을 사용하더라도 같은 내용을 나타내는 열이라면 관련이 있다고 볼 수 있습니다. 예를 들어 한쪽은 '회사코드', 다른 쪽은 '거래처코드'라는 이름을 사용해도 둘 다 같은 회사 집합을 나타낸다면 관련이 있는 것입니다.
[2] 참고로 '직원' 테이블의 기본 키는 {회사코드, 직원ID} 조합이므로, 회사코드만으로는 기본 키가 될 수 없습니다.

(N)'라는 관계가 있는 것입니다. 이는 '한 회사에 여러 직원이 일한다'는 당연한 사실을 나타냅니다.

참고로 현재 설계에서는 '회사' 테이블에는 직원이 한 명도 없는 회사 'C건설'도 등록할 수 있습니다. 따라서 **한 회사에는 0에서 n명의 직원이 일한다**고 표현하는 것이 더 정확합니다(n은 임의의 정수).

'부서' 테이블도 마찬가지입니다. 한 부서는 한 행으로만 존재하지만 '직원' 테이블에는 한 부서가 여러 행에 나타날 수 있습니다. 이는 '한 부서에 여러 직원이 소속된다'는 의미입니다. 현재 예에서는 직원이 없는 부서가 존재하지 않는다고 가정했으므로, 직원 수는 1명에서 n명 사이입니다.[3]

4.2.1 일대일, 일대다, 다대다 관계

같은 의미의 열을 가진 테이블 사이에는 일반적으로 다음 세 가지 관계 패턴이 있을 수 있습니다.[4]

- 패턴1: 일대일 관계
- 패턴2: 일대다 관계
- 패턴3: 다대다 관계

패턴1인 '일대일' 관계는 자주 볼 수 없습니다. 두 테이블의 레코드가 일대일로 대응한다는 것은 두 테이블의 기본 키가 일치한다는 의미이므로, 보통은 하나의 테이블로 통합해도 문제없기 때문입니다. 적어도 정규화 과정에서는 이러한 일대일 테이블이 만들어지지 않습니다. 참고로 이후에 설명하는 샤딩(sharding)과 같은 특수한 경우에 일대일 테이블이 만들어집니다.

---

[3] 이는 예를 위한 가정일 뿐입니다. 실제 업무 요건에 따라 다를 수 있으며, 직원이 없는 부서를 허용하는 경우도 있을 수 있습니다.
[4] 이 세 가지 패턴은 '1:1', '1:N', 'N:M'과 같은 형식으로도 표기합니다.

패턴2인 '일대다' 관계는 가장 흔한 관계 유형입니다. 정규화 과정에서 생기는 관계는 대부분 이 유형에 속합니다. '회사-직원' 관계나 '부서-직원' 관계가 여기에 해당합니다. '다' 쪽에는 '0 이상'과 '1 이상'의 경우가 있을 수 있으며, 이러한 세부적인 차이도 ER 다이어그램으로 표현할 수 있습니다.

마지막으로 **패턴3**인 '다대다' 관계는 특별한 경우입니다. 처음 업무 요건에 따라 테이블을 만들 때는 이러한 다대다 관계가 생길 수 있습니다. 하지만 관계형 데이터베이스의 규칙상 다대다 관계는 직접 구현하면 안 됩니다. 이러한 규칙이 있는 이유와 이 관계를 어떻게 해결할 수 있는지는 4.4절에서 설명하겠습니다.

4.3 ER 다이어그램 작성 방법

이제 직원, 회사, 부서라는 세 테이블 사이의 관계를 ER 다이어그램으로 표현해보겠습니다.

4.3.1 테이블(엔터티) 표기 방법

먼저 ER 다이어그램에서 테이블을 표현하는 방법을 살펴보겠습니다. IE 표기법과 IDEF1X 모두 그림 4-1과 같은 사각형을 사용합니다.

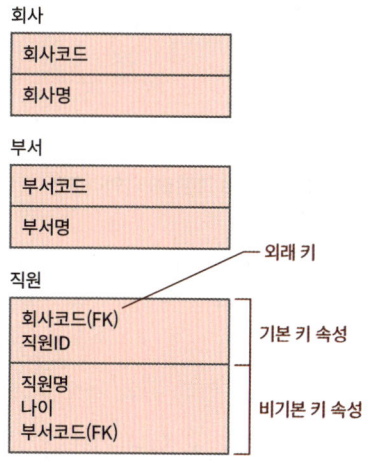

그림 4-1 **ER 다이어그램으로 표현한 테이블**

사각형은 가로선으로 두 공간으로 나눕니다. 위쪽 공간에는 기본 키, 아래쪽 공간에는 키가 아닌 열을 적습니다(너무 많으면 중요한 것만 표시하기도 합니다). 또한 다른 테이블의 기본 키를 참조하는 **외래 키(foreign key)**는 속성 이름 옆에 'FK'라고 표시합니다.

4.3.2 IE 표기법으로 ER 다이어그램 그리기

여기까지는 단순하게 엔터티만 나열한 상태이고, 아직 서로의 관계를 표현하지 않았습니다. 이런 상태는 'E 다이어그램'에 불과합니다. 이것만으로는 쓸모가 없으므로, 테이블 사이의 관계를 표현하여 완전한 ER 다이어그램을 만들어보겠습니다. 관계 표현 방법은 IE 표기법과 IDEF1X이 서로 다르므로, 이 차이를 잘 이해해야 합니다.

먼저 이해하기 쉬운 IE 표기법부터 살펴보겠습니다. 회사, 직원, 부서라는 세 엔터티를 예로 사용하겠습니다(그림 4-2).

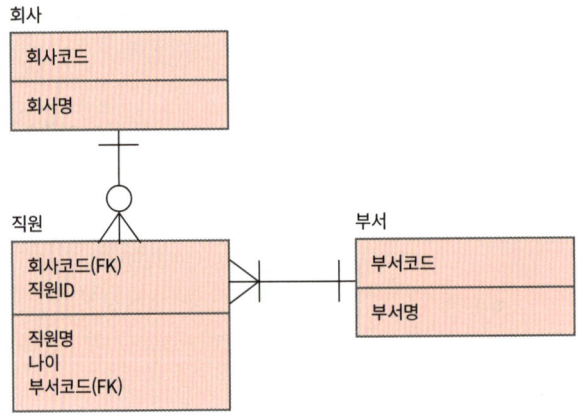

그림 4-2 **IE 표기법으로 그린 ER 다이어그램**

여러 기호가 등장했습니다. 이 기호들의 의미와 ER 다이어그램을 어떻게 해석해야 하는지 설명하겠습니다.

먼저 회사와 직원 엔터티를 봅시다. '회사' 엔터티 쪽의 가로선 '一'은 상대 엔터티와 대응되는 레코드 수(이를 **카디널리티(cardinality)**라고 합니다)가 1임을 나타냅니다. 한자 '一'

(일)'을 연상하면 쉽게 기억할 수 있습니다.

그리고 '직원' 테이블 쪽의 'O'와 '∧'는 각각 카디널리티가 '0'과 '다수'를 의미합니다. 이 두 기호를 함께 사용하면 '0 이상 다수'라는 의미가 됩니다. IE 표기법이 '까마귀 발'이라고 불리는 이유는 다수를 나타내는 '∧' 기호 때문입니다. 누구나 직관적으로 이해할 수 있는 명확한 기호입니다.

따라서 이 ER 다이어그램은 회사와 직원의 관계가 '일대다(0 포함)'임을 보여줍니다. '회사' 테이블에서 하나의 레코드(한 회사)를 선택하면 '직원' 테이블에는 0명 또는 여러 명이 대응됩니다(C건설처럼 아직 직원이 없는 회사는 '직원' 테이블의 카디널리티가 0입니다). 반대로 '직원' 테이블에서 하나의 레코드(한 직원)를 선택하면 반드시 하나의 회사가 대응됩니다. **회사에 소속되지 않은 직원은 있을 수 없기 때문**입니다.

부서와 직원의 관계는 어떨까요? 부서와 직원도 '일대다' 관계이지만, 회사와는 약간 다릅니다. 회사와 달리 한 명의 직원도 없는 부서는 존재하지 않는다고 가정했기 때문입니다. 따라서 직원 쪽의 카디널리티는 0이 될 수 없어서, 1을 나타내는 '―'와 까마귀 발 기호가 함께 결합되어 있습니다. 이는 '1 이상'을 의미합니다.

그리고 한 직원을 선택하면 소속 부서는 하나로 정해지므로 부서 쪽에는 '―'만 사용합니다. 실제로는 '직원' 테이블의 부서코드가 NULL일 수 있어서 반드시 '부서' 테이블의 레코드와 연결되지는 않지만, IE 표기법에서는 그 정도로 엄밀하게 표현하지는 않습니다.

> **핵심 포인트 39** IE 표기법의 카디널리티 기호는 다음과 같습니다.
> - O: 0
> - ―: 1
> - ∧: 다수(2 이상)

IE 표기법은 이러한 세 가지 기본 기호를 조합해서, 복잡한 카디널리티 패턴을 표현할 수 있습니다.

4.3.3 IDEF1X로 ER 다이어그램 그리기

이제 같은 ER 다이어그램을 IDEF1X로 변환해보겠습니다. 카디널리티를 표시하는 기호 등 여러 차이점이 있으므로, 틀린 그림 찾기를 하듯 주의 깊게 살펴봅시다(그림 4-3).

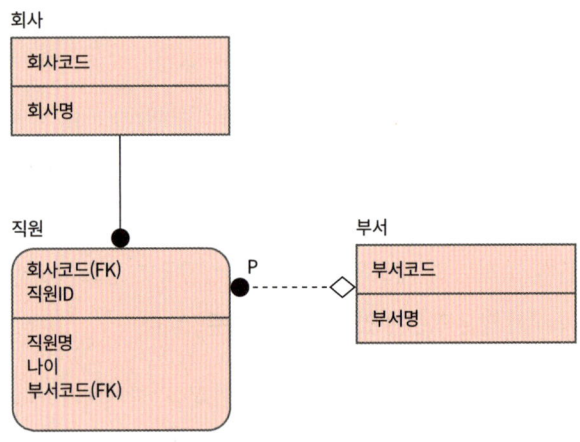

그림 4-3 **IDEF1X로 그린 ER 다이어그램**

IE 표기법과 비교하면 기호의 의미가 더 추상적이고 복잡하게 느껴질 수 있습니다.

가장 큰 차이는 엔터티 표현이 두 가지로 나뉜다는 점입니다. 모서리가 각진 사각형과 둥근 사각형입니다.

모서리가 각진 사각형으로 표시한 회사와 부서는 **독립 엔터티**를 의미합니다. 이는 다른 테이블에 의존하지 않고도 데이터를 가질 수 있는 엔터티입니다.

반면 모서리가 둥근 사각형으로 표시한 직원은 **종속 엔터티**(또는 의존 엔터티)입니다. 이는 다른 테이블에 데이터가 있어야만 데이터를 가질 수 있는 엔터티입니다. 실제로 '직원' 테이블에 데이터를 넣으려면 먼저 '회사' 테이블에 해당 회사 데이터가 있어야 합니다. 종속 엔터티의 특징은 기본 키에 다른 테이블을 참조하는 외래 키(예: 회사코드)가 포함된다는 점입니다. 반대로 기본 키에 외래 키가 없다면 독립 엔터티이므로 쉽게 구분할 수 있습니다.

> 핵심 포인트 40   독립 엔터티와 종속 엔터티는 기본 키에 외래 키가 포함되어 있는지로 구분합니다.

다음으로 엔터티 사이의 관계를 살펴봅시다. 눈에 띄는 차이는 IE 표기법의 '까마귀 발'이 IDEF1X에서는 검은 점(●)으로 바뀐다는 점입니다. 회사와 직원처럼 '0 이상 다수'인 경우는 이렇게 표현하고, 부서와 직원처럼 '1 이상 다수'인 경우에는 검은 점 옆에 'P'를 추가합니다. 카디널리티 표기 패턴은 그림 4-4처럼 다양합니다.

0 이상	●——
1 이상	●P——
0 또는 1	●Z——
n(특정 정수)	●n——

그림 4-4 카디널리티 표기 패턴

IDEF1X에서 '일대다' 관계의 '1' 쪽 엔터티에는 검은 점을 사용하지 않습니다. 검은 점을 항상 '다수' 쪽에만 표시함으로써 어느 쪽이 '1'이고 어느 쪽이 '다수'인지 한눈에 알아볼 수 있게 하는 것입니다. 그래서 '일대다' 관계에서 '1' 쪽인 회사는 검은 점 없이 선만 그어 카디널리티가 '1'임을 표시합니다.

> 핵심 포인트 41   IDEF1X의 검은 점(●)은 IE 표기법의 '까마귀 발'과 비슷한 의미를 가집니다.

이어서 주목해서 봐야 하는 부분은 '부서' 테이블 쪽의 '◇' 기호입니다. 이는 카디널리티가 '1'이지만 부서코드가 `NULL`일 수 있어서, 직원의 부서가 정해지지 않을 수 있다는 것을 나타냅니다.

회사와 직원을 잇는 선이 실선인 반면, 부서와 직원을 잇는 선이 점선인 것도 외래 키의 `NULL` 허용 여부와 관련이 있습니다. 회사와 직원처럼 직원이 반드시 회사에 속해야 하는 경우를 **의존 관계**라고 하며 실선으로 표시합니다. 반면 직원과 부서처럼 직원이 꼭 부서에 속하지 않아도 되는 경우를 **비의존 관계**라고 하며 점선으로 표시합니다.

이처럼 IE 표기법과 IDEF1X를 비교하면, IE 표기법은 간단하고 직관적으로 전체 구조를 파악하기 쉽게 만든 반면, IDEF1X는 세세한 부분까지 표현하려 한다는 것을 알 수 있습니다. 세세하게 표현할 수 있다는 것은 정보가 많고 정확하다는 장점이 있지만, 기호의 의미에 익숙하지 않으면 이해하기 어렵다는 단점도 있습니다.[5]

이 책은 입문서이므로 이해하기 쉽도록 앞으로 ER 다이어그램은 기본적으로 IE 표기법을 사용하겠습니다. 다만 IDEF1X에서만 나타나는 주의할 점이 있다면 그때그때 설명하겠습니다.

4.4 '다대다' 관계와 관계 엔터티

현실 세계의 엔터티를 관계형 데이터베이스의 ER 다이어그램으로 표현할 때, 다대다 관계가 생기는 경우가 많습니다. 그림 4-5를 기반으로 구체적인 예를 살펴보겠습니다.

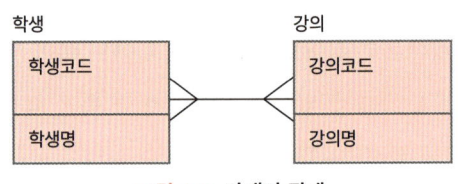

그림 4-5 **다대다 관계**

한 학생은 여러 강의를 수강할 수 있고, 한 강의에도 여러 학생이 참여할 수 있습니다. 즉, 엔터티 '학생' 입장에서 보면 '강의'는 다수이고, 반대로 '강의' 입장에서 보면 '학생'도 다수입니다. 이처럼 양쪽 모두 '다수'인 경우가 바로 '다대다' 관계입니다.

이러한 '다대다' 관계가 관계형 데이터베이스에서 문제가 되는 이유는 두 엔터티가 공통 키로 사용할 열이 없어서 두 엔터티의 정보를 연결할 수 없기 때문입니다.[6] 이를 해결하기 위해 '학생' 테이블에 '강의코드' 열을 추가하면, 한 학생이 여러 행으로 중복되

---

5   IDEF1X는 원래 미국 공군이 제조업체에 부품이나 장비 사양을 전달하기 위해 개발한 기법입니다. 업무 특성 때문에 매우 정확한 표현이 필요했다는 것을 쉽게 짐작할 수 있습니다.
6   SQL에서 두 테이블을 연결할 때 결합 키를 지정할 수 없어서 데카르트 곱(카티전 곱, Cartesian product) 외에는 다른 방법을 사용할 수 없습니다.

고 강의를 듣지 않는 학생은 등록할 수 없게 됩니다. '강의' 테이블에 '학생코드'를 추가해도 같은 문제가 발생합니다. 따라서 두 엔터티만으로는 이러한 다대다 관계를 해결할 수 없습니다.

이 문제의 해결 방법이 바로 **관계 엔터티**(associative entity)[7]입니다. 그림 4-6처럼 두 엔터티 사이에 제3의 엔터티(수강)를 만드는 것입니다.

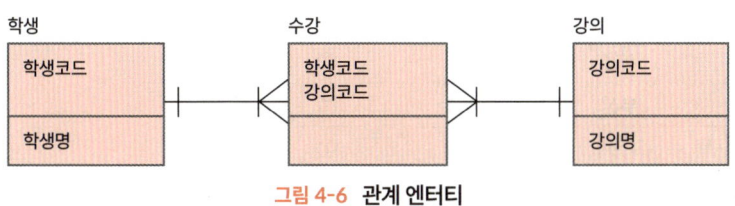

그림 4-6 관계 엔터티

엔터티 '수강'은 '학생'과 '강의' 엔터티의 기본 키를 합쳐서 자신의 기본 키로 사용합니다. 다른 속성을 추가할 수도 있지만, 최소한 이 기본 키만 있어도 충분합니다.

이렇게 하면 학생과 수강의 관계는 '일대다'가 되고, 강의와 수강의 관계도 '일대다'가 되어 ER 다이어그램에서 '다대다' 관계가 사라집니다.

이런 관계 엔터티가 **인공적인 엔터티**처럼 느껴질 수 있습니다. 실제로 이는 관계형 데이터베이스의 필요에 의해 만들어지는 엔터티이므로 인공적인 것이 맞습니다. 특히 현실에서 직접 볼 수 없는 것을 엔터티로 만드는 것이 어색하게 느껴질 수 있습니다.

하지만 관계 엔터티를 만드는 방법은 방금 설명한 것처럼 간단하고, 실제 관계형 데이터베이스 시스템을 개발할 때 필수적으로 사용하는 중요한 기술이므로 꼭 이해하고 활용해야 합니다.

7　[옮긴이] 3장에서는 관계 엔터티 relationship entity라고 표현했고, 이번에는 associative entity라고 표현해서 혼동이 있을 수 있을 것 같습니다. 현재 책에서는 relationship entity와 associative entity를 모두 '관계 엔터티'라는 용어로 사용하고 있습니다. 둘은 사실상 같은 것을 의미합니다. 다만 데이터베이스 구현 문맥에서는 relationship entity, ER 다이어그램 문맥에서는 associative entity라는 표현을 사용합니다. 이번 장은 ER 다이어그램을 다루는 장이므로, associative entity라는 표현을 사용하는 것입니다.

> 연습 문제

연습 4-1 ER 다이어그램

이번 연습에서 사용할 테이블은 3장 연습 문제의 해답을 포함하고 있습니다. 3장 연습 문제를 아직 풀어 보지 않았다면, 먼저 연습 3-3(130페이지)을 풀어보기 바랍니다.

연습 3-3의 해답으로서 정규화한 다음 다섯 개의 테이블을 살펴봅시다.

지사

지사코드	지사명
001	서울
002	부산

지점

지사코드	지점코드	지점명
001	01	강남
001	02	명동
002	01	해운대
002	02	광안리

지점상품

지사코드	지점코드	상품코드
001	01	001
001	01	002
001	01	003
001	02	003
001	02	004
001	02	005
001	02	006
002	01	001
002	01	002
002	02	007
002	02	008

상품

상품코드	상품명	상품분류코드
001	비누	C1
002	수건	C1
003	칫솔	C1
004	컵	C1
005	젓가락	C2
006	숟가락	C2
007	잡지	C3
008	손톱깎기	C4

상품분류

상품분류코드	분류명
C1	욕실용품
C2	식기
C3	서적
C4	생활용품

이 다섯 테이블을 IE 표기법과 IDEF1X 표기법을 사용하여 ER 다이어그램으로 표현해보세요. 관계를 표현하는 데 불필요한 속성은 생략해도 됩니다.

연습 4-2 관계 엔터티

위 다섯 테이블 중에는 관계 엔터티가 포함되어 있습니다. 어떤 테이블이 관계 엔터티일까요?

연습 4-3 다대다 관계

현실 세계에서 다대다 관계가 있는 사례를 세 가지 찾아보세요. 그리고 이러한 사례의 다대다 관계를 해결하기 위한 관계 엔터티를 설계해보세요.

COLUMN 데이터베이스와 보안

이 책에서는 보안 설계를 별도의 장으로 다루지 않습니다. 하지만 데이터베이스 활용이 늘어나면서 사용자와 개발자의 보안 의식이 높아졌고, 개인정보 보호법 강화로 기업의 규정 준수(compliance) 기준도 엄격해졌습니다. 이에 따라 권한 설정, 데이터 암호화, 전송 경로 보안, 감사(audit) 등 기본적인 보안 대책이 개발 때 필수 요소가 되었습니다.

그러나 데이터베이스 보안에도 장단점이 있습니다. 보안 기능을 강화하면 다음과 같은 단점이 생깁니다.

- 고가의 에디션이나 추가 옵션 구매가 필요한 기능이 있음
- DB 서버에 부하(오버헤드)가 발생하여 성능이 저하됨(특히 대용량 데이터 처리 시 문제)
- 암호화/복호화 함수 사용으로 애플리케이션 수정이 복잡해짐

이번 칼럼에서는 보안과 관련된 기본적인 고려사항을 살펴보겠습니다.

데이터 암호화

데이터베이스는 신용카드 번호, 주민등록번호, 이메일, 전화번호 등 중요한 기밀 데이터를 저장합니다. 따라서 보안에서 가장 중요한 것은 데이터 암호화(encryption)입니다. 데이터 암호화는 다음 세 계층(레이어)에서 구현할 수 있습니다.

- 애플리케이션(application) 계층
- 데이터베이스(database) 계층
- OS/스토리지(storage) 계층

애플리케이션 계층에서 하는 경우 암호화 함수 또는 API로 데이터를 먼저 암호화한 후 데이터베이스에 저장합니다. 데이터베이스 계층하는 경우 데이터를 읽고 쓸 때 암호화와 복호화가 이루어집니다. OS/저장소 계층에서 하는 경우 암호화가 더 하위 수준에서 작동합니다. 이 중에서 데이터베이스 계층의 암호화를 살펴보겠습니다.

최근 **투명 데이터 암호화**(transparent data encryption, TDE)가 많이 사용됩니다. 여기에서 '투명하다'는 것은 애플리케이션이 SQL 문으로 데이터에 접근할 때 암호화 과정을 신경 쓰지 않아도 된다는 의미입니다. 현대 애플리케이션은 패키지 또는 서비스 형태로 개발되는 경우가 많아서, SQL 문에 직접 암호화 함수를 넣기가 어렵습니다. 따라서 데이터베이스가 자체적으로 제공하는 암호화 기능을 활용하는 것이 좋습니다.

TDE는 인덱스 검색(index scan)에도 문제가 없고, 사용자 데이터뿐 아니라 트랜잭션 로그와 임시 테이블도 암호화합니다. 하지만 대부분의 DBMS에서 이를 기본으로 제공하지 않거나 추가 비용이 필요한 것이 단점입니다. 또한 **SQL 인젝션**(SQL injection)과 같은 악의적인 공격은 막을 수 없다는 점도 생각해야 합니다.

DBMS별 투명한 데이터 암호화 관련 설명은 다음과 같습니다.

- Oracle: Advanced Security 옵션에 포함되어 있습니다.
  https://www.oracle.com/security/database-security/advanced-security/

- SQL Server: 온프레미스뿐만 아니라 애저 SQL 데이터베이스를 사용할 때도 TDE를 사용할 수 있습니다.
  https://learn.microsoft.com/ko-kr/sql/relational-databases/security/encryption/transparent-data-encryption

- Db2: Db2는 네이티브 암호화가 TDE와 비슷한 기능을 제공합니다.
  https://www.ibm.com/docs/en/db2/12.1.0?topic=rest-db2-native-encryption

- PostgreSQL: PostgreSQL는 기본적으로 TDE를 제공하지 않습니다.

- MySQL: MySQL은 버전 5.7부터 TDE를 지원하며, 일부 제한을 제외하면 커뮤니티 버전의 MySQL에서도 사용할 수 있습니다. Enterprise Edition에서는 'MySQL Enterprise Transparent Data Encryption (TDE)'이라는 이름으로 제공됩니다.
  https://www.mysql.com/products/enterprise/tde.html

- 아마존 RDS: 데이터베이스 엔진으로 Oracle 또는 SQL Server를 선택한 경우, TDE를 지원합니다.
  https://aws.amazon.com/ko/rds/features/security/

한편 데이터베이스 암호화의 또 다른 측면으로 서버 간 통신 암호화가 있습니다. Oracle, PostgreSQL, MySQL 등 최근 DBMS들은 이를 기본 기능으로 제공하는 경우가 많아져서, 데이터 암호화와 함께 도청 방지 대책으로 고려할 만합니다. 이는 주로 SSL/TLS 방법의 통신 암호화를 사용합니다.

감사

감사(audit)는 사용자의 행동과 데이터베이스 접근 기록을 남겨서, 문제가 발생했을 때 불법 접근 여부를 확인할 수 있게 하는 기능입니다. 이 기능만으로는 불법 접근을 막을 수는 없지만, 정기적인 점검으로 문제를 빨리 발견하고, 이후에 추적하는 데 꼭 필요합니다. 감사 기록이 없는 시스템에서는 불법 접근자를 찾아내기가 매우 어렵습니다. 참고로 일부 산업에서는 규제 요건으로 감사 기능을 의무화하기도 합니다.

데이터베이스 감사에서 수집하는 정보는 보안 수준에 따라 다르지만, 일반적으로 다음과 같은 정보를 기록합니다.

- 데이터베이스 로그인/로그아웃 내역
- 데이터베이스에 접근한 사용자 정보
- 접근 시간
- OS 사용자 이름과 접속 단말 정보
- 접근한 객체(object) 이름
- 사용자 행동(SQL 문 실행 내역)
- 종료 코드(실행 결과, 성공 또는 실패)

이러한 정보 중 일부는 데이터베이스가 자동으로 수집하며 끌 수 없는 것도 있고, 일부는 파라미터로 출력 여부를 조정할 수 있습니다. 트리거로 구현하는 경우도 있지만, 트리거로 구현하면 제어가 어려워서, 필자는 권장하지 않습니다(자세한 내용은 '연습 8-1' 해설에서 설명합니다).

주의할 점은 감사 기능을 켜면 예상보다 많은 정보가 쌓여 로그 파일이나 테이블이 **비대화**되고, 많은 기록으로 인해 실제 업무용 SQL **성능에 악영향**을 미칠 수 있다는 것입니다. 특히 `INSERT` 문이 많이 실행될 때는 트랜잭션 로그 파일 기록 과정에서 잠금(lock) 충돌이 자주 발생합니다. 이런 문제가 발생한다면, 감사용과 업무용 데이터베이스를 분리하거나, 감사 로그를 물리적으로 다른 OS 디스크에 저장하는 등의 해결 방법이 필요합니다. 이러한 상황이 발생하는지 부하 테스트로 실제 업무 부하를 시뮬레이션하여 미리 확인하지 않으면, 운영 중에 DBMS가 예상치 못한 오류를 일으키거나 SQL 문이 느려지는 문제가 생길 수 있습니다.

데이터베이스 감사 전용 미들웨어도 있습니다. 이러한 도구를 사용하면 서로 다른 DBMS의 정보를 같은 형식으로 출력하거나, DBMS 메모리 정보를 직접 참조하여 성능 영향을 최소화하는 등의 장점이 있습니다. 아마존 RDS와 같은 DBaaS도 지원하는 제품이 있어 선택지로 검토해볼 만합니다. 다만, 테스트 단계에서 오버헤드가 어느 정도 발생하는지 확인하는 과정은 마찬가지로 필요합니다.

CHAPTER 5
논리 설계와 성능: 정규화의 단점과 비정규화

데이터베이스 설계에서 정규화는 기본 원칙입니다. 하지만 실무에서는 DB 엔지니어(특히 정보 시스템이나 분석 시스템을 다루는 엔지니어)들은 정규화된 테이블을 선호하지 않는 경우도 많습니다. 이는 정규화가 성능에 심각한 문제를 일으킬 수 있기 때문입니다. 이번 장에서는 정규화의 장단점과 그 대응 방안을 살펴보겠습니다.

학습 포인트

- 정규화는 데이터베이스 테이블 설계의 기초입니다. 하지만 정규화를 엄격하게 적용하면 때로는 문제가 발생할 수 있습니다. 가장 큰 문제는 SQL 성능 저하입니다.
- 정규화가 SQL 성능 문제를 일으키는 이유는 SQL 문을 작성할 때 조인이 필요해지기 때문입니다. 조인은 SQL 처리 중에서 비용이 많이 드는 작업이므로, 과도하게 사용하면 SQL 성능 문제의 원인이 됩니다.
- 이 문제를 해결하는 방법으로 두 가지가 있습니다. 첫째는 SQL 문 자체를 '튜닝(tuning)'하는 것이고, 둘째는 비정규화(denormalization)하는 것입니다.
- 정규화 외에도 SQL 성능을 저하시키는 테이블 설계 방법이 있습니다. 이 역시 데이터 중복을 과도하게 제거하려다 발생하는 문제입니다. 이런 경우에는 오히려 의도적으로 데이터 중복을 허용하는 설계가 더 효과적일 수 있습니다.

5.1 정규화의 장단점

이전 장까지 관계형 데이터베이스의 논리 설계 기본 개념을 살펴보았습니다. 그 핵심은 바로 '정규화'입니다. 정규화가 필요한 이유와 장점을 살펴보면, 가장 중요한 것은 데이터의 일관성을 유지할 수 있다는 것입니다. 데이터베이스는 사용자 데이터를 한 곳에서 통합 관리하는 저장소이므로, 저장된 데이터에 오류가 있어서는 안 됩니다. 정규화는 이러한 엄격한 요구사항을 충족하기 위해 데이터 일관성을 철저히 유지하는 방법론입니다.

하지만 정규화에도 부작용이 있습니다. 가장 큰 문제는 정규화한 테이블에서 SQL의 성능이 크게 저하될 수 있다는 점입니다. 때로는 시스템을 실제로 사용하기 어려울 정도로 성능이 떨어지기도 합니다.

이번 장에서는 정규화의 이러한 단점들을 살펴보고, 현업에서 엔지니어가 이를 어떻게 해결할 수 있는지 알아보겠습니다.

5.1.1 정규화와 SQL(조회)

먼저 제3정규형 상태의 테이블을 예로 들어보겠습니다.

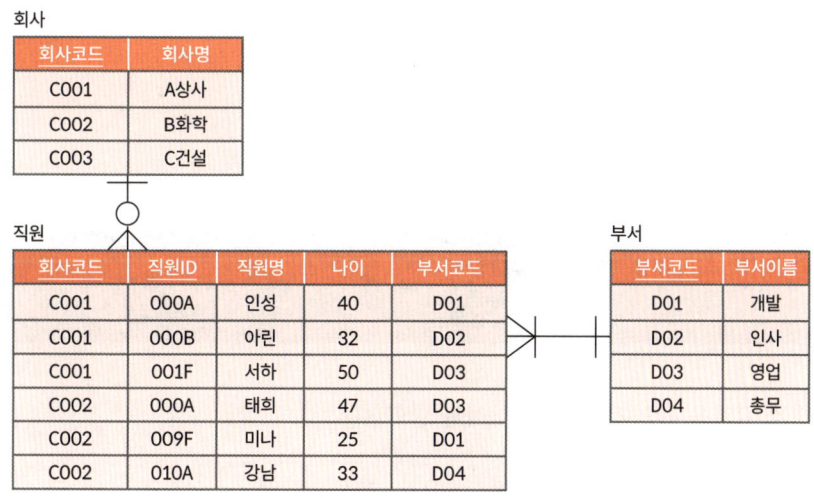

그림 5-1 제3정규형 테이블 예

회사, 직원, 부서라는 세 개의 테이블(엔터티)이 있습니다. 현재 테이블들에 부분 함수 종속과 이행적 함수 종속이 없다는 점을 다시 한번 확인해주세요.

내부 조인을 사용하는 예

다음과 같은 상황을 가정해보겠습니다. 상사가 여러분에게 와서 이렇게 말합니다.

"미나 씨가 현재 어느 회사에 다니고 있는지 알고 싶은데…"

이러한 요청을 처리하기 위한 SQL 쿼리는 다음과 같은 단계로 작성할 수 있을 것입니다.

1. '직원명'으로 검색해야 하므로 '직원' 테이블을 먼저 확인합니다. 이 단계까지는 간단합니다.
2. 하지만 '직원' 테이블에는 회사명이 없고 '회사코드'만 있습니다.
3. '회사명'은 '회사' 테이블에만 있으므로, 이 테이블도 검색해야 합니다.
4. 따라서 '회사코드'를 기준으로 '직원'과 '회사' 두 테이블을 조인해야 합니다.

이러한 과정을 통해 다음과 같은 SQL 문이 만들어집니다.

```sql
SELECT 회사.회사명,
       직원.직원명
  FROM 직원 INNER JOIN 회사
    ON 직원.회사코드 = 회사.회사코드
 WHERE 직원.직원명 = '미나';
```

결과

회사명	직원명
B화학	미나

상사가 결과를 확인한 후 다시 찾아와 말합니다.

"아, 미안한데 미나 씨의 회사뿐만 아니라 부서명도 알고 싶어졌어."

속으로 '처음부터 그렇게 말하지…'라고 생각하면서도, 상사의 지시이므로 SQL을 다시 작성하기로 했습니다. 이번에는 '부서명' 정보가 있는 '부서' 테이블을 추가해야 하며, '직원' 테이블과 '부서코드'로 연결해야 합니다.

■ 내부 조인

```
SELECT 회사.회사명,
       직원.직원명,
       부서.부서명
  FROM 직원 INNER JOIN 회사
    ON 직원.회사코드 = 회사.회사코드
       INNER JOIN 부서
    ON 직원.부서코드 = 부서.부서코드
 WHERE 직원.직원명 = '미나';
```

결과

회사명	직원명	부서명
B화학	미나	개발

이 두 예에서 알 수 있는 것처럼, 정규화된 테이블은 단독으로는 사용자가 필요로 하는 모든 정보를 제공하지 못할 수 있습니다. 이는 정규화라는 것이 정보를 여러 테이블로 분산시키는 과정이기 때문입니다.

외부 조인을 사용하는 예

다음 날, 상사가 또다시 찾아와 새로운 요청을 합니다.

"회사별로 직원 수를 집계해줄 수 있을까?"

회사 목록을 얻으려면 '회사' 테이블이, 직원 수를 세려면 '직원' 테이블이 필요합니다. 이전처럼 테이블을 조인해야 하지만, 이번에는 모든 회사의 정보가 필요하다는 점이 다릅니다.

현재 '직원' 테이블에는 A상사와 B화학 직원들의 정보만 있고 C건설 직원 정보는 없습니다. C건설의 직원 수를 '0명'으로 표시하고 싶지만, 내부 조인을 사용하면 C건설 정보가 완전히 누락됩니다. 이런 경우에 '외부 조인(LEFT OUTER JOIN)'을 사용하면 한쪽 테이블에 없는 정보도 결과에 포함할 수 있습니다.

 외부 조인

```
SELECT 회사.회사코드,
       COUNT(직원.직원명) AS 직원수
  FROM 회사 LEFT OUTER JOIN 직원
    ON 직원.회사코드 = 회사.회사코드
GROUP BY 회사.회사코드;
```

⬇
결과

```
회사코드   직원수
------   -----
C0001       3
C0002       3
C0003       0
```

이처럼 정규화된 테이블도 조인으로 원하는 결과를 얻을 수 있습니다. 이는 정규화가 '무손실 분해'이기 때문입니다. 하지만 조인은 매우 비용이 큰 작업이며, 조인할 테이블 수와 데이터양이 늘어날수록 처리 시간도 증가합니다(SQL 성능에 대해 더 자세히 알고 싶다면 《SQL, 이렇게 하면 된다》를 참고해주세요). 정규화로 인한 시스템 성능 저하의 주요 원인은 대부분 조인에 있습니다. 또한 조인의 내부 알고리즘이 여러 가지이므로, 선택된 알고리즘에 따라 성능이 달라지거나 불안정해질 수 있습니다.

비정규화하기

상사의 요청을 조인 없이 해결하는 방법도 있습니다. 바로 '정규화를 포기하는 것(비정규화)'입니다. 제2정규형으로 정규화하기 전의 '직원' 테이블을 다시 살펴봅시다.

■ 제2정규형 이전의 직원 테이블(비정규화)

직원

회사코드	회사명	직원ID	직원명	나이	부서코드	부서명
C001	A상사	000A	인성	40	D01	개발
C001	A상사	000B	아린	32	D02	인사
C001	A상사	001F	서하	50	D03	영업
C002	B화학	000A	태희	47	D03	영업
C002	B화학	009F	미나	25	D01	개발
C002	B화학	010A	강남	33	D04	총무

이 테이블을 사용하면 상사가 요청했던 '미나 씨의 회사명과 소속 부서명'을 조인 없이 조회할 수 있습니다.

■ 비정규화 테이블에서의 검색 SQL

```
SELECT 회사명,
       직원명,
       부서명
  FROM 직원
 WHERE 직원명 = '미나';
```

정규화된 테이블을 사용할 때보다 SQL이 훨씬 간단해졌습니다. 더 중요한 점은 조인을 사용하지 않아 성능이 더 좋다는 것입니다.

핵심 포인트 42 ▸ 비정규화 테이블을 사용하면 SQL에서 조인을 생략할 수 있습니다.

5.1.2 정규화와 SQL(갱신)

정규화와 비정규화는 갱신 작업에서 어떤 차이가 있을까요? 이때는 정규화가 더 유리합니다. 예를 들어 A상사가 E물산에 인수된 상황을 생각해봅시다. 제2정규형 이전의 '직원' 테이블에서는 A상사 관련 모든 레코드를 E물산으로 변경해야 합니다. 실제 시스템에서는 직원 수에 따라 많은 레코드를 수정해야 하며, 회사의 직원 수에 따라 갱신 성능도 크게 달라질 것입니다.

비정규화되어 있는 경우, 갱신하는 SQL 문은 다음과 같습니다.

■ **비정규화된 경우(제2정규형 이전)의 갱신 SQL**

```
UPDATE 직원
   SET 회사명 = 'E물산'
 WHERE 회사코드 = 'C0001';
```

반면, 제3정규형에서는 회사 정보가 '회사' 테이블로 분리되어 있어서 갱신이 쉽습니다. '회사' 테이블에서는 한 회사가 **항상 하나의 레코드**만 가지므로, 갱신 작업의 비용이 항상 낮고 일정합니다.

제3정규형으로 되어 있는 경우, 갱신하는 SQL 문은 다음과 같습니다. 이전 SQL과 비슷하지만, 성능적으로 굉장히 큰 차이가 있습니다.

■ **정규화된 경우(제3정규형)의 갱신 SQL**

```
UPDATE 회사
   SET 회사명 = 'E물산'
 WHERE 회사코드 = 'C0001';
```

5.1.3 정규화와 비정규화, 어느 쪽이 정답인가?

이 문제는 엔지니어와 이론가들 사이에서도 의견이 나뉩니다. '정규화는 필수이며 어떤 경우에도 비정규화해서는 안 된다'는 원칙주의적 입장부터, '현실적인 이유로 설계 단계에서부터 비정규화를 고려해야 한다'는 현실주의적 입장까지 다양합니다.

이는 정규화와 SQL 성능이 트레이드오프 관계에 있기 때문입니다. 정규화를 엄격히 하면 성능이 저하되고, 성능을 위해 비정규화하면 데이터 불일치가 발생하기 쉽습니다.

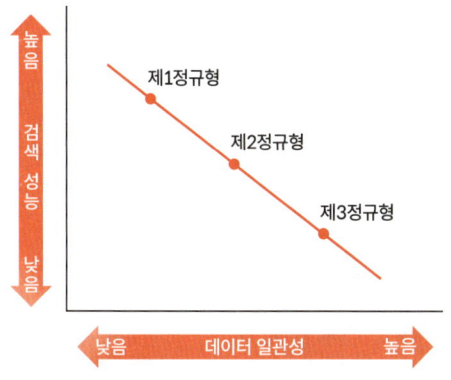

그림 5-2 데이터 일관성과 성능의 트레이드오프 관계

정규화 단계가 낮을수록 검색 성능은 좋아지지만 데이터 일관성은 떨어집니다. 반대로 정규화 단계가 높아질수록 데이터 일관성은 높아지지만 성능은 저하됩니다.

필자는 **원칙적으로 비정규화를 허용하지 않는 입장**을 지지합니다. C. J. 데이트는 다음과 같이 말했습니다.[1]

> 이번 절을 간단한 **논리적 주장**으로 마무리하고 싶다. 아마 처음 들어보는 주장일지도 모른다. 그것은 **비정규화는 어디까지나 최후의 수단이다**라는 주장이다. 예를 들어 충분히 정규화된 설계를 포기해도 되는 경우는, 성능을 향상시키기 위한 모든 다른 전략이 요구를 충족하지 못했을 때뿐이다.

'비정규화는 어디까지나 최후의 수단이다'라는 말은 반대로 말하면, 일단 정규화 해야 한다는 것입니다. 정규화는 단계가 높아질수록 좋다고 생각해주세요. 제1정규형보다는 제2정규형, 제2정규형보다는 제3정규형이 설계 관점에서 더 좋습니다.

관계형 데이터베이스를 설계할 때는 지금까지 설명한 트레이드오프를 잘 고려하기 바랍니다. 성능 향상이 가능한지 충분히 검토한 후에 마지막 수단으로 비정규화를 고려하세요. 비정규화는 최후의 수단이자 극약 처방입니다.

---

[1] 《Database in Depth》(O'Reilly, 2005).

5.2 비정규화와 성능

가끔 정규화는 SQL 성능을 저하시키는 논리 설계가 되기도 합니다. 이번 절에서는 이러한 '중복을 제거했을 때 성능이 저하되는' 패턴을 살펴보겠습니다.

5.2.1 집계 데이터의 중복과 성능

정규화, 즉 중복 제거로 인한 성능 문제는 SQL 문법 관점에서 크게 두 가지 패턴으로 나눌 수 있습니다. 바로 **집계 데이터 중복 제거** 패턴과 **선택 조건 중복 제거** 패턴입니다. 두 패턴 모두 일대다 관계를 가진 두 테이블 사이에서 발생합니다. 그럼 그림 5-3의 테이블을 예로 설명하겠습니다.

이 테이블들은 결혼식 답례품과 같은 주문을 관리하는 시스템의 일부입니다. '주문' 테이블은 개별 주문을 관리하고, '주문상세' 테이블은 각 주문에 포함된 상품을 관리합니다. 따라서 '주문' 테이블과 '주문상세' 테이블은 일대다 관계이며, '주문' 테이블이 관계 엔터티입니다.

이 테이블 구조는 설명을 위해 단순화한 것입니다. 실제로는 더 많은 열을 포함할 것이고, '상품명'이나 '주문자명' 대신 '상품코드'나 '주문자 ID'를 사용하는 것이 더 현실적입니다. 하지만 이러한 세부사항들은 현재 다루고자 하는 문제와는 직접적인 관련이 없으므로 생략하겠습니다.

주문

주문ID	주문일	주문자명
0001	2024-01-05	박주하
0002	2024-01-05	서호준
0003	2024-01-06	김준수
0004	2024-01-07	김플린
0005	2024-01-07	이세계
0006	2024-01-11	김플린
0007	2024-01-12	박주하

주문 상세

주문ID	주문상세번호	상품명
0001	1	마카롱
0001	2	홍차
0001	3	올리브오일
0001	4	초콜릿
0002	1	홍차
0002	2	전통차
0002	3	주전자
0003	1	쌀
0004	1	다리미
0004	2	넥타이
0005	1	초콜릿
0005	2	홍차
0005	3	쿠키
0006	1	소고기
0006	2	냄비
0007	1	쌀

그림 5-3 일대다 관계를 가진 두 테이블

다시 살펴보는 조인과 성능 문제

일단 두 테이블이 제3정규형을 만족하는지 확인해보겠습니다. 두 테이블 모두 부분 함수 종속과 이행적 함수 종속이 없으므로 충분히 정규화된 상태입니다.

그럼 이제 이 테이블들을 사용해 다음 문제를 해결하는 SQL을 생각해봅시다.

> **문제** 주문일별로 주문된 상품의 총 개수를 구하시오.

실제 업무에서 자주 볼 수 있는 문제입니다. 일별 주문 상품 수는 마케팅과 재고 관리에 매우 중요한 정보입니다.

'주문일' 정보는 '주문' 테이블에 있고, 상품 수는 '주문상세' 테이블에서 계산해야 합니다. 따라서 이 문제를 해결하려면 두 테이블을 조인한 후 '주문일'을 기준으로 집계해야 합니다.

해답
```sql
SELECT 주문.주문일,
       COUNT(*) AS 상품수
  FROM 주문 INNER JOIN 주문상세
    ON 주문.주문ID = 주문상세.주문ID
 GROUP BY 주문.주문일;
```

결과
```
주문일          상품수
----------     ------
2024-01-05      7
2024-01-06      1
2024-01-07      5
2024-01-11      2
2024-01-12      1
```

이는 원하는 결과인 주문일별 상품 수를 정확히 계산합니다. 기능적으로는 완벽한 해답이지만, 성능 측면에서는 중요한 문제가 있습니다.

현재 SQL은 '주문'과 '주문상세' 두 테이블을 조인합니다. 현재 예로 들은 테이블은 매우 적은 수의 레코드만 있지만, 실제 업무에서는 매우 많은 데이터가 있을 것입니다. 특히 '주문상세' 테이블은 '주문 건수 × 주문당 평균 상품 수' 만큼의 레코드를 포함할 것이므로 레코드가 매우 많아질 수 있습니다.

따라서 이러한 SQL은 실제 환경에서 대용량 테이블 간의 조인이 필요한 고비용 처리가 되어, 성능 문제를 일으킬 가능성이 높습니다.

조인을 피하는 테이블 설계

이전에 언급한 문제를 조인 없이 해결하려면 어떻게 해야 할까요?

현재의 테이블 구조로는 불가능합니다. 조인을 피할 수 있게, '주문' 테이블에 새로운 열을 추가해보겠습니다.

■ 테이블 구성 변경

주문

주문ID	주문일	주문자명	상품수
0001	2024-01-05	박주하	7
0002	2024-01-05	서호준	7
0003	2024-01-06	김준수	1
0004	2024-01-07	김플린	5
0005	2024-01-07	이세계	5
0006	2024-01-11	김플린	2
0007	2024-01-12	박주하	1

> 새로 '상품수' 열을 추가했습니다.

이렇게 '주문' 테이블에 처음부터 '상품수' 열이 있다면 '주문상세' 테이블과 조인하지 않아도 됩니다. 다음과 같이 '주문' 테이블만으로 SQL을 작성할 수 있습니다.

■ 조인 없는 SQL

```
SELECT DISTINCT 주문일, 상품수
  FROM 주문;
```

이와 같이, '주문'이라는 엔터티에 '상품수'라는 집계 데이터를 저장하는 것은 중복성을 허용한 설계의 한 형태입니다. 실제로 '주문' 테이블에 이러한 변경을 가하는 것은 비정규화에 해당하는데, '상품수' 열은 '주문일'이라는 키가 아닌 열에 종속되고, '주문일'은 당연히 기본 키인 '주문ID'에 종속되기 때문입니다.

{주문ID} → {주문일} → {상품수}

이러한 이행적 함수 종속이 존재하므로, 이 '주문' 테이블은 더 이상 제3정규형을 만족하지 않습니다. 따라서 데이터 갱신 때 문제가 발생할 수 있지만, 검색 처리를 매우 단순하고 빠르게 만들 수 있다는 장점이 있습니다.

> **핵심 포인트 43** 집계 데이터를 중복해서 저장하면 정규형에는 위배되지만, 검색 성능을 향상시킬 수 있습니다.

5.2.2 선택 조건의 중복과 성능

이어서 살펴볼 패턴은 선택 조건의 중복이 성능에 미치는 영향입니다. 다시 '주문'과 '주문상세' 테이블(그림 5-3)로 다음 문제를 생각해봅시다.

문제 2024-01-06부터 2024-01-07 사이에 주문된 상품 목록을 출력하시오.

이 기간 동안 접수된 주문은 주문ID가 '0003', '0004', '0005'인 세 건입니다. 이 주문들에 포함된 상품은 '주문상세' 테이블에서 확인할 수 있습니다. 따라서 이번 문제도 '주문' 테이블과 '주문상세' 테이블을 조인해야만 해결할 수 있습니다. 해답 SQL은 다음과 같습니다.

해답
```
SELECT 주문.주문ID,
       주문상세.상품명
  FROM 주문 INNER JOIN 주문상세
    ON 주문.주문ID = 주문상세.주문ID
 WHERE 주문.주문일 BETWEEN '2024-01-06' AND '2024-01-07';
```

결과

```
주문ID  상품명
------  ----------
0003    쌀
0004    다리미
0004    넥타이
0005    초콜릿
0005    홍차
0005    쿠키
```

선택 조건 중복이 없을 때의 문제

이 SQL은 기능적으로는 문제가 없고 올바른 결과를 출력합니다. 하지만 성능 관점에서는 조인이 필요하므로 처리 비용이 높습니다. 이 문제를 해결할 수 있게 테이블 구조를 다음과 같이 변경하겠습니다. '주문상세' 테이블에 새로운 열을 추가했습니다.

■ 테이블 구성 변경

주문상세 (새로 '주문일' 열을 추가합니다.)

주문ID	주문상세번호	상품명	주문일
0001	1	마카롱	2024-01-05
0001	2	홍차	2024-01-05
0001	3	올리브오일	2024-01-05
0001	4	초콜릿	2024-01-05
0002	1	홍차	2024-01-05
0002	2	전통차	2024-01-05
0002	3	주전자	2024-01-05
0003	1	쌀	2024-01-06
0004	1	다리미	2024-01-07
0004	2	넥타이	2024-01-07
0005	1	초콜릿	2024-01-07
0005	2	홍차	2024-01-07
0005	3	쿠키	2024-01-07
0006	1	소고기	2024-01-11

■ 테이블 구성 변경

주문상세 (계속) — 새로 '주문일' 열을 추가합니다.

주문ID	주문상세번호	상품명	주문일
0006	2	냄비	2024-01-11
0007	1	쌀	2024-01-12

이처럼 '주문상세' 테이블에 '주문일' 열을 추가하면 더 이상 '주문' 테이블을 참조할 필요가 없어집니다. 따라서 SQL이 다음과 같이 단순해집니다.

■ 조인 없는 SQL

```
SELECT 주문ID,
       상품명
  FROM 주문상세
 WHERE 주문일 BETWEEN '2024-01-06' AND '2024-01-07';
```

이처럼 하나의 열만 추가하면 SQL에서 조인을 제거할 수 있습니다. 또한 조인이 여전히 필요한 경우라도 '주문상세' 테이블의 '주문일' 열을 선택 조건으로 활용하는 경우, 입출력 비용을 크게 줄일 수 있습니다.

선택 조건 중복과 제2정규형 위반

변경된 '주문상세' 테이블은 이전에 집계 데이터를 추가한 '주문' 테이블처럼 정규형을 위반합니다. 기본 키의 일부인 '주문ID'에서 기본 키가 아닌 열인 '주문일'로 부분 함수 종속이 발생하기 때문입니다.

{주문ID} → {주문일}

따라서 변경된 '주문상세' 테이블은 더 이상 제2정규형을 만족하지 않습니다.

> **핵심 포인트 44** 선택 조건을 중복해서 저장하면 정규형은 위배되지만, 검색 성능을 향상시킬 수 있습니다.

지금까지 중복 제거라는 원칙을 철저하게 지켜서 정규화했을 때, 검색 SQL에 어떤 성능 문제가 생기는지 이해했을 것입니다.

이번 장에서는 정규형의 성능 관련 단점을 꽤 자세히 다뤘으므로, 일부 독자분들은 제가 '비정규화를 권장한다'고 생각하실 수 있습니다. 하지만 그렇지 않습니다. **정규화는 최대한 높은 수준으로 진행하는 것이 기본 원칙**입니다. 이는 아무리 강조해도 지나치지 않습니다.

그럼에도 실무에서 논리 설계를 할 때는 성능을 위해 비정규화가 필요한 경우가 있습니다. SQL 성능 튜닝을 아무리 잘 해도 테이블 구조가 정규화된 상태에서는 한계가 있기 때문입니다. 이 책의 앞부분에서도 언급했던 것처럼, 데이터 구조가 프로그램 코드를 결정하는 것이지 그 반대는 아닙니다.

하지만 실제 개발 현장에서 비정규화까지 고려한 논리 설계는 그리 흔하지 않습니다. 정규화는 교과서적이고 기계적으로 수행할 수 있지만, 비정규화는 그렇지 않기 때문입니다. 비정규화는 여러 트레이드오프를 고려하면서 신중하게 진행해야 하는 복잡한 작업입니다. 사람들은 일반적으로 이런 작업을 꺼리지만, 필자는 이것이야말로 엔지니어로서 해야 하는 일이라고 생각합니다.

다음 절에서는 비정규화할 때 고려해야 하는 트레이드오프에 대해 더 자세하게 살펴보겠습니다.

5.3 중복성과 성능의 트레이드오프

이전에 언급했던 것처럼 비정규화는 데이터를 갱신할 때 불일치 위험을 높일 수 있습니다. 이번 절에서는 이 이외의 다른 위험 요소(리스크)들을 정리해보겠습니다. 크게 세 가지로 나눌 수 있습니다.

- **[리스크 1]** 비정규화는 검색 성능은 높이지만 갱신 성능은 떨어뜨린다.
- **[리스크 2]** 데이터의 실시간성(최신성)이 떨어진다.
- **[리스크 3]** 후속 단계에서 설계를 변경했을 때, 되돌리기 어렵다.

5.3.1 갱신 성능 문제

예를 들어 '주문' 테이블에 '상품수'라는 집계 데이터를 추가한 경우를 생각해봅시다. 데이터를 테이블에 저장하려면 당연히 주문 데이터를 등록할 때 상품 수를 계산해야 합니다. 게다가 주문 내용은 한 번 등록했다고 해서 확정되는 것이 아니며, 일정 기간 안에는 변경될 수 있습니다(주문 취소, 주문 개수 변경 등). 따라서 상품 수도 늘어나거나 줄어들 수 있으며, 주기적으로 '주문' 테이블의 '상품수' 열값을 갱신해야 합니다. 이렇게 데이터를 갱신할 때 발생하는 시스템 부하를 반드시 고려해야 합니다.

5.3.2 실시간성 문제

데이터의 **실시간성**에도 문제가 발생합니다. 주문 접수 이후에 '상품수'가 변경된다면, 이 변경을 언제 반영해야 할까요? 하루에 한 번 밤에 반영하면 될까요? 아니면 30분마다, 또는 낮과 밤에 두 번 반영해야 할까요? 또는 변경이 발생하면 즉시 반영해야 할까요?

이러한 요구사항은 '상품수' 데이터에 얼마나 빠른 갱신이 필요한지에 대한 업무 요구사항을 함께 고려해야 합니다. 당연하지만 갱신 주기가 짧을수록 시스템 부하는 커지고 성능 문제가 생기기 쉽습니다. 하지만 사용자 입장에서는 갱신이 빠를수록 좋을 것이므로, 둘 사이의 적절한 균형점을 찾아야 합니다.

관계형 데이터베이스는 전통적으로 읽기(read) 작업의 성능 개선 방법은 많지만, 쓰기(write) 작업의 성능 개선 방법은 매우 부족합니다. 따라서 쓰기 부하를 조절하는 것이 매우 중요한 과제입니다.

5.3.3 수정 비용 문제

마지막으로 시스템 수정 비용 문제가 있습니다. 데이터 모델을 변경하는 것은 코드를 수정하는 것보다 훨씬 더 많은 비용이 듭니다. 이는 데이터 구조가 프로그램을 결정한다는 DOA의 기본 원칙 때문입니다(DOA의 기본 원칙은 1장에서 설명했습니다). 따라서 성능 테스트에서 원하는 성능이 나오지 않아 테이블 구조를 바꾸고 싶어도, 이는 애플리케이션 전체를 크게 수정해야 하기 때문에 쉽게 받아들여지지 않습니다.

정규화된 상태에서 비정규화하거나, 비정규화된 상태에서 정규화할 때 모두 마찬가지입니다. 논리 설계를 담당하는 사람은 정규형 이론을 이해하는 것뿐만 아니라, 그로 인해 발생하는 여러 트레이드오프를 완벽히 파악하고 모든 요구사항을 동시에 만족하는 균형점을 찾을 수 있어야 합니다. 따라서 논리 설계를 할 때는 '시스템의 품질과 개발의 성공이 바로 지금 결정된다!'는 마음가짐으로 임해야 합니다.

이런 요구사항이 매우 높게 느껴질 수 있습니다. 맞습니다. 실제로 굉장히 높은 기준입니다. 논리 설계를 하는 사람은 개발 팀의 핵심 인력이어야 하며, 만약 여러분이 그 역할을 맡게 된다면 그만한 실력을 갖출 수 있게 노력해야 합니다.

논리 설계를 할 때 중요한 점은 개념 스키마와 같은 논리 계층만 생각해서는 안 된다는 것입니다. 성능 문제를 다룰 때는 파일이나 하드웨어 같은 물리 계층까지 고려해야 하기 때문입니다.

정규화 이론에는 능숙하여 좋은 논리 모델을 만들 수 있는 사람이 물리적인 부분은 전혀 모르는 경우가 종종 있습니다. 하지만 이번 장에서 살펴보았던 것처럼 진정한 논리 설계는 논리와 물리 사이의 트레이드오프를 이해하고 있을 때 가능합니다.

> **핵심 포인트 45** 논리 설계를 하려면 물리 설계도 알아야 합니다.

지금 당장 논리 계층과 물리 계층을 모두 깊이 이해하라는 것이 힘들 수 있습니다. 하지만 최소한 이번 장을 읽고 그 이유를 이해했다면 충분합니다!

> **연습 문제**

연습 5-1 정규화된 테이블을 대상으로 SQL 작성하기

이번 연습에서 사용할 테이블은 3장의 연습 문제 답안을 포함하고 있습니다. 따라서 아직 연습 3-3(130페이지)을 풀지 않았다면, 먼저 풀고 오기 바랍니다.

그럼 연습 3-3에서 정규화한 다섯 개의 테이블을 가지고 SQL을 작성해보겠습니다. 테이블 이름, 열 이름, 데이터값은 주어진 테이블의 것을 사용합니다.

지사

지사코드	지사명
001	서울
002	부산

지점

지사코드	지점코드	지점명
001	01	강남
001	02	명동
002	01	해운대
002	02	광안리

지점상품

지사코드	지점코드	상품코드
001	01	001
001	01	002
001	01	003
001	02	002
001	02	003
001	02	004
001	02	005
001	02	006
002	01	001
002	01	002
002	02	007
002	02	008

상품

상품코드	상품명	상품분류코드
001	비누	C1
002	수건	C1
003	칫솔	C1
004	컵	C1
005	젓가락	C2
006	숟가락	C2
007	잡지	C3
008	손톱깎기	C4

상품분류

상품분류코드	분류명
C1	욕실용품
C2	식기
C3	서적
C4	생활용품

- **[SQL1]** 상품분류별 상품 수를 구하되, 결과에 '분류명'을 포함할 것
- **[SQL2]** 지사/지점별 취급 상품 목록을 구하되, 결과에 '지사명', '지점명', '상품명'을 포함할 것
- **[SQL3]** 가장 많은 상품을 취급하는 지점의 지점코드와 상품 수를 구할 것

연습 5-2 비정규화로 SQL 튜닝하기(성능 개선하기)

연습 5-1에서 작성한 SQL 문의 성능을 개선해보세요. 이번 장에서 배운 비정규화 방법을 포함하여 테이블 구조를 변경하는 방법을 생각해보세요.

CHAPTER 6 데이터베이스와 성능

데이터베이스 설계라고 하면 논리 설계에만 집중하는 경향이 있지만, 그것만으로는 충분한 성능을 확보하기 어렵습니다. 데이터베이스의 성능을 고려하여 설계하려면 DBMS의 내부 아키텍처까지 이해할 수 있게 물리 레벨의 지식이 필요합니다. 이번 장에서는 인덱스(index)와 통계 정보라는 두 가지 관점을 통해 높은 성능을 실현하는 방법을 살펴보겠습니다.

학습 포인트
- 데이터베이스 성능을 결정하는 주요 요인은 디스크 I/O의 분산, SQL 조인(정규화), 인덱스와 통계 정보입니다.
- 인덱스에는 여러 종류가 있지만, 일단 B-tree 인덱스를 배우면 대부분의 상황에 대응할 수 있습니다.
- 인덱스는 성능 향상에 효과적인 도구이지만, 제대로 사용하지 못한다면 기대한 효과를 얻을 수 없습니다.
- 통계 정보는 DBMS에서 지도와 같은 역할을 합니다. 이 정보가 최신 상태가 아니라면, DBMS가 최적의 접근 경로를 찾을 수 없습니다.
- 하지만 DBMS도 사람이 만든 것이기 때문에, 최신 지도를 보더라도 경로를 잘못 선택할 수 있습니다.
- 인덱스 이외에도 성능을 튜닝하는 방법으로 파티셔닝(partitioning), 힌트 구문(hint), 인메모리 처리(in-memory processing), 병렬 쿼리(parallel query)가 있습니다. 어떤 상황에서 어떤 것이 효과적인지 살펴보겠습니다.

6.1 데이터베이스 성능을 결정하는 요소

이 책에서 지금까지 물리적 설계(2장)와 비정규화(5장)를 설명하면서, 데이터베이스 성능을 유지하기 위한 기본 원칙도 함께 다루었습니다. 이번 장에서는 데이터베이스 성능 설계에서 중요한 두 가지 추가 요소를 소개하겠습니다. 바로 인덱스와 통계 정보입니다.

6.1.1 인덱스

인덱스는 SQL 튜닝을 할 때 활용하는 매우 일반적인 방법으로, 거의 모든 시스템에서 사용될 정도로 널리 활용됩니다(그림 6-1).

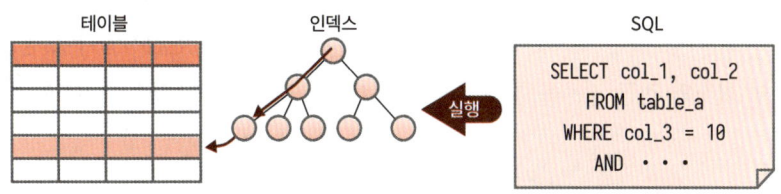

그림 6-1 SQL 문은 인덱스를 따라 테이블에서 특정 레코드를 정확히 찾아냄

프로그래밍 언어 관점에서 보면, 인덱스는 (x, α) 형태의 배열입니다. 여기서 x는 키값이고, α는 그 키와 연결된 정보(실제 데이터나 데이터 위치를 가리키는 포인터)입니다. 실제 데이터베이스에서는 α가 데이터 위치를 가리키는 포인터인 경우가 많습니다. 책 뒤쪽에 있는 색인도 인덱스의 예로, 키워드와 해당 페이지 번호(포인터)로 구성되어 있습니다.

인덱스는 2장에서 이미 간략하게 언급했습니다. 2장에서는 'DBMS 내에서 테이블과 별개로 독립적으로 유지되는 객체' 정도로 설명했습니다. 이번 장에서는 인덱스의 내부 구조와 작동 원리를 자세하게 살펴보고 최적의 인덱스를 어떻게 설계해야 하는지 알아보겠습니다.

6.1.2 통계 정보

통계 정보가 중요한 이유는 SQL의 접근 경로(데이터를 찾는 경로)를 결정하는 가장 큰 요소이기 때문입니다. DBMS는 사용자로부터 SQL을 받았을 때, 어떤 경로로 데이터를 찾는 것이 가장 효율적인지 스스로 판단합니다. SQL에는 '어떤 데이터가 필요한지'는 명시되어 있지만, '어떻게 데이터를 찾아라'는 방법까지는 적혀 있지 않습니다. 여러 검색 방법 중에서 최적의 방법을 선택하는 것은 DBMS의 역할입니다. 데이터베이스 연구자인 C. J. 데이트는 이에 대해 다음과 같이 설명했습니다.[1]

> 관계형 언어(SQL과 같은)는 비절차적(non-procedural) 언어라고 부릅니다. 이는 사용자가 '어떻게(how)'가 아니라 '무엇(what)'을 지정하기 때문입니다. 즉, 데이터를 가져오는 방법을 명시하지 않고, 필요한 데이터가 무엇인지만 표현하는 것입니다.

이는 마치 자동차 내비게이션과 같습니다. 운전자는 '이곳으로 가고 싶다'라는 목적지만 입력하고, 어떤 길로 갈지는 내비게이션에 맡깁니다. 내비게이션은 지도와 교통 상황을 바탕으로 가장 빠른 경로를 선택합니다. 데이터베이스도 마찬가지입니다. 통계 정보는 SQL이 최적의 접근 경로를 찾기 위해 필요한 지도라고 할 수 있습니다(그림 6-2).

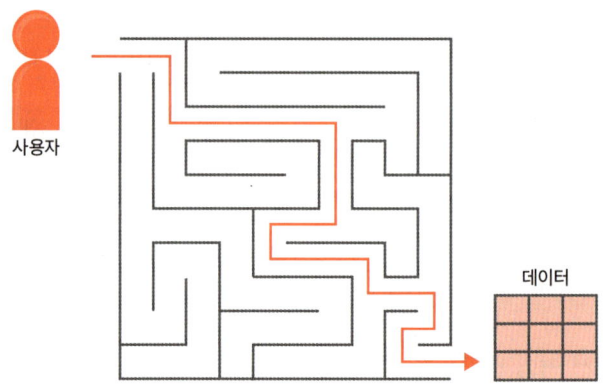

그림 6-2 **통계 정보는 데이터에 대한 최적 경로를 찾기 위한 지도**

과거의 DBMS는 룰 기반(rule-based) 방법이 주로 사용되어 엔지니어가 데이터 검색 경로를 직접 결정했지만, 최근 DBMS는 비용 기반(cost-based) 방법이 일반적입니다. 즉, DBMS가 여러 통계 정보를 기반으로 최적의 경로를 스스로 선택하는 방법이 주류가 되었습니다.

---

1 《An Introduction to Database Systems》(Addison-Wesley, 1994)

6.2 인덱스 설계

이전에 언급한 것처럼, 인덱스는 SQL 성능을 개선하는 매우 일반적인 방법입니다. 그 이유를 정리하면 다음과 같습니다.

1. 애플리케이션 코드에 영향을 주지 않습니다(애플리케이션 투명성).
2. 테이블의 데이터에 영향을 주지 않습니다(데이터 투명성).
3. 그럼에도 성능 개선 효과가 큽니다.

❶ 애플리케이션 투명성

인덱스를 사용할지 여부는 DBMS가 자동으로 판단합니다. 따라서 인덱스를 활용하려면 데이터베이스에 인덱스만 생성하면 되며, 애플리케이션 프로그램을 수정할 필요가 없습니다. 이는 인덱스 활용의 진입 장벽이 매우 낮다는 의미입니다. 같은 성능 튜닝 방법이라도 비정규화는 애플리케이션을 대대적으로 수정해야 했습니다.

이처럼 '존재를 의식할 필요가 없다'는 특성을 **투명성(transparency)**이라고 합니다. 원래 '투명하다'는 의미로, 공기처럼 그 존재를 의식하지 않아도 된다는 뜻입니다. 애플리케이션 관점에서 보면, 인덱스는 **공기처럼 투명**한 존재입니다.

❷ 데이터 투명성

또한 인덱스는 데이터 투명성을 갖습니다. 즉, 인덱스를 생성해도 테이블에 저장된 데이터 내용에 영향을 주지 않으며, 테이블 구조도 변경되지 않습니다. 따라서 인덱스를 생성할 때 논리 설계를 수정해야 하는 상황도 걱정할 필요가 없습니다.

❸ 큰 성능 개선 효과

인덱스가 가져오는 성능 개선 효과는 매우 큽니다. 이는 인덱스의 성능이 데이터양이 증가해도 선형적으로 감소되지 않고, 완만하게 감소되기 때문입니다(이와 관련된 자세한 내용은 이후 절에서 설명하겠습니다). 따라서 인덱스를 활용한 성능 개선은 대부분 단점보다 장점이 훨씬 큽니다.

하지만 무작정 인덱스를 생성한다고 효과가 나타나는 것은 아닙니다. 가끔 인덱스가 많을수록 좋다고 생각해서, 테이블의 모든 열에 인덱스를 생성하는 경우가 있는데, 이는 **인덱스 샷건**(index shotgun)이라는 안티패턴입니다.[2] 인덱스도 올바른 원칙을 이해한 후에 활용해야 그 효과를 얻을 수 있습니다.

이러한 인덱스의 기본 개념을 기반으로, 자세한 작동 원리와 설계 방법을 알아봅시다.

6.2.1 B-tree 인덱스

인덱스에는 여러 종류가 있으며, DBMS마다 사용할 수 있는 종류도 다릅니다. 그러나 실제로 자주 사용하는 인덱스는 한 가지뿐이므로 기본적으로 이것만 알아도 충분합니다. 바로 **B-tree** 인덱스입니다. 이 이외에도 비트맵 인덱스, 해시 인덱스 등이 있지만, 실제로 사용할 일은 많지 않습니다. B-tree 인덱스는 매우 일반적이어서, 보통 DBMS에서 특별한 옵션 없이 인덱스를 생성하면 자동으로 B-tree 인덱스가 생성됩니다.

> **핵심 포인트 46** 인덱스에는 여러 종류가 있지만, 일단 B-tree 인덱스를 익혀두는 것이 좋습니다.

6.2.2 B-tree 인덱스의 장점

B-tree 인덱스가 무조건적으로 뛰어난 것은 아닙니다. 이 인덱스를 개발한 루돌프 바이어(Rudolf Bayer)도 '만약 세상이 완전히 정적이고 데이터가 변하지 않는다면, 다른 인덱스 기술로도 동일한 성능을 낼 수 있을 것'이라고 말했습니다. 즉, 상황에 따라 다른 종류의 인덱스가 더 나을 수도 있다는 뜻입니다.

그렇다면 B-tree의 진짜 장점은 무엇일까요?

바로 **균형 잡힌 성능**입니다. 데이터베이스 전문가 C. J. 데이트는 B-tree를 '다재다능한 인재'라고 표현했습니다. 실제로 B-tree를 여러 측면에서 평가하면, 모든 항목에서 평균적으로 우수한 점수를 받는 우등생 유형입니다(그림 6-3).

---

[2] 빌 카윈의 《SQL AntiPatterns》(인사이트, 2011) 12장 참고

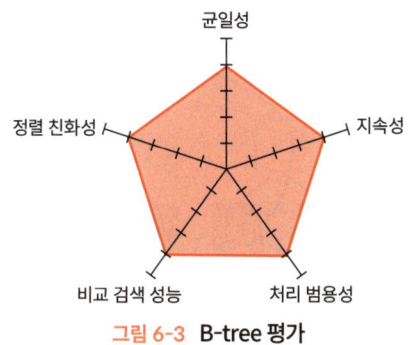

그림 6-3 B-tree 평가

1. **균일성(4점)**: 키값과 상관없이 검색 속도가 일정합니다.
2. **지속성(4점)**: 데이터가 많아져도 성능 저하가 크지 않습니다.
3. **처리 범용성(4점)**: 검색, 삽입, 갱신, 삭제 등 모든 작업의 속도가 고르게 뛰어납니다.
4. **비교 검색 성능(4점)**: `=`뿐만 아니라 `<`, `>`, `<=`, `>=` 등 다양한 비교 연산에서도 성능이 좋습니다.
5. **정렬 친화성(4점)**: `GROUP BY`,[3] `ORDER BY`, `COUNT`, `MAX`, `MIN` 등 정렬이 필요한 연산을 빠르게 처리합니다.

이런 특성은 다른 인덱스에서 찾아보기 어렵습니다. 대부분의 다른 인덱스는 한 분야에선 뛰어나지만 다른 분야에선 약점이 있어 범용성이 떨어집니다. B-tree는 어느 한 분야에서 최고는 아니지만, 종합적으로 봤을 때 가장 우수한 성적을 내는 유형입니다.

> **핵심 포인트 47** B-tree 인덱스는 모든 분야에서 고르게 뛰어난 성적을 보이는 우등생입니다.

6.2.3 B-tree 인덱스의 구조

그림 왜 B-tree가 왜 균형 잡힌 성능을 가지는지, B-tree의 구조를 통해 살펴봅시다(그림 6-4).

---

[3] 최근 Oracle과 PostgreSQL 같은 DBMS에서는 `GROUP BY` 연산에 해시 기법을 사용하는 경우가 많아, 이와 관련된 작동 방법은 일부 달라졌습니다.

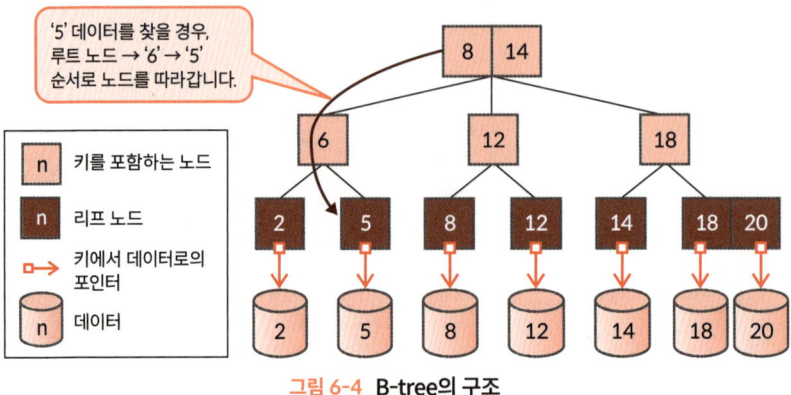

그림 6-4 **B-tree의 구조**

B-tree는 이름 그대로 트리 구조로 데이터를 저장합니다. 가장 아래층의 리프(leaf, 잎) 노드만이 실제 데이터에 대한 포인터를 가지고 있으며,[4] 데이터베이스는 최상위 노드(루트)에서부터 차례로 노드를 따라 내려가면서 리프에서 실제 데이터를 찾습니다.

❶ 균일성

B-tree 인덱스는 어떤 키값을 검색하더라도 일정한 속도로 결과를 반환할 수 있습니다. 왜 그럴까요?

이는 B-tree가 **균형 트리(balanced tree)**이기 때문입니다. 균형 트리란 모든 리프 노드가 루트로부터의 거리(높이)가 일정한 트리를 말합니다(그림 6-5). 이 덕분에 어떤 키값을 찾든 항상 리프까지의 거리가 같기 때문에, 검색을 일정한 시간 안에 수행할 수 있습니다.

---

[4] 정확히 말하면, 리프 노드만이 실제 데이터 포인터를 가지는 것은 B-tree의 변형인 B+tree입니다. 그러나 대부분의 DBMS에서 사용하는 인덱스는 B+tree이므로, B+tree를 기준으로 설명하겠습니다.

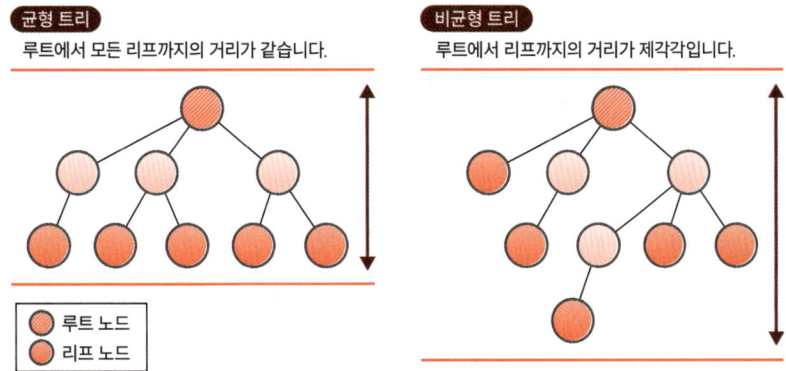

그림 6-5 균형 트리와 비균형 트리

B-tree가 처음 생성될 때는 완벽한 균형 트리입니다. 하지만 테이블에 데이터 삽입, 수정, 삭제가 반복되면 인덱스 구조가 흐트러져 비균형 트리가 될 수 있습니다. B-tree는 이런 균형 깨짐을 최대한 방지하기 위해 자동으로 구조를 재조정하는 기능이 있습니다. 하지만 오랜 기간 사용해서 갱신이 누적되면 트리 균형이 무너질 수 있습니다. 이렇게 되면 검색 속도가 일정하지 않게 됩니다.

❷ 지속성

B-tree도 갱신이 누적되면 성능이 저하될 수 있지만, 그럼에도 B-tree의 성능 저하는 장기적으로 봐도 매우 완만합니다. 이 '완만함'이란, 테이블 데이터가 늘어나도 B-tree의 검색과 갱신 속도가 거의 느려지지 않는다는 것입니다(정확하게는 데이터양의 로그(log) 값에 비례해 느려집니다). 일반적으로 계산량을 표현할 때 란다우 표기법(big-O)을 사용하는데, 이로 표현하면 B-tree 인덱스의 성능은 $O(\log n)$입니다(여기서 n은 데이터양입니다).

이는 테이블을 전체 탐색할 때보다 훨씬 빠릅니다. 전체 탐색은 데이터양에 비례해 성능이 저하되므로 $O(n)$의 성능을 보이기 때문입니다(그림 6-6).

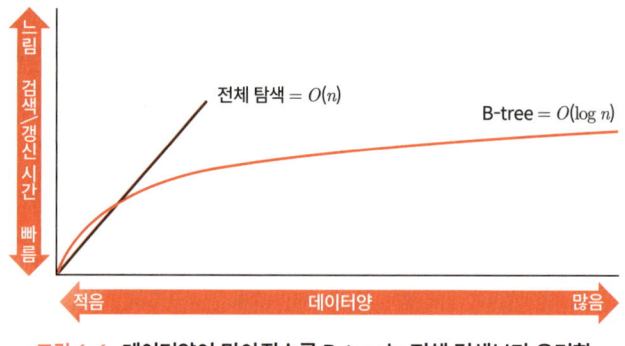

그림 6-6 데이터양이 많아질수록 B-tree는 전체 검색보다 유리함

그렇다면 왜 B-tree 인덱스는 데이터가 늘어나도 성능 저하가 완만할까요?

그 비밀은 B-tree가 매우 평평한 구조(broad)의 트리이기 때문입니다. 구체적으로 B-tree의 높이는 평균적으로 3~4 정도입니다. 이처럼 트리 높이가 낮기 때문에 데이터가 많아져도 성능이 크게 떨어지지 않습니다.

❸ 처리 범용성

B-tree 인덱스는 삽입, 갱신, 삭제 작업 비용도 검색과 마찬가지로 $O(\log n)$입니다. 즉, 어떤 작업이든 비슷한 속도로 처리할 수 있으며, 데이터가 늘어나도 성능 저하가 완만합니다. 이런 특성은 다른 인덱스, 예를 들어 비트맵 인덱스에는 없습니다. 비트맵 인덱스는 검색 속도가 B-tree보다 빠를 수 있지만, 데이터 갱신에는 많은 시간이 필요합니다.

❹ 비교 검색 성능

B-tree는 `=` 검색뿐만 아니라, `<`, `>`, `<=`, `>=` 및 `BETWEEN`과 같은 범위 검색에도 효과적입니다. 그 이유는 B-tree가 키값을 항상 정렬 상태로 유지하기 때문입니다. 그래서 특정 노드 기준으로 '왼쪽' 또는 '오른쪽' 노드만 검색하도록 범위를 쉽게 좁힐 수 있습니다.

하지만 B-tree가 효과가 없는 검색 조건도 있습니다. 바로 `<>` 또는 `!=` 같은 부정 조건입니다. 이 경우 특정 노드를 제외한 모든 노드가 검색 대상이 되므로 B-tree의 장점을 활용할 수 없습니다. SQL 실행 계획에서도 부정 조건을 사용하면 인덱스가 사용되지 않습니다.

❺ 정렬 친화성

SQL은 일반적인 프로그래밍 언어와 다르게, 절차적 방법으로 작성하지 않습니다. 따라서 `SELECT`나 `UPDATE` 구문에 명시적인 정렬 과정을 표현하지 않습니다. 하지만 다음과 같은 연산을 할 때는 DBMS 내부적으로 암묵적인 정렬이 이루어집니다.

- 집계 함수(`COUNT`, `SUM`, `AVG`, `MAX`, `MIN`)
- `ORDER BY` 절
- 집합 연산(`UNION`, `INTERSECT`, `EXCEPT`)
- 윈도 함수(`RANK`, `ROW_NUMBER` 등)

정렬은 DBMS에서 비용이 많이 드는 작업입니다. DBMS는 정렬할 때 전용 메모리 영역을 할당하여 데이터를 임시로 보관하고 정렬합니다. 그러나 대량 데이터를 정렬할 경우, 메모리에 모두 담지 못해 넘치는 경우가 있습니다. 이때 DBMS는 데이터를 임시로 디스크에 저장하는데, 이때는 **입출력 비용**이 매우 커집니다. 따라서 SQL을 작성할 때는 대규모 정렬을 피하는 것이 성능적으로 좋습니다.

B-tree 인덱스는 키값을 정렬된 상태로 유지하기 때문에, B-tree 인덱스가 있는 열에 `ORDER BY`를 사용하면 정렬 과정을 생략할 수 있습니다. 따라서 데이터베이스 성능 최적화에 있어 중요한 요소인 정렬 작업을 크게 줄여줍니다.

6.3 B-tree 인덱스 설계 방법

B-tree 인덱스의 특성과 작동 원리를 이해했으니, 실제로 인덱스를 어떻게 설계해야 하는지 알아보겠습니다.

6.3.1 B-tree 인덱스를 어떤 열에 생성해야 할까?

B-tree 인덱스는 아무 생각 없이 만든다고 효과가 있는 것이 아니며, 다음과 같은 몇 가지 지침이 있습니다.

- **[지침 1]** 대규모 테이블에 생성한다.
- **[지침 2]** 카디널리티가 높은 열에 생성한다.
- **[지침 3]** SQL 문에서 `WHERE` 절 조건이나 `JOIN` 조건에 사용되는 열에 생성한다.

그럼 각 항목을 하나씩 살펴보겠습니다.

6.3.2 B-tree 인덱스와 테이블 크기

이전에 설명한 B-tree 인덱스의 지속성 특성을 다시 생각해봅시다.

데이터양과 처리 시간의 관계를 보면, 데이터가 적을 때는 B-tree 인덱스보다 테이블 전체 탐색이 더 빠른 구간이 있습니다(그림 6-7).

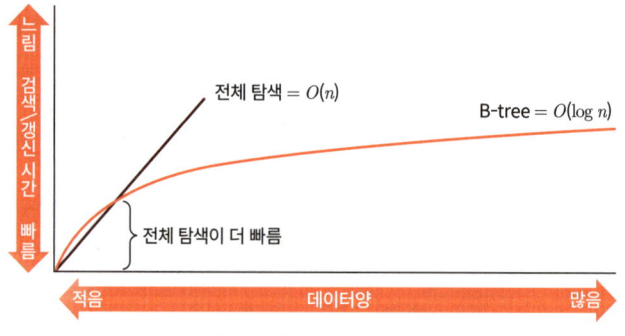

그림 6-7 전체 탐색이 더 빠른 영역이 존재함

이 영역에서는 성능 차이가 크지 않으므로, B-tree를 사용하든 전체 탐색을 하든 큰 차이가 없습니다. 따라서 굳이 불필요하게 인덱스를 만들 이유가 없습니다.

그렇다면 '데이터가 적다'는 기준은 어느 정도일까요? 이 기준은 스토리지 성능, 서버 사양 등 환경에 따라 달라지므로 절대적인 값은 없습니다. 하지만 최근 하드웨어 환경을 고려하면, 대략 10만 건 이하의 데이터에서는 인덱스 효과가 거의 없다고 봐도 됩니다.

핵심 포인트 48 데이터양이 적을 경우, 인덱스는 효과가 없습니다.

다만, 10만 건이라는 값은 단순 참고용 기준일 뿐입니다. 실제 임곗값은 시스템 환경에 따라 크게 달라질 수 있으므로, 실제 환경에서 미리 간단한 테스트를 통해 감을 익히는 것이 좋습니다.

6.3.3 B-tree 인덱스와 카디널리티

B-tree 인덱스를 생성할 열을 결정할 때 가장 중요한 요소는 **카디널리티**입니다. 카디널리티란 특정 열이 가질 수 있는 서로 다른 값의 개수를 의미합니다.

쉬운 예로, '성별' 열을 생각해봅시다. 이 열이 가질 수 있는 값은 다음과 같습니다.

1. 남성
2. 여성
3. 기타

이때 이 열의 카디널리티는 '3'으로, 매우 낮은 카디널리티에 해당합니다.

반면, '고객계좌번호'나 '접수일'의 카디널리티는 어떨까요? 이들은 훨씬 다양한 값을 가집니다. 계좌번호는 같은 은행 내에서 절대 중복되지 않으므로 카디널리티가 매우 높고, 접수일도 1년 기준 365일(영업일만 계산하면 약 200일)의 서로 다른 값을 가지므로 비교적 높은 편입니다.

B-tree 인덱스를 만들 때는 '카디널리티가 높은 열을 선택하는 것'이 기본 원칙입니다. 좋은 기준점은, 특정 키값으로 검색했을 때 전체 레코드의 약 5% 이하로 검색 범위를 좁힐 수 있는 수준의 카디널리티입니다. 예를 들어 365일 중 하루를 선택하는 `SELECT` 문은 약 0.3%의 검색 범위를 가지므로 '접수일' 열은 B-tree 인덱스를 만드는 것이 효과적입니다.

카디널리티와 관련된 주의점

카디널리티에 관련해서 두 가지 주의해야 하는 부분이 있습니다.

첫 번째는 여러 열을 함께 사용하는 복합 인덱스를 만들 때는 개별 열이 아닌 전체 조합의 카디널리티로 판단해야 한다는 것입니다. 예를 들어 (a, b, c) 열에 인덱스를 만들고 각 열의 카디널리티가 a=2, b=10, c=5라면, 개별적으로는 모두 필터링 비율이 5%를 넘습니다. 하지만 (a, b, c) 조합의 카디널리티가 100이라면 필터링 비율이 1%가 되어 B-tree 인덱스가 매우 효과적으로 작동합니다. 또한 가능하면 인덱스의 앞쪽 열(a 또는 b)의 카디널리티가 높을수록 검색 성능이 더 좋아집니다.

두 번째는 카디널리티가 높더라도 데이터가 특정 값에 치우쳐 있는 열은 인덱스로 적합하지 않다는 것입니다. 예를 들어 1~100 사이의 값을 가지는 열이 있는데, 그 중 99%가 값 '100'이고 나머지 1~99의 값은 전체의 1%만 차지한다면 B-tree 검색 성능이 불안정합니다. 값 '100'을 검색할 때는 거의 모든 데이터를 찾아야 하지만, 1~99 값을 검색할 때는 즉시 찾을 수 있기 때문입니다.[5]

> **핵심 포인트 49** 카디널리티가 높은 열일수록 인덱스 효과가 큽니다. 단, 값이 고르게 분산되어 있는 것이 가장 이상적입니다.

6.3.4 B-tree 인덱스와 SQL

당연한 이야기지만, SQL에서 검색 또는 조인 조건으로 사용되지 않는 열에는 인덱스를 아무리 만들어도 소용이 없습니다.

인덱스를 효과적으로 활용하려면 SQL을 작성할 때 몇 가지 주의해야 하는 것이 있습니다. 대표적인 예를 살펴보겠습니다.

예를 들어 `SomeTable`의 `col_1` 열에 인덱스가 있다고 가정해봅시다. 지금부터 소개하는 SQL 문장들은 모두 인덱스를 활용하지 못합니다.

---

[5] 만약 값 '100'을 검색하는 경우가 없다면 이런 열에도 인덱스를 만드는 것이 유리할 수 있습니다. 하지만 실제로 이런 상황은 매우 드뭅니다.

❶ 인덱스 열에 연산을 하는 경우

```
SELECT *
  FROM SomeTable
 WHERE col_1 * 1.1 > 100;
```

인덱스를 생성한 열은 SQL에서 그대로 사용하는 것이 원칙입니다. 별도의 연산을 하면 안 됩니다. B-tree 인덱스가 저장하고 있는 데이터는 `col_1` 자체에 대한 것이지, `col_1 * 1.1`에 대한 것이 아니기 때문입니다. 이 문제는 다음과 같은 수식으로 바꾸어 해결할 수 있습니다.

```
WHERE col_1 > 100/1.1
```

❷ 인덱스 열에 SQL 함수를 적용하는 경우

```
SELECT *
  FROM SomeTable
 WHERE SUBSTR(col_1, 1, 1) = 'a';
```

이유는 ❶과 같습니다. 인덱스에 저장된 값은 `col_1` 자체이지, `SUBSTR(col_1, 1, 1)`의 결과가 아닙니다. 참고로 이때는 함수 인덱스(식 인덱스)라는 특별한 인덱스를 사용할 수 있습니다. 이를 활용하면 `SUBSTR(col_1, 1, 1)`의 결과를 인덱스로 만들 수 있습니다.

❸ IS NULL 조건을 사용하는 경우

```
SELECT *
  FROM SomeTable
 WHERE col_1 IS NULL;
```

B-tree 인덱스는 일반적으로 `NULL`을 일반 데이터값으로 취급하지 않고 저장하지도 않습니다. 따라서 `IS NULL`이나 `IS NOT NULL` 조건에는 인덱스가 효과가 없습니다. 다만 이는 DBMS에 따라 다를 수 있으며, 일부 DBMS에서는 `IS NULL` 조건에서도 인덱스가 작동합니다. 다만 이는 모든 DBMS의 공통적인 특성은 아닙니다.

❹ 부정 연산을 사용하는 경우

```
SELECT *
  FROM SomeTable
 WHERE col_1 <> 100;
```

부정 연산자(`<>`, `!=`)를 사용할 때는 인덱스를 활용할 수 없습니다. 이는 인덱스를 사용하더라도 검색해야 할 범위가 너무 넓어 효율적이지 않기 때문입니다.

❺ 후방 일치 또는 중간 일치 LIKE 조건을 사용하는 경우

```
✗  SELECT * FROM SomeTable WHERE col_1 LIKE '%a';
✗  SELECT * FROM SomeTable WHERE col_1 LIKE '%a%';
○  SELECT * FROM SomeTable WHERE col_1 LIKE 'a%';
```

`LIKE` 조건은 **전방 일치 검색**(`'a%'`) 때만 인덱스가 사용됩니다.

❻ 암묵적인 형 변환이 발생하는 경우

`col_1`이 고정 길이 문자열 타입으로 정의된 경우를 예로 조건 작성하는 방법을 보겠습니다.

```
✗  SELECT * FROM SomeTable WHERE col_1 = 10;
○  SELECT * FROM SomeTable WHERE col_1 = '10';
○  SELECT * FROM SomeTable WHERE col_1 = CAST(10 AS CHAR(2));
```

SQL에서 서로 다른 자료형을 가진 열 값을 조건으로 사용할 때는 자료형을 맞춰주어야 합니다. 예를 들어 숫자형 ⇔ 문자열형, 문자열형 ⇔ 날짜형 등의 변환이 필요합니다.

보통은 SQL 함수를 사용해 명시적으로 형 변환해야 하지만, 이를 생략해도 SQL이 오류를 일으키지는 않습니다. 그러나 이때는 DBMS는 내부적으로 암묵적 형 변환을 수행하게 되고, 그 결과 인덱스가 사용되지 않습니다.

따라서 인덱스를 활용하려면, 조건에 사용하는 값의 자료형을 열의 자료형과 동일하게 맞춰주어야 합니다.

6.3.5 B-tree 인덱스와 관련된 추가 주의 사항

지금까지 B-tree 인덱스의 설계 원칙과 관련된 기본적인 내용을 살펴보았습니다. 여기서 몇 가지 중요한 주의 사항을 더 살펴보겠습니다.

기본 키 또는 유일성 제약이 있는 열에는 인덱스를 따로 만들 필요가 없다.

DBMS는 기본 키나 유일성 제약을 생성할 때 내부적으로 B-tree 인덱스를 자동으로 만듭니다. B-tree 인덱스는 데이터를 정렬해서 저장하므로, 이를 중복값 검사에 활용하는 것입니다. 따라서 기본 키나 유일성 제약이 설정된 열에는 별도로 인덱스를 생성할 필요가 없습니다. 이러한 열을 SQL 조건으로 사용하면 자동으로 인덱스가 적용됩니다.

B-tree 인덱스는 갱신 성능을 저하시킬 수 있다.

이는 B-tree뿐만 아니라 모든 인덱스의 공통적인 단점입니다. 인덱스는 테이블과는 별도로 DBMS 내부에 독립적인 객체로 관리됩니다. 따라서 인덱스가 설정된 열의 값이 갱신되면, 인덱스 내의 값도 함께 갱신해야 합니다. 결국 B-tree 인덱스를 많이 생성할수록 해당 테이블은 갱신 속도가 느려집니다.

이러한 트레이드오프를 잘 고려하여 불필요한 인덱스를 최대한 만들지 않는 것이 중요합니다. 이전에 설명한 '인덱스 샷건'이 나쁜 패턴으로 여겨지는 이유가 바로 이것입니다.

정기적인 유지보수가 필요하다.

이전에 균일성과 지속성 특성을 설명하면서 언급했던 것처럼 인덱스는 테이블 데이터가 계속 갱신되면서, 시간이 지남에 따라 구조가 점점 무너지고 성능이 저하됩니다. 그 속도가 비교적 느리기는 하지만, 장기적으로 성능을 유지하려면 정기적인 유지보수가 필요합니다. 인덱스 성능 유지를 위한 가장 효과적인 방법은 정기적인 '인덱스 재구성'입니다.

다만 얼마나 자주 유지보수를 해야 하는지는 시스템의 데이터 갱신 빈도 등 여러 요소에 따라 다릅니다. DBMS마다 인덱스 구조가 얼마나 손상되었는지 확인하는 지표(예:

단편화율, 트리 높이 등)와 이를 측정하는 방법이 있으므로, DBMS 매뉴얼을 참고하는 것이 좋습니다. 인덱스 재구성 명령어는 연습 문제에서 다루겠습니다.

6.4 통계 정보

이번 장의 앞부분에서 언급했던 것처럼 통계 정보는 테이블과 인덱스 등의 '데이터'와 관련된 데이터, 즉 '메타데이터(metadata)'입니다. DBMS는 이러한 메타데이터를 기반으로 SQL의 접근 경로를 결정합니다. 기본적으로 이 과정은 사용자가 직접 관여하지 않으므로[6] 사용자는 통계 정보를 통해서만 SQL의 접근 경로에 영향을 줄 수 있습니다.

따라서 통계 정보 설계 지침을 이해하려면, 먼저 DBMS가 내부적으로 SQL을 어떻게 처리하는지 살펴봐야 합니다.

6.4.1 옵티마이저와 실행 계획

DBMS가 SQL 문(SELECT, DELETE 등)을 받으면 테이블에 접근하기 전에 다음과 같은 과정을 거칩니다(그림 6-8).

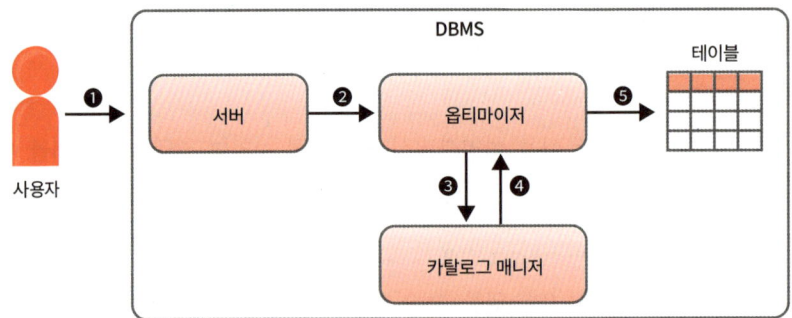

그림 6-8 SQL 문이 테이블에 접근하는 흐름

---

[6] 정확히 말해서 사용자가 직접 접근 경로를 결정하는 방법(예: 옵티마이저 힌트)이 아예 없는 것은 아닙니다. 하지만 이는 어디까지나 성능 튜닝을 위한 접근 방법이고, 설계적인 접근 방법은 아닙니다. 참고로 DBMS 제조사들도 실행 계획 수립은 DBMS에 맡길 것을 권장합니다. 예를 들어 SQL Server 매뉴얼에는 다음과 같이 설명합니다.

> 일반적으로 쿼리에 가장 적합한 실행 계획은 SQL Server 쿼리 옵티마이저가 선택하므로, 힌트 구문은 숙련된 개발자 또는 DB 관리자가 최후의 수단으로만 사용하는 것이 좋습니다.

먼저 사용자가 SQL 문을 DBMS로 보냅니다(❶). 이때 '파서(parser)'라는 모듈이 SQL을 가장 먼저 받습니다. 파서의 역할은 SQL 문이 문법적으로 올바른지 검사하는 것입니다. 문법에 오류가 있는 SQL은 실행할 수 없기 때문에 오류 메시지를 사용자에게 반환합니다(parse는 '구문 분석하다'라는 뜻입니다). 쉽게 말해 파서는 DBMS의 문지기 역할을 합니다.

파서로 문법적인 검사를 통과하면 SQL은 '옵티마이저(optimizer)'라는 모듈로 전달됩니다(❷). 옵티마이저는 DBMS의 두뇌 역할을 하는 매우 중요한 부분입니다. SQL의 접근 경로, 즉 실행 계획을 결정하는 것이 옵티마이저의 핵심 역할입니다(optimize는 '최적화하다'라는 의미입니다).

옵티마이저가 실행 계획을 세울 때는 통계 정보가 필요합니다. 그래서 옵티마이저는 '카탈로그 매니저(catalog manager)'라는 모듈에 통계 정보를 요청합니다(❸). 카탈로그 매니저는 통계 정보를 관리하는 모듈입니다. 쉽게 비유하자면 도서관의 사서와 같은 역할을 합니다.

카탈로그 매니저로부터 통계 정보를 받은 후(❹), 옵티마이저는 여러 경로 중에서 가장 효율적일 것으로 예상되는 경로를 선택하여 SQL을 실행 절차로 변환합니다. 이렇게 만들어진 실행 절차가 바로 '실행 계획(execution plan)'입니다(이를 '실행 플랜' 또는 '접근 플랜'이라고도 부릅니다). 최종적으로 이 실행 계획에 따라 실제 데이터가 저장된 테이블에 접근합니다(❺).

이처럼 DBMS는 SQL을 받고 곧바로 데이터를 조회하는 것이 아니라, 여러 단계의 사전 작업을 수행합니다. 물론 DBMS가 실행 계획을 결정하는 이런 블랙박스 같은 방법이 비효율적으로 보이고, 어떤 경로가 선택되는지 알 수 없어 불안할 수 있습니다.[7] 하지만 데이터 접근 방법은 매우 다양하고 비용 계산이 복잡합니다. 따라서 사람이 직접 이를 처리하는 것이 더 비효율적입니다(그림 6-9).

---

7   모든 DBMS는 SQL 실행 계획을 확인할 수 있는 기능을 제공합니다. 만약 옵티마이저가 선택한 실행 계획이 최적이 아니라면, 엔지니어가 실행 계획을 보면서 최적의 경로를 생각해야 합니다. 어떤 의미에서 이는 사실 주객전도된 튜닝 방법입니다.

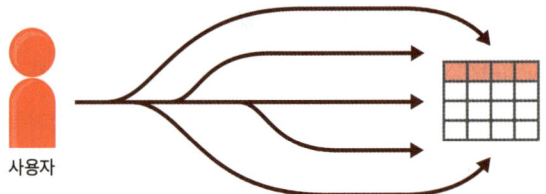

그림 6-9 데이터에 접근하는 경로는 여러 가지 있으며, 그중 최적 경로를 선택하는 것이 옵티마이저의 임무입니다.

> 핵심 포인트 50 SQL 실행 계획은 DBMS가 알아서 선택합니다.

6.4.2 통계 정보 설계 지침

다시 말하지만, 일반적으로 엔지니어는 SQL 실행 계획을 직접 수립하지 않습니다. 엔지니어는 통계 정보를 통해 간접적으로만 영향을 줍니다.

따라서 설계 때 중요한 것은 '통계 정보를 어떻게 수집할 것인가?'입니다. 이때 고려해야 하는 부분은 다음 두 가지입니다.

- [포인트 1] 통계 정보 수집 시점
- [포인트 2] 통계 정보 수집 대상(범위)

통계 정보 수집 시점

통계 정보를 수집해야 하는 기본적인 원칙은 다음과 같습니다.

> 핵심 포인트 51 데이터가 대규모로 갱신되었다면, 최대한 빨리 통계 정보를 갱신합니다.

이때 '갱신'에는 `INSERT`, `UPDATE`, `DELETE` 작업이 모두 해당합니다. 레코드 개수의 추가와 감소뿐만 아니라, 데이터값의 분포와 편향이 변하는 것도 접근 경로 선택에 영향을 주기 때문입니다.

데이터 갱신 작업으로 테이블 데이터가 많이 변경되면[8] 이전 통계 정보와 현재 테이블 상태 사이에 차이가 발생합니다. 자동차 내비게이션에 비유하자면 '지도가 오래되어 현

---

8 당연히 이는 해당 테이블에 생성된 인덱스 데이터도 함께 변경됨을 의미합니다.

재 도로 정보와 맞지 않는 상황'과 같습니다. 잘못된 지도를 보고 길을 찾는다면, 아무리 똑똑한 옵티마이저라도 최적 경로를 찾을 수 없습니다.

반대로 말하면, 데이터 변경이 적은 경우에는 통계 정보를 수집할 필요성이 크지 않습니다. 통계 정보 수집은 많은 자원을 사용하고 오랜 시간이 걸리는 작업입니다. 테이블 규모가 크다면, 몇 시간 이상 소요될 수도 있습니다. 이런 무거운 작업을 업무 시간 중에 실행하면 다른 작업의 성능을 저하시킬 위험이 있습니다. 따라서 이전에 언급한 '핵심 포인트 51'과 모순되어 보일 수 있겠지만, 통계 정보 수집은 기본적으로 시스템 사용량이 적은 야간 시간대에 수행하는 것이 원칙입니다.

> **핵심 포인트 52** 통계 정보 수집은 원칙적으로 야간에 합니다.

DBMS에 따라서는 기본 설정으로 통계 정보 수집이 자동 실행되도록 구성되어 있습니다.[9] 하지만 이러한 동작은 DBMS마다 다르므로, 사용 중인 DBMS 매뉴얼에서 통계 정보 수집 설정을 확인하는 것이 좋습니다.

통계 정보 수집 대상(범위)

통계 정보를 수집할 대상 범위는 지금까지 설명한 내용에서 자연스럽게 도출됩니다. 바로 '대규모 갱신이 발생한 테이블(또는 인덱스)'입니다.

이전에 언급했던 것처럼 통계 정보 수집은 시스템에 부담을 주는 작업입니다. 따라서 변경되지 않은 테이블까지 포함하면 불필요하게 실행 시간만 늘어나므로, 필요한 테이블만 대상으로 삼는 것이 좋습니다.

일반 테이블이라면, 어떤 테이블이 언제 갱신되는지 설계자로서 이미 알고 있을 것입니다. CRUD 매트릭스[10] 같은 문서로도 정리하는 부분이므로 수집 대상을 선정하기 어렵지 않습니다.

---

9   예를 들어 Oracle은 기본 설정으로 평일 밤 10시에 자동으로 통계 정보를 수집합니다. 여기서도 야간 시간대를 선택한 점을 주목해주세요.
10 [옮긴이] 시스템 또는 애플리케이션에서 어떤 데이터를 누가 언제 create, read, update, delete하는지 정리한 표입니다.

그러나 통계 정보 수집 때 특별히 주의해야 할 테이블이 있습니다. 바로 **임시 테이블** (temporary table)입니다. 임시 테이블은 일시적으로 데이터를 저장하고, 사용을 끝내면 비우는 테이블입니다. 이런 테이블의 통계 정보 수집과 관련된 자세한 내용은 8장 연습 문제에서 다루겠습니다.

통계 정보 동결

이전에 설명한 것처럼 통계 정보 수집의 기본 원칙은 최대한 최신 상태로 유지하는 것입니다. 옵티마이저가 좋은 실행 계획을 세우려면 '지도'(통계 정보)가 최신이어야 합니다. 이는 모든 DBMS 제조사들이 동의하는 부분입니다.

하지만 실제 시스템 개발에서는 의도적으로 통계 정보를 전혀 수집하지 않는 선택이 효과적인 경우도 있습니다. 역설적으로 들릴 수 있지만, 이런 설계가 합리적인 예외적 상황들이 있습니다.

이처럼 통계 정보를 일부러 수집하지 않고 특정 시점의 통계 정보를 기준으로 갱신을 중단하는 것을 '통계 정보 동결' 또는 '통계 정보 잠금'이라고 합니다. 그렇다면 어떤 경우에 통계 정보를 동결하는 것이 좋을까요?

바로 **현재의 실행 계획을 유지하고 싶을 때**입니다. 현재 사용 중인 경로가 앞으로도 최적의 접근 방법이라, 현 상태를 유지하는 것이 가장 좋은 선택이라고 확신할 때 통계 정보를 동결합니다. 예를 들어 시스템 서비스 종료 시점의 데이터를 고려해서 만들어진 통계 정보가 이미 있는 경우입니다.

2장에서 사이징을 설명할 때 언급했던 것처럼 대부분 시스템은 시간이 지날수록 테이블 데이터가 증가합니다. 따라서 같은 SQL이라도 서비스 종료 시점에 가까워질수록 성능이 저하되는 것이 일반적입니다. 하지만 반대로 생각하면, 서비스 종료 시점 데이터로 충분한 성능이 나온다면, 그보다 이전 시점에서는 동일한 실행 계획으로 더 좋은 성능을 기대할 수 있습니다.

이런 통계 정보 동결이 필요한 이유는 데이터 증가에 따른 실행 계획 변경으로 성능 저하가 자주 발생하기 때문입니다(그림 6-10). DBMS도 결국 사람이 만든 소프트웨어이므로, 최신 통계 정보를 사용해도 항상 최적의 실행 계획을 선택한다고 보장할 수 없습니다. 따라서 비효율적인 실행 계획이 선택될 수도 있습니다. 통계 정보 동결은 옵티마이저의 판단을 완전히 신뢰하지 않는 조금 비관적인 관점에서의 선택이라 할 수 있습니다.

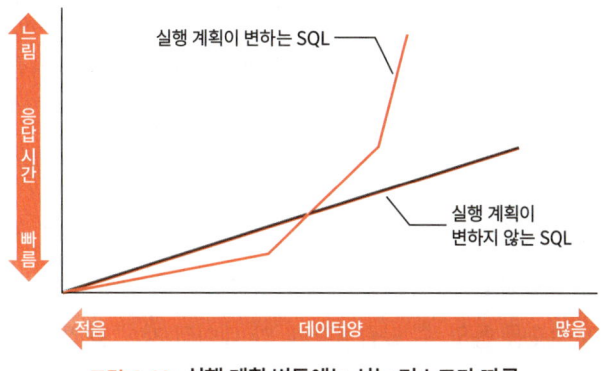

그림 6-10 실행 계획 변동에는 성능 리스크가 따름

통계 정보(즉, 실행 계획)를 동결하는 것 자체는 간단합니다. 통계 정보 수집을 중단하기만 하면 됩니다. 일부 DBMS는 통계 정보를 '읽기 전용' 상태로 잠그는 기능도 제공합니다.

하지만 통계 정보 동결의 가장 큰 어려움은 '서비스 종료 시점과 유사한 테스트 데이터를 개발 초기에 준비하는 것'입니다. 데이터양과 분포를 예측해서 만들어야 하므로 정확도에 한계가 있고, 데이터양을 늘리는 작업도 많은 시간과 노력이 필요합니다. 따라서 통계 정보를 동결하고 싶다고 해도, 실제 구현에 필요한 작업량이 너무 많아서 포기하는 경우가 많습니다.

현실적으로 통계 정보 동결은 서비스 시작부터 종료까지 데이터양에 큰 변화가 없는 시스템에서만 효과적입니다. 따라서 일단 '실행 계획 변경으로 인한 위험을 최소화하고 싶은 경우, 이런 비관적인 설계도 하나의 선택지다'라는 것만 기억해주세요.

핵심 포인트 53 통계 정보 동결은 옵티마이저를 완전히 신뢰하지 않는 비관적인 설계입니다. 실제로 구현하는 것은 매우 어렵습니다.

6.5 인덱스 이외의 튜닝 방법

인덱스는 데이터베이스에서 가장 흔하게 사용되는 편리한 튜닝 방법 도구입니다. 따라서 느린 쿼리를 발견했을 때는 일단 인덱스로 해결할 수 있는지 확인합니다. 하지만 데이터베이스는 오랜 발전 과정에서 인덱스 외에도 다양한 성능 향상 기법을 개발해왔습니다. 이번 절에서는 이런 방법들을 소개하겠습니다. 일부 기능은 특정 DBMS 또는 상위 버전에서만 사용 가능하지만, 여러분의 환경에서 최대한 도움이 되길 바랍니다.

6.5.1 파티션

파티션은 '테이블의 특정 열을 키로 사용해서 데이터를 물리적으로 구분해 저장하는 기능'입니다. 이를 활용하면 '파티션 키를 `WHERE` 조건으로 사용하는 쿼리'는 필요한 데이터만 읽어 처리 속도를 높일 수 있습니다. 다만 데이터 갱신 작업에는 큰 이점이 없습니다. 파티션은 데이터를 물리적으로 재배치하는 방법이므로, 하나의 테이블에 하나의 파티션 키만 지정할 수 있습니다(이후에 설명하는 콤퍼짓 파티션을 사용하면 데이터를 여러 키로 분할할 수 있지만, 이때도 키는 고정합니다).

일반 테이블은 그림 6-11처럼 주문월(order_month)로 정렬되지 않은 상태로 저장됩니다. 일반적으로 데이터베이스 레코드는 물리적 순서를 갖지 않기 때문입니다.

주문 테이블

order_id (주문번호)	order_shop (주문점포)	order_name (주문자명)	order_month (주문월)
10000	서울	윤가람	2024-08
10001	인천	연하진	2024-09
10002	광주	김민규	2024-09
10003	의정부	구지연	2024-08
10004	인천	박홍준	2024-08
10005	성남	진보라	2024-08
10006	과천	김건호	2024-10
10007	부천	김성현	2024-10

주문 월(order_month)로 파티션화되어 있지 않은 상태

그림 6-11 **파티션을 적용하지 않은 테이블**

이런 상태에서는 쿼리가 모든 레코드를 검색해야 합니다. 하지만 이 테이블을 주문 월 기준으로 파티션화하면, 다음과 같이 테이블이 물리적으로 주문 월별로 그룹화됩니다.

주문 테이블

order_id (주문번호)	order_shop (주문점포)	order_name (주문자명)	order_month (주문월)
10000	서울	윤가람	2024-08
10004	인천	박홍준	2024-08
10005	성남	진보라	2024-08
10003	의정부	구지연	2024-08
10001	인천	연하진	2024-09
10002	광주	김민규	2024-09
10006	과천	김건호	2024-10
10007	부천	김성현	2024-10

주문 월(order_month)로 파티션화된 테이블

그림 6-12 파티션 테이블

이렇게 하면 'WHERE 절에 주문 월을 지정한 쿼리'가 해당 월의 데이터만 읽으면 되므로, 처리할 데이터양이 크게 줄어듭니다. 이러한 동작을 **파티션 프루닝**(partition pruning)이라고 합니다.[11] 쿼리 성능을 좌우하는 주요 요소는 대부분 스토리지 I/O이므로, I/O양을 줄이는 파티션은 매우 효과적인 성능 개선 방법입니다. 파티션 기능은 주요 DBMS에서 모두 지원합니다. 문법은 각각 다르지만 모두 활용해볼 수 있습니다.[12]

■ 범위(RANGE) 파티션 테이블 정의 문법(Oracle/MySQL)

```
CREATE TABLE SalesPartition (
    sales_id    INTEGER NOT NULL,
    sales_date DATE NOT NULL,
    sales_year INTEGER,
       CONSTRAINT pk_SalesPartition PRIMARY KEY (sales_id, sales_year))
PARTITION BY RANGE (sales_year) (
    PARTITION p0 VALUES LESS THAN (2020),
    PARTITION p1 VALUES LESS THAN (2021),
    PARTITION p2 VALUES LESS THAN (2022),
    PARTITION p3 VALUES LESS THAN (2023),
    PARTITION p4 VALUES LESS THAN (2024));
```

---

11 프루닝(pruning)은 '가지치기' 또는 '불필요한 부분 제거'를 의미합니다.
12 Oracle의 경우 Enterprise Edition이 필요하며, 별도로 Partitioning Option을 구매해야 합니다(https://docs.oracle.com/cd/E55822_01/DBLIC/editions.htm).

위의 파티션 테이블은 2020년 이전 매출 데이터를 p0에, 2020년 데이터를 p1에, 2021년 데이터를 p2에 저장하는 형태로 구성됩니다.

■ **리스트(LIST) 파티션 테이블 정의 구문(PostgreSQL)**

```
CREATE TABLE SalesPartition (
    sales_id    INTEGER NOT NULL,
    sales_date DATE NOT NULL,
    sales_year INTEGER,
      CONSTRAINT pk_SalesPartition PRIMARY KEY (sales_id, sales_year))
PARTITION BY LIST (sales_year);

CREATE TABLE SalesPartition2020 PARTITION OF SalesPartition FOR VALUES IN(2020);
CREATE TABLE SalesPartition2021 PARTITION OF SalesPartition FOR VALUES IN(2021);
CREATE TABLE SalesPartition2022 PARTITION OF SalesPartition FOR VALUES IN(2022);
CREATE TABLE SalesPartition2023 PARTITION OF SalesPartition FOR VALUES IN(2023);

INSERT INTO SalesPartition VALUES (1, '2020-01-16', 2020);
INSERT INTO SalesPartition VALUES (1, '2022-05-20', 2022);
```

PostgreSQL의 파티션 테이블 구현 방법은 독특합니다. 각 파티션별로 분할된 하위 테이블(SalesPartition2020 등)을 별도로 생성해야 합니다. 하지만 데이터를 삽입하거나 조회할 때는 하위 테이블을 신경 쓸 필요 없이 부모 테이블만 사용하면 파티션이 알아서 작동합니다. 테이블을 삭제할 때에도 부모 테이블만 삭제하면 모든 하위 테이블도 함께 삭제됩니다.

파티션의 종류

파티션에는 다음과 같은 종류가 있습니다.

범위(RANGE) 파티션

값의 범위에 따라 데이터를 파티션으로 나눕니다. 매출 월 또는 연도처럼 순서가 있는 데이터를 특정 범위로 분할할 때 사용합니다. 특히 날짜나 시간과 같은 시계열 데이터를 키로 할 때 효과적입니다.

리스트(LIST) 파티션

범위 파티션과 개념은 비슷하지만, 상품코드, 질병코드, 지역코드처럼 연속적이지 않은 개별 값을 기준으로 데이터를 분할합니다. 값이 연속되지 않아도 설정할 수 있다는 장점이 있습니다.

해시(HASH) 파티션

키 열의 값에 해시 함수를 적용하여 데이터를 균등하게 분산시킵니다. 키의 유일성이 높을수록 파티션 크기가 거의 균등하게 만들어진다는 장점이 있습니다(참고로 범위 파티션과 리스트 파티션은 특정 파티션에 데이터가 몰릴 가능성이 있습니다). 고객번호 또는 계좌ID처럼 카디널리티(값의 다양성)가 높은 키에 적합합니다.

파티션 사용 시 주의사항

파티션을 사용할 때의 주의 사항을 정리하면 다음과 같습니다.

WHERE 절에 파티션 키를 조건으로 지정해야 의미가 있다.

파티션은 특정 키를 기준으로 데이터를 물리적으로 배치합니다. 따라서 WHERE 절에 파티션 키가 포함되지 않으면, 모든 데이터를 읽어야 하므로 파티션을 설정한 의미가 없습니다(쿼리가 더 느려지지는 않지만, 성능 향상을 기대할 수 없습니다).

파티션 키의 데이터 편중을 확인해야 한다.

파티션 키에 데이터 편중이 있으면 특정 파티션에 데이터가 집중되어, 해당 파티션 접근 때 쿼리가 느려질 수 있습니다. 따라서 최대한 데이터를 균등하게 분산시킬 수 있는 파티션 키를 선택하는 것이 좋습니다.

여러 파티션 유형을 조합할 수 있다.

'리스트 + 범위' 또는 '범위 + 해시'처럼 여러 파티션 유형을 함께 사용할 수 있습니다. 예를 들어 '범위 + 해시' 조합은 먼저 범위 기준으로 데이터를 나눈 후, 각 파티션 내에서 해시 키로 데이터를 다시 분산시킵니다. 이를 콤퍼짓 파티션(composite partition, 복합 파티션)이라고 합니다.[13] 단, 2024년 현재 이 기능은 Oracle, PostgreSQL, MySQL에서만 지원합니다. 다른 DBMS와의 호환성이 중요하다면, 사용하지 않는 것이 좋습니다.

파티션 수에 제한이 있다.
모든 DBMS는 파티션 수에 상한을 가지고 있습니다. Oracle은 100만 개, SQL Server 는 15,000개, MySQL은 8,192개, Db2는 32,767개까지 지원합니다. PostgreSQL은 공식 문서에 정확한 상한이 명시되어 있지 않지만, 100개 정도로 제한하는 것이 권장됩니다. 일반적인 사용에서는 이 한계에 도달할 가능성이 낮지만, 파티션 키의 카디널리티가 매우 높다면 주의해야 합니다(이때는 인덱스를 사용하는 것이 더 효과적일 수 있습니다).

> **핵심 포인트 54** 파티션은 범위, 리스트, 해시라는 세 가지 유형을 상황에 맞게 사용해야 합니다. 파티션은 인덱스보다 카디널리티가 낮은 열에 적합합니다.

> **핵심 포인트 55** 여러 파티션 유형을 조합하는 콤퍼짓 파티션도 있습니다.

6.5.2 힌트 구문

SQL을 실행할 때 DBMS는 실행 계획(execution plan)을 만듭니다. 실행 계획은 등산 경로처럼 여러 접근 경로가 있을 수 있습니다. DBMS는 이 중에서 가장 효율적이라고 판단한 하나를 선택합니다. 일반적으로 사용자는 이를 신경 쓸 필요가 없습니다. 하지만 항상 그런 것은 아닙니다.

느린 쿼리의 실행 계획을 확인했을 때, '왜 이런 방법을 선택했지? 더 좋은 방법이 있는데…'라고 느끼는 경우가 있습니다. DBMS가 발전할수록 이러한 실행 계획도 똑똑해지고 있지만, 여전히 최적의 방법을 찾지 못할 때가 있습니다.

이럴 때 사람이 보기에 더 나은 실행 계획을 강제로 지정할 수 있는 기능이 '힌트 구문 (hint)'입니다. 힌트 구문으로 특정 인덱스 사용을 강제하거나 조인 알고리즘을 지정할

---

[13] https://docs.oracle.com/en/database/oracle/oracle-database/23/vldbg/index.html. MySQL에서는 **서브 파티셔닝 (subpartitioning)**이라고 합니다. https://dev.mysql.com/doc/refman/9.2/en/partitioning-subpartitions.html

수 있습니다. 예를 들어서 Oracle에서의 힌트 구문 예제는 다음과 같습니다.[14]

■ 힌트 구문 예(Oracle)

```
SELECT /*+ LEADING(e2 e1) USE_NL(e1) INDEX(e1 emp_emp_id_pk)
           USE_MERGE(j) FULL(j) */
    e1.first_name, e1.last_name, j.job_id, sum(e2.salary) total_sal
  FROM employees e1, employees e2, job_history j
  WHERE e1.employee_id = e2.manager_id
    AND e1.employee_id = j.employee_id
    AND e1.hire_date = j.start_date
  GROUP BY e1.first_name, e1.last_name, j.job_id
  ORDER BY total_sal;
```

SQL 문장 시작 부분의 `/*+ */` 안에 있는 내용이 힌트 구문입니다. `LEADING`은 조인할 때 가장 먼저 접근할 테이블, `INDEX`는 사용할 인덱스, `USE_MERGE`는 조인 알고리즘, `FULL`은 테이블 전체 탐색을 각각 지정합니다.

Oracle에는 수백 가지 종류의 힌트 구문이 있습니다. 이러한 힌트 구문과 실행 계획 분석법까지 완전히 익히려면 2~3년의 경험이 필요합니다.[15] 또한 힌트 구문은 DBMS마다 문법이 완전히 달라서 사용하기 어려운 기능입니다. 그래서 SQL Server 공식 문서에는 다음과 같은 경고가 있습니다.[16]

> SQL Server 쿼리 최적화 프로그램은 일반적으로 쿼리에 대해 최적의 실행 계획을 선택하므로 힌트는 숙련된 개발자나 데이터베이스 관리자가 **최후의 수단**으로만 사용하는 것이 좋습니다.

이러한 문제도 있지만, 힌트 구문은 애플리케이션 코드를 변경하지 않고도 성능을 개선할 수 있는 수단입니다. 그래서 제대로 활용할 줄 알면 성능 튜닝 때 가장 먼저 고려하는 옵션이 됩니다(Oracle의 SPM 또는 Aurora QPM 같은 기능으로 쿼리 자체는 건드리지

---

14 https://docs.oracle.com/cd/E29597_01/server.1111/e16638/hintsref.htm
15 실행 계획 분석에 관심 있는 분들은 필자의 다른 책인 《SQL, 이렇게 하면 된다》를 참고해주세요. 이 책에서는 다양한 SQL 실행 계획을 분석하며 실행 계획 분석을 살펴봅니다.
16 https://learn.microsoft.com/ko-kr/sql/t-sql/queries/hints-transact-sql-query

않고 실행 계획을 고정할 수도 있습니다). 따라서 대규모 데이터를 다루는 시스템 개발자라면 꼭 배워둘 가치가 있는 기술이라 할 수 있습니다. 필자도 한때 성능 튜닝 전문가로 일하면서 다양한 느린 쿼리에 힌트를 추가하는 작업을 매일 반복했습니다.

하지만 힌트 구문을 사용하면, 데이터가 늘어나거나 변경될 때 DBMS가 실행 계획을 자동으로 조정할 수 없게 된다는 단점이 있습니다. 따라서 힌트 구문을 사용하고자 한다면, 최대한 실제 운영 환경과 비슷한 데이터양을 갖고 최적의 실행 계획을 찾아 고정하는 것이 좋습니다. 물론 그런 환경을 준비하는 것 자체가 쉽지 않은 일입니다. 또한 힌트는 표준 SQL이 아니라 DBMS마다 문법이 다르므로, 과도하게 의존하면 다른 데이터베이스로 이전하기 어려워진다는 문제가 있습니다. 힌트 구문은 양날의 검이라는 점을 반드시 기억해주세요.

> **핵심 포인트 56** 힌트 구문을 잘 사용하면 강력한 성능 향상을 이끌어 낼 수 있습니다. 하지만 힌트 구문은 항상 성능 튜닝에서 '최후의 수단'으로 생각하는 것이 좋습니다.

6.5.3 병렬 쿼리

현재 대부분의 서버 CPU는 멀티코어 구조를 갖고 있습니다. 하지만 기본적으로 SQL을 실행할 때는 하나의 코어만 사용합니다. 이로 인해 스토리지 용량과 메모리에 여유가 있어도, 특정 코어 하나만 100% 사용되는 상황이 발생하면, CPU가 병목현상을 일으켜 쿼리 속도가 느려질 수 있습니다.

이때 효과적인 방법이 **병렬 쿼리**(parallel query)입니다. 이 기술은 애플리케이션 코드를 수정하지 않고도 성능을 향상시킬 수 있다는 점에서 힌트 구문과 비슷합니다(실제로 힌트로 병렬 실행을 설정하기도 합니다).

병렬 쿼리는 기본적으로 단일 코어로 처리되는 쿼리 작업을 여러 개로 분할해서 멀티코어를 활용하는 방법입니다. 그리고 파라미터와 힌트 구문을 사용해 병렬처리 정도를 조절합니다.

예를 들어 Oracle에서 세션별로 병렬 쿼리를 활성화하는 명령은 다음과 같습니다.

■ **세션 단위로 분할하는 병렬 쿼리(Oracle)**
```
ALTER SESSION FORCE PARALLEL QUERY PARALLEL <병렬도>;
```

Oracle은 다양한 유형의 쿼리에 병렬처리를 적용할 수 있어, 병렬 쿼리로 성능을 끌어올릴 수 있는 경우가 많습니다.

PostgreSQL은 `max_parallel_workers_per_gather` 파라미터값을 0보다 크게 설정하면 병렬 쿼리가 활성화됩니다. 이를 활용하면 테이블과 인덱스 스캔이 병렬로 실행되며, 일부 조인과 집계 연산도 병렬로 실행됩니다.

SQL Server는 `max degree of parallelism` 파라미터로 병렬처리 수준을 제어할 수 있습니다.[17]

MySQL은 다른 DBMS보다 병렬 쿼리가 늦게 도입되었습니다(버전 8.0에서야 `innodb_parallel_read_threads` 옵션이 추가되었습니다). 이 값을 0보다 크게 설정하면 일부 쿼리를 병렬로 처리할 수 있지만, 아직 적용 범위가 제한적입니다.

병렬 쿼리의 단점

병렬 쿼리는 서버와 스토리지에 여유 자원이 많은데도 쿼리가 이를 효과적으로 활용하지 못할 때만 의미 있는 성능 개선 방법입니다. CPU와 스토리지가 이미 한계에 가까운 상황에서 병렬 쿼리를 활성화하면 리소스 경쟁이 심해져 오히려 쿼리 속도가 더 느려질 수 있습니다. 더 심각한 문제는 해당 쿼리뿐 아니라 **다른 쿼리까지 영향을 받아** 전체 데이터베이스 성능이 저하될 수 있다는 것입니다.

사실 필자는 개인적으로 이런 방법을 진정한 **튜닝이라고 부르기 꺼립니다**. 필자가 생각하는 튜닝은 쿼리가 사용하는 리소스 자체를 줄여 성능을 향상시키는 것, 즉 리소스

---

[17] https://learn.microsoft.com/ko-kr/sql/database-engine/configure-windows/configure-the-max-degree-of-parallelism-server-configuration-option?view=sql-server-ver16

사용을 최적화하는 과정입니다. 이런 방법의 튜닝은 다른 쿼리에 부정적 영향을 주지 않습니다. 이런 관점에서 6.3절에서 설명한 B-tree 인덱스는 진정한 의미의 튜닝 방법이라고 할 수 있습니다.

하지만 병렬 쿼리는 복잡한 지식 없이도 간단한 설정 변경만으로 적용할 수 있고, 환경이 적합하다면 놀라운 성능 향상을 가져올 수 있는 것도 사실입니다. 이런 이유로 이번 절에서 병렬 쿼리를 소개했습니다.

> **핵심 포인트 57** 병렬 쿼리는 시스템 자원이 충분히 여유로울 때만 효과적인 성능 개선 방법입니다. 무분별하게 남용하는 것은 좋지 않습니다.

6.5.4 인메모리

인메모리 튜닝은 병렬 쿼리와 비슷한 특성을 갖고 있습니다. 메모리 자원이 충분할 때 개별 쿼리 최적화보다 전체 성능을 향상시키기 위해 사용하는 방법입니다. **스토리지 I/O**가 병목 지점일 때 성능이 향상됩니다.

현재 인메모리 데이터베이스가 실용화되어 널리 쓰이는 것만 봐도 알 수 있는 것처럼, 데이터베이스 성능 저하의 주범은 대부분 스토리지 I/O입니다. SSD의 등장으로 과거보다 개선되었지만, I/O는 여전히 주요 병목 요소입니다. DB 엔지니어 입장에서는 CPU가 병목이 되는 것이 오히려 반가운 문제입니다.

이런 상황에서 '스토리지 접근이 느리다면 테이블과 인덱스 데이터를 아예 메모리에 올려두자'는 발상이 인메모리 튜닝입니다. 이 개념을 데이터베이스 전체에 적용한 것이 Oracle TimesTen In-Memory Database와 Redis 같은 인메모리 데이터베이스입니다.[18]

현재 인메모리 튜닝을 본격적으로 지원하는 데이터베이스는 주로 벤더가 개발한 DBMS로 한정됩니다. 예를 들어 Oracle, SQL Server, Db2, MySQL이 여기에 포함됩니다.

---

[18] https://www.oracle.com/database/technologies/related/timesten/

Oracle에서는 자주 접근하는 테이블과 인덱스를 메모리에 고정하기 위해 SGA(System Global Area) 내부에 KEEP 캐시라는 전용 메모리 영역이 있으며, `DB_KEEP_CACHE_SIZE` 파라미터로 크기를 설정할 수 있습니다. 이후 Statspack 또는 AWR(Automatic Workload Repository)의 'Segments by Physical Reads'을 사용해서 'I/O가 많은 객체'를 메모리에 올리도록 설정하면 됩니다. 이렇게 하면 복잡한 실행 계획 조정 없이 **간단한 설정만으로** 성능 향상이 가능합니다.

SQL Server는 메모리 최적화 테이블을 사용해 모든 데이터와 인덱스를 메모리에 올릴 수 있습니다. SQL Server 2016부터는 테이블 크기 제한이 없어졌으며, 테이블 정의에 `WITH (memory_optimized = on)` 옵션을 추가하기만 하면 됩니다.[19] 다만 클러스터형 인덱스(clustered index)를 생성할 수 없는 등의 제약이 있습니다.

■ 메모리 최적화 테이블 DDL 예(SQL Server)

```
CREATE TABLE MemoryTest
 (c1 INTEGER PRIMARY KEY NONCLUSTERED) WITH (memory_optimized = on);
```

MySQL에서는 테이블을 생성할 때 `ENGINE=MEMORY` 옵션을 지정하면 메모리 테이블을 만들 수 있습니다. 하지만 서버를 재시작할 때 데이터가 사라지고, 트랜잭션을 지원하지 않는 등의 제약이 있어 전용 캐시로 사용하기에는 적합하지 않습니다. 테이블 단위 잠금(락), 트랜잭션 미지원 등으로 OLTP보다는 BI/DWH 환경에 더 적합합니다.[20]

■ MEMORY 엔진 DDL 예(MySQL)

```
CREATE TABLE MemoryTest
 (c1 INTEGER PRIMARY KEY) ENGINE=MEMORY;
```

인메모리 튜닝은 제대로 적용하면 수십 분 걸리던 쿼리가 몇 초 만에 실행되는 놀라운

---

[19] https://learn.microsoft.com/ko-kr/sql/relational-databases/in-memory-oltp/introduction-to-memory-optimized-tables
[20] https://dev.mysql.com/doc/refman/8.0/en/memory-storage-engine.html. HeatWave 서비스를 이용하면 OCI(Oracle Cloud Infrastructure)에서 인메모리 기능을 사용할 수도 있습니다.

효과를 볼 수 있습니다. 이로 인해 이 방법을 포기하기 어려울 정도로 매력을 느낄 수 있습니다. 최근에는 메모리 가격도 저렴해져 데이터베이스 서버에 테라바이트 단위의 메모리를 탑재하는 것도 가능해졌습니다. 하지만 메모리는 여러 쿼리가 공유하는 한정된 자원이므로, 무분별하게 사용하면 시스템 전체 성능에 부정적인 영향을 줄 수 있다는 점을 잊지 말아주세요.

> **핵심 포인트 58** 인메모리 튜닝은 데이터베이스 서버에 여유 메모리가 충분할 때 고려할 방법입니다. 무분별한 남용은 하지 않는 것이 좋습니다. 추가적으로 지원되는 DBMS가 제한적이고, 일부 기능에 제약이 있을 수 있습니다.

연습 문제

연습 6-1 비트맵 인덱스와 해시 인덱스
본문에서는 인덱스 유형으로 B-tree 인덱스만 살펴보았습니다. 하지만 관계형 데이터베이스에는 비트맵 인덱스와 해시 인덱스 같은 다른 유형의 인덱스도 있습니다. 이러한 인덱스들의 장점과 단점을 조사해보세요.

연습 6-2 인덱스 재구성
6.3.5절에서 언급했던 것처럼 B-tree 인덱스는 데이터 갱신이 계속되면 시간이 지남에 따라 구조가 흐트러져 성능이 저하됩니다. 이를 방지하려면 인덱스를 재구성해야 합니다. 각 DBMS별로 인덱스를 재구성하는 구체적인 방법을 조사해보세요.

COLUMN 업무 시스템과 정보 시스템의 공존 위험성 - 공유지의 비극

일반적으로 시스템은 **업무 시스템**(online transaction processing, OLTP)과 **정보 시스템**(online analytical processing, OLAP)으로 구분합니다.[21] 업무 시스템은 리소스 사용이 적은 가벼운 SQL이 대량으로 실행되는 반면, 정보 시스템은 무거운 SQL이 소수 실행된다는 차이가 있습니다.

DBMS도 이러한 구분에 따라 크게 두 가지로 나눌 수 있습니다.

---

21 (옮긴이) 간단하게 설명하자면 OLTP는 '사용자가 직접 이용하는 서비스를 처리하는 시스템'을 뜻합니다. 예를 들어 인터넷 쇼핑몰의 주문, 결제 기능이 OLTP에 해당합니다. 반면 OLAP는 OLTP에서 모인 데이터를 분석하는 데 사용하는 시스템으로, 어떤 상품이 많이 팔렸는지 살펴보거나 회사의 경영 의사결정을 돕는 데 활용됩니다.

- 업무 시스템: Oracle, SQL Server, Db2, MySQL, PostgreSQL
- 정보 시스템: Teradata, 레드시프트, 빅쿼리, 스노플레이크

이 두 종류의 데이터베이스는 물리적으로 분리된 아키텍처로 구축하는 것이 원칙입니다. 하지만 가끔 비용 절감을 위해 하나의 DBMS로 두 가지 작업을 모두 처리하려는 공유형 시스템을 볼 수 있습니다. 이는 현대의 표준적인 데이터베이스 환경에서 성능적으로 최악의 안티패턴이라 할 수 있습니다.

예를 들어 정보 시스템으로 통합해서 사용한다고 합시다. 정보 시스템을 목적으로 하는 DBMS는 대부분 MPP(massively parallel processing)를 사용하여 최대한 많은 자원을 소비해서 쿼리 속도를 높입니다. 따라서 CPU와 스토리지가 항상 한계에 가깝게 사용되는데, 이로 인해 업무 시스템 쿼리까지 영향을 받아 지연될 수 있습니다. 핵심 업무를 담당하는 쿼리가 보조적인 역할을 하는 정보 분석 쿼리 때문에 피해를 입는 것은 잘못된 설계입니다.

반대로 업무 시스템으로 통합해서 사용한다면, 무거운 정보 시스템적인 쿼리를 실행했을 때 자원 부족으로 심각한 지연이 발생할 수 있습니다.[22]

이런 현상은 경제학에서 말하는 **공유지의 비극**(tragedy of the commons)과 같습니다. 공유지의 비극은 모두가 공유하는 자원에 적절한 관리와 제한이 없으면, 일부 사용자가 자원을 과도하게 사용해 결국 모두가 피해를 보는 상황을 의미합니다. 이런 비극을 방지하기 위해 업무 시스템과 정보 시스템은 물리적으로 분리된 리소스를 사용하도록 설계하는 것이 좋습니다.

> **핵심 포인트 59** 업무 시스템과 정보 시스템이 동일 자원을 공유하면 공유지의 비극을 초래할 수 있습니다.

---

[22] 최근에는 OLTP와 OLAP 워크로드를 모두 처리할 수 있는 HTAP(hybrid transaction/analytical processing) 개념의 데이터베이스가 개발되고 있습니다. 현재는 TiDB, Unistore, AlloyDB, MySQL HeatWave 등 소수만 이를 지원하지만, 이런 데이터베이스가 보편화되면 오랫동안 데이터베이스 업계에서 꿈꿔왔던 업무 시스템과 정보 시스템의 통합이 가능해질 수 있습니다.

CHAPTER 7 논리 설계 안티패턴

우리 세계는 '안티패턴(anti-pattern)'이라 부르는 엉망진창인 설계로 가득합니다. 시스템의 핵심이라 할 수 있는 데이터베이스 설계에서 발생하는 안티패턴은 시스템 전체의 품질을 치명적으로 떨어뜨릴 수 있습니다. 이번 장에서는 이러한 심각한 안티패턴의 구체적인 사례를 살펴보고, 안티패턴이 왜 발생하는지, 그리고 무엇이 문제인지 살펴보겠습니다.

학습 포인트
- 관계형 데이터베이스 논리 설계의 기본은 정규화입니다. 하지만 현실에는 이 원칙을 위반한 설계가 많이 존재하며, 이를 안티패턴이라고 합니다.
- 안티패턴은 정규화로 만들어지는 것이 아닙니다. 또한 비정규화로 인해 만들어지는 것도 아닙니다(트레이드오프를 이해하고 비정규화했다면, 그것은 안티패턴이 아닙니다).
- 안티패턴이 문제가 되는 이유는 시스템 품질에 큰 영향을 주면서도 이후에 수정하기 어렵기 때문입니다.
- 논리 설계의 주요 안티패턴으로는 비스칼라값, 더블 미닝, 단일 참조 테이블, 테이블 분할, 부적절한 키, 더블 마스터, 좀비 마트 등이 있습니다.

7.1 논리 설계에서 하지 말아야 하는 것

지금까지 정규화, ER 다이어그램, 비정규화(그리고 비정규화를 왜 피해야 하는지)를 배웠습니다. 이제 논리 설계의 기초를 한 번 살펴봤다고 할 수 있습니다. 6장까지의 내용을 기초편이라고 한다면, 지금부터의 장은 응용편 또는 실전편이라 부를 수도 있겠지만, 사실 이번 장에서 소개할 내용은 절대 따라 하면 안 되는 설계 패턴입니다. IT 업계에서는 이런 패턴을 **안티패턴**이라고 부릅니다. 굳이 이런 패턴에 주목하는 이유는 현실에서 이런 설계가 너무 많이 존재하기 때문입니다. 심지어 이런 설계만 모아놓은 책(안티패턴 모음집)도 출판될 정도입니다.

초보자 분이라면 이해하기 힘들 수도 있겠지만, 시스템의 품질을 결정하는 것은 프로그래밍이 아니라 설계입니다. **전략의 실패를 전술로 만회할 수 없다**는 유명한 말이 있는데, 시스템 개발에서는 **설계가 전략, 프로그래밍이 전술**에 해당합니다. 그런데 제가 확실하게 말할 수 있는 것이 있습니다. 여러분이 실제 개발 현장에서 기존의 설계 문서를 보면 깜짝 놀라는 경우가 많을 것입니다. 이때 감정적이 되어 입 밖으로 다음과 같은 말이 튀어나올 수도 있습니다.

"도대체 누가 이딴 설계 문서를 작성한 거야?!"

사실 현실의 시스템들에는 정규화를 포함해, 모든 원칙을 무시하는 논리 설계가 넘쳐납니다. 거의 무법지대라 부르고 싶을 정도의 개발 현장도 있습니다. 물론 불가피한 사정으로 인해 의도적으로 비정통적인 설계를 선택하는 경우도 있습니다. 하지만 대부분의 경우, 이런 나쁜 설계가 생기는 이유는 단 하나입니다. 바로 **아무 생각 없이 만들었기 때문**입니다.

독자 여러분은 지금부터 설명하는 안티패턴을 절대 따라 하지 말아주세요. 더 나아가서 동료 또는 선후배가 이런 잘못된 길로 빠지려 한다면 적극적으로 막아주세요. 그리고 세상에서 안티패턴을 없애는 데 최대한 힘을 보태주시기 바랍니다.

7.2 비스칼라값(제1정규형 미만)

3장에서 정규화를 다루면서, 가장 먼저 가장 낮은 단계의 정규형인 **제1정규형**을 배웠습니다. 제1정규형의 정의는 **테이블에 포함된 모든 값이 스칼라값이어야 한다**는 것이었습니다. 하지만 놀랍게도, 현실에는 이러한 최소한의 규칙조차 지켜지지 않는 시스템이 종종 있습니다.

7.2.1 배열 타입으로 인한 비스칼라값

3장에서 살펴봤던 비스칼라값을 포함하는 테이블을 다시 한번 살펴봅시다.

■ 비정규형
부양가족

직원ID	직원명	자녀
000A	인성	인아, 가람
000B	아린	
001F	서하	건우, 민규, 하진

이 테이블에서 '자녀' 열은 비스칼라값입니다. 따라서 이 구조는 '표' 형태를 갖고 있더라도 관계형 데이터베이스의 '테이블'로 볼 수 없습니다. 3장에서 이를 설명했습니다. 기본적으로 이런 설계는 피해야 하지만, 지금부터는 조금 복잡한 이야기를 하겠습니다.

SQL에는 세계 공통 표준 규격이 있으며, 몇 년마다 개정됩니다(최근에는 2023년에 개정). 1999년 개정판에서 **배열 타입**이라는 기능이 표준에 추가되었습니다. 여기서 '배열'은 자바 또는 C 같은 일반 프로그래밍 언어에서의 배열과 동일한 개념입니다. 즉, **SQL에서도 테이블의 한 열을 배열로 다룰 수 있는 기능**이 생긴 것입니다. 이는 **비스칼라값을 포함하는 테이블을 만들 수 있다**는 의미로, 관계형 데이터베이스의 기본 원칙을 위반하는 기능이라 할 수 있습니다. 방금 살펴봤던 '부양가족' 테이블을 예로 들면, 이를 구현하는 DDL(테이블 정의 SQL)은 다음과 같습니다.[1]

■ 부양가족 테이블을 생성하는 SQL 문
```
CREATE TABLE family (
    emp_id   varchar(4),
    emp_name varchar(20),
```

---

[1] 이 DDL은 PostgreSQL에서 동작을 확인했습니다.

```
children varchar(20)[],    ◀── 배열 타입 선언
PRIMARY KEY(emp_id);
```

이렇게 배열 타입 열 'children'이 선언되었다고 하면, 레코드를 삽입하는 SQL은 다음과 같습니다.

■ **부양가족 테이블에 레코드를 삽입하는 SQL**
```
INSERT INTO family VALUES ('000A', '인성', '{인아, 가람}');
INSERT INTO family VALUES ('000B', '아린', NULL);
INSERT INTO family VALUES ('001F', '서하', '{건우, 민규, 하진}');
```

이렇게 하면 'children' 열에 여러 값을 배열 형태로 저장할 수 있습니다.[2]

과거 배열 타입이 표준 SQL에 포함될 때 많은 논쟁이 있었습니다. 사실 자바 같은 일반 프로그래밍 언어는 배열 타입을 많이 활용합니다. 따라서 관계형 데이터베이스만 배열을 다루지 못한다면 데이터베이스와 애플리케이션 사이의 데이터 교환(인터페이스)에 불일치가 생기고 여러 불편함이 발생할 수 있습니다(그림 7-1).

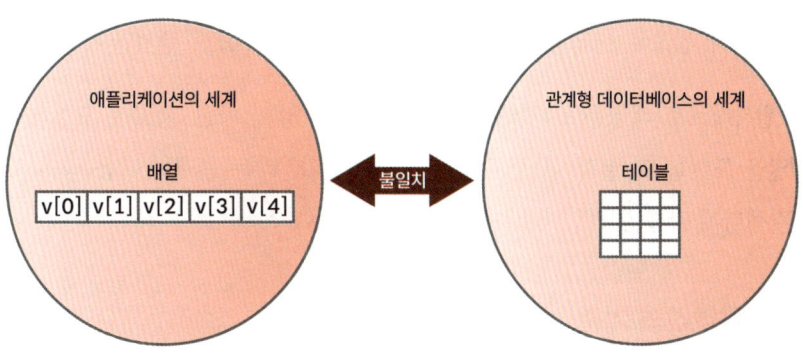

그림 7-1 애플리케이션과 데이터베이스 사이의 불일치

하지만 관계형 데이터베이스는 오랫동안 엄격한 정규화를 통한 데이터 일관성 유지를 핵심 원칙으로 삼아왔기 때문에, 이 원칙을 무너뜨리는 것에 대한 반발이 있던 것입니다.

---

2 2024년 8월 기준으로 배열 타입을 지원하는 DBMS는 PostgreSQL 등 극히 일부에 불과합니다.

기능적으로는 배열 타입이 지원은 되었지만, 결국 20년이 지나도록 널리 보급되지 못했습니다. 데이터베이스가 배열 타입을 지원해도, 데이터베이스와 연결되는 애플리케이션과 미들웨어도 배열 타입을 함께 지원해야 하므로, 실제 활용하기 어려웠습니다. 사실 필자는 이런 결과를 보고 **깊은 안도감**을 느꼈습니다.

따라서 일단 배열 타입을 사용하는 것 보다는 제1정규형을 지키는 것이 우선입니다. 만약 배열 타입을 사용하고 싶다면, 단순하게 데이터베이스 내부 설계만 고려해서는 안 되고, 데이터베이스와 연결되는 애플리케이션과 미들웨어와의 호환성도 함께 생각해야 합니다. 다만 이는 설계 비용을 증가시키므로, 배열 타입을 도입할 때는 세심하게 주의해야 합니다.

> **핵심 포인트 60** 배열 타입은 사용하지 않습니다. 제1정규형을 지켜 만들어주세요.

물론, 배열 타입 같은 기능이 관계형 데이터베이스에서 필요하다는 요구도 이해할 수는 있습니다. 관계형 데이터베이스의 테이블은 매우 **고정적**인 특성을 갖습니다. 그래서 이후에 열을 추가 또는 제거하는 테이블 구조 변경에 큰 비용이 듭니다. 배열 타입은 좋게 말하면 '유연한' 데이터 타입입니다. 따라서 이러한 데이터 타입이 필요하다는 요구는 당연합니다. 참고로 이러한 이유로 문서형 DB에 대한 수요도 생겨난 것입니다.

그러나 원칙적으로 배열은 3.4절에서 살펴본 것처럼 '열'이 아닌 '행'으로 표현해야 합니다. '배열을 표현할 때 열과 행 중 무엇이 더 적합한가?'라는 문제는 다음 장의 8.3절에서 더 자세하게 다룰 예정입니다.

7.2.2 스칼라값의 기준

스칼라값과 제1정규형을 살펴보면서 **'스칼라값의 기준이 무엇일까?'**라는 의문이 들 수 있습니다. 일단 스칼라는 분해 불가능한 값입니다. 예를 들어 'A상사'라는 회사명 또는 '29'라는 나이는 그 자체로만 의미가 있으며, 'A'와 '상사' 또는 '2'와 '9'로 나누면 원래 의미가 완전히 사라집니다.

하지만 논리적으로 더 나눌 수 있는 경우가 있습니다. 예를 들어 '윤인성'이라는 이름은 성 '윤'과 이름 '인성'으로 나눌 수 있습니다. 또한 'foo@test.com'이라는 이메일 주소는 '@'을 기준으로 'foo'(계정명)와 'test.com'(도메인명)으로 나눌 수 있습니다. 그렇다면 테이블의 열을 어떤 단위로 설계해야 할까요? 어떤 값을 스칼라값으로 사용해야 하는 것일까요?

이 질문에 정해진 답은 없습니다. 테이블 열을 어떤 단위로 만들지는 시스템 요구사항에 따라 달라집니다. 기본적으로 의미 없는 분해만 피하면 됩니다. 이론 설계에 어떤 단위로 데이터를 묶을지에 대한 절대적인 원칙은 없습니다.

일반적인 원칙은 이와 같지만, 필자는 **의미적으로 나눌 수 있다면, 최대한 분리해서 저장하는 것**이 좋다고 생각합니다. '윤인성'이 아닌 '윤'과 '인성'으로 나눠 저장하는 것입니다. 이는 분리된 데이터를 이후에 결합하는 것은 쉽지만, 결합된 데이터를 이후에 분리하는 것은 상대적으로 어렵기 때문입니다.

예를 들어 이메일 주소는 '@'라는 명확한 구분자가 있어 기계적으로 나눌 수 있습니다. 하지만 이름의 경우 어디까지가 성이고 어디부터 이름인지 기계적으로 구분하기 어렵습니다. 따라서 이후에 성만 추출해 사용하려고 할 때 어려움을 겪을 수 있습니다. 반면, 처음부터 분리해 저장한 데이터는 SQL로 쉽게 결합할 수 있습니다.[3]

그래서 최대한 데이터를 분해해 원자적인 형태로 저장하는 것이 바람직하다고 생각합니다.[4]

> **핵심 포인트 61** 데이터는 최대 분리해서 저장하는 것이 좋습니다. 다만, 의미가 훼손되지 않게 해야 합니다.

---

[3] SQL에서 문자열 연결은 || 연산자를 사용합니다. 이 연산자는 표준 SQL이지만, SQL Server와 MySQL에서는 사용할 수 없으므로 주의해주세요. SQL Server에서는 `CONCAT` 함수나 + 연산자, MySQL에서는 `CONCAT` 함수나 sql_mode를 `PIPE_AS_CONCAT`으로 설정한 후 ||를 사용해야 합니다.

[4] 판단이 어렵다면 분해한 열과 결합한 열을 모두 테이블에 저장하는 '이중 전략'을 고려할 수도 있습니다. 하지만 이는 데이터 용량을 낭비하고 중복 데이터로 인해 갱신 비용이 증가하므로, 권장하지 않습니다.

7.3 더블 미닝

이어서 소개할 안티패턴은 어떤 사람들에게는 '이런 방법이 가능하다고?'라고 놀라게 할 만큼 충격적일 것입니다. 하지만 세상은 넓고, 인간은 다양한 아이디어를 떠올리는 존재입니다. 바로 '더블 미닝(double meaning, 이중 의미)'이라는 안티패턴입니다.

7.3.1 이 열의 의미는 무엇일까요?

이 개념은 말로 설명하는 것보다 실제 테이블을 보는 것이 더 이해하기 쉽습니다. 다음은 연도별 학생 정보를 저장하는 테이블입니다. 여기서 열1과 열2가 각각 무엇을 의미하는지 생각해보세요.

학생

연도	학생명	열1	열2
2001	서준서	170	62
2001	윤하린	165	55
2001	나선주	175	70
2001	임아란	178	65
2002	서준서	170	19
2002	윤하린	165	22
2002	나선주	176	18
2002	임아란	179	20

열2의 '내용'이 바뀌었다?

어떻게 보이나요?

열1은 쉽게 알아차릴 수 있을 것입니다. 맞습니다, '키'입니다.

그런데 열2는 무엇일까요? 2001년 학생들의 데이터는 50대 후반에서 70까지 분포하니 이것만 보면 '몸무게'처럼 보입니다. 하지만 2002년 데이터는 20 전후로 분포하니 이 부분을 보면 '나이' 같기도 합니다. 대체 무엇을 나타내는 것일까요?

사실, 이 테이블은 2001년과 2002년 사이에 열2에 저장하는 데이터를 '몸무게'에서

'나이'로 바꾼 것입니다. 하나의 열이 두 가지 의미를 갖는 '더블 미닝' 상태가 된 것입니다.[5] 정확한 이유는 알 수 없지만, 이 테이블을 만든 사람이 '2002년부터는 몸무게이 필요 없고 나이만 알면 된다'고 판단해서 이런 이상한 테이블이 만들어진 것입니다(《SQL AntiPatterns》(인사이트, 2011)에서도 이와 비슷한 안티패턴으로 EAV(entity-attribute-value, 엔터티-속성-값)가 소개되었습니다).

이 테이블을 보자마자 '제정신인가?'라고 생각한 독자도 있을 겁니다. 맞습니다. 뭔가 제정신이 아닌 것 같습니다. 물론 이런 테이블을 만들 수는 있지만, 이런 더블 미닝 열을 만들면 안 됩니다. 열의 의미가 불명확해 시스템 버그의 원인이 되기 때문입니다.

이런 테이블은 열 이름만 보고는 이 열이 무슨 데이터를 담고 있는지 알 수 없습니다. 더블 미닝 열은 여러 의미를 갖고 있으므로, '몸무게' 또는 '나이'와 같은 고정된 이름을 붙일 수 없습니다. 결국 개발자들도 혼란에 빠집니다.

> "이 열은 중간에 의미가 바뀌니까 코딩할 때 조심해줘."
>
> "네? 왜요?!"

7.3.2 테이블의 열은 '변수'가 아니다

이런 더블 미닝 열이 만들어지는 배경에는 프로그래밍 언어의 '변수' 개념이 있을 수 있습니다. 프로그래밍 할 때는 다양한 값을 저장하기 위한 임시 변수를 자주 사용합니다. 이런 변수들은 특정 의미가 없으므로 보통 `tmp` 또는 `var` 같은 이름을 붙입니다.

이런 프로그래밍 습관에 익숙한 엔지니어가 관계형 데이터베이스 테이블을 보면 '값을 저장하니까 이것도 일종의 변수구나'라고 생각하는 것이 어떻게 보면 자연스러울 수 있습니다(사실 테이블도 형식적으로 거대한 전역 변수처럼 볼 수도 있습니다).

하지만 관계형 데이터베이스의 테이블은 의미적으로 현실 세계의 다양한 개체(엔터티)를 '투영'한 것이므로, 변수보다 훨씬 **정적**이고 고정적인 존재입니다. 테이블과 열의 의미는

---

5 원리적으로는 '트리플 미닝'이나 더 일반화한 '멀티 미닝'도 가능합니다.

한번 정하면 쉽게 변경해서는 안 된다는 것이 관계형 데이터베이스의 기본 원칙입니다.[6]

`핵심 포인트 62` 열은 변수가 아닙니다. 한번 의미를 정하면 변경할 수 없습니다.

따라서 '2002년부터는 나이 정보도 저장하고 싶다'고 생각한 엔지니어는 다음과 같이 '나이' 열을 새로 추가하는 방법으로 해결했어야 합니다.

■ 2001년의 상태

학생

연도	학생명	키	몸무게
2001	서준서	170	62
2001	윤하린	165	55
2001	나선주	175	70
2001	임아란	178	65

■ 2002년의 상태

학생

연도	학생명	키	몸무게	나이
2001	서준서	170	62	
2001	윤하린	165	55	
2001	나선주	175	70	
2001	임아란	178	65	
2002	서준서	170		19
2002	윤하린	165		22
2002	나선주	176		18
2002	임아란	179		20

이렇게 하면 열 이름만 봐도 어떤 데이터가 저장되어 있는지 바로 알 수 있고, 기존 애플리케이션을 수정할 필요도 없습니다.

---

6 참고로 테이블 구조를 유연하게 변경할 수 없다는 점은 종종 관계형 데이터베이스의 단점으로 지적됩니다. 그래서 문서형 NoSQL 제품을 사용하기도 합니다. 하지만 이는 더 심화된 주제이므로 이 책에서는 다루지 않습니다.

7.4 단일 참조 테이블

이어서 소개할 내용은 더블 미닝의 응용 버전입니다. 사실 현실에서는 단순한 더블 미닝보다 이 패턴을 더 자주 볼 수 있습니다.

3장에서 직원 정보를 관리하는 테이블 예로 제3정규화까지 진행했습니다. 처음에는 모든 정보를 하나의 테이블에 저장했지만, 최종적으로 '회사', '직원', '부서'라는 세 개의 테이블로 분리했습니다.

7.4.1 여러 개의 테이블을 합치고 싶을 때

이 세 가지 테이블을 보면 한 가지 사실을 알 수 있습니다. '회사' 테이블과 '부서' 테이블이 구조적으로 동일하다는 점입니다. 두 테이블 모두 '식별 ID'와 '명칭'이라는 형태로 되어 있습니다.

■ **직원 정보를 관리하는 테이블**

직원

회사코드	직원ID	직원명	나이	부서코드
C0001	000A	인성	40	D01
C0001	000B	아린	32	D02
C0001	001F	서하	50	D03
C0002	000A	태희	47	D03
C0002	009F	미나	25	D01
C0002	010A	강남	33	D04

회사

회사코드	회사명
C0001	A상사
C0002	B화학
C0003	C건설

부서

부서코드	부서명
D01	개발
D02	인사
D03	영업
D04	총무

> 두 테이블은 동일한 구조를 가지고 있습니다.

그렇다면 이 두 테이블을 굳이 따로 유지할 필요 없이 **하나의 테이블로 결합**할 수도 있을 것입니다. 좋은지 나쁜지는 따지지 않는다면, 일단 원리적으로는 가능합니다.

하나의 테이블을 정규화해서 두 테이블이 추가로 생성된다면, 이를 별도로 관리하든 합치든 큰 차이가 없을 수 있습니다. 하지만 정규화는 모든 테이블에 적용해야 합니다. 결과적으로 테이블 수가 계속 증가할 것입니다. 수백 개의 테이블이 생기는 것도 드문일이 아닙니다. 예를 들어 위의 두 테이블 이외에도 '지역'이나 '성별' 같은 마스터 데이터들도 비슷한 구조를 가질 수 있습니다. 이런 마스터 테이블들을 하나로 통합하고 싶다는 생각은 매우 자연스럽습니다. **중복 제거**는 프로그래밍의 기본 원칙이니까요.

이런 발상에서 만들어지는 것이 바로 **단일 참조 테이블**입니다.[7] 이것은 모든 종류의 마스터 테이블을 하나의 테이블에 모아놓은 형태입니다.

■ 단일 참조 테이블(여러 코드 체계를 하나로 결합한 형태)

코드타입	코드값	코드내용	
comp_cd	C0001	A상사	
comp_cd	C0002	B화학	
comp_cd	C0003	C건설	회사코드
⋮			
comp_cd	C9999	Z유통	
pref_cd	01	서울	
pref_cd	02	인천	지역코드
⋮			
pref_cd	47	부산	
sex_cd	0	비공개	
sex_cd	1	남자	성별코드
sex_cd	2	여자	
sex_cd	9	기타	

먼저, 각 코드가 어떤 체계인지 구분하기 위해 '코드타입' 열이 필요합니다. '코드값'과 '코드내용'은 원래 개별 마스터 테이블에 있던 열과 같습니다. 다만 기존에는 '회사명'이나 '부서명' 같은 구체적인 이름이었던 열이, 이제는 무엇을 나타내는지 명확히 정의할 수 없어서 '코드내용'이라는 일반적인 이름을 사용할 수밖에 없습니다.

---

[7] 영어로는 One True Lookup Table, 줄여서 OTLT라고 합니다.

7.4.2 단일 참조 테이블의 장단점

이러한 단일 참조 테이블이 이전에 설명한 더블 미닝을 일반화한 개념이라는 것을 이해할 수 있을 것입니다. 더블 미닝 때는 하나의 열이 레코드별로 의미가 달라졌지만, 단일 참조 테이블은 테이블 전체가 때로는 '회사', 때로는 '성별' 등으로 변하는 구조를 갖고 있습니다.

이 개념을 객체지향 언어의 **다형성(polymorphism)** 과 비슷하다고 말하는 개발자들도 있습니다. 다형성은 하나의 객체 또는 함수가 여러 타입을 가질 수 있다는 개념입니다. 확실히 비슷한 점이 있지만, 실제로 서로 영향을 주었는지는 불분명합니다. 단일 참조 테이블은 누군가가 고안했다기보다 개발 현장에서 자연스럽게 사용되던 방법에 이름이 붙은 것에 가깝습니다. 조 셀코는 자신이 처음으로 단일 참조 테이블을 본 것이 1998년 이었다고 이야기합니다.

단일 참조 테이블의 장단점을 정리하면 다음과 같습니다.

장점
- 마스터 테이블 수가 줄어서, ER 다이어그램과 스키마가 단순해진다.
- 코드 검색 SQL을 공통화할 수 있어 유지보수와 관리가 쉬워진다.

단점
- '코드타입', '코드값', '코드내용' 열은 코드 체계마다 필요한 길이가 다르므로, 여유를 두고 충분히 큰 가변 길이 문자열로 선언해야 한다.
- SQL에서 코드타입이나 값을 잘못 지정해도 오류가 발생하지 않아 버그를 찾기 어렵다.
- ER 다이어그램이 단순해 보여도, ER 모델로서의 정확성이 떨어져 오히려 가독성이 저하될 수 있다.
- 데이터 테이블의 코드 열과 데이터 타입이 다를 가능성이 높아, 외래 키로 참조 일관성 제약을 설정할 수 없다.

이렇게 장단점을 비교해보면, 단일 참조 테이블은 사용 여부를 신중히 고려해야 하는 데이터 모델입니다. 단일 참조 테이블은 안티패턴 중에서도 그레이 노하우(다음 장에서 설명)에 가까운 설계 방법입니다. 처음에는 좋은 아이디어처럼 보이지만, 실제로 사용하면 여러 심각한 문제가 발생할 수 있습니다.

실제로 필자가 일하면서 보았던 단일 참조 테이블은 '코드값' 열 길이가 5바이트로 설정되어 있어, 이후에 7바이트가 필요한 코드를 등록할 수 없었습니다. 게다가 이 테이블은 여러 업무에서 공통으로 사용된다는 문제[8]로, 열 크기를 쉽게 바꿀 수 없었습니다. 결국 별도의 마스터 테이블을 추가로 만들다 보니, 본래 의미를 상실하게 되었습니다.

핵심 포인트 63 테이블에는 다형성이 필요 없습니다.

7.5 테이블 분할

이번에는 테이블 분할이라는 안티패턴을 살펴보겠습니다. 테이블 분할은 주로 성능 향상을 목적으로 사용됩니다. 목적이 분명하므로 지금까지 소개한 다른 안티패턴들보다는 안티패턴으로 인식되지 않는 편입니다.

실제로 테이블 분할 방법에는 여러 종류가 있습니다. 그리고 상황에 따라 현실적인 해결 방법이 될 수도 있습니다. 하지만 절대 사용해서는 안 되는 테이블 분할 방법도 있으므로 주의해야 합니다.

7.5.1 테이블 분할의 종류

테이블 분할은 크게 두 가지로 나눌 수 있습니다.

1. 수평 분할
2. 수직 분할

---

8 단일 참조 테이블의 특성상 모든 업무 시스템이 이 테이블을 참조하게 됩니다.

각 패턴을 자세하게 살펴보기 전에 간단히 설명하자면(그림 7-2), 수평 분할은 행 단위로 테이블을 나누는 방법입니다. 테이블을 수평으로 자르기 때문에 이런 이름이 붙었습니다. 수직 분할은 반대로 열 단위로 테이블을 나누는 방법입니다.

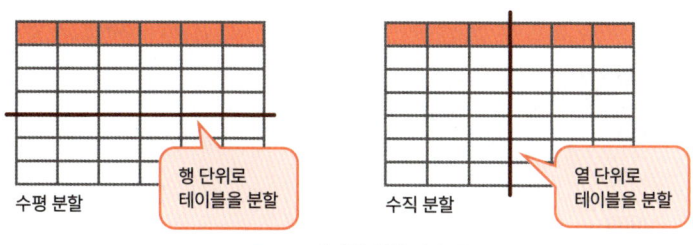

그림 7-2 테이블 분할의 종류

또한 엄밀하게 분할이 아니지만, '집계'라는 방법도 이번 절에서 함께 설명하겠습니다. 이는 기존 테이블의 데이터를 요약한 결과를 새로운 테이블로 만드는 방법입니다. 원래 테이블 구조를 변경하지 않고 새로운 테이블을 만들 뿐이지만, 개발 과정에서 성능 향상을 위해 테이블 분할과 함께 자주 사용되므로 여기에서 함께 다루겠습니다.

7.5.2 수평 분할

수평 분할은 레코드 단위로 테이블을 나누는 방법입니다. 예를 들어 회사의 연도별 매출을 저장하는 다음과 같은 테이블을 생각해봅시다.

여기서 예로 든 테이블은 12개의 레코드만 있지만, 실제 업무 시스템에서는 수백만에서 수십억 개의 레코드가 존재할 수 있습니다. 데이터가 많을수록, 테이블에 접근하는 SQL의 성능은 크게 저하됩니다. 2장에서 살펴보았던 것처럼 SQL 성능 저하의 가장 큰 원인(병목현상)은 스토리지(주로 디스크 또는 SSD)의 **입출력 비용 증가**입니다. 따라서 성능 개선의 핵심은 접근할 데이터양 자체를 줄이는 것입니다.

매출

연도	회사코드	매출(억)
2001	C0001	50
2001	C0002	52
2001	C0003	55
2001	C0004	46
2002	C0001	52
2002	C0002	55
2002	C0003	60
2002	C0004	47
2003	C0001	46
2003	C0002	52
2003	C0003	44
2003	C0004	60

이 문제를 해결하기 위한 방법 중 하나는 SQL 문이 접근하는 테이블의 크기를 최대한 작게 만드는 것입니다. 예를 들어 SQL이 항상 '매출' 테이블에 연도별로만 접근한다면, 다음과 같이 연도별로 테이블을 분할하여 성능을 개선할 수 있습니다.

■ **매출 테이블 수평 분할(연도별로 분할)**

매출(2001)

연도	회사코드	매출(억)
2001	C0001	50
2001	C0002	52
2001	C0003	55
2001	C0004	46

매출(2002)

연도	회사코드	매출(억)
2002	C0001	52
2002	C0002	55
2002	C0003	60
2002	C0004	47

매출(2003)

연도	회사코드	매출(억)
2003	C0001	46
2003	C0002	52
2003	C0003	44
2003	C0004	60

이 방법은 간단하고 이해하기 쉬운 해결 방법으로 보입니다. 하지만 몇 가지 심각한 단점이 있어, 관계형 데이터베이스에서는 원칙적으로 권장하지 않습니다.

단점1. 분할할 논리적인 이유가 없음

모든 테이블 분할 패턴에서 발생할 수 있는 공통적인 문제입니다. 이런 방법으로 테이블을 분할하는 이유는 정규화 이론에 나오지 않습니다. 순전히 성능이라는 물리적 측면의 요구 때문이므로, 이런 요구가 없다면 굳이 할 필요가 없는 작업입니다.

단점2. 확장성이 부족함

이 분할 방법이 성능 개선에 효과적인 경우는 '모든 연도의 데이터를 한꺼번에 검색할 필요가 없다'는 전제가 성립할 때뿐입니다. 그러나 이 전제가 항상 유지된다고 보장할 수 없습니다. 예를 들어 연도별 추이를 분석하고 싶다면, 이 분할 방법이 오히려 불편합니다.

또한 이 분할 방법을 사용하면 2004년 이후의 데이터도 계속해서 테이블을 나눠서 저장해야 하므로, 테이블 수가 계속 늘어납니다. 그때마다 애플리케이션도 수정해야 하므로 확장성이 떨어집니다. '데이터 구조가 프로그램을 결정한다'는 DOA 원칙(1장)을 기억해주세요.

단점3. 다른 대체 수단이 존재함

이러한 수평 분할 대신 사용할 수 있는 방법으로, 대부분의 DBMS는 6.5절에서 설명한 '파티션' 기능을 제공합니다. 파티션 기능을 사용하면 테이블을 실제로 나누지 않고도 파티션 키('매출' 테이블의 경우 '연도')를 기준으로 물리적 저장 공간을 분리할 수 있습니다. 이렇게 하면 SQL이 접근하는 데이터양을 1/n(n은 파티션 개수)로 줄일 수 있습니다.

파티션 기능은 DBMS에 따라 유료 옵션일 수도 있지만, 사용 가능한 환경에서는 수평 분할 없이도 성능을 개선할 수 있으므로 적극 활용하는 것이 좋습니다. 인덱스와 파티션 중 어느 것을 사용할지 고민된다면, 일반적으로 파티션은 '데이터 종류가 적고 값이 자주 바뀌지 않는 열'을 키로 사용합니다. 대표적인 예로 '연도'나 '지역'처럼 종류가 수십 개 정도인 데이터가 적합합니다. 인덱스는 좀 더 다양한 값을 가진 열에서 효과적입니다.

7.5.3 수직 분할

수평 분할이 행을 기준으로 나누는 방법이라면, 수직 분할은 열(column)을 기준으로 나누는 방법입니다. 예를 들어 제3정규형을 만족하는 다음 '직원' 테이블을 생각해봅시다.

직원

회사코드	직원ID	직원명	나이	부서코드
C0001	000A	인성	40	D01
C0001	000B	아린	32	D02
C0001	001F	서하	50	D03
C0002	000A	태희	47	D03
C0002	009F	미나	25	D01
C0002	010A	강남	33	D04

이제 이 테이블을 검색하는 SQL이 너무 느려서 개선이 필요하다고 가정해봅시다. 만약 항상 '회사코드', '직원ID', '나이'만 읽어 들인다면, 다음 형태로 테이블을 분할하여 SQL이 처리하는 데이터양을 줄일 수 있습니다.

■ **직원 테이블을 수직 분할**

직원1

회사코드	직원ID	나이
C0001	000A	40
C0001	000B	32
C0001	001F	50
C0002	000A	47
C0002	009F	25
C0002	010A	33

직원2

회사코드	직원ID	직원명	부서코드
C0001	000A	인성	D01
C0001	000B	아린	D02
C0001	001F	서하	D03
C0002	000A	태희	D03
C0002	009F	미나	D01
C0002	010A	강남	D04

이렇게 필요한 열만 포함한 '직원1' 테이블을 검색하면 SQL 성능을 개선할 수 있습니다(물론 병목현상이 스토리지의 입출력 비용인 경우에 한해서입니다). 추가적으로 이러한 분해는 손실 없는 분해이므로 조인으로 원래 '직원' 테이블 데이터를 쉽게 복원할 수 있습니다.

하지만 이러한 수직 분할도 논리적 의미가 없는 분할이라는 점에서 수평 분할과 같은 단점을 갖습니다. 따라서 원칙적으로 사용하지 않는 것이 좋습니다. 특히 수직 분할은 곧 이어서 설명하는 '집계'로 대체할 수 있습니다.

그럼 마지막으로 세 번째 방법인 '집계'를 살펴봅시다.

7.5.4 집계

집계는 테이블을 나누는 방법이 아니라, 테이블 분할의 대안으로 사용되는 방법입니다. 집계는 크게 두 가지 유형으로 나눌 수 있습니다.

1. 열 필터링
2. 요약 테이블

열 필터링

첫 번째 방법은 필요한 열만 선택해서 새로운 테이블을 만드는 유형입니다. 이는 이전에 설명한 수직 분할의 대안이라고 볼 수 있습니다. 예를 들어 '직원' 테이블에서 '회사코드', '직원ID', '나이'가 자주 조회되는 열이라면, 이 세 가지 열만 포함한 새 테이블을 추가로 만듭니다. 원본 '직원' 테이블은 그대로 유지하므로 분할이 아닙니다.

■ 열 필터링(데이터 마트 생성)

직원

회사코드	직원ID	직원명	나이	부서코드
C0001	000A	인성	40	D01
C0001	000B	아린	32	D02
C0001	001F	서하	50	D03
C0002	000A	태희	47	D03
C0002	009F	미나	25	D01
C0002	010A	강남	33	D04

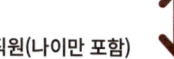 정기적인 데이터 동기화 필요

직원(나이만 포함)

회사코드	직원ID	나이
C0001	000A	40
C0001	000B	32
C0001	001F	50
C0002	000A	47
C0002	009F	25
C0002	010A	33

데이터 마트(마트)
새로 만들어진 작은 테이블

이렇게 만들어진 (원본 테이블보다) 작은 테이블을 **데이터 마트(data mart, DM)** 또는 줄여서 **마트**라고 부릅니다. 이 용어는 원래 대량의 데이터를 다루는 데이터 웨어하우스(data warehouse, DWH) 분야에서 사용되던 것으로, 다양한 데이터가 사용자에게 제공되는 모습이 마트와 비슷하다고 해서 붙여진 이름입니다.

이러한 마트는 매우 유용합니다. 원본 테이블의 구조를 훼손하지 않으면서도 성능을 향상시킬 수 있으므로 실제 개발에서 자주 사용됩니다. 하지만 마트를 너무 많이 만들면 저장 공간을 낭비하는 문제가 생길 수 있습니다. 또한 마트를 사용할 때 주의할 점이 하나 더 있습니다. 바로 **데이터 동기화** 문제입니다.

원본 테이블과 마트는 일부 열을 공유합니다. 예를 들어 '나이' 열은 직원이 나이를 먹을 때마다 값이 바뀌어야 합니다. 따라서 원본 '직원' 테이블의 '나이' 정보가 바뀌면, 마트의 '나이' 정보도 함께 바꿔야 합니다.

문제는 마트를 얼마나 자주 갱신할 것인가 하는 점입니다. 갱신 주기가 짧을수록 원본 테이블과의 차이가 짧은 기간 동안만 존재하므로 데이터 정확도가 높아지고 기능적으로 좋습니다. 하지만 갱신 주기가 짧을수록 시스템 부하가 커져서, 원래 해결하려던 성능 문제가 오히려 악화될 수 있습니다.

그래서 대부분의 경우 마트는 하루에 1회 또는 몇 회 정도만 한꺼번에 갱신(**배치 갱신**)합니다. 다만 원본 테이블과 마트 사이의 데이터 불일치 기간이 길어질 수 있으므로, 기능적으로 문제가 없는지 요구사항과 비교하며 신중히 검토해야 합니다. 데이터 마트는 7.8절에서 조금 더 자세하게 다루겠습니다.

요약 테이블

요약 테이블(summary table)도 집계 방법 중 하나입니다. 열 필터링과 다른 점은 '요약 테이블은 집계 함수를 사용해 행을 요약한 형태로 저장한다는 것'입니다.

예를 들어 회사별 직원 평균 나이가 필요한 업무가 있다고 가정해봅시다. 물론 매번 '직원' 테이블에 `SELECT` 문으로 접근해서 집계해도 되지만, 테이블 크기가 커질수록 집계

처리 비용이 늘어나 실행 시간이 길어질 것입니다.[9]

다음과 같이 미리 집계된 테이블을 만들어둔다면 어떨까요? 회사별 직원의 평균 나이를 알고 싶다면, 이 테이블을 대상으로 간단한 SELECT 문만 실행하면 됩니다.

■ 요약 테이블

직원

회사코드	직원ID	직원명	나이	부서코드
C0001	000A	인성	40	D01
C0001	000B	아린	32	D02
C0001	001F	서하	50	D03
C0002	000A	태희	47	D03
C0002	009F	미나	25	D01
C0002	010A	강남	33	D04

집계 ↓

SQL
```
SELECT 회사코드, AVG(나이) AS 평균나이
FROM 직원
GROUP BY 회사코드
```

직원평균나이

회사코드	평균나이
C0001	41
C0002	35

요약 테이블

'직원평균나이' 테이블은 행과 열 모두 원본 '직원' 테이블보다 작습니다. 따라서 접근할 때 입출력 비용을 크게 줄일 수 있습니다. 또한 원본 테이블을 변경하지 않아도 되므로, 분할로 인한 단점도 없습니다.

하지만 이 방법도 이전에 언급한 열 필터링과 같은 단점을 갖고 있습니다. 즉, 갱신 시점의 차이로 인해 데이터가 일치하지 않는 시간이 생기므로, 마찬가지로 동기화 문제가 발생합니다. 또한 일반적으로 요약 테이블은 원본 테이블보다 훨씬 작지만, 새로운 테이블을 추가하는 것이므로 저장 공간을 차지하는 것은 사실입니다.

---

9   이 책에서는 SQL을 깊이 다루지는 않지만, 일반적으로 SUM 또는 AVG 같은 집계 함수를 사용하면 대상 데이터를 정렬하거나 해시 처리하는 과정이 필요해 처리 시간이 길어집니다.

| COLUMN | 샤딩과 칼럼 기반 데이터베이스 |

본문에서는 테이블의 수평 분할과 수직 분할을 안티패턴으로 다루었습니다. 이번에는 이 두 가지 개념과 매우 유사하지만 새로운 기술에 대해 설명하겠습니다. 바로 **샤딩(sharding)과 칼럼 기반 데이터베이스(column-oriented database)**입니다. 이 두 기술은 최신 데이터베이스의 물리적 구조로 주목받고 있지만, 놀랍게도 그 기본 개념은 바로 수평 분할과 수직 분할입니다.

■ 샤딩

샤딩은 적절한 한국어 표현이 없는 용어지만, 간단히 말해 수평 분할을 의미합니다. 즉, 레코드를 물리적으로 여러 곳에 나누어 저장함으로써 입출력 부하를 분산시켜 성능을 향상시키는 방법입니다.

샤딩이 일반적인 데이터베이스 파티셔닝과 다른 점은 파티셔닝으로 나눈 테이블은 논리적으로 여전히 하나의 테이블로 사용 가능한 반면, 샤딩으로 나눈 테이블은 논리적으로도 물리적으로도 완전히 별개의 테이블로 취급된다는 것입니다.

샤딩은 기본적으로 **shared-nothing 아키텍처**(2장 연습 참고)를 기반으로 합니다. 샤딩은 입출력을 완전히 분리할 수 있어 확장성이 뛰어나며, 구글과 같은 대규모 검색 엔진의 데이터베이스에 활용됩니다. 구글은 자사의 구글 클라우드에서 제공하는 Cloud Spanner 데이터베이스 내부 구조로도 샤딩을 사용합니다(Cloud Spanner와 샤딩의 관계는 265페이지의 'NewSQL' 칼럼을 참고해주세요).

■ 칼럼 기반 데이터베이스

칼럼 기반 데이터베이스를 이해하려면 먼저 로 기반 데이터베이스(row-oriented database)를 이해해야 합니다.

대부분의 DBMS는 로 기반 방법입니다. 이는 '행'을 하나의 물리적 저장 단위[10]로 사용한다는 의미입니다(그림 A).

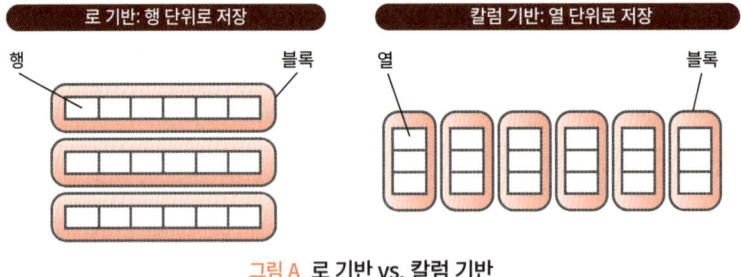

그림 A 로 기반 vs. 칼럼 기반

---

[10] DBMS에 따라 이러한 저장 단위를 '블록' 또는 '페이지'라고 부릅니다. 그림 A에서는 이해하기 쉽게 하나의 블록에 하나의 레코드만 저장된 것처럼 표현했지만, 실제로는 하나의 블록에 여러 레코드가 저장될 수도 있습니다.

> 로 기반 방법은 SQL에서 단 하나의 열만 필요하더라도 레코드 전체를 읽어야 합니다. 이는 DBMS가 '블록' 단위로 데이터를 읽기 때문입니다. 블록 내에서 특정 열만 골라 읽는 것은 불가능합니다.
>
> 반면, 칼럼 기반 방법에서는 필요한 열만 읽어 들일 수 있어 입출력량을 크게 줄일 수 있습니다. 이는 성능 면에서 큰 장점입니다.
>
> 칼럼 기반 데이터베이스의 핵심 아이디어는 '테이블에는 많은 열이 있지만, 대부분의 SQL은 일부 열만 사용한다'입니다. 따라서 `SELECT *`처럼 모든 열을 조회하는 경우에는 칼럼 기반 방법의 장점이 사라집니다.
>
> 여기까지 읽으면, 칼럼 기반 방법이 수직 분할과 같은 개념이라는 것을 이해할 수 있을 것입니다. 칼럼 기반과 로 기반은 DBMS의 물리적 구조에 관한 것이므로, 일반 사용자는 이를 직접 신경 쓸 필요가 없습니다.
>
> 칼럼 기반 저장 방법은 주로 BI/DWH 분야에서 많이 활용됩니다. 이는 데이터 분석 쿼리가 보통 특정 열만 사용하기 때문입니다. 최근에는 HTAP 기능을 갖춘 데이터베이스에서도 칼럼 기반 저장 방법이 사용되고 있습니다.

7.6 부적절한 키

데이터베이스에서 테이블을 설계할 때 중요한 고려사항 중 하나는 각 열에 적절한 자료형을 선택하는 것입니다. 대표적인 자료형으로는 다음과 같은 것들이 있습니다.

- 문자열(CHAR, VARCHAR)
- 숫자(INTEGER, LONG, REAL)
- 날짜 및 시간(DATE, TIMESTAMP)

DBMS는 이외에도 표준 자료형부터 독자적인 형식까지 다양한 자료형을 제공합니다. 그중에는 7.2절에서 살펴본 배열처럼 표준 자료형이지만 사용을 권장하지 않는 것들도 있습니다.

일반적으로 자료형은 데이터 특성에 맞게 선택해야 하지만, 특정 목적에는 적합하지 않은 자료형이 있습니다. 이번 절에서는 이러한 경우에 대해 살펴보겠습니다.

특히 문제가 되는 것은 키로 사용되는 열의 자료형입니다. 여기서 '키'는 다음 두 가지를 의미합니다.

- 기본 키, 외래 키 등 데이터베이스 기능으로 설정되는 것
- 테이블 조인에 사용되는 열(조인 키)

이 두 종류의 키는 대부분 서로 겹치는 경우가 많습니다. 조인에 사용되는 키는 보통 해당 테이블의 기본 키 또는 외래 키인 경우가 일반적입니다. 이런 용도로 사용되는 열에는 분명히 피해야 할 자료형이 있는데, 바로 **가변 길이 문자열(VARCHAR)**입니다. 그 이유는 두 가지입니다. 첫째, 가변 길이 문자열은 키가 가져야 할 **불변성(stability)**을 보장하지 못합니다. 둘째, 고정 길이 문자열(CHAR)과 혼동될 수 있습니다.

7.6.1 키는 변하지 않아야 한다.

가변 길이 문자열은 주로 어떤 데이터에 사용될까요? 이 책에서 다룬 예로는 회사명, 직원명, 부서명 등이 있습니다. 즉, 주로 '이름'을 저장할 때 사용됩니다. 이름은 글자 수가 일정하지 않기 때문에 가변 길이 문자열을 사용하는 것이 자연스럽습니다.

하지만 '이름'을 키로 사용하는 것은 상당히 위험합니다. 회사명, 직원명, 부서명 등의 이름은 장기적으로 볼 때 바뀔 가능성이 있기 때문입니다.

이렇게 값이 변하는 열을 키로 사용하면 데이터 갱신 작업이 많아져 시스템 안정성과 성능 모두에 부정적인 영향을 미칩니다.

> 핵심 포인트 64 가변 길이 문자열은 불변성이 없으므로, 키로 사용하기에 적합하지 않습니다.

7.6.2 같은 데이터를 의미하는 키는 동일한 자료형을 사용해야 한다

잘 알려진 사실이지만, 고정 길이 문자열과 가변 길이 문자열은 동일한 내용을 저장해도 물리적으로는 다른 '값'이 되는 경우가 많습니다. 이는 고정 길이 문자열이 남은 공간을 공백으로 채우기 때문입니다(패딩).

- 고정 길이 문자열: '테스트   ' ⎯공백
- 가변 길이 문자열: '테스트'

따라서 조인 키가 한쪽 테이블은 고정 길이 문자열로, 다른 쪽은 가변 길이 문자열로 선언되어 있으면 단순 비교만으로 일치하지 않는 문제가 발생할 수 있습니다.

이 문제는 문자열형과 숫자형 같은 서로 다른 자료형 사이에서도 발생합니다. 일부 DBMS는 자동으로 데이터 변환을 수행하지만, 고정 길이 문자열 '001'과 숫자형 '1'은 단순 형변환만으로는 일치하지 않고, 숫자에 '0'을 추가로 채워야 일치시킬 수 있습니다. SQL을 작성할 때 이런 복잡한 문제로 고민하는 것보다는 처음부터 자료형을 통일하는 것이 훨씬 효율적입니다.

> **핵심 포인트 65** 같은 코드 체계를 사용하는 키의 자료형은 (특히 외래 키 참조가 있는 경우) 동일하게 맞추는 것이 좋습니다.

7.7 더블 마스터

다음으로 살펴볼 안티패턴은 더블 마스터(Double Master)입니다. 이는 다른 안티패턴들과 달리 일반적으로 알려진 용어가 아니라, 필자가 직접 만든 용어입니다.

더블 마스터란 이름 그대로 같은 역할을 하는 마스터 테이블이 두 개 존재하는 경우를 의미합니다. 예를 들어 고객 정보를 관리하기 위한 '고객마스터' 테이블이 다음과 같이 두 개 존재하는 경우입니다.

■ 더블 마스터

고객마스터A

고객코드	고객명
C001	김철수
C002	김영희
C003	김도경
C004	이지현

고객마스터B

고객코드	고객명
C001	김철수
C002	김영희
C003	김도경
K001	최서우

7.7.1 더블 마스터는 SQL을 복잡하게 만들고 성능을 저하시킨다.

고객마스터A와 고객마스터B는 일부 동일한 고객 정보를 중복해서 가지고 있지만, 각 테이블에만 존재하는 고객 정보도 있습니다. 예를 들어 고객마스터A에는 'C004 이지현'이 있고, 고객마스터B에는 'K001 최서우'가 있습니다. 이렇게 필요한 정보가 여러 테이블에 분산되어 있으면, 모든 고객 정보를 조회할 때, 두 마스터 테이블을 모두 확인해야 합니다.

이러한 확인은 완전 외부 조인(full outer join) 또는 UNION으로 구현할 수 있습니다. 하지만 이 두 방법 모두 처리 비용이 높아 단일 마스터 테이블을 사용할 때보다 성능이 떨어집니다.

■ 완전 외부 조인의 예

```
SELECT COALESCE(A.고객코드, B.고객코드)
       COALESCE(A.고객명, B.고객명)
  FROM 고객마스터A A FULL OUTER JOIN 고객마스터B B
    ON A.고객코드 = B.고객코드;
```

완전 외부 조인은 일반 외부 조인이 한쪽 테이블의 레코드만 보존하는 것과 달리, 양쪽 테이블의 모든 레코드를 유지합니다. 모든 레코드를 '완전히' 보존하기 때문에 완전 외부 조인이라고 부릅니다. COALESCE 함수는 매개변수를 왼쪽부터 검사하여 처음으로 NULL이 아닌 값을 반환합니다. 이는 한쪽 테이블에만 존재하는 고객 정보에서 NULL이 발생하는 것을 막기 위한 방법입니다.

UNION을 사용한 방법은 다음과 같습니다. 이 방법은 두 테이블을 단순히 합치는 것입니다.

■ UNION의 예

```
SELECT A.고객코드,
       A.고객명
  FROM 고객마스터A A
UNION
```

```
SELECT B.고객코드,
       B.고객명
  FROM 고객마스터B B;
```

두 방법 모두 다음과 같은 동일한 결과를 출력합니다.

결과

```
고객코드    고객명
--------   -------
C001       김철수
C002       김영희
C003       김도경
C004       이지현
K001       최서우
```

7.7.2 더블 마스터가 발생하는 이유

더블 마스터를 처음 보면 '왜 마스터 테이블이 이렇게 두 개로 나뉘게 됐을까?'라는 의문이 들 수 있습니다. 사실 정상적인 설계라면 이런 이상한 상황은 발생하지 않습니다. 더블 마스터가 생기는 주된 원인은 단 하나입니다. 원래 서로 다른 시스템에서 사용되던 마스터 테이블들이 시스템 통합(system integration) 과정에서 같은 도메인 안에 함께 존재하게 된 것입니다.

예를 들어 금융기관과 소매 업체가 각자 자체적으로 고객마스터를 관리하고 있었다고 합시다. 두 기업은 고객 정보를 각자 따로 관리했을 것입니다. 하지만 기업 사이에 합병(M&A)이 발생하여, 시스템이 통합되면서 각 기업이 따로 관리하던 데이터가 통합된다면 어떻게 될까요? 바로 이때 더블 마스터가 발생할 수 있습니다.

> **핵심 포인트 66** 더블 마스터는 주로 시스템 통합 과정에서 발생합니다.

이러한 상황이 발생하면, 비슷한 역할을 하는 테이블이 여러 개 존재하게 됩니다. 이때 데이터를 꼼꼼히 검토하고 엔터티를 제대로 통합한다면 더블 마스터가 발생하지 않습니다. 하지만 이러한 작업에는 상당한 시간과 인력이 필요합니다. 데이터 모델을 완전히 새로 구성하면 데이터베이스에 연결된 기존 애플리케이션들도 모두 수정해야 합니다. 이런 이유로 충분한 검토 없이 기존 엔터티를 단순히 나열하는 정도의 형식적인 통합만 이루어지는 경우도 많습니다.

이러한 데이터 검토 및 정리 작업을 데이터 클렌징(data cleansing)이라고 합니다. 이 작업은 시스템 통합과 기존 시스템 개선을 할 때 매우 중요한 역할을 하므로, 8.6절에서 자세히 다루겠습니다.

7.8 좀비 마트와 다단계 마트

레드시프트, 빅쿼리, 그리고 최근 급성장하고 있는 스노플레이크 같은 퍼블릭 클라우드 기반 BI/DWH 데이터베이스 서비스가 발전하면서, 과거에는 대기업만 구축할 수 있었던 데이터 웨어하우스를 이제 중소기업도 활용할 수 있게 되었습니다. 이로 인해 BI/DWH의 활용 범위가 크게 확대되었습니다. 최근에는 이미지, 동영상, 음성과 같은 비정형 데이터도 정형 데이터와 함께 통합 관리하고 분석에 활용하는 **데이터 레이크(data lake)** 개념도 주목받고 있습니다.

이렇게 데이터베이스의 새로운 활용법이 확산되는 것은 좋은 일이지만, BI/DWH 분야에는 데이터 일관성을 크게 신경 쓰지 않는 (그리 바람직하지 않은) 관행이 있어서, 데이터베이스 논리 설계가 '느슨한' 경향이 있습니다. 예를 들어 데이터웨어하우스 데이터베이스에는 일반 DBMS에서 당연하게 제공하는 **기본 키 제약 조건**조차 없는 경우도 있습니다. 그 결과, 체계적이지 않은 설계가 이루어져 이후에 문제가 발생하는 사례가 자주 있습니다. 특히 대표적인 예가 이 장에서 다룰 **좀비 마트**입니다.[11]

7.8.1 데이터 마트란? — BI/DWH에서의 외부 스키마

좀비 마트가 무엇인지 이해하려면, 먼저 데이터 마트(data mart, DM)에 대해 알아야 합

---

[11] 좀비 마트(Zombie Mart)라는 용어는 저자가 만든 용어입니다.

니다. AWS는 데이터 마트에 대해 다음과 같이 설명합니다.[12]

> 데이터 마트는 조직의 사업부와 관련된 정보를 포함하는 데이터 스토리지 시스템입니다. 여기에는 회사가 더 큰 스토리지 시스템에 저장하는 데이터의 일부만 포함됩니다. 기업은 데이터 마트를 사용하여 부서별 정보를 보다 효율적으로 분석합니다. 주요 이해 관계자가 정보에 입각한 결정을 신속하게 내리는 데 사용할 수 있는 요약 데이터를 제공합니다.
>
> 예를 들어 회사는 공급 업체 정보, 주문, 센서 데이터, 직원 정보 및 재무 레코드와 같은 다양한 소스의 데이터를 데이터 웨어하우스 또는 데이터 레이크에 저장할 수 있습니다. 그러나 회사는 소셜 미디어 리뷰 및 고객 레코드와 같은 마케팅 부서와 관련된 정보를 데이터 마트에 저장합니다.

정리하면, 데이터 마트는 **회사 전체 정보가 담긴 중앙 데이터 웨어하우스(central data warehouse)에서 특정 부서가 쉽게 사용할 수 있도록 가공해 분리한 작은 테이블 모음**입니다. 일반적으로 여러 부서에서 필요한 리포트와 보고서를 쉽게 만들 수 있도록 정리한 테이블을 의미합니다. 데이터 웨어하우스를 '창고'로, 마트를 '(사용자가 필요한 것을 고르는) 시장'으로 생각하면 이해하기 쉽습니다.

7.8.2 데이터 마트가 필요한 이유

데이터 마트가 필요한 이유는 크게 두 가지입니다.

첫 번째는 **사용자 편의성**입니다. DWH는 여러 부서에서 모은 다양한 데이터를 담고 있어서 특정 부서가 원하는 정보를 바로 찾기 어렵습니다. 또한 데이터가 너무 방대해서 다루기 불편합니다. 따라서 DWH에서 각 부서에 필요한 일부 데이터만 추출해 제공하는 것이 데이터 마트의 첫 번째 존재 이유입니다.

두 번째 이유는 **성능** 향상입니다. DWH는 팩트 테이블(fact table)[13]로 구성됩니다. 이러

---

[12] https://aws.amazon.com/ko/what-is-data-mart/
[13] (옮긴이) 분석을 위한 측정값을 모아둔 테이블을 의미합니다. 분석을 위한 측정값은 사실(fact)들의 집합이므로, 이를 팩트 테이블이라고 부르는 것입니다.

한 DWH로 보고서를 만들 때마다 직접 접근하면, 테이블이 너무 거대해서 쿼리 속도가 느려 실용적이지 못합니다. 이 문제를 해결하기 위해 더 작은 규모의 데이터 마트를 만들어 성능을 개선하는 것입니다.

데이터 마트는 1장에서 배운 외부 스키마(뷰)와 비슷한 개념입니다. 뷰와 데이터 마트 모두 사용자가 직접 접근할 수 있고, 사용하기 쉽게 가공되어 있습니다. 두 가지의 차이점은 뷰는 데이터를 직접 저장하지 않고 원본 테이블을 참조하기 때문에 항상 최신 데이터를 볼 수 있는 반면, 데이터 마트는 일괄 처리 방법으로 만들어져 실제 데이터를 저장하지만 데이터의 신선도가 떨어질 수 있다는 점입니다. 이러한 편리함 덕분에 데이터 마트는 BI/DWH 시스템에서 매우 인기 있고 널리 사용됩니다. 전 세계적으로 데이터 마트만 1000개가 넘는 시스템도 있을 정도입니다.

7.8.3 좀비 마트 — DWH 안티패턴 ①

지금까지 설명한 내용은 특별한 문제가 없는, 대부분의 BI/DWH 운영 환경에서 흔히 볼 수 있는 일반적인 상황입니다. 문제는 데이터 마트가 주로 사용자들의 즉흥적 요청에 따라 쉽게 만들어진다는 점에서 시작됩니다.

이렇게 만들어진 데이터 마트는 시간이 지나 더 이상 필요 없어졌는데도, 설계 문서가 없어 아무도 삭제하지 못하는 상황이 발생합니다. 또는 비슷한 테이블이 이미 있는데도 이전 마트의 설계 문서를 찾을 수 없어 유사한 마트가 계속 새로 만들어지기도 합니다. 심한 경우에는 몇 년 동안 아무도 사용하지 않지만, 정확한 내용을 모르기 때문에 삭제하지 못하고 남겨두는 경우도 있습니다. 이렇게 방치된 마트를 **좀비 마트**라고 부릅니다.

좀비 마트는 저장 공간을 불필요하게 차지하므로 온프레미스와 클라우드 환경 모두에서 문제가 됩니다. 온프레미스에서는 저장 공간이 한계에 도달하지 않는 한 직접적인 비용 증가로 이어지지 않는다고 생각할 수도 있지만, 데이터가 많아질수록 백업 시간이 늘어나고 야간 데이터 동기화 작업이 지연되는 등의 문제가 생깁니다.

이런 상황을 보면 데이터 마트가 항상 좋은 것만은 아닙니다. 데이터 마트는 데이터베이스의 캐시 역할을 하므로, 성능 향상에 놀라운 효과를 가져올 수 있습니다. 하지만 그렇기 때문에 즉흥적으로 계속 만들어지기 시작합니다. 이쯤 되면 데이터 마트가 사실상 외부 스키마의 불완전한 버전이 아닌가 하는 의심이 들기도 합니다.

차라리 레드시프트, 스노플레이크, 빅쿼리 같은 DWH 전용 데이터베이스의 성능을 믿고 데이터 마트 없는 설계를 추구하는 게 더 나을 수도 있습니다. 하지만 쿼리 실행 시간에 따라 비용이 책정되는 데이터베이스 서비스에서는 매번 팩트 테이블에 직접 접근하는 쿼리의 성능에 따라 비용이 결정됩니다.

따라서 데이터 마트를 만드는 것이 비용적으로 더 유리한지, 아니면 직접 쿼리하는 것이 더 경제적인지, 그리고 사용자 편의성까지 고려해 종합적으로 접근 방법을 결정해야 합니다(데이터 마트는 사용자 입장에서 매우 편리하다는 평가를 받는 경우가 많아 이 문제를 더 복잡하게 만듭니다).

7.8.4 다단계 마트 — DWH의 안티패턴 ②

좀비 마트와 함께 BI/DWH 시스템에서 자주 발견되는 또 다른 안티패턴이 **다단계 마트**(다단 마트)입니다. 이름 그대로 기존 마트를 기반으로 또 다른 마트를 계층적으로 만드는 방법입니다.

다단계 마트는 다음 장에서 설명할 다단계 뷰와 비슷합니다. 다단계 마트는 실제 테이블을 저장하므로, 성능 면에서는 다단계 뷰보다 나을 수 있지만, 그만큼 저장 공간을 더 많이 차지하는 단점이 있습니다.

다단계 마트의 가장 큰 문제는 데이터 출처를 추적하기 어렵다는 점입니다. 원본 팩트 테이블에서 어떤 데이터를 가져왔는지 명확하지 않고, 더 심각한 문제는 해당 데이터가 **언제 시점의 스냅샷**인지 파악하기 어렵다는 것입니다. 이런 불확실성은 데이터 과학자들이 해당 데이터를 분석에 사용해도 될지 고민하게 만듭니다.

다단계 마트는 명백한 안티패턴이므로 최대한 만들지 않는 것이 좋습니다.

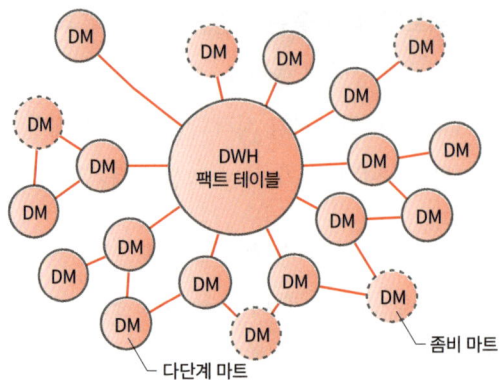

그림 7-3 혼란스러운 데이터 마트 구조

정리하겠습니다. BI/DWH 분야는 성능을 우선시하기 때문에 전통적으로 엄격하게 따지는 정규화와 데이터 일관성을 신경 쓰지 않는 편입니다. 그리고 데이터 마트는 즉흥적으로 쉽게 만들어집니다. 따라서 철저하게 설계 문서를 남기는 것이 좋습니다. 그렇지 않으면 BI/DWH 데이터베이스는 금방 좀비 마트로 가득 찬 '죽음의 도시'가 되어버릴 것입니다.

핵심 포인트 67 데이터 마트는 즉흥적으로 생성되기 쉬우므로, 반드시 설계 문서를 작성해야 합니다. 그렇지 않으면 이후 담당자들이 엄청난 고통을 겪게 될 것입니다.

COLUMN **안티패턴이 나쁜 이유**

지금까지 다양한 안티패턴을 살펴보았는데, 어떤 생각이 드셨나요?

대부분의 사람들은 '정신이 멀쩡한 사람이라면 이렇게 할 수 없다'고 느꼈을 것입니다(필자로서 그러길 바랍니다). 하지만 일부는 '이 정도는 괜찮지 않나? 실제로 이런 데이터 구조로 돌아가는 시스템도 많잖아?'라고 생각할 수도 있습니다. 결국 '안티패턴이라 하지만, 정말 그렇게 나쁜 건가?'라는 의문까지 들 수 있습니다.

이런 의문은 어느 정도 일리가 있어 보입니다. 실제로 '제대로 설계됐다'고 말하기 어려운 데이터 구조를 가진 시스템이 세상에는 많습니다. 즉, 설계가 엉망이어도 시스템을 만들고 운영하며 오랫동안 유지하는 것이 불가능한 일은 아니라는 뜻입니다. 그렇다면 안티패턴이 왜 문제가 되는 걸까요?

이번 칼럼에서는 그런 의문에 답할 수 있게, 안티패턴이 왜 '나쁜 것(bad)'인지 정리해 보겠습니다.

안티패턴이 나쁜 이유 ①: 가독성 – 엔지니어는 그렇게 똑똑하지 않다

비정통적인 데이터 모델을 사용해도 시스템을 만드는 것은 가능합니다. 하지만 이 주장은 비용 문제를 무시해야만 성립합니다. 안티패턴을 채택했을 때의 개발 및 운영 비용은 그렇지 않은 경우에 비해 몇 배 이상 증가할 수 있습니다. 가장 큰 이유는 안티패턴이 사람의 직관에 반하기 때문에 엔지니어와 프로그래머가 설계를 이해하기 어렵기 때문입니다.

예를 들어 더블 미닝이나 단일 참조 테이블과 같은 패턴은 매우 복잡해서 처음 설계한 사람 이외에는 그 의도를 파악하기 어렵습니다. 테이블 분할처럼 시스템 성능을 추구하느라 가독성을 희생하는 설계도 마찬가지입니다. 이렇게 '사람이 이해하기 어려운' 시스템은 결국 개발자들의 커뮤니케이션을 방해하고, 버그를 증가시키고, 개발 효율을 떨어뜨립니다.

안티패턴이 나쁜 이유 ②: 설계 변경의 어려움

두 번째 이유는 본문에서도 언급했던 것처럼 관계형 데이터베이스 모델은 개발 후반부(특히 테스트 또는 애플리케이션 개발 완료 후)에 수정하기가 매우 어렵다는 것입니다. 이후에 테이블 구조를 변경하려면 이미 개발한 애플리케이션까지 수정해야 합니다. 애플리케이션을 유연하게 설계하면 어느 정도 대응할 수는 있겠지만, 기본적으로 'ER 모델 재작업'은 매우 큰 비용이 발생합니다.

(약간 과장된 표현일 수 있지만) 시지프스 신화처럼 돌을 굴리고 다시 떨어지고, 돌을 굴리고 다시 떨어지는 일의 반복이 발생할 수 있습니다. ER 모델 수정이 필요한 설계 변경이 반복되면, 애플리케이션을 만들고 고치고 다시 만들고 또 고치는 일을 끝없이 반복하게 되어 말 그대로 지옥을 경험하게 됩니다. IT 업계에서는 이런 상황을 '죽음의 행진(death march)'라고 부릅니다.

이 문제는 때로 관계형 데이터베이스 자체의 단점으로 언급되기도 합니다. 관계형 데이터베이스의 데이터 구조 변경 비용이 높다는 것은 사실입니다. 그리고 더 유연하게 데이터 구조를 변경할 수 있는 데이터베이스에 대한 연구도 진행되고 있습니다. 하지만 데이터 구조 변경 비용이 높다는 문제와 그 비용을 아예 고려하지 않는 것은 완전히 별개의 문제입니다.

안티패턴이 나쁜 이유 ③: 데이터 구조가 코드를 결정한다. 코드가 데이터 구조를 결정하는 것이 아니다.

시스템 개발의 본질적 문제를 명확히 다룬 명저 《맨먼스 미신》에서 프레더릭 브룩스는 다음과 같이 말했습니다.

> 만약 플로차트만 보여주고 테이블은 보여주지 않는다면, 나는 계속 혼란스러울 것이다. 반대로 테이블을 볼 수 있다면, 대부분 플로차트는 필요 없다. 테이블만으로도 모든 것이 명확해지기 때문이다.

플로차트는 데이터 '흐름'을 보여주는 처리 설계도입니다. 브룩스가 이 책을 쓴 1975년에는 관계형 데이터베이스가 막 등장한 개념이었고 널리 사용되지 않았습니다. 따라서 그가 관계형 데이터베이스를 염두에 두고 이 말을 한 것은 아닙니다.

그럼에도 불구하고, 이는 현대 관계형 데이터베이스 설계에도 완벽하게 들어맞습니다. 이는 프로그래밍과 시스템 개발 전체가 데이터에 의해 좌우되기 때문입니다. 나쁜 데이터 구조 위에 좋은 프로그램을 만드는 것은 불가능합니다. 데이터 구조가 엉망이라면, 아무리 뛰어난 프로그래밍으로도 이를 극복할 수 없습니다. 시스템 개발에서 가장 중요한 것은 코딩이 아니라 데이터 설계입니다. 예를 들어 7.7절에서 살펴본 것처럼 더블 마스터 구조를 사용하면 비효율적인 SQL을 사용할 수밖에 없습니다. 이런 복잡한 코드는 성능도 떨어지고, 유지보수도 어렵습니다.

지금까지 안티패턴을 절대 채택해서는 안 되는 이유 세 가지를 살펴보았습니다. 잘 이해가 되었다면 좋겠습니다.

이번 장에서는 논리 설계에서 '절대 해서는 안 되는 안티패턴'들을 살펴봤습니다.

필자는 평소에 이런 안티패턴의 위험성을 알리는 교육 활동을 하고 있습니다. 여러분도 안티패턴을 근절하는 데 동참해주세요. 함께 세상의 데이터베이스를 깨끗한 설계로 채워나갑시다.

연습 문제

연습 7-1: 머티리얼라이즈드 뷰

7.5절에서는 안티패턴인 '수평 분할'의 대안으로 집계, 특히 데이터 마트에 대해 알아봤습니다. DBMS는 이러한 데이터 마트를 구현할 수 있게 **머티리얼라이즈드 뷰(materialized view)**라는 기능을 제공합니다. 이 기능이 무엇인지 조사해보세요.

CHAPTER 8 논리 설계의 그레이 노하우

데이터베이스 논리 설계에는 명확하게 안티패턴이라고 할 수는 없지만 미묘한 경계선에 위치한 그레이 존(gray zone)이 존재합니다. 이런 그레이 존에 있는 설계 패턴들은 장점과 단점이 팽팽히 균형을 이루고 있어, 사용할 때 신중한 판단이 필요합니다.

학습 포인트
- 안티패턴 외에도, 규칙의 경계선(그레이 존)에 있는 설계 방법인 그레이 노하우(gray know-how)가 있습니다.
- 그레이 노하우는 적절히 사용한다면 효과적인 '해결 방법'이 될 수 있지만, 장점과 단점의 균형을 신중하게 검토해야 합니다.
- 주요 그레이 노하우로는 대리 키(surrogate key), 열 지향 테이블(column-oriented table), 애드혹 집계 키(ad-hoc aggregation key), 다단계 뷰(multi-layered view)가 있습니다.

8.1 규칙의 경계선에 위치한 설계

법률 세계에는 '그레이 존(gray zone)'이라는 영역이 있습니다. 명백한 불법(블랙)도 아니고, 그렇다고 당당하게 합법(화이트)이라고 말하기도 어려운, 법적 경계선에 놓인 행위를 '그레이'라고 부릅니다.

시스템 설계 세계에도 이와 같은 그레이 존이 존재합니다. 확실히 안티패턴이라고 단정할 수는 없지만, 신중하지 않게 사용하면 개발과 운영에 문제를 일으킬 수 있는, 일종의 위험성을 내포한 설계를 **그레이 노하우**(gray know-how)라고 합니다(이 용어는 필자가 만든 것이므로, 안티패턴만큼 널리 알려진 개념은 아닙니다).

이러한 그레이 노하우는 안티패턴보다 더 광범위하게 사용됩니다. 또한 안티패턴과 달리 사용하는 사람들이 '잘못된 일을 하고 있다'는 죄책감이 없으므로, 그 위험성을 제대로 인지하지 않고 적용되는 경우가 많습니다. 안티패턴이 독약이라면, 그레이 노하우는 올바르게 사용하면 도움이 되지만, 잘못 사용하면 심각한 부작용을 일으킬 수 있는 약과 같습니다.

이번 장에서는 이러한 그레이 노하우들을 살펴보고, 각각의 장점과 단점을 정리하겠습니다. 각각의 그레이 노하우와 관련된 정확한 지식을 갖추고 장단점을 충분히 이해한 뒤, 올바른 방법으로 활용하기 바랍니다.

8.2 대리 키: 기본 키가 잘 작동하지 않을 때

관계형 데이터베이스 테이블에는 기본 키가 반드시 필요하다는 사실을 이미 알고 있을 것입니다.[1] 그런데 가끔은 이러한 기본 키를 정하는 것이 어려울 수도 있습니다.

8.2.1 기본 키를 정할 수 없거나 기본 키로 충분하지 않은 경우

이러한 경우는 크게 세 가지 패턴으로 나눌 수 있습니다.

- **(패턴 1)** 처음부터 입력 데이터에 기본 키로 사용할 만한 유일 키가 존재하지 않는 경우
- **(패턴 2)** 유일 키는 있지만, 순환적[2]으로 재사용되는 경우
- **(패턴 3)** 유일 키는 있지만, 중간에 참조 대상이 변경되는 경우

---

[1] 기본 키가 왜 필요한지에 대해서는 '기본 키는 왜 필요할까?' 칼럼(246페이지)을 참고해주세요.
[2] 예를 들어 값의 범위가 1-100인 데이터에서, 1, 2, …… 100까지 모두 사용한 후 다시 1부터 재사용하는 경우입니다.

패턴 1: 처음부터 입력 데이터에 기본 키로 사용할 만한 유일 키가 존재하지 않는 경우

가장 단순하지만, 반드시 피해야 하는 상황입니다. 테이블을 만들려고 해도, 유일 키가 없으면 기본 키를 설정할 수 없습니다. 믿기 어렵겠지만, 실제로 일부 업무 시스템은 이런 데이터를 허용하는 경우가 있습니다. 예를 들어 입력 화면에서 같은 레코드의 중복 입력을 허용하고, 이후에 별도의 프로세스를 통해 중복 레코드를 제거하는 방법입니다.

이러한 경우에는 원칙적으로 아예 데이터를 테이블에 저장해서는 안 됩니다. 데이터베이스에 저장하기 전에 애플리케이션 단계에서 데이터의 유일성을 보장하고, '깨끗한(clean)' 상태로 만든 후 데이터베이스에 저장해야 합니다. 이처럼 데이터베이스에 바로 저장할 수 없는 데이터를 정리하는 과정을 '데이터 클렌징(data cleansing)'이라고 합니다. 데이터 클렌징에 대해서는 8.6절에서 자세하게 설명하겠습니다.

패턴 2: 고유 키는 있지만, 순환적으로 재사용되는 경우

이 상황은 기본 키값을 모두 사용한 뒤, 기존의 값을 재사용해야 할 때 발생합니다. 예를 들어 시·군·구 정보를 관리하는 테이블을 생각해봅시다. 이 테이블은 기본 키로 'A+3자리 숫자' 형태의 시·군·구 코드를 사용한다고 가정하겠습니다. 이런 테이블은 A000 ~ A999까지 1000개의 시·군·구를 등록하고 나면, 1001번째 시·군·구는 더 이상 추가할 수 없게 됩니다.

■ 시·군·구 코드의 중복 발생 사례
시·군·구

시군구코드	시군구명	인구
A000	A시	100,000
A001	B시	120,000	← 기존의 B시를 제거하고,
A002	C군	30,000
A003	D구	10,000
⋮		
A999	Z시	15,000

↓ Q시 정보를 추가해야 하는 상황

시군구코드	시군구명	인구
A000	A시	100,000
A001	Q시	180,000
A002	C군	30,000
A003	D구	10,000
⋮		
A999	Z시	15,000

B시의 시·군·구 코드 재사용

'시·군·구 코드의 자릿수를 늘리는' 방법을 선택할 수 있다면 문제가 없지만, 이런 코드 체계는 업무 규칙(비즈니스 로직)에 따라 이미 정해져 있는 경우가 많습니다. 따라서 어쩔 수 없이 '이미 폐지된 시·군·구의 코드를 재사용하는 선택'을 강요받을 수 있습니다.

이때는 시·군·구 코드가 기본 키의 역할을 제대로 할 수 없습니다. 이력 관리가 불가능해지기 때문입니다. 예를 들어 위의 예에서는 'A001'이라는 같은 시·군·구 코드가 특정 연도까지는 'B시'를 의미했다가, 그 이후에는 'Q시'를 의미하게 되는 상황이 발생합니다. 만약 항상 최신 데이터만 사용한다면 문제없을 수 있겠지만, 과거 데이터를 시간 순서대로 조회해야 한다면 별도의 이력 정보를 따로 관리해야 합니다.

패턴 3: 유일 키는 있지만, 중간에 참조 대상이 변경되는 경우

기본 키가 가리키는 참조 대상이 중간에 바뀐다는 점에서 패턴 2와 비슷합니다. 하지만, 값이 부족해서가 아니라 다른 이유로 참조 대상이 변경된다는 점이 다릅니다. 예를 들어 C군과 D구가 합병하는 상황을 생각해봅시다. 실제로는 D구가 C군에 합쳐지는 형태로 진행되며, 합병 후에도 C군은 'C군'이라는 이름을 계속 사용한다고 가정하겠습니다.

■ 유일 키가 가리키는 참조 대상이 변하는 사례
시·군·구

시군구코드	시군구명	인구
A000	A시	100,000
A001	B시	120,000

■ 유일 키가 가리키는 참조 대상이 변하는 사례

시·군·구 (계속)

시군구코드	시군구명	인구
A002	C군	30,000
A003	D구	10,000
⋮	⋮	⋮
A999	Z시	15,000

C군이 D구를 흡수 합병

⬇

시군구코드	시군구명	인구
A000	A시	100,000
A001	B시	120,000
A002	C군	40,000
⋮	⋮	⋮
A999	Z시	15,000

위의 상황에서 'A002'라는 코드는 표면적으로 계속 'C군'을 가리키고 있습니다. 하지만 합병을 기점으로 내부적으로는 크게 달라졌습니다. 예를 들어 합병 후 C군의 인구는 합병 전 C군(30,000명)과 D구(10,000명)을 더한 40,000명이 되었습니다. 원칙적으로는 합병 전과 합병 후의 정보를 따로 이력 관리하는 것이 좋습니다. 하지만 현재 코드 체계에서는 이렇게 할 수 없습니다.

8.2.2 대리 키로 해결하기

이러한 문제를 해결하는 방법으로 **대리 키**(surrogate key)가 있습니다. 대리 키는 입력 데이터에 이미 존재하는 키[3]를 대신하는 새로운 키를 추가하는 것입니다. 예를 들어 앞서 본 '시군구' 테이블에 '시군구관리코드'라는 정수형 대리 키를 추가해 보겠습니다.

패턴 2의 경우, 시군구관리코드를 기본 키로 사용하면, 시군구코드에 중복이 발생해도 문제가 없습니다.

---

[3] 이러한 키를 **자연 키**(natural key) 또는 '내추럴 키'라고 합니다.

■ 대리 키의 활용

시·군·구

시군구관리코드	시군구코드	시군구명	인구
0	A000	A시	100,000
1	A001	B시	120,000
2	A002	C군	30,000
3	A003	D구	10,000
⋮	⋮	⋮	⋮
999	A999	Z시	15,000

대리 키 추가 사용 ↓ Q시의 정보 추가

시군구관리코드	시군구코드	시군구명	인구
0	A000	A시	100,000
1	A001	B시	120,000
2	A002	C군	30,000
3	A003	D구	10,000
⋮	⋮	⋮	⋮
999	A999	Z 시	15,000
1000	A001	Q시	180,000

예를 들어 시군구코드 'A001'이 재사용되어 중복이 발생해도, 고유한 연속 번호를 가진 '시군구관리코드'는 유일성을 유지합니다. 또한 패턴 3에서도 같은 방법으로 문제를 해결할 수 있습니다. 이처럼 시스템 측에 **인공적인 값을 키로 추가**하면, 자연 키(기존에 있는 값)를 기본 키로 사용할 때 발생하는 문제를 해결할 수 있습니다.

지금까지 설명한 내용만 생각하면, 대리 키가 매우 편리해 보일 수 있습니다. 실제로 대리 키를 활용하면, 입력 데이터와 상관없이 적절한 기본 키를 설정할 수 있습니다. 결국 복잡하게 업무 규칙을 조정할 필요가 없는 것입니다. 또한 기본 키를 여러 열로 구성된 복합 키(composite key)로 설정한 경우에도, 대리 키를 사용한다면 SQL의 `WHERE` 절을

간단하게 작성할 수 있다는 장점이 있습니다.[4]

하지만 일반적으로는 최대한 대리 키 사용을 피하고 자연 키로 해결하는 것이 좋습니다. 그 이유는 대리 키가 논리적으로 불필요한 키여서 데이터 모델을 이해하기 어렵게 만들 수 있기 때문입니다. 업무적으로 꼭 필요한 키가 아니므로, ER 다이어그램만 봐서는 대리 키의 역할을 파악하기 어렵습니다.

대리 키는 '없어도 해결할 수 있는 도구'인 셈입니다. 실제로 데이터베이스 전문가들은 대리 키 사용을 추천하지 않습니다. 데이터베이스 전문가 조 셀코는 '자동 증갓값(auto number)을 기본 키로 사용한다면, 데이터 모델이 제대로 갖춰지지 않았다는 증거'라며, 자연 키가 아닌 다른 기본 키 사용을 강하게 비판했습니다.

8.2.3 자연 키를 사용한 해결 방법

그렇다면 대리 키를 사용하지 않고 자연 키만으로 문제를 해결하는 방법은 무엇일까요? 자연 키를 기본 키로 사용할 때 문제가 발생할 수 있는 세 가지 패턴을 다시 살펴봅시다.

패턴 1의 경우, 안타깝게도 자연 키로 사용할 만한 유일 키가 처음부터 존재하지 않는 상황이므로, 데이터베이스 차원에서 할 수 있는 방법이 없습니다. 이런 경우에는 업무 규칙을 수정하거나, 데이터가 데이터베이스에 저장되기 전에 애플리케이션 단계에서 데이터의 유일성을 확보하는 방법을 사용해야 합니다.

반면, 패턴 2와 패턴 3의 경우에는 자연 키만으로도 해결할 수 있습니다. 해결 방법은 이력 관리를 위한 시간 정보를 저장하는 열을 추가하는 것입니다. 이러한 시간 정보에는 **타임스탬프(timestamp)** 방법과 **인터벌(interval)** 방법 두 가지가 있습니다. 패턴 2를 예로 살펴봅시다.

---

4 옮긴이 예를 들어 2025년 1월 1일의 연, 월, 일을 복합 키로 설정했다면, 연, 월, 일을 모두 `WHERE` 절에 넣어야 합니다. 하지만 대리키로 2025년 1월 1일을 '427823'이라고 설정했다면, `WHERE 대리키=427823`로 간단하게 작성할 수 있다는 의미입니다. 그런데 지금 설명을 보면 '연월일이 의미를 잘 나타내는데 굳이 '427823'라는 이유 없는 숫자를 추가해야 하나?'라는 생각이 들 수 있습니다. 극단적인 예이지만, 이것이 대리 키의 단점입니다.

타임스탬프

예를 들어 'B시'가 'Q시'로 변경된 시점이 2007년이라고 가정해봅시다. 그럼 이전에 'B시'를 의미하던 'A001' 코드가 2007년부터 'Q시'를 의미합니다. 2005~2007년 3년 동안의 데이터를 '시군구' 테이블에 등록하면 다음과 같습니다(이해를 돕기 위해 시군구 구성에 변화가 없고, 인구도 3년간 같다고 가정하겠습니다).

■ **타임스탬프 활용**

시·군·구

연도	시군구코드	시군구명	인구
2005	A000	A시	100,000
2005	A001	B시	120,000
2005	A002	C군	30,000
2005	A003	D구	10,000
2006	A000	A시	100,000
2006	A001	B시	120,000
2006	A002	C군	30,000
2006	A003	D구	10,000
2007	A000	A시	100,000
2007	A001	Q시	120,000
2007	A002	C군	30,000
2007	A003	D구	10,000

(B시에서 Q시로 변경됨)

(타임스탬프를 나타내는 열 추가)

2005년, 2006년, 2007년 각 시점의 시군구 데이터를 별도로 저장해서, 특정 시점의 데이터를 조회할 수 있게 했습니다. 필요한 만큼 데이터 스냅샷(특정 시점의 데이터)을 만들어서, 각 스냅샷이 이력을 관리하게 만든 것입니다. 여기서 추가한 '연도' 열은 단순한 일련번호와 달리, 업무적으로 의미가 있는 자연 키입니다.

이처럼 타임스탬프를 사용하면 최신 정보뿐 아니라 과거 데이터도 조회할 수 있습니다. 예를 들어 2007년에 코드 'A001'은 'Q시'를 의미하지만, 2006년 이전에는 'B시'였음을 쉽게 확인할 수 있습니다.

타임스탬프 방법의 장점은 데이터 구조가 단순해서 SQL 쿼리를 간단하게 작성할 수 있다는 것입니다. 하지만 특정 시점마다 스냅샷을 만들어야 하므로, 레코드 수가 많아집니다. 1년에 한 번 정도 변경되는 데이터라면 괜찮겠지만, 매월 또는 매주 변경되는 데이터라면 레코드 수가 급격하게 늘어날 수 있습니다.

인터벌

시간 정보를 관리하는 또 다른 방법으로 인터벌 방법이 있습니다. 타임스탬프가 특정 '시점'을 기준으로 한다면, 인터벌은 데이터가 유효한 '기간'을 나타내는 방법입니다. 인터벌을 적용한 '시군구' 테이블은 다음과 같습니다.

■ 인터벌 활용

시·군·구

시작연도	종료연도	시군구코드	시군구명	인구
1945	9999	A000	A시	100,000
1998	2006	A001	B시	120,000
1955	9999	A002	C군	30,000
2005	9999	A003	D구	10,000
2007	9999	A001	Q시	120,000

B시: 1998년 ~ 2006년

Q시: 2007년 이후

인터벌(유효 기간)을 저장하는 열 추가

'시작연도'와 '종료연도'라는 두 개의 열을 사용해 데이터의 유효 기간을 표시했습니다. 종료연도에 '9999'처럼 최댓값이 입력된 시군구는 현재까지 존재하고 있음을 의미합니다. 종료연도를 `NULL`로 설정할 수도 있지만, SQL로 다루기 편하게 하려면 이처럼 최댓값을 사용하는 것이 더 효율적입니다.

인터벌 방법은 타임스탬프 방법의 단점을 보완합니다. 각 시점마다 전체 데이터를 저장할 필요 없이, 데이터가 변경될 때 해당 레코드의 '종료 연도'만 갱신하면 됩니다. 따라서 전체 레코드 수를 줄일 수 있어, 데이터 변경이 자주 발생하는 경우에 유용합니다.

반면 단점은 데이터를 조회할 때 SQL에 범위 지정 조건이 필요하므로, 쿼리가 조금 복잡해진다는 것입니다. 하지만 이는 상대적인 문제일 뿐 그렇게 어려운 것은 아닙니다. 예를 들어 2007년 시점에 존재하는 시군구를 조회하는 SQL은 다음과 같습니다.[5]

■ 타임스탬프 방법
```
SELECT 시군구코드, 시군구명
  FROM 시군구
 WHERE 연도 = 2007;
```

■ 인터벌 방법
```
SELECT 시군구코드, 시군구명
  FROM 시군구
 WHERE 2007 BETWEEN 시작연도 AND 종료연도;
```

만약 종료 연도가 `NULL`로 저장되어 있다면, 위 SQL에서 '종료연도' 열의 `NULL`을 적절한 최댓값으로 변환하는 추가 작업이 필요합니다. 따라서 처음부터 최댓값(예: 9999)을 사용하는 것이 더 간단합니다.

두 방법 모두 결과는 다음과 같습니다.

결과

```
시군구코드    시군구명
----------   ------
A000         A시
A002         C군
A003         D구
A001         Q시
```

2007년에는 시군구코드 'A001'이 이미 B시에서 Q시로 변경되었습니다. 그 결과가 정확하게 표시되고 있는 것을 확인할 수 있습니다.

---

[5] 현재 예제에서는 '시작 연도'와 '종료 연도'가 모두 존속 기간에 포함된다고 가정했습니다. 만약 어느 한쪽을 포함하지 않는 경우라면, BETWEEN이 아닌 부등호(<, >, <=, >=)로 조건을 작성해야 합니다.

8.2.4 오토넘버링의 적절성

대리 키와 자연 키에 관한 논의의 결론은 '최대한 자연 키를 사용한다'로 요약할 수 있습니다. 하지만 실제 개발 현장에서는 어쩔 수 없이 대리 키를 사용해야 하는 경우도 있습니다. 따라서 이번에는 실제로 대리 키를 사용하는 구체적인 방법을 살펴보겠습니다. 기존의 '시군구' 테이블에 대리 키로 '시군구관리코드'를 추가하는 예를 살펴봅시다.

■ **대리 키를 사용한 시군구 테이블**

시군구

시군구관리코드	시군구코드	시군구명	인구
0	A000	A시	100,000
1	A001	B시	120,000
2	A002	C군	30,000
3	A003	D구	10,000
⋮			
999	A999	Z시	15,000

대리 키에 요구되는 조건은 기본적으로 유일성뿐입니다. 키값 자체에 특별한 의미가 필요한 경우는 거의 없습니다. 자유롭게 체계를 결정할 수 있다는 높은 유연성이 대리 키의 장점 중 하나입니다.

대리 키를 구현할 때 자주 사용되는 방법이 오토넘버링(auto-numbering)입니다. 이는 각 레코드에 고유한 정수 값을 자동으로 부여하는 방법입니다. '시군구' 테이블에서도 '시군구관리코드'에 1부터 시작하는 정수 값을 할당하고 있습니다.

이 방법은 좋은 해결 방법처럼 보이지만, '문제는 이 숫자를 어떻게 생성하느냐'입니다. 이 키가 기본 키로 사용될 것이므로, 다음 두 가지 요건을 고려해야 합니다.

- **요건 1**: 중복된 값이 발생하지 않을 것(유일성 보장)
- **요건 2**: 값의 누락이 없을 것(연속성 보장)

이 두 요건 중 유일성 보장은 당연한 일입니다. 예를 들어 50이라는 값이 중복 발급되면, 기본 키의 유일성 위반으로 레코드를 추가할 때 오류가 발생할 것입니다. 연속성 보장은 좀 더 미묘한 문제입니다. 경우에 따라 값이 유일하기만 하다면 연속적이지 않아도 충분할 수 있습니다. 반드시 연속 번호가 필요한지는 업무 요건에 따라 달라집니다.

어쨌거나 두 가지 요건(최소한 유일성)을 충족하기 위한 두 가지 방법이 있습니다. 하나는 데이터베이스의 기능을 활용하는 것이고, 다른 하나는 애플리케이션으로 구현하는 방법입니다. 각각의 방법과 장단점을 살펴보겠습니다.

오토넘버링 구현 방법 ❶: 데이터베이스의 기능

먼저 데이터베이스 기능을 사용한 방법을 살펴보겠습니다. 표준 SQL은 오토넘버링을 구현하기 위해 다음 두 가지 기능을 제공합니다(두 기능 모두 SQL:2003에서 추가되었습니다).

- 시퀀스 객체
- ID 열

시퀀스 객체

시퀀스 객체는 이름 그대로 '순서'를 의미하며, 이 객체에 접근하면 고유한 연속 번호를 발급받을 수 있습니다. `SELECT` 문으로 접근하면 중복 없는 일련번호를 얻을 수 있습니다. 시작값, 최댓값, 증가 폭(한 번에 1씩 증가할지, 건너뛰며 증가할지), 최댓값에 도달했을 때 처음부터 다시 시작할지 등 다양한 옵션을 지정할 수 있습니다.

예를 들어 Oracle과 PostgreSQL에서 시퀀스 객체를 사용하는 SQL 문은 다음과 같습니다. 두 시스템 모두 `CREATE SEQUENCE`로 객체를 생성하고 `SELECT` 문으로 접근합니다.

■ Oracle의 경우

```
CREATE SEQUENCE test_seq
  START WITH      1
  INCREMENT BY    1
  NOCYCLE;

SELECT test_seq.nextval;
```

결과

```
test_seq.nextval
----------------
               1
```

■ **PostgreSQL의 경우**[6]

```
CREATE SEQUENCE test_seq
START 1;

SELECT nextval('test_seq');
```

결과

```
nextval
-------
      1
```

이 방법은 이어서 살펴볼 ID 열보다 더 세밀한 제어가 가능하다는 장점이 있습니다. 하지만 아직 모든 데이터베이스 시스템이 이 기능을 지원하는 것은 아닙니다.[7]

ID 열

데이터베이스 기능으로 오토넘버링을 구현하는 또 다른 방법은 ID 열입니다. 이는 고유한 연속 번호를 자동으로 생성하는 데이터 타입입니다. 주로 테이블의 기본 키로 사용하지만, 기본 키가 아닌 일반 열로도 사용할 수 있습니다. 시퀀스 객체에 비해 설정할 수 있는 옵션이 적으며 보통 시작값과 증가 폭 정도만 지정할 수 있습니다. 열이라는 특성상 특정 테이블에 종속되므로 시퀀스 객체처럼 자유롭게 활용하기 어렵습니다.

---

6   PostgreSQL의 시퀀스 객체는 디폴트로 순환하지 않습니다. 순환을 원할 경우에만 `CYCLE` 옵션을 추가합니다.

   [옮긴이] Oracle 역시 NOCYCLE이 기본값이지만, Oracle 코드 작성 시에는 일관된 스타일을 강조하는 편이라 기본값인 옵션도 생략하지 않는 경우가 있습니다.

7   2024년 기준으로 Oracle, PostgreSQL, Db2, SQL Server 최신 버전은 시퀀스 객체를 지원하지만, MySQL은 아직 지원하지 않습니다.

ID 열에는 또 다른 단점이 있는데, 바로 데이터베이스 시스템마다 구현 방법이 통일되지 않아 **이식성이 낮다**는 것입니다. 예를 들어 SQL Server에서는 `IDENTITY` 타입, PostgreSQL과 Oracle에서는 정수형에 `GENERATED ALWAYS AS IDENTITY` 옵션을 추가(`ALWAYS`를 `BY DEFAULT`로 변경하면 이후에 따로 값 수정 가능), MySQL에서는 정수형에 `AUTO_INCREMENT` 옵션을 사용하는 등 문법과 기능이 제각각입니다.

따라서 ID 열은 모든 면에서 시퀀스 객체의 하위 호환 기능이라고 볼 수 있으므로 (MySQL을 사용하는 것이 아니라면) 최대한 시퀀스 객체를 사용하는 것이 좋습니다.

> **핵심 포인트 68** 시퀀스와 ID 열 중에서는 시퀀스가 더 유연하고 확장성이 뛰어납니다.

오토넘버링 구현 방법 ❷: 애플리케이션에서 구현하기

오토넘버링을 구현하는 또 다른 방법은 데이터베이스 기능에 의존하지 않고 애플리케이션에서 직접 구현하는 것입니다. 가장 일반적인 방법은 '번호 부여 테이블'을 사용하는 것입니다.

이 방법은 1행 1열의 정수형 데이터를 가진 번호 부여 테이블을 만들고, 테이블에 데이터를 등록할 때마다 이 값을 증가시키는 방법입니다.

■ 번호 부여 테이블 사용

번호 부여 테이블

시퀀스
21

↓ 새로운 번호 부여

시군구

시군구관리코드	시군구코드	시군구명	인구
0	A000	A시	100,000
1	A001	B시	120,000
2	A002	C군	30,000
3	A003	D구	10,000
⋮			
20	A999	Z시	15,000

이 방법에는 몇 가지 단점이 있습니다. 일단 이런 기능을 구현하고 테스트하는 데 비용이 듭니다. 또한 번호 부여 테이블과 이를 사용하는 테이블은 밀접하게 연관되어 있지

만, ER 다이어그램에서 이러한 의존 관계가 드러나지 않습니다. 그래서 환경을 새로 구축하거나 마이그레이션할 때 번호 부여 테이블을 빼먹어 시스템이 작동하지 않는 문제가 자주 발생합니다(사실 시퀀스 객체를 사용할 때도 비슷한 문제가 있습니다).

하지만 가장 큰 문제는 적절한 배타적 제어(동시성 제어, 락) 메커니즘이 없으면 기능적 오류가 발생할 수 있다는 것입니다. 여러 사용자가 동시에 번호 부여 테이블에 접근해 같은 번호를 발급받게 되면, '시군구' 테이블에 데이터를 삽입할 때 유일성 제약 위반이 발생합니다. 그리고 이렇게 되면, 번호가 건너뛰는 경우도 있습니다.[8]

이를 방지하려면 한 사용자가 번호 부여 테이블에 접근할 때 테이블을 잠궈서 다른 사용자의 접근을 차단해야 합니다. 이런 동시성 제어를 고려한 프로그램 개발은 복잡할 뿐만 아니라, DBMS마다 트랜잭션 격리 수준이 다르기 때문에, 다른 DBMS으로 전환하기도 어렵습니다. 반면 시퀀스 객체는 이미 이러한 락 메커니즘이 내장되어 있습니다.

이러한 이유로 오토넘버링을 애플리케이션에서 직접 구현하는 것은 추천하지 않습니다. 데이터베이스가 시퀀스 객체와 ID 열 같은 기능을 지원하지 않던 시절에는 필요했을지 모르지만, 현대 데이터베이스의 기능이 발전한 지금은 굳이 '바퀴를 재발명'할 필요가 없습니다.[9]

> **핵심 포인트 69** 오토넘버링을 애플리케이션에서 구현하는 것은 '바퀴의 재발명'입니다.

마지막으로 시퀀스 객체와 번호 부여 테이블의 공통적이면서 치명적인 단점을 짚어보겠습니다. 이전에 언급한 배타적 제어(락) 메커니즘으로 인해, 많은 사용자가 동시에 접근하면, 일련번호 발급 과정이 병목현상을 일으켜 성능 저하가 발생할 수 있습니다(이는 실제로 자주 발생하는 문제입니다).

---

8 (옮긴이) 예를 들어 ① 테이블에서 값 가져오기, ② 값 사용하고 1을 더하기, ③ 테이블의 값에 1 더하기 순서로 애플리케이션에서 처리한다고 합시다. 누군가가 이러한 ①~③ 처리를 하는 동안 다른 사람이 처리를 못하게 만들지 않으면(배타적 제어, 락), ①을 동시에 여러 명이 해서 같은 값을 얻게 될 것입니다. 또한 이 상태로 값을 사용한 뒤 ③으로 값이 1씩 여러 번 더해지면, 중간의 값들이 사라질 것입니다.

9 고급 주제라 이 책에서는 다루지 않지만, 분산 데이터베이스 환경에서는 DBMS에서 오토넘버링 구현이 어려워, 별도로 애플리케이션에서 확장 가능한 연속 번호 생성 기능을 구현해야 하는 경우도 있습니다.

배타적 제어는 일련번호의 유일성을 보장하기 위한 필수적인 장치이므로, 원리적으로 이 문제를 완전히 해결할 수는 없습니다. 오토넘버링이 편리해 보이지만 상당한 위험 요소를 가진 기능이라는 점을 이해하기 바랍니다.

> **COLUMN 기본 키는 왜 필요할까?**
>
> 관계형 데이터베이스는 테이블에 기본 키를 설정하는 것이 필수입니다. 다시 말해, 중복된 레코드가 존재하는 것을 허용하지 않습니다. 이는 주로 일반적인 업무 시스템에서 각 레코드를 유일하게 식별해야 한다는 요구사항 때문입니다. 그렇다면 업무적으로 레코드의 유일성이 필요하지 않은 경우에는 기본 키를 설정하지 않아도 될까요?
>
> 실제로 가끔은 단순히 기록을 저장하기만 하는 기능(흔히 '저널 파일'이라고 부름)이 필요한 경우가 있습니다. 이런 경우에는 레코드의 유일성이 없어도 된다는 업무 요건이 존재하기도 합니다. 그렇다면 이런 상황에서는 관계형 데이터베이스 테이블에 기본 키를 만들지 않아도 될까요?
>
> 답은 '아니오'입니다. 업무 요건적으로 기본 키가 필요 없더라도, 관계형 데이터베이스의 테이블은 항상 기본 키가 필요합니다. 이번 칼럼에서는 그 중요한 이유 하나를 살펴보겠습니다.
>
> 먼저 실제로 '기본 키가 없는' 테이블을 허용했을 때 어떤 일이 발생하는지 생각해봅시다.
>
> 직원
>
> | 회사코드 | 직원ID | 직원명 | 나이 | 부서코드 |
> |---|---|---|---|---|
> | C0001 | 000A | 인성 | 40 | D01 |
> | C0001 | 000B | 아린 | 32 | D02 |
> | C0001 | 001F | 서하 | 50 | D03 |
> | C0002 | 000A | 태희 | 47 | D03 |
> | C0002 | 009F | 미나 | 25 | D01 |
> | C0002 | 010A | 강남 | 33 | D04 |
>
> 부서 (중복 허용)
>
> | 부서코드 | 부서명 |
> |---|---|
> | D01 | 개발 |
> | D01 | 개발 |
> | D01 | 개발 |
> | D02 | 인사 |
> | D02 | 인사 |
>
> 부서 테이블에 기본 키가 없고, 중복 레코드를 허용한다고 가정해봅시다. 그렇다면 이 두 테이블을 사용해 '인성'이 소속된 부서의 이름을 가져오는 SQL은 다음과 같습니다.
>
> ```
> SELECT 직원.부서코드,
>        부서.부서명
>   FROM 직원 INNER JOIN 부서
>     ON 직원.부서코드 = 부서.부서코드
>  WHERE 직원.직원명 = '인성';
> ```

결과

```
직원명    부서코드    부서명
------    --------    ------
인성      D01         개발
인성      D01         개발
인성      D01         개발
```

결과는 3행이 출력됩니다. 이는 직원 테이블의 1개 레코드에 대해 부서 테이블에 3개의 동일한 레코드가 대응하기 때문입니다. 이 SQL에는 다음 두 가지 문제가 있습니다.

- **문제 1**: 결과의 중복을 제거하기 위해 `DISTINCT`를 사용해야 한다.
- **문제 2**: 조인 때 다수의 중복 레코드를 처리해야 한다.

두 문제 모두 성능에 악영향을 미칩니다. 문제 1은 결과에 포함된 레코드 수가 적을 경우에는 큰 문제가 되지 않지만, 문제 2가 미치는 영향은 상당히 큽니다. 조인은 SQL이 수행하는 작업 중에서도 비용이 높은 편이며, 조인할 레코드 수를 최대한 줄이는 것이 SQL 튜닝의 기본 원칙입니다. 중복 레코드를 조인 대상으로 삼는 것은 이러한 기본 원칙에 정면으로 위배되는 행위입니다.

하지만 세상에는 다양한 시스템이 있어서, 기본 키 제약이 강제되지 않는 DBMS도 있습니다. 대표적으로 클라우드 기반 데이터 웨어하우스인 레드시프트와 빅쿼리가 있습니다. 빅쿼리는 2023년에 기본 키 제약을 지원하기 전까지는 테이블에 기본 키를 설정할 수 없었습니다. 현재도 두 데이터베이스 모두 기본 키 제약을 설정할 수는 있지만 실제로 강제되지는 않는 방법으로 설계되어 있어 중복이 허용됩니다.

이는 MPP 아키텍처로 데이터를 여러 노드에 분산시키기 때문에 유일성 제약을 구현하기 어렵다는 기술적 이유도 있습니다. 또한 전통적으로 데이터 웨어하우스용 데이터는 일반 트랜잭션 DB보다 엄격한 데이터 일관성이 덜 요구되기도 합니다(약간의 데이터 불일치가 있더라도 통계적으로 의미 있는 분석 결과만 얻을 수 있다면 충분하다는 관점입니다). 필자는 이러한 것이 굉장히 대담한 사양이라고 생각하고 있습니다.

8.3 칼럼 기반 테이블

이번 절은 3.4절 '제1정규형'과 7.2절 '비스칼라값(제1정규형 미만)'에서 이어지는 내용이라고 할 수 있습니다. '또 스칼라값과 배열 이야기?'라고 생각할 수 있는데, 맞습니다, 그 이야기입니다. 이 주제는 그만큼 많은 개발자들이 설계 때 고민하는 부분이므로, 다시 한번 관련된 내용을 설명하겠습니다.

8.3.1 배열처럼 표현하고 싶을 때

7.2절에서 비스칼라값을 허용하는 배열 타입을 소개했습니다. 관계형 데이터베이스는 이러한 배열 타입을 지원하고는 있습니다. 현재 시점에서 배열 타입을 사용하는 것은 안티패턴으로 볼 수 있습니다. 그래서 배열 타입을 쓰지 않고 배열을 모방하는 논리 설계 방법이 있습니다. 바로 이번 절에서 소개하는 '칼럼 기반 테이블'입니다.

칼럼 기반 테이블은 3.4절 '제1정규형'에서 이미 소개한 적이 있습니다. 다시 '부양가족' 테이블을 예로 들면, 다음과 같은 구조입니다.

■ 칼럼 기반 테이블

부양가족(칼럼 기반)

직원ID	직원명	자녀1	자녀2	자녀3
000A	인성	인아	가람	
000B	아린			
001F	서하	건우	민규	하진

C와 자바 같은 프로그래밍 언어에서는 `children[0]`, `children[1]`, `children[2]`처럼 자녀 데이터를 배열에 저장하고 접근할 수 있습니다. 이를 테이블의 '칼럼'을 사용해 모방한 것이 칼럼 기반 테이블입니다. 이러한 테이블 구조는 실무에서 꽤 자주 볼 수 있습니다. 단순하고 직관적으로 이해하기 쉬운 설계이므로, 인기가 많습니다.

필자는 이런 칼럼 기반 테이블을 안티패턴이라기보다 그레이 노하우로 분류하고 싶습니다. 일부 데이터베이스 전문가들은 이를 안티패턴으로 봐야 한다고 이야기합니다. 하지만 필자는 그렇게 엄격하게 사용을 제한할 필요는 없다고 생각합니다. 칼럼 기반 테이블에는 분명히 무시할 수 없는 장점들이 있기 때문입니다.

8.3.2 칼럼 기반 테이블의 장점과 단점

칼럼 기반 테이블의 장점은 다음 두 가지입니다.

장점 1: 단순한 설계

칼럼 기반 테이블의 가장 큰 장점은 단순함입니다. 정규화와 스칼라값 같은 어려운 개념을 모르는 사람도 테이블을 보고 '자녀1', '자녀2', '자녀3'와 같은 칼럼이 배열을 표현하고 있다는 것을 이해할 수 있습니다.

장점 2: 입출력 형식을 맞추기 쉬움

이러한 단순함 덕분에 애플리케이션과의 인터페이스 설계도 매우 간단해집니다. 예를 들어 실제 업무에서 사용되는 보고서 등에서는 부양 가족 정보를 일렬로 나열하는 형식이 자주 사용됩니다. 칼럼 기반 테이블은 `SELECT` 문의 결과를 단순하게 그대로 사용하면 됩니다.

그리고 당연히 칼럼 기반 테이블에도 단점도 존재합니다. 주로 유지보수성과 확장성 측면에서의 문제입니다.

단점 1: 칼럼 추가와 삭제가 어려움

관계형 데이터베이스 테이블은 한 번 생성한 후에 구조를 변경하기 어렵다는 특징이 있습니다. 기술적으로 가능은 하지만, 애플리케이션 코드도 함께 수정해야 하므로 변경 비용이 높습니다.

따라서 칼럼 기반 테이블은 확장성이 부족합니다. 칼럼 기반 테이블은 배열처럼 유연하게 요소 수를 조정할 수 없습니다. 예를 들어 자녀가 4명인 직원이 입사하여 부양가족 테이블에 '자녀4' 칼럼을 추가하려면, 해당 테이블뿐만 아니라 SQL을 포함해 데이터를 처리하는 애플리케이션 측도 변경해야 합니다. 물론 이러한 변경 가능성을 예상하고 애플리케이션을 동적으로 설계할 수도 있지만, 이는 상당히 어려운 작업입니다.

단점 2: 불필요한 NULL 사용

칼럼 기반 테이블의 또 다른 단점은 자녀가 없거나 자녀 수가 적은 직원의 경우, 해당 칼럼에 `NULL`을 채워야 한다는 것입니다. `NULL`은 관계형 데이터베이스에서 매우 까다로운 특성을 가지고 있어, `NULL`이 연산에 포함되면 SQL 쿼리 결과를 예측하기 어렵게 됩니다.[10]

---

[10] NULL이 가져오는 다양한 문제에 관심 있다면, 필자의 다른 책 《SQL, 이렇게 하면 된다》를 참고해주세요.

8.3.3 로 기반 테이블

이처럼 칼럼 기반 테이블은 장점과 단점이 균형을 이루고 있어 상황에 따라 유용할 수 있습니다. 반대로 말하면, 특별한 상황이 아니라면 원칙적으로 칼럼 기반 테이블을 사용하지 않는 것이 좋다는 것입니다.

기본적으로는 '로 기반' 테이블 구조를 채택해야 하는 것이 좋습니다. 로 기반 테이블은 칼럼 기반 테이블보다 단점이 적은 정석적인 설계입니다.

■ 로 기반 테이블
부양가족(로 기반)

직원ID	순번	자녀
000A	1	인아
000A	2	가람
001F	1	건우
001F	2	민규
001F	3	하진

칼럼 기반 테이블과 로 기반 테이블은 SQL로 쉽게 변환할 수 있어서, 한쪽 형식으로 데이터를 저장한 후에도 서로 쉽게 변환할 수 있습니다. 데이터 변환은 간단합니다. 변환하는 SQL은 다음과 같습니다.

■ 칼럼 기반 → 로 기반으로 변환

```
SELECT 직원ID, 1, 자녀1
  FROM 부양가족(칼럼 기반)
 WHERE 자녀1 IS NOT NULL
UNION ALL
SELECT 직원ID, 2, 자녀2
  FROM 부양가족(칼럼 기반)
 WHERE 자녀2 IS NOT NULL
UNION ALL
SELECT 직원ID, 3, 자녀3
  FROM 부양가족(칼럼 기반)
 WHERE 자녀3 IS NOT NULL;
```

■ 로 기반 → 칼럼 기반으로 변환

```
SELECT 직원ID,
       MAX(CASE WHEN 순번 = 1 THEN 자녀 ELSE NULL END),
       MAX(CASE WHEN 순번 = 2 THEN 자녀 ELSE NULL END),
       MAX(CASE WHEN 순번 = 3 THEN 자녀 ELSE NULL END)
  FROM 부양가족(로 기반)
 GROUP BY 직원ID;
```

칼럼 기반에서 로 기반으로의 변환은 매우 단순합니다. 자녀1~자녀3까지의 칼럼에서 `NULL`이 아닌(즉, 자녀가 존재하는) 레코드만 선택하고, `UNION ALL`로 레코드를 병합하면 됩니다.[11] '순번' 칼럼은 원본 테이블에서 선택할 수 없으므로, 상수로 직접 입력합니다.

반면, 로 기반에서 칼럼 기반으로 변환할 때는 약간의 테크닉이 필요합니다. 로를 칼럼으로 펼칠 때 일반적인 방법은 `CASE` 식을 사용하는 것입니다. 이는 SQL에서 조건 분기를 표현하는 중요한 기술로, `WHEN` 절에 조건을 작성하고 그 조건에 맞을 경우의 값을 `THEN` 뒤에 작성합니다. 이를 사용해 자녀1, 자녀2, 자녀3이라는 칼럼으로 펼칠 수 있습니다.[12]

하지만 `NULL`을 포함한 불필요한 결과가 나올 수 있으므로, `GROUP BY` 절에서 직원ID를 키로 사용해 직원ID 단위로 집계했습니다. `MAX` 함수를 사용하는 이유는 `GROUP BY` 절을 사용할 때 칼럼을 직접 `SELECT` 절에 작성할 수 없기 때문입니다(즉, 최댓값을 구하는 역할로 사용한 것이 아닙니다. 직원ID는 유일성을 갖는 기본 키이므로, 실질적으로 `MAX` 함수의 매개변수로는 하나의 값만 들어갑니다).

이처럼 로 기반과 칼럼 기반 사이의 변환은 SQL 하나로 쉽게 할 수 있습니다. 따라서 처음에는 확장성이 높은 로 기반 테이블로 데이터를 관리하다가, 성능적으로 필요한 경우에 칼럼 기반 테이블을 사용하는 전략을 생각해볼 수 있습니다.

이와 비슷하게 최근 주목받고 있는 것이 JSON 데이터 저장 방법입니다. JSON 타입은

---

11 `UNION ALL`이 아니라, `UNION`을 사용해도 결과는 같습니다. 다만 현재 테이블은 병합되는 레코드 사이에 중복이 없다는 것이 확실하므로, 정렬 과정이 필요 없는 `UNION ALL`이 더 효율적이고 빠릅니다.
12 `CASE` 식과 자세한 사용법은 필자의 다른 책 《SQL, 이렇게 하면 된다》를 참고해주세요.

SQL:2023에서 표준화되어 Oracle, PostgreSQL, MySQL 등에서 사용할 수 있는 상태입니다. 다만 구현마다 세부 사양이 다르고 여러 복잡한 문제가 있어, 아직은 섣부르게 JSON 타입을 도입하는 것은 좋지 않다고 생각합니다.

8.4 애드혹 집계 키

이어서 살펴볼 그레이노하우는 애드혹(ad-hoc)[13] 집계 키입니다. 이는 BI/DWH 분야에서 논리 설계를 할 때 자주 문제가 되는 부분입니다. 예를 통해 살펴보겠습니다.

현재 시도별 인구를 보유한 테이블이 있다고 가정해봅시다. 이 테이블에서 시도 단위가 아니라 권역 단위로 인구 총합을 구하고자 합니다. 예를 들어 '영남권' = 부산 + 대구 + 울산 + 경북 + 경남, '호남권' = 광주 + 전북 + 전남처럼 말입니다.

이러한 집계를 SQL로 하려면 집계 함수와 `GROUP BY` 절을 사용하면 됩니다. 하지만 문제는 집계 키 역할을 해야 할 '권역코드'가 테이블에 존재하지 않는다는 것입니다. 가장 간단한 해결 방법은 테이블에 '권역코드' 열을 추가하는 것입니다. 편의상 권역코드를 01: 수도권, 02: 강원권, 03: 충청권, 04: 대경권, 05: 호남권, 06: 동남권, 07: 제주권으로 정의하면 다음과 같은 형태가 됩니다.

■ 시도별 인구 테이블

시도

시도코드	권역명	인구(만 명)
01	서울	942
02	부산	332
03	대구	237
22	인천	302
23	광주	141
24	대전	143
36	울산	112
37	제주	69

---

13 [옮긴이] 애드혹은 임시적, 즉흥적이라는 의미입니다. 따라서 애드혹 집계 키는 '집계를 목적으로 임시적으로 즉흥적으로 만든 키'를 의미합니다.

■ 집계 키 추가

시도(권역코드 포함)

시도코드	권역명	인구(만 명)	권역코드
01	서울	942	01
02	부산	332	06
03	대구	237	04
22	인천	302	01
23	광주	141	05
24	대전	143	03
36	울산	112	06
37	제주	69	07

애드혹 집계 키

이렇게 하면 SQL로도 쉽게 집계할 수 있습니다. 매우 간단한 해결 방법이지만, 동시에 문제도 존재합니다. 이러한 애드혹 키는 이름 그대로 코드 체계가 자주 변경되거나, 새로운 코드 체계가 필요해지는 경우가 많습니다. 그때마다 대용량 테이블에 애드혹 키를 계속 추가하면, 이미 크기가 큰 테이블이 더욱 커져서 성능이 저하될 수 있습니다.

이 문제를 해결하는 방법은 크게 세 가지가 있습니다.

해결 방법 1

■ 시도와 권역 매핑 테이블

시도 - 권역

시도코드	권역코드
01	01
02	06
03	04
22	01
23	05
24	03
36	06
37	07

첫 번째 해결 방법은 키를 별도의 테이블로 분리하는 것입니다. 현재 예에서는 시도와 권역을 매핑하는 변환 테이블을 만들어야 합니다(왼쪽 표).

이 변환 테이블은 트랜잭션 테이블에 비해 레코드 수가 훨씬 적으므로 유지 관리가 쉬운 것이 장점입니다. 하지만 SQL에서 조인 처리가 필요하므로, 성능 문제 해결에는 큰 도움이 되지 않을 수 있습니다.

해결 방법 2

두 번째 해결 방법은 뷰를 사용하는 것입니다. 원래 테이블은 그대로 두고, 권역코드를 추가한 뷰를 생성하면 그 뷰로 권역 단위 집계를 쉽게 수행할 수 있습니다. 이는 실질적으로 원본 테이블에 접근하는 것과 비용이 비슷하므로, 필요한 만큼 여러 뷰를 만들어도 성능 저하 없이 사용할 수 있습니다(다만 다음 절에서 다루는 '다단계 뷰'가 발생하지 않게 주의해야 합니다).

해결 방법 3

마지막 선택지는 GROUP BY 절로 애드혹 키를 SQL에서 즉석으로 매핑해 사용하는 방법입니다(이와 비슷한 DBMS 기능으로 생성 열(generated column)이라는 것도 있습니다. 다른 열을 바탕으로 계산된 결과를 저장하는 열입니다). 예를 들어 CASE 문으로 다음과 같이 코드 매핑을 수행합니다.

■ GROUP BY 절 내에서 애드혹 키 생성

```
SELECT
  CASE
    WHEN 시도코드 IN ('01', '22') THEN '01'
    WHEN 시도코드 = '03' THEN '04'
    WHEN 시도코드 = '02' THEN '06'
    WHEN 시도코드 = '24' THEN '03'
    WHEN 시도코드 = '23' THEN '05'
    WHEN 시도코드 = '36' THEN '06'
    WHEN 시도코드 = '37' THEN '07'
    ELSE NULL
  END AS 권역코드,
  SUM(인구)
FROM 시도
GROUP BY
  CASE
    WHEN 시도코드 IN ('01', '22') THEN '01'
    WHEN 시도코드 = '03' THEN '04'
    WHEN 시도코드 = '02' THEN '06'
    WHEN 시도코드 = '24' THEN '03'
    WHEN 시도코드 = '23' THEN '05'
    WHEN 시도코드 = '36' THEN '06'
```

```
    WHEN 시도코드 = '37' THEN '07'
    ELSE NULL
END;
```

CASE 식은 `1 + 1` 같은 '표현식(expression)'의 일종이므로, 표현식을 쓸 수 있는 모든 위치에 사용할 수 있습니다. 즉, SELECT뿐만 아니라, WHERE, GROUP BY, HAVING, ORDER BY 절에도 모두 사용할 수 있습니다. 이처럼 CASE 식은 다양한 곳에 활용할 수 있어 SQL 기능 중에서도 특히 유용합니다.

참고로 Oracle, PostgreSQL, MySQL에서는 GROUP BY 절에 SELECT 절에서 만든 권역코드 같은 별칭을 그대로 사용할 수 있으므로, 코드를 더 간결하게 작성할 수 있습니다.

8.5 다단계 뷰

뷰(view)는 관계형 데이터베이스 개발에서 매우 유용한 도구입니다. SELECT 문을 저장해 테이블처럼 사용할 수 있어, 정규화된 테이블 조인과 같은 복잡한 SELECT 문을 뷰로 만들면 상위 계층의 애플리케이션 코드를 간결하게 작성할 수 있습니다. 테이블을 숨기고 사용자에게 필요한 데이터만 원하는 형태로 보여줄 수 있으므로, 외부 스키마에 해당합니다.

이 책에서 여러 번 언급한 DB 엔지니어 C. J. 데이트는 뷰를 '쿼리 통조림'이라고 표현했습니다. 통조림처럼 저장해두고 열 때마다 항상 신선한 데이터(최신 데이터)를 꺼낼 수 있다는 점에서 매우 적절한 비유입니다.

하지만 시스템 개발의 기본 원칙은 '좋은 것만 있는 것은 없다'라는 것입니다. 뷰도 장점만 있는 것은 아닙니다. 뷰는 성능에 안 좋은 영향을 줄 수 있고, 과도하게 사용하면 설계와 구현이 더 복잡해질 수 있다는 단점이 있습니다.

8.5.1 두 단계로 이루어지는 뷰 접근

이전에 언급한 것처럼 뷰는 테이블과 다르게 데이터를 직접 저장하지 않습니다.

사용자 입장에서 뷰는 테이블처럼 보이며, SQL 문법에서도 테이블과 동일하게 사용됩니다. 그래서 초보자들은 뷰와 테이블의 차이를 잘 인식하지 못합니다. 하지만 물리적 관점에서 보면 뷰와 테이블은 완전히 다른 개념입니다. 뷰는 실제 데이터를 저장하지 않으므로, 물리적으로는 'SELECT 문이 저장된 파일'에 불과합니다.

그렇다면 SQL로 뷰에 접근할 때, 뷰는 어떻게 데이터를 가져올까요? 단순합니다. 뷰 정의에 있는 SELECT 문을 실행해서 **원본 테이블**에 접근합니다(기초 테이블이라고 부르기도 합니다).

그래서 뷰는 SQL이 두 단계로 실행되는 것이라 생각하면 좋습니다(그림 8-1).

참고로 DBMS 내부에서 이러한 SQL을 처리할 때 항상 두 단계로 나뉘어 실행되는 것은 아닙니다. 일반적으로 DBMS는 ❶과 ❷의 SELECT 문을 병합한 뒤, 최대한 효율적으로 실행하려 합니다. 그래도 단순하게 ❶의 SELECT 문만 실행하는 것이 아니라, '❶+❷'로 만든 새로운 SELECT 문(❸)이 실행되는 것이므로, ❶보다는 복잡하고 비용이 더 드는 작업입니다.

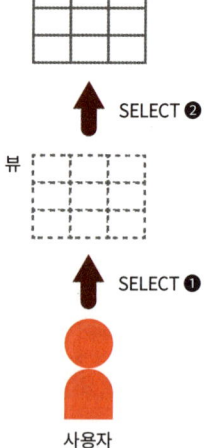

그림 8-1 뷰 접근

8.5.2 다단계 뷰의 위험성

이처럼 SQL 문으로 뷰에 접근할 때는 항상 뒤에 있는 원본 테이블을 의식해야 합니다. 원래 뷰는 원본 테이블을 숨기는 기술이지만, 실제로 원본 테이블을 신경 쓰지 않아도 되는 사람은 최종 사용자뿐이며, 엔지니어는 항상 이를 의식하고 있어야 합니다. 엔지니어는 절대 물리 계층으로부터 자유로울 수 없습니다.

핵심 포인트 70 뷰 뒤에 있는 원본 테이블의 존재를 항상 의식해야 합니다.

이러한 경고를 무시하고 그림 8-2처럼 뷰를 여러 단계로 구성하면, 안티패턴인 '다단계 뷰(다단 뷰)'가 발생합니다.

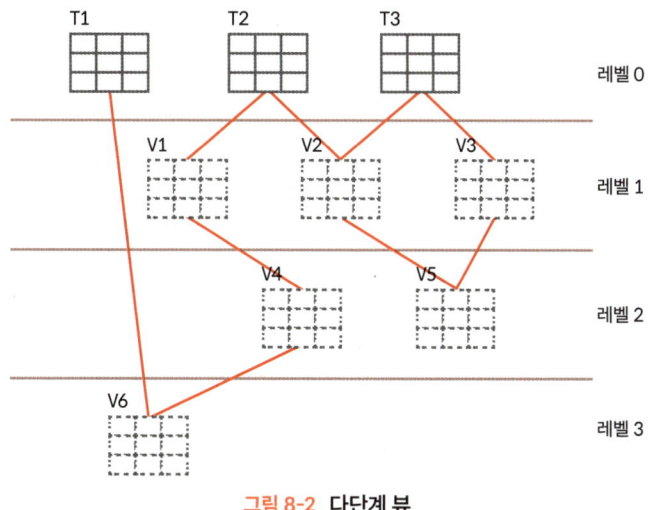

그림 8-2 다단계 뷰

T1-T3는 테이블, V1-V6는 뷰라고 가정합니다. 이때, 원본 테이블의 레벨을 0이라 합니다. 그리고 몇 번 파생되었는지에 따라 뷰의 레벨이 결정됩니다.

예를 들어 가장 높은 레벨인 V6 뷰에 접근하는 SELECT 문을 생각해보면, 내부 처리가 어떻게 될까요? 먼저, T1과 V4에 대한 SELECT 문이 실행됩니다. 그런데 V4는 뷰이므로, 추가로 V1에 접근하는 SELECT 문이 실행됩니다. V1도 뷰이므로 T2에 접근하는 SELECT 문이 실행되어, 결국 내부적으로 총 네 개의 SELECT 문이 필요합니다. 따라서 전체적인 처리 성능이 굉장히 떨어집니다.

또한 이렇게 깊은 계층의 뷰 구조는 성능 문제 외에도 테이블과 뷰 간의 의존 관계를 이해하기 어렵게 만들어, 설계가 복잡하고 관리가 힘들어집니다. 심한 경우에는 설계한 엔지니어조차도 어떤 목적으로 만든 뷰인지 기억하지 못하게 되어, 비슷한 기능의 뷰가 여러 개 만들어지는 최악의 상황이 발생할 수 있습니다(데이터 마트가 여러 개 만들어지는 경우와 비슷합니다).

지금까지의 설명으로 다단계 뷰가 얼마나 위험한 설계인지 이해했을 것입니다. 뷰는 원칙적으로 한 단계로만 사용하는 것이 좋습니다. 시스템 개발 세계에는 '너무 복잡한 구조는 시스템을 망친다'는 철학이 있습니다. 이 철학을 표현한 슬로건이 바로 'KISS 원칙'입니다.

> **핵심 포인트 71** Keep It Simple, Stupid(단순하게 유지하라고, 이 바보야).

여러분도 이후에 이해할 수 없는 설계로 고생하고 싶지 않다면, 최대한 단순하게 설계해두기 바랍니다.

한 가지 추가 설명을 하자면, 7장 연습 문제에서 다룬 **머티리얼라이즈드 뷰(materialized view)**는 이번 절에서 설명한 다단계 뷰 문제가 발생하지 않습니다. 머티리얼라이즈드 뷰는 실제 데이터를 저장하므로, 여러 단계로 구성하더라도 `SELECT` 문의 성능이 저하되지 않는 것입니다. 하지만 이로 인해 또 다른 문제가 생길 수 있다는 것을 앞선 연습 문제를 통해 이미 배웠을 것입니다. 결국 '이 세상에 완벽한 해결 방법은 없다(트레이드 오프)'라는 원칙은 모든 곳에 적용됩니다.

8.6 데이터 클렌징의 중요성

관계형 데이터베이스 사용 여부와 관계없이, 시스템에서 다루는 데이터를 데이터베이스로 통합 관리하는 것은 시스템화를 통한 업무 효율화의 첫걸음입니다. 데이터베이스를 구축할 때는 기존 업무에서 사용하던 데이터를 데이터베이스에 등록할 수 있는 형태로 만드는 작업이 필요합니다. 이 작업을 **데이터 클렌징(data cleansing)**이라고 합니다.

데이터 클렌징이 제대로 이루어지지 않으면, 정규화와 같은 방법론을 효과적으로 활용할 수 없습니다. 또한 안티패턴과 그레이 노하우가 발생하는 주요 원인 중 하나도 데이터 클렌징을 소홀히 하는 데 있습니다. 이번 절에서는 데이터 클렌징에 대해 자세하게 살펴보겠습니다.

8.6.1 설계 전에 해야 하는 데이터 클렌징

'효율적인 시스템에는 데이터 클렌징(데이터 청소)이 필요하다'를 반대로 생각해보면, 일반적인 업무 데이터는 정리가 필요한 '정돈되지 않은 상태(더러운 상태)'라고 볼 수 있습니다. 이는 해당 데이터가 전혀 '쓸모없다'는 의미가 아닙니다. 지금까지도 이 데이터로 업무가 진행되어왔으므로, 기존 업무 목적에는 적합한 형식이었을 것입니다. 하지만 새로 구축하는 시스템에서는 사용하기 어렵거나 비효율적인 형식일 수 있어서 이를 '정돈되지 않았다'고 표현하는 것입니다.

따라서 데이터베이스 논리 설계를 시작하기 전에 먼저 입력 데이터의 형식이 적절한지 검토하고, 필요하다면 데이터 자체를 수정하고 형식을 변환해야 합니다(그림 8-3). 즉, 데이터 클렌징은 데이터베이스 설계보다 먼저 이루어져야 하는 것입니다.

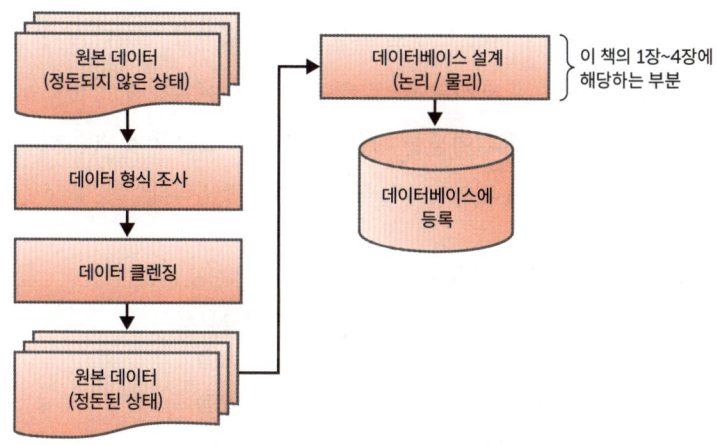

그림 8-3 데이터 클렌징은 데이터베이스 설계 이전 단계 작업

특히 어려운 경우는 기존에 시스템화되지 않았던 업무를 시스템화할 때나, 시스템은 사용하고 있었지만 관계형 데이터베이스가 아닌 다른 형식의 데이터베이스를 사용하던 업무를 관계형 데이터베이스로 옮기는 경우입니다.

8.6.2 대표적인 데이터 클렌징

데이터 클렌징이란 구체적으로 어떤 처리를 하는 것일까요? 대표적인 예를 살펴보겠습니다. 이 내용을 이해하면 데이터 클렌징을 소홀히 했을 때 어떤 안티패턴과 그레이 노하우가 발생하는지도 알 수 있을 것입니다.

유일 키 식별하기

관계형 데이터베이스 개념에 익숙해질수록 레코드를 고유하게 식별할 수 있는 유일 키(unique key)의 존재는 너무나 당연하게 느껴집니다. 하지만 실제 업무 현장에서는 의외로 데이터의 유일성에 주의를 기울이지 않는 경우가 많습니다.

예를 들어 여러분이 호텔 또는 펜션의 고객 관리 장부를 작성하는 업무를 담당하고 있고, 아직 종이에 기록하는 전통적인 방법을 사용하고 있다고 가정해봅시다. 단순하게 매일의 숙박 기록만 남긴다면, 고객에 대한 고유 데이터를 만들 필요성을 느끼지 못할 수 있습니다. 또한 그렇게 하려고 해도 어떤 고객이 방문할 때마다 '윤인성' 또는 '윤 인성'처럼 띄어쓰기를 다르게 표기할 수 있습니다. 또한 외국인이 방문했을 때, 'John Kim' 또는 'Kim John'처럼 성과 이름을 바꿔서 쓸 수도 있습니다. 이런 상황에서는 이후에 숙박 기록이 동일 고객의 것인지 식별하기 어려울 것입니다.

■ 숙박 요금 계산만을 염두에 둔 데이터 형식

숙박일	숙박자(대표)	방	일수	숙박료	조식
2011/11/20	윤명월	1101	2	53,000	없음
2011/11/20	윤인성	1230	3	48,000	없음
2011/11/20	김지우	306	2	120,000	있음
2011/11/21	John Kim	207	1	32,000	없음
2011/11/21	유현정	208	1	22,000	있음

동일 인물?   동일 인물?

숙박일	숙박자(대표)	방	일수	숙박료	조식
2011/12/24	윤 인성	1103	1	30,000	없음
2011/12/24	Kim John	1101	1	32,000	없음
2011/12/24	임건호	1203	2	42,000	없음

이러한 숙박 기록으로 월별 숙박 요금 또는 숙박 인원수는 계산할 수 있습니다. 따라서 그런 간단한 업무만 처리한다면, 이 데이터는 충분히 '정리된' 상태라고 볼 수 있습니다.

하지만 최근에는 이런 데이터를 경영 분석에 활용하는 경우가 많아졌습니다. 예를 들어 재방문율은 얼마나 되는지, 어떤 유형의 객실이 고객에게 더 인기가 있는지 등 다양한 관점에서 과거 데이터를 수집하여 분석하는 것입니다.

이런 목적으로 데이터베이스를 구축하려면 숙박객을 고유하게 식별할 수 있는 정보(=고객ID)가 없다는 점이 치명적인 문제가 됩니다. 이 장부만으로는 이름이 비슷한 고객이 실제로 같은 사람인지 확인할 방법이 없습니다. 또한 엄밀히 말하면 이 숙박 기록에는 기본 키로 사용할 수 있는 열 조합도 없습니다(가장 가능성 있는 것은 {숙박일, 숙박자(대표)}지만, 동명이인이 있을 경우 중복이 발생합니다). 이는 7장의 안티패턴 '부적절한 키'에서도 지적한 내용입니다. 유일 키를 제대로 정의하지 않은 데이터는 안티패턴을 발생시킵니다.

핵심 포인트 72 유일 키가 존재하지 않는 데이터는 '부적절한 키' 안티패턴을 발생시킵니다.

지금까지의 내용으로부터, 이 숙박 기록을 관계형 데이터베이스의 테이블로 다루려면 정규화 이전에 적어도 다음 두 가지 유일 키가 필요하다는 것을 알 수 있습니다.

- **고객ID**: 고객을 유일하게 식별
- **숙박ID**: 숙박 기록을 유일하게 식별

물론 숙박ID는 이후에 추가할 수 있다 하더라도, 고객ID는 이름이 비슷한 고객이 동일인인지 구별할 수 없다면 정확하게 부여할 수 없습니다. 이 문제를 해결하기 위해 필요한 것이 '데이터 중복 제거'입니다.

데이터 중복 제거

'데이터 중복 제거'는 말 그대로 '비슷한 데이터를 모아서 통합하는 작업'을 의미합니다. 사람 이름 또는 회사명에 존재하는 표기 차이를 해결하여 명칭을 통일하는 과정입니다. 이는 데이터 표준화 작업의 한 종류라고 볼 수 있습니다.

원래 이러한 데이터 중복 제거 작업은 금융기관에서 오래 전부터 이루어졌습니다. 같은 금융기관에서 여러 계좌를 가진 개인과 법인을 효과적으로 관리하려면 계약 주체를 고유하게 식별할 필요가 있기 때문입니다. 특히 최근에는 금융기관의 합병과 통폐합이 활발히 이루어지고 있어서, 다른 금융기관에 있던 계좌들을 통합하는 대규모 데이터 중복 제거 작업도 진행되고 있습니다.

데이터 중복 제거의 대상이 되는 정보로는 개인 이름, 법인명, 주소, 전화번호 등 여러 종류가 있습니다. 예를 들어 회사명의 경우 다음과 같이 다양한 표기 방법이 존재할 수 있습니다. 이들은 모두 틀린 것이 아니라 단지 '표기 형식(포맷)'이 다를 뿐입니다.

 (주) 제이펍 전자 / 제이펍 전자 주식회사 / JPub Electronics Co., Ltd.

주소의 경우에도 정형화된 형식이 딱히 정해져 있지 않아서, 우편번호를 쓸지, 아파트 동호수까지 쓸지 등은 작성자의 판단에 맡겨지는 경우가 많습니다.

즉, 데이터 중복 제거가 필요하게 되는 근본적인 원인은 이러한 정보를 기록할 때 표준화된 형식을 정하지 않고 **자유 형식 입력**을 허용했기 때문입니다. 자유 형식 입력은 여러 형식이 혼재한다는 문제뿐만 아니라, 단순한 오타를 허용하게 된다는 단점도 있습니다.

최근에는 데이터 중복 제거에 드는 비용을 줄이기 위해 미리 통일된 입력 양식을 준비하여 처음부터 중복이 발생하지 않게 데이터를 만드는 것도 중요시되고 있습니다. 하지만 이러한 시도는 최근에야 시작되었기 때문에, 여전히 과거의 레거시 데이터(=정리되지 않은 데이터)를 정화할 필요가 남아 있습니다.

참고로 금융기관 통합과 같은 사례에서 흔히 볼 수 있는 현상인데, 데이터 중복 제거를 하지 않고 여러 마스터 테이블을 그대로 두면 어떻게 될까요? 맞습니다. 바로 안티패턴 '더블 마스터'가 발생합니다(그림 8-4).

> **핵심 포인트 73** 데이터 중복 제거를 소홀히 하면 '더블 마스터' 안티패턴이 발생합니다.

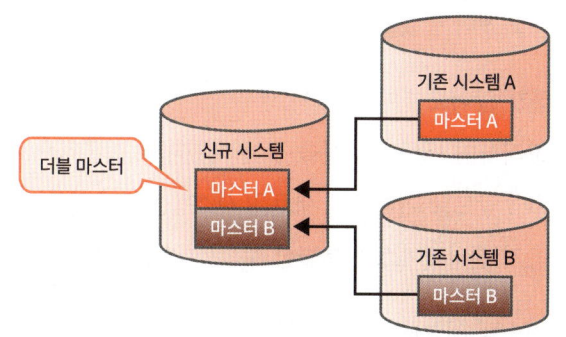

그림 8-4 기존 시스템의 마스터는 데이터 중복 제거로 일원화해야 한다.

동일 데이터 판단 방법

그렇다면 구체적으로 어떻게 동일한 데이터를 식별할 수 있을까요? 예를 들어 '제이펍'과 'Jpub'이 동일 회사인지(또는 다른 회사인지)는 어떻게 알 수 있을까요?

일반적으로 두 가지 방법이 있습니다.

첫 번째는 다른 정보와 결합하여 정확도를 높이는 방법입니다. 예를 들어 등록된 주소가 같다면 '제이펍'과 'Jpub'이 같은 회사일 가능성이 매우 높다고 판단할 수 있습니다(물론 주소에도 표기 차이가 있을 수 있어 상황이 복잡해질 수 있습니다). 여기에 전화번호까지 일치한다면, 이는 확실히 같은 회사라고 판단해도 무방할 것입니다.

두 번째 방법은 정보의 출현 빈도를 활용하는 것입니다. 예를 들어 회사명은 기억하기 쉽도록 다른 회사와 구별되는 특징적인 이름을 사용하는 경우가 많습니다. 또한 회사명은 정부 기관에 법인으로 등록되기 때문에 일반적으로 중복이 없습니다(국가가 다르면 상황이 달라질 수 있습니다). 따라서 독특한 이름의 회사라면, 표기 방법이 달라도 동일 회사로 판단할 수 있는 경우가 많습니다.

이러한 두 가지 판단 방법은 어느 정도 자동화가 가능하므로 시스템으로 구현할 수 있습니다. 실제로 데이터 클렌징에 특화된 소프트웨어도 판매되고 있으며, 상당한 규모의 시장을 형성하고 있습니다. 하지만 아무리 정확도가 높아진다 해도, 자동화 시스템만으로는 100% 확실한 정확도를 달성하기 어려운 경우가 있습니다. 따라서 최종적으로 사람이 직접 확인하는 과정이 필요합니다.

데이터 클렌징은, 하지 않아도 된다면 하지 않는 것이 가장 좋습니다. 처음부터 시스템에서 활용할 것을 고려하여 데이터 형식을 잘 설계했다면, 이론적으로는 데이터 클렌징이 필요하지 않습니다. 앞으로 여러분이 새로운 시스템을 구축할 기회가 있다면, 데이터를 입력받을 때 사용자 인터페이스에 특별한 주의를 기울여보세요.

다만 현실은 이미 시스템 처리를 전혀 고려하지 않고 쌓아온 데이터가 매우 많으며, 특히 시스템 통합 때에는 거의 반드시 데이터 클렌징 작업이 필요합니다. 이런 상황에서는 데이터 설계 전의 '정화'가 성공의 열쇠가 된다는 점을 기억해주세요.

지금까지 이번 장에서는 다양한 그레이 노하우를 소개했습니다. 안티패턴과 그레이 노하우의 주요 차이점은, 안티패턴은 무조건 피해야 할 '금기'인 반면, 그레이 노하우는 올바르게 사용하면 효과적인 해결 방법이 될 수 있다는 것입니다. 따라서 그레이 노하우는 '정확한 사용법과 적용 범위'를 잘 지키면 시스템에 긍정적인 영향을 줄 수 있습니다. 하지만 이를 위해서는 장단점을 철저히 비교 분석해야 합니다.

하지만 실제 개발 현장에서는 신중한 고려 없이 그레이 노하우가 적용되는 경우가 많습니다. 이처럼 그레이 노하우를 남용하는 것은 때로는 안티패턴보다 더 심각한 문제를 일으킬 수 있습니다.

이번 장을 통해 그레이 노하우의 위험성을 충분히 이해했을 것입니다. 앞으로 데이터베이스 논리 설계를 주도적으로 진행할 기회가 있다면, 이번 장에서 배운 지식을 활용하여 시스템과 개발 팀 모두에게 최적인 설계를 해보기 바랍니다.

연습 문제

연습 8-1: 비즈니스 로직 구현 방법 검토

본문에서 대리 키를 설명할 때, 테이블에 기본 키를 설정하지 않고 데이터를 등록한 후, 이후에 중복 데이터를 제거하는 잘못된 설계 방법을 언급했습니다.
그런데 이러한 기본 키 유일성 제약뿐만 아니라, 데이터가 만족해야 하는 다양한 요건(비즈니스 로직)을 테이블 제약이 아니라, 애플리케이션 코드로 구현하는 상황은 실무에서 흔히 볼 수 있는 광경입니다. 비즈니스 로직을 애플리케이션 코드로 구현하는 것에 대해 다음 질문을 생각해보세요.

- **질문 1**: 비즈니스 로직을 애플리케이션 코드로 구현하는 것의 장단점은 무엇인가?
- **질문 2**: 비즈니스 로직을 데이터베이스의 '트리거'로 구현하는 것의 장단점은 무엇인가?

연습 8-2: 임시 테이블

8.4절에서 소개한 임시 데이터, 즉 일시적으로만 사용하고 처리가 끝나면 삭제해도 상관없는 데이터를 다루기 위해 DBMS는 '임시 테이블' 기능을 제공합니다. 이 기능에 대해 조사하고 사용의 적절성을 검토해보세요.

COLUMN NewSQL: 미래의 데이터베이스

최근 'NewSQL'이라는 용어를 자주 듣습니다. NoSQL과 비슷한 이름이지만, 사실은 NoSQL의 단점을 극복하기 위해 개발된 새로운 데이터베이스 제품(또는 서비스)을 가리킵니다.

NewSQL의 핵심 개념은 관계형 데이터베이스와 NoSQL의 장점을 모두 가져오는 것입니다. 관계형 데이터베이스의 강력한 데이터 일관성(ACID 지원)과 SQL 인터페이스의 뛰어난 표현력, 그리고 NoSQL의 수평적 확장성이라는 장점을 동시에 얻으려는 것입니다. 이것이 정말 가능할까요?

이 질문에 대한 답은 아키텍처 개념도를 통해 이후에 설명하겠습니다. 일단 대표적인 NewSQL 제품과 서비스를 소개하겠습니다.

- **Cloud Spanner**: https://cloud.google.com/spanner

  구글이 만든 클라우드 서비스로, 2012년에 발표된 NewSQL의 선구자입니다. 2017년부터는 일반 사용자도 클라우드 서비스로 이용할 수 있게 되었습니다.

- **CockroachDB**: https://www.cockroachlabs.com/

  구글 출신 엔지니어들이 설립한 Cockroach Labs에서 개발한 데이터베이스입니다. PostgreSQL과 호환되며, Spanner의 기능을 따라 설계되었습니다.

- **YugabyteDB**: https://www.yugabyte.com/

  페이스북 출신 엔지니어들이 개발한 데이터베이스로, PostgreSQL과 Cassandra와 호환됩니다. 분산 SQL 데이터베이스로서 시스템 장애가 발생해도 트랜잭션 일관성을 유지하는 것을 목표로 합니다.

- **TiDB**: https://pingcap.co.jp/tidb-overview/

  PingCAP이 개발을 주도하는 MySQL 호환 제품입니다. ChatGPT 기반 자연어 쿼리 생성기 'Chat2Query'를 갖추고 있습니다.

이 중에서 아키텍처에 대한 설명이 가장 자세하고, 많은 정보가 공개된 Spanner로 NewSQL의 구조를 알아보겠습니다.

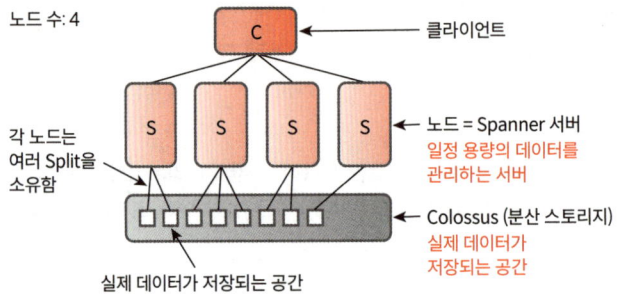

그림 A Spanner의 아키텍처

클라이언트는 REST API와 gRPC 같은 프로토콜을 사용해 Spanner의 모든 노드와 통신합니다.

노드는 Cloud Spanner에서 읽기/쓰기 작업을 수행하는 컴퓨팅 계층으로, SQL 구문 분석과 실행을 담당합니다. Spanner의 가장 큰 특징은 노드가 로컬에 데이터 저장소를 갖지 않는다는 것입니다. 컴퓨팅 계층과 스토리지 계층이 완전히 분리되어 있습니다. 모든 데이터는 Colossus라는 스토리지 계층에 저장되며, 노드는 네트워크를 통해 이 데이터에 접근합니다. 이런 구조 덕분에 Spanner는 필요에 따라 유연하게 리소스를 확장할 수 있습니다.

스토리지 계층인 Colossus는 GFS(Google File System)의 후속 버전입니다. Split은 Cloud Spanner의 데이터 단위로, 일반적인 샤딩에서의 샤드(shard)와 같은 역할을 합니다(샤딩에 대한 자세한 내용은 218페이지의 '샤딩과 칼럼 기반 데이터베이스' 칼럼 부분을 참고해주세요). 관계형 데이터베이스의 테이블은 자동으로 여러 샤드로 나뉘어 분배됩니다. 이렇게 분할된 데이터는 Paxos와 Raft 같은 합의(consensus) 알고리즘으로 복제되어 안정성과 가용성을 높입니다.

Spanner는 클라우드 서비스 중에서도 특이하게 99.999%(일명 '파이브 나인')라는 높은 가용성 SLA를 명시적으로 보장합니다(다중 지역 구성 때입니다).[14] 이는 기존 관계형 데이터베이스가 담당해온 미션 크리티컬한 시스템에 대응하기 위한 목표라고 할 수 있습니다.

이러한 샤딩과 분산 트랜잭션은 애플리케이션 입장에서 투명하게 작동하므로, 사용자는 내부 구조를 신경 쓰지 않고도 기존의 관계형 데이터베이스처럼 쉽게 사용할 수 있습니다. 익숙한 SQL로 데이터를 조작할 수 있다는 점이 NoSQL 대비 큰 경쟁 우위입니다. Cloud Spanner는 SQL:2011 표준을 준수하며, 현대 애플리케이션 개발에 필요한 충분한 기능을 갖추고 있습니다(현재는 PostgreSQL과도 호환됩니다).

SQL은 과거에 기능이 부족하다는 비판을 받았지만, 꾸준한 표준 개정을 거치면서 강력한 표현력을 가진 언어로 발전했습니다. 특히 SQL:1992의 CASE 표현식, SQL:1999의 재귀 공통 테이블

---

[14] https://cloud.google.com/spanner/sla

식, SQL:2003의 윈도우 함수는 SQL의 능력을 크게 향상시켰습니다. 결국 SQL을 대체하거나 숨기려는 여러 시도들은 큰 성공을 거두지 못했고, 2024년 현재는 SQL을 사용자 인터페이스로 활용하는 것이 가장 효율적이라는 결론에 도달했습니다.

앞으로의 기술 발전 방향은 스노플레이크와 AWS 레드시프트가 이미 시도하고 있는 것처럼, 생성형 AI로 일상 언어를 사용해 SQL 쿼리를 자동으로 생성하는 기술이 될 것입니다. NoSQL이 'SQL에서 벗어나자'는 의미였다면, NewSQL은 '새로운 형태의 SQL과 관계형 데이터베이스를 제시하자'는 의도를 담고 있습니다.

이처럼 Cloud Spanner를 시작으로 한 NewSQL 기술들은 다양한 측면에서 기존 관계형 데이터베이스의 '진화된 버전'을 목표로 하고 있으며, 가까운 미래에 데이터베이스 시장에 큰 변화를 가져올 것으로 예상됩니다.

데이터베이스 기술에서 분산과 통합은 진화를 이끄는 반대편에 있는 주제입니다. 지금까지 한쪽 극단으로 갔다가 다시 반대쪽으로 돌아오는 진자 운동 같은 흐름을 반복해 왔습니다. 그리고 현재는 그 진자가 '분산' 방향으로 움직이고 있는 단계라고 할 수 있습니다.

CHAPTER 9
고급 논리 설계: RDB로 트리 구조 다루기

관계형 데이터베이스는 강력한 표현력을 가진 시스템이지만, 과거부터 다루기 어려웠던 데이터 구조가 있습니다. 바로 트리(tree) 구조입니다. 조직도와 제조업의 부품 관계 같은 데이터를 다룰 때 사용하는 데이터 모델입니다. 이는 오랫동안 관계형 데이터베이스의 약점으로 여겨져왔습니다. 이번 장에서는 관계형 데이터베이스로 이러한 약점을 어떻게 극복하는지 그 방법을 살펴보겠습니다.

학습 포인트

- 트리 구조를 표현하는 전통적인 방법으로 '인접 리스트 모델'이 있습니다. 하지만 이 방법은 SQL 문이 복잡해지고 제약이 많아서 어려운 설계 모델로 꺼려져 왔습니다. 하지만 최근에는 재귀 공통 테이블 표현식(SQL:1999 표준)이 많은 DBMS에서 지원되면서, 이 모델로 트리 구조를 다루는 것이 점점 쉬워지고 있습니다.

- 인접 리스트 모델 외에도 새로운 방법론들이 제시되고 있습니다. 이번 장에서는 '폐쇄 테이블 모델'을 소개합니다. 이 외에도 '중첩 집합 모델', 이를 발전시킨 '중첩 구간 모델', '경로 열거 모델' 등이 있지만, 활용 범위가 제한적이어서 이 책에서는 다루지 않습니다. 더 자세하고 알고 싶다면, 조 셀코의 《Joe Celko's Trees and Hierarchies in SQL for Smarties, 2nd Edition》(Morgan Kaufmann, 2012)을 참고하세요.

- 각 모델에는 장단점이 있습니다. 현재 트리 구조를 다룰 때 일반적인 선택지는 (재귀 공통 테이블 표현식을 지원하는 DBMS라면) 인접 리스트 모델이고, 그렇지 않다면 폐쇄 테이블 모델입니다.

9.1 관계형 데이터베이스의 약점

2차원 표와 비슷한 '테이블' 형식을 사용하는 관계형 데이터베이스는 강력하고 편리한 표현력을 바탕으로 다양한 시스템의 핵심 데이터베이스로 자리 잡았습니다. 오늘날에는 특별한 설명 없이 그냥 '데이터베이스'라고 하면 관계형 데이터베이스를 의미할 정도입니다. 2차원 표는 일상생활에서 자주 접하는 친숙한 형태이므로, 사람들이 직관적으로 이해하기도 쉽습니다.

하지만 누구에게나 잘하는 것과 어려운 것이 있는 것처럼, 관계형 데이터베이스도 매우 폭넓은 범용성을 갖춘 다재다능한 존재이지만 몇 가지 약점이 있습니다. 그중 하나가 이번 장에서 다루는 '트리 구조'입니다.

이번 장에서는 트리 구조를 관계형 데이터베이스로 어떻게 다룰 수 있는지, 어떤 방법들이 있는지 살펴보겠습니다.

9.1.1 트리 구조란?

일단 트리 구조의 데이터가 실제로 어떤 것인지 설명하겠습니다. 트리 구조는 이름 그대로 데이터가 '나무'와 비슷한 형태를 가진 계층적 구조입니다. 수학적으로는 '순환(사이클)이 없는 연결 그래프'로 정의되는 그래프의 한 종류입니다.

이런 구조는 우리 주변에 많이 있습니다. 예를 들어 회사 조직이나 제품의 부품 간 관계 등이 트리 형태의 계층구조를 갖고 있습니다. 6장에서 배운 B-tree 인덱스도 이러한 구조였다는 것을 기억하는 분도 있을 것입니다. 예로 들어 어떤 회사 조직을 트리 구조로 표현해보겠습니다(그림 9-1).

아담이 최상위(사장)이고, 그 아래로 부하 직원들이 계속해서 매달리는 구조입니다. 이 모습이 거꾸로 된 나무와 비슷해 보여서 '트리 구조'라고 부릅니다. 일단 이후에 트리 구조를 이해하는 데 필요한 몇 가지 주요 용어를 살펴보겠습니다.

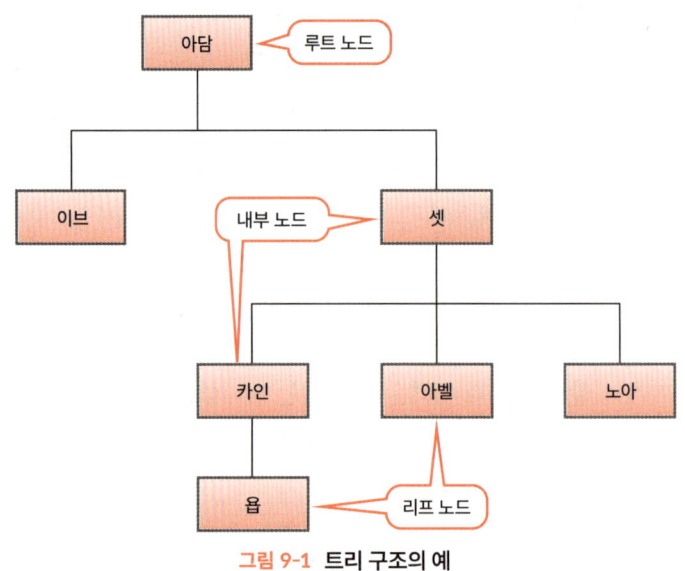

그림 9-1 트리 구조의 예

- **노드(node)**: 트리의 각 연결점을 의미합니다. 이 조직도에서는 각 직원이 하나의 노드에 해당합니다.
- **루트 노드(root node)**: 트리의 시작점이 되는 최상위 노드입니다. 그림 9-1에서는 아담 사장이 이에 해당합니다. 루트는 '뿌리'라는 의미를 갖고 있으며, 트리는 정의상 루트 노드를 하나만 가질 수 있습니다.
- **리프 노드(leaf node)**: 아래에 더 이상 노드가 없는 '끝점(종점)' 노드입니다. 이 그림에서는 부하 직원이 없는 이브, 욥, 아벨, 노아가 여기에 해당합니다. 리프는 '잎'이라는 의미를 갖습니다.
- **내부 노드(inner node)**: 루트도 아니고 리프도 아닌 중간에 위치한 노드입니다. 조직에서 중간 관리자 역할을 하는 직원들이 여기에 해당합니다.
- **경로(path)**: 한 노드에서 다른 노드로 가는 길을 의미합니다. 예를 들어 아담 사장에서 아벨까지의 경로는 '아담→셋→아벨'입니다. 참고로, 중간에 다른 노드를 거쳐 가는 경로(예: '아담→이브→아담→셋→아벨')도 생각해볼 수 있습니다.

기본적인 용어까지 모두 살펴보았으므로, 이어지는 절에서는 관계형 데이터베이스로 이러한 트리 구조를 어떻게 다룰 수 있는지 살펴보겠습니다.

9.2 오래되었지만 새로운 해법: 인접 리스트 모델

관계형 데이터베이스에서 트리 구조를 다루는 방법 중 가장 오래전부터 알려진 방법이 인접 리스트 모델(adjacency list model)입니다. 이 방법은 각 노드 레코드에 '부모 노드의 정보(포인터)'를 함께 저장합니다. 이전의 '관계란 무엇인가?'(94페이지)에서 설명했던 포인터 체인 구조를 관계형 데이터베이스 테이블로 구현한 것입니다.

■ 인접 리스트 모델의 테이블 정의

```
CREATE TABLE OrgChartAdjacency
  (emp   VARCHAR(32),
   boss VARCHAR(32),
     CONSTRAINT pk_OrgChartAdjacency PRIMARY KEY (emp),
     CONSTRAINT fk_OrgChartAdjacency FOREIGN KEY (boss)
  REFERENCES OrgChartAdjacency (emp));
```

fk_OrgChartAdjacency 제약 조건은 외래 키를 통한 참조 일관성을 보장합니다. 그런데 boss 열과 emp 열이 같은 테이블 내에 있으므로 자기 참조(self-reference) 관계를 만듭니다.

조직도

emp (직원)	boss (상사)
아담	
이브	아담
셋	아담
카인	셋
아벨	셋
노아	셋
욥	카인

그림 9-2 조직도 테이블

직원 한 명당 하나의 레코드가 저장되며, 기본 키는 emp(직원)입니다.[1] 직원은 한 명의

---

[1] 실제로는 동명이인이 있을 수 있으므로, 기본 키로 '직원ID' 같은 열을 사용하는 것이 좋습니다. 하지만 이해하기 쉽도록 이름으로 단순화했습니다.

상사만 가지므로, boss 열을 통해 해당 직원의 상위 노드(부모 노드)가 누구인지 알 수 있습니다. 루트 노드인 사장은 상사가 없으므로, 아담 사장의 `boss` 열 값은 `NULL`로 저장합니다.

9.2.1 인접 리스트 모델에서의 검색

인접 리스트 모델은 SQL로 트리 구조를 표현하는 가장 오래되고 대중적인 방법입니다. 이 방법으로 많은 시스템들이 구현되었으며, DBMS 벤더들도 트리 구조 관련 기능을 개발할 때 이 모델을 기반으로 구현합니다(예: Oracle의 `CONNECT BY` 구문은 이 모델을 기반으로 작동합니다).

하지만 전통적으로 인접 리스트 모델은 갱신 쿼리와 검색 쿼리가 매우 복잡하고, 성능도 좋지 않다는 단점이 있어 전문가들 사이에서 오랫동안 안티패턴으로 비판받아왔습니다. 이 책의 초판에서도 이런 관점으로 인접 리스트 모델을 다루었습니다. 하지만 최근 10년 동안의 SQL 기술 발전으로, 이 모델이 다시 주목받기 시작했습니다.

SQL:1999에서 표준화된 **재귀 CTE(recursive common table expression)**가 여러 DBMS에서 지원되면서, 인접 리스트 모델에서의 검색 쿼리를 더 쉽고 유연하게 작성할 수 있게 되었습니다(특히 MySQL이 버전 8.0에서 지원하기 시작한 것이 큰 변화였습니다).

재귀 공통 테이블 표현식을 사용하면, SQL 내부에서 정의할 수 있는 일회용 뷰를 재귀적으로 사용하여 트리의 노드를 따라가며 검색할 수 있습니다. 예를 들어 이전에 정의한 `OrgChartAdjacency` 테이블에서 각 노드의 깊이(레벨)를 조회하는 쿼리는 다음과 같습니다.[2]

---

[2] Oracle, Db2, SQL Server에서는 `RECURSIVE` 키워드가 있으면 오류가 발생하므로, 실행 때 이 키워드를 제거해야 합니다. PostgreSQL과 MySQL에서는 아래 코드가 그대로 실행됩니다. 이후 나오는 재귀 CTE 예제 코드에서도 같은 주의사항이 적용됩니다.

■ 재귀 공통 테이블 표현식을 사용한 트리 깊이 검색

```
WITH RECURSIVE Traversal (emp, boss, depth) AS
(
 /* 시작점이 되는 쿼리 */
 SELECT O1.emp, O1.boss, 1 AS depth
   FROM OrgChartAdjacency O1
  WHERE boss IS NULL
 UNION ALL
 /* 재귀적으로 반복되는 쿼리 */
 SELECT O2.emp, O2.boss, (T.depth + 1) AS depth
   FROM OrgChartAdjacency O2 INNER JOIN Traversal T
     ON T.emp = O2.boss
)
SELECT emp, boss, depth
  FROM Traversal;
```

결과: 각 노드의 레벨(깊이)을 출력함

```
 emp  | boss | depth
------+------+-------
 아담 |      |   1
 이브 | 아담 |   2
 셋   | 아담 |   2
 카인 | 셋   |   3
 아벨 | 셋   |   3
 노아 | 셋   |   3
 욥   | 카인 |   4
```

이 쿼리에서 중요한 부분은 공통 테이블 표현식 `Traversal` 내부에서 자신을 재귀적으로 참조한다는 것입니다. 이렇게 재귀 CTE를 사용하면 트리의 깊이를 동적으로 검색할 수 있습니다.

> 핵심 포인트 74   재귀 공통 테이블 표현식은 `WITH` 절로 정의한 테이블을 자기 참조하는 형태로 작성합니다.

과거에는 어려웠던 부분 트리 조회도 시작점만 바꾸면 쉽게 할 수 있습니다. 예를 들어 '셋을 루트로 하는 부분 트리'는 다음 쿼리로 구할 수 있습니다.

■ 셋을 루트로 하는 부분 트리의 추출

```
WITH RECURSIVE Traversal (emp, boss, depth) AS
(
 /* 시작점이 되는 쿼리 */
 SELECT O1.emp, O1.boss, 1 AS depth
   FROM OrgChartAdjacency O1
  WHERE emp = '셋'
 UNION ALL
 /* 재귀적으로 반복되는 쿼리 */
 SELECT O2.emp, O2.boss, (T.depth + 1) AS depth
   FROM OrgChartAdjacency O2 INNER JOIN Traversal T
     ON T.emp = O2.boss
)
SELECT emp, boss, depth
  FROM Traversal;
```

결과

```
  emp   |  boss  | depth
--------+--------+--------
 셋     | 아담   |   1
 카인   | 셋     |   2
 아벨   | 셋     |   2
 노아   | 셋     |   2
 욥     | 카인   |   3
```

또한 트리를 거꾸로 검색하며, '욥'의 모든 상사를 찾는 것도 다음 쿼리로 할 수 있습니다.

■ 트리를 거꾸로 검색하기

```
WITH RECURSIVE Traversal (emp, boss, depth) AS
(
 /* 시작점이 되는 쿼리 */
 SELECT O1.emp, O1.boss, 1 AS depth
   FROM OrgChartAdjacency O1
  WHERE emp = '욥'
 UNION ALL
 /* 재귀적으로 반복되는 쿼리 */
 SELECT O2.emp, O2.boss, (T.depth + 1) AS depth
   FROM OrgChartAdjacency O2 INNER JOIN Traversal T
     ON T.boss = O2.emp
```

```
)
SELECT emp, boss, depth
  FROM Traversal;
```

결과: 욥의 상사들(자신 포함)

```
 emp   | boss  | depth
-------+-------+-------
 욥    | 카인  |   1
 카인  | 셋    |   2
 셋    | 아담  |   3
 아담  |       |   4
```

인접 리스트 모델에서는 루트 노드와 리프 노드를 찾는 것도 간단합니다. 루트 노드는 boss 열이 `NULL`인 경우로 쉽게 구할 수 있어 쿼리는 생략합니다. 리프 노드를 찾으려면 '다른 직원의 boss 열에 나타나지 않는 직원'을 찾으면 됩니다. 다음 쿼리로 구할 수 있습니다.

■ 인접 리스트 모델에서 리프 노드 찾기

```
SELECT emp
  FROM OrgChartAdjacency O1
 WHERE NOT EXISTS
       (SELECT *
          FROM OrgChartAdjacency O2
         WHERE O1.emp = O2.boss);
```

결과: 리프 노드

```
 emp
------
 욥
 아벨
 노아
 이브
```

이처럼 재귀 CTE를 활용하면 인접 리스트 모델로 다양한 결과를 유연하게 구할 수 있습니다. 하지만 두 가지 문제가 있습니다. 첫째, 재귀 쿼리를 모든 사람이 이해할 수 있는지 그리고 둘째, 대규모 트리(예: 제조업의 부품표 BOM(bill of materials))에서도 좋은 성능을 보이는지입니다. 이는 이후 실제 프로젝트에서 검증되어야 합니다.

'쿼리의 이해하기 쉬운 정도(쿼리 이해 용이성)'는 개발 요구사항을 결정하는 중요한 요소입니다. 복잡한 작업을 SQL에 맡기고 싶지 않거나 모든 업무 로직을 애플리케이션 쪽에 두고 싶어하는 개발자들도 많습니다. **SQL이 복잡하면 이후에 유지보수할 수 있는 인력이 부족해질 수 있으므로**, SQL을 최대한 단순하게 유지하려는 요구가 있기도 합니다. 이 또한 하나의 설계 철학이며, 필자도 이를 부정하지 않습니다.

성능 측면에서 BOM 같은 대규모 트리를 처리할 때 응답 시간이 느려지거나 리소스가 고갈되지 않는지는 앞으로의 검토 과제입니다(필자의 PostgreSQL 16.3 환경에서 무한 재귀 쿼리를 실행했을 때, CPU 사용률은 약 5% 정도로 크게 부담되지 않았지만, psql 프로세스의 메모리 사용량이 계속 증가하는 현상이 관찰되었습니다. 계산 중간 결과가 크게 증가했을 가능성이 있습니다).

> **핵심 포인트 75** 인접 리스트 모델이 대규모 트리 구조를 효과적으로 처리할 수 있을지는 아직 확실하지 않습니다.

9.2.2 인접 리스트 모델에서의 갱신

인접 리스트 모델에서는 갱신 작업이 크게 복잡하지 않습니다. 리프 노드(자식이 없는 노드)를 삭제하는 것은 단순히 해당 노드의 레코드만 삭제하면 됩니다. 문제가 되는 것은 부하 직원을 가진 중간 관리자 노드를 삭제하거나 수정하는 경우입니다. 예시로 부하 직원이 4명 있는 '셋'이 퇴직하는 상황을 살펴보겠습니다.

내부 노드 삭제

단순히 생각하면 '셋'을 바로 삭제하면 될 것 같지만, 이렇게 하면 오류가 발생합니다.

■ 먼저 셋을 삭제하려고 하면: 오류 발생

```
DELETE FROM OrgChartAdjacency
WHERE emp = '셋';
```

결과: 참조 일관성 제약 조건 오류(PostgreSQL)

```
ERROR: update or delete on table "orgchartadjacency" violates foreign key
constraint "fk_orgchartadjacency" on table "orgchartadjacency"
DETAIL: Key (emp)=(셋) is still referenced from table "orgchartadjacency".
```

이 오류는 외래 키 제약 조건에 위배됐다는 의미입니다. 아직 '셋' 아래에 부하 직원들이 있어서 삭제할 수 없다는 메시지입니다. '처음부터 외래 키를 설정하지 않으면 되지 않을까?'라고 생각할 수도 있지만, 그렇게 하면 어떤 상사에도 속하지 않는 고아 노드가 생길 수 있어 트리 구조의 일관성을 유지할 수 없으므로 권장하지 않습니다.

'참조 일관성 제약에 `ON DELETE CASCADE` 옵션을 사용하면 되지 않을까?'라는 의견도 있을 수 있습니다. 비즈니스 로직상 관리자가 해고되면 그 부하 직원들도 모두 함께 해고되는 규칙이라면, 그렇게 해도 괜찮습니다. 이 경우 다음과 같이 테이블 정의를 수정하면 됩니다.

■ 노드를 삭제할 때 자식 노드도 함께 삭제하는 테이블 정의

```
CREATE TABLE OrgChartAdjacency
  (emp   VARCHAR(32),
   boss VARCHAR(32),
     CONSTRAINT pk_OrgChartAdjacency PRIMARY KEY (emp),
     CONSTRAINT fk_OrgChartAdjacency FOREIGN KEY (boss)
       REFERENCES OrgChartAdjacency (emp) ON DELETE CASCADE);
```

하지만 일반적으로는 부하 직원들은 새로운 상사 밑으로 이동하게 됩니다. 따라서 이 경우에는 먼저 '셋'의 부하 직원들을 새로운 상사로 변경해야 합니다. 여기서는 CEO인 '아담'의 직속 부하로 이동시킨다고 가정해보겠습니다.

■ 셋의 부하의 상사를 아담으로 바꾸고 나서 셋을 삭제

```
UPDATE OrgChartAdjacency
   SET boss = '아담'
 WHERE boss = '셋';

DELETE FROM OrgChartAdjacency
 WHERE emp = '셋';
```

이렇게 하면 조직도는 다음과 같이 변경됩니다.

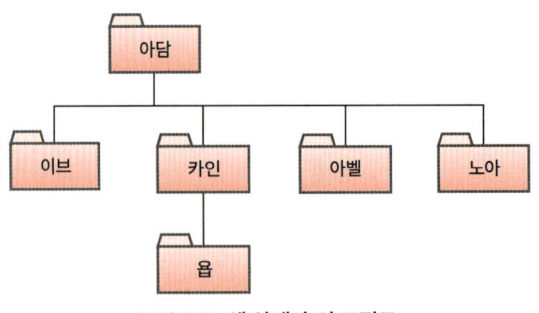

그림 9-3 셋 삭제 후의 조직도

이처럼 **관련된 노드만 갱신하면 되는 것**이 인접 리스트 모델의 장점입니다(이 책에서는 다루지 않지만, 중첩 집합 모델이나 경로 열거 모델에서는 갱신과 무관한 노드들까지 영향을 받습니다).

노드 삽입

노드 삽입이나 갱신도 기본적으로는 관련된 노드들의 포인터 체인을 수정하는 방식으로 수행할 수 있습니다. 예를 들어 아담과 이브 사이에 야곱을 삽입하려면 다음과 같은 `INSERT` 문과 `UPDATE` 문으로 가능합니다.

■ 아담과 이브 사이에 야곱을 삽입

```
INSERT INTO OrgChartAdjacency VALUES ('야곱', '아담');

UPDATE OrgChartAdjacency
   SET boss = '야곱'
 WHERE emp = '이브';
```

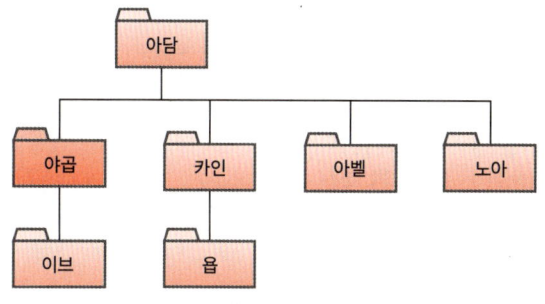

그림 9-4 야곱 삽입 후의 조직도

이처럼 인접 리스트 모델에서는 갱신 범위가 대상 노드에만 국한됩니다. 인접 리스트 모델은 《SQL AntiPatterns》(인사이트, 2011)에서 '순진한 트리(naive tree)'라는 이름의 안티패턴으로 분류되었습니다. 하지만 이번 절에서 살펴본 것처럼, 현대의 인접 리스트 모델은 재귀 공통 테이블 식이라는 강력한 도구를 활용함으로써 조회의 유연성과 갱신의 편의성을 모두 갖춘 우수한 모델로 발전했습니다.[3] 지난 10여 년 동안 관계형 데이터베이스와 SQL도 함께 발전해온 것입니다.

9.3 폐쇄 테이블 모델

폐쇄 테이블 모델(closure table model)은 트리 구조를 다루는 모델 중에서 유일하게 두 개의 테이블을 사용하는 방법입니다.

■ 폐쇄 테이블 모델의 테이블 정의

```
CREATE TABLE OrgChart
  (emp  VARCHAR(32) PRIMARY KEY,
   role VARCHAR(32) NOT NULL,
   tree_id INTEGER  UNIQUE NOT NULL);

CREATE TABLE Closure
```

---

[3] 정확히 말하면 《SQL AntiPatterns》에서도 재귀 공통 테이블식 지원이 확대되면 인접 리스트 모델은 더 이상 안티패턴이 아니게 된다고 언급하며, 조건부 안티패턴으로 설명하고 있습니다. 다음은 원서에서 인용한 내용입니다.

> 미래에는 대부분의 주요 RDBMS에서 재귀 쿼리 구문을 지원하게 될 것입니다. 그렇게 되면 인접 리스트 설계도 일반적으로 사용할 수 있는 옵션이 될 것입니다.

```
(parent INTEGER NOT NULL,
 child  INTEGER NOT NULL,
   CONSTRAINT pk_Closure PRIMARY KEY (parent, child),
   CONSTRAINT fk_parent FOREIGN KEY  (parent)
     REFERENCES OrgChart (tree_id),
   CONSTRAINT fk_child  FOREIGN KEY  (child)
     REFERENCES OrgChart (tree_id));
```

OrgChart

emp (직원)	role (역할)	tree_id (트리ID)
아담	사장	1
이브	부장	2
셋	부장	3
카인	과장	4
아벨	과장	5
노아	과장	6
욥	직원	7

Closure

parent (부모)	child (자식)
1	1
1	2
1	3
1	4
1	5
1	6
1	7
2	2
3	3
3	4
3	5
3	6
3	7
4	4
4	7
5	5
6	6
7	7

그림 9-5 폐쇄 테이블 모델

OrgChart 테이블은 기본적으로 직원 정보를 담고 있지만, 트리의 노드를 식별하는 고유한 `tree_id` 열을 가진 것이 특징입니다(`emp` 열로 대체해도 괜찮습니다). Closure 테이블은 트리의 각 노드에 대해, 해당 노드를 시작점으로 하는 모든 하위 노드들의 관계를 저장합니다. `parent`와 `child` 열은 모두 OrgChart 테이블의 `tree_id`를 외래 키로 참조합니다.

9.3.1 폐쇄 테이블 모델의 검색

이 모델을 사용하면 트리의 깊이를 확인하는 쿼리를 다음과 같이 간단하게 작성할 수 있습니다.

■ 트리의 깊이를 구하는 쿼리(폐쇄 테이블)

```
SELECT O.emp, COUNT(*) AS depth
  FROM OrgChart O INNER JOIN Closure C
    ON O.tree_id = C.child
GROUP BY O.emp
ORDER BY depth;
```

결과

```
  emp   | depth
--------+--------
 아담   |   1
 이브   |   2
 셋     |   2
 노아   |   3
 카인   |   3
 아벨   |   3
 욥     |   4
```

Closure 테이블의 장점은 모든 노드가 자신의 하위 노드 정보를 미리 저장하고 있어서, 복잡한 재귀 쿼리 없이, 단순 계산만으로 어떤 노드가 트리의 어느 레벨에 위치하는지 바로 알 수 있다는 것입니다.

부분 트리를 찾는 것도 마찬가지로 재귀 없이 간단하게 작성할 수 있습니다.

■ 셋의 모든 부하 직원 찾기(자신 포함)

```
SELECT O2.emp
  FROM (SELECT O.emp, C.child, O.tree_id
          FROM OrgChart O INNER JOIN Closure C
            ON O.tree_id = C.parent
         WHERE O.emp = '셋') TMP
       INNER JOIN OrgChart O2
    ON O2.tree_id = TMP.child;
```

▼
결과

```
emp
--------
셋
카인
아벨
노아
욥
```

폐쇄 테이블에서는 리프 노드(자식이 없는 노드)와 루트 노드(최상위 노드)를 찾는 것도 쉽습니다. 리프 노드는 Closure 테이블에 단 한 행만 존재하는 노드입니다. 또한 루트 노드는 가장 많은 행을 가진 노드입니다.

■ **리프 노드를 찾는 쿼리(폐쇄 테이블)**

```sql
SELECT O.emp
  FROM (SELECT parent,
               COUNT(*) OVER (PARTITION BY parent) AS cnt
          FROM Closure) TMP INNER JOIN OrgChart O
            ON O.tree_id = TMP.parent
 WHERE cnt = 1;
```

결과

```
emp
--------
이브
아벨
노아
욥
```

이처럼 검색 쿼리가 단순하고 직관적이라는 점이 폐쇄 테이블 모델의 장점입니다.

9.3.2 폐쇄 테이블 모델의 갱신

폐쇄 테이블 모델에서는 데이터 일관성 유지를 위해 약간의 주의가 필요합니다(조금 번거롭습니다). 예를 들어 '셋'과 그 아래 모든 노드를 삭제하려면 다음과 같은 `DELETE` 문을 사용해야 합니다.

■ 셋 아래의 서브트리 삭제하기

```
/* 셋 아래의 모든 레코드 삭제 */
DELETE FROM Closure
 WHERE parent IN
        (SELECT child
           FROM Closure
          WHERE parent = (SELECT O.tree_id
                            FROM OrgChart O
                           WHERE emp = '셋'));

/* 셋을 자식으로 갖는 레코드 삭제 */
DELETE FROM Closure
 WHERE child = (SELECT O.tree_id
                  FROM OrgChart O
                 WHERE emp = '셋');

/* 직원 마스터에서 셋 정보 삭제 */
DELETE FROM OrgChart
 WHERE emp = '셋';
```

이처럼 폐쇄 테이블 모델은 항상 두 테이블을 함께 갱신해야 합니다. 두 테이블 간 동기화에 신경 쓰지 않으면 데이터 불일치가 발생하므로 주의해야 합니다. 새 노드를 추가할 때도 마찬가지로 두 테이블을 동시에 갱신해야 합니다. '욥' 아래에 '이삭'을 추가한다면, 다음과 같습니다.

■ 욥 아래에 이삭 추가하기

```
INSERT INTO OrgChart VALUES ('이삭', '직원', 8);

/* 상사 레코드 추가 */
INSERT INTO Closure VALUES (7, (SELECT tree_id FROM OrgChart
 WHERE emp = '이삭'));
```

```
INSERT INTO Closure VALUES (4, (SELECT tree_id FROM OrgChart
 WHERE emp = '이삭'));
INSERT INTO Closure VALUES (3, (SELECT tree_id FROM OrgChart
 WHERE emp = '이삭'));
INSERT INTO Closure VALUES (1, (SELECT tree_id FROM OrgChart
 WHERE emp = '이삭'));

/* 이삭 자신의 레코드 추가 */
INSERT INTO Closure VALUES ((SELECT tree_id FROM OrgChart
 WHERE emp = '이삭'),
                            (SELECT tree_id FROM OrgChart
 WHERE emp = '이삭'));
```

이삭 자신의 레코드를 추가하고, 이삭을 경로에 포함하는 모든 상위 관계자들의 레코드도 추가해야 합니다. 이 단계를 누락하면 올바른 계층구조가 형성되지 않습니다. 게다가 오류도 발생하지 않고, 잘못된 결과를 얻게 될 것입니다. 따라서 폐쇄 테이블 모델의 갱신은 로직 자체가 크게 어렵지 않지만, 실제 구현할 때 데이터 일관성을 유지하기 위한 세심한 주의가 필요합니다.

> **핵심 포인트 76** 폐쇄 테이블은 검색과 조회가 쉽습니다. 갱신은 복잡하지는 않으나 귀찮을 수 있습니다.

9.4 어떤 모델을 사용해야 할까?

지금까지 트리 구조를 관계형 데이터베이스 테이블로 어떻게 다룰 수 있는지 두 가지 방법을 살펴봤습니다. 각 모델의 특징은 다음과 같습니다.

인접 리스트 모델

가장 고전적이면서도 기본적인 모델입니다. 과거에는 조회/갱신 모두 복잡하게 처리했지만, SQL이 발전하면서 재귀 공통 테이블 표현식을 활용한 유연한 조회가 가능해졌습니다. 갱신 작업도 특정 노드에만 영향을 줄 수 있으며, 외래 키로 참조 일관성 제약을 설정할 수 있어서, 사용 중인 DBMS가 재귀 CTE를 지원한다면 트리 구조를 구현할 때 **가장 좋은 선택지**가 됩니다(Oracle, SQL Server, Db2, PostgreSQL, MySQL 같은 주요 DBMS

최신 버전은 모두 재귀 CTE를 지원합니다). 하지만 대규모 트리에서의 재귀 연산의 성능(속도와 자원 사용량 측면 모두)은 아직 검증되지 않았다는 점을 고려해야 합니다.

폐쇄 테이블 모델

모든 노드 사이의 경로를 저장하는 모델입니다. 조회가 유연하고 갱신도 비교적 간단해서, 인접 리스트 모델을 지원하지 않는 구버전 DBMS를 사용할 때 대체 선택지로 적합합니다. 다만 두 테이블의 동기화를 항상 유지해야 하고, 갱신이 어렵진 않지만 다소 번거롭다는 점을 주의해야 합니다.

관계형 데이터베이스의 논리 설계라고 하면 대부분 정규화와 비정규화 사이의 트레이드오프가 핵심이라는 이미지가 강합니다. 하지만 이번 장으로 이런 트레이드오프가 다른 영역에서도 발생한다는 것을 이해했을 것입니다. 사실 트리 같은 계층구조는 평면적인 2차원 테이블과 원래 궁합이 좋지 않으며, 관계형 데이터베이스로 표현하기에 적합하지 않은 구조입니다.

이런 이유로 트리를 포함한 일반적인 그래프 구조를 표현하기 위한 전용 데이터베이스(그래프 데이터베이스)가 연구되어왔고, 현재는 여러 구현체들이 등장했습니다.[4] 관계형 데이터베이스에 SQL이 표준화된 것처럼, 그래프 데이터베이스를 위한 GQL(graph query language)의 표준화도 시작되었습니다.

하지만 관계형 데이터베이스도 가만히 있던 것은 아닙니다. 재귀 공통 테이블 표현식 지원을 통해 기존의 약점을 극복해나가고 있습니다. 이 분야는 지금도 전 세계적으로 최적의 모델링 방법에 대한 연구가 활발히 이루어지고 있으며, 새로운 성과들이 계속 등장하는 최신 트렌드 분야입니다. SQL:2023의 새 파트 16(ISO/IEC 9075-16: Property Graph Queries, SQL/PGQ)에서는 그래프 형태의 데이터에 대해 쿼리를 수행할 수 있게

---

[4] 일반적으로 사용할 수 있는 그래프 데이터베이스로는 오픈소스인 Neo4j와 AWS의 Neptune이 유명합니다.
Neo4j: https://neo4j.com/
Amazon Neptune: https://aws.amazon.com/ko/neptune/

되었습니다. 이는 SQL에서 그래프 쿼리로 접근하는 방법입니다.

마지막으로 트리 구조에 대한 개인적인 감상을 나누고 싶습니다. 이 책의 초판(2012년) 에서는 **중첩 집합 모델**(nested set)과 그 발전 형태인 **중첩 구간 모델**(nested interval)이 표준이 될 것이라 기대했습니다. 실제로 Redmine이나 CakePHP 같은 애플리케이션에서 중첩 집합 모델을 채택했지만, 갱신 처리의 복잡성, 참조 일관성 제약을 설정할 수 없는 점, 잘못된 갱신으로 트리 구조가 쉽게 깨질 수 있다는 단점 때문에 기대만큼 널리 퍼지지 않았습니다.

대신 **한때 안티패턴으로 여겨졌던** 인접 리스트 모델이 다시 부활했고, 필자는 이를 예상하지 못했습니다. RDB/SQL과 오랫동안 함께 해왔지만, 아직도 이렇게 놀라운 변화가 있다고 생각하는 또 한 번의 계기가 되었습니다.

연습 문제

연습 9-1 트리 구조를 다루는 모델의 정규형

이번 장에서는 트리 구조를 다루는 두 가지 모델을 살펴보았습니다.

- 인접 리스트 모델:
  - 조직도 {직원, 상사}
- 폐쇄 테이블 모델:
  - 조직도 {직원, 직책, 트리ID}
  - 폐쇄 테이블 {부모, 자식}

각 모델이 어떤 정규형 단계에 해당하는지 생각해보세요.

연습 9-2 리프 노드를 찾는 쿼리(오답 예)

인접 리스트 모델에서 리프 노드를 찾기 위해 본문에서는 `NOT EXISTS`를 사용했지만, 다음과 같은 쿼리를 생각할 수도 있습니다.

```
SELECT emp
  FROM OrgChartAdjacency
 WHERE emp NOT IN
       (SELECT boss
          FROM OrgChartAdjacency);
```

하지만 이 쿼리는 제대로 작동하지 않습니다. 왜 그런지 직접 실행해보고 이유를 생각해보세요.

연습 9-3 재귀 계산 연습

인접 리스트 모델에서 사용하는 재귀 CTE를 연습해봅시다. SQL로 1부터 100까지의 숫자를 재귀 공통 테이블 식을 사용해 생성해보세요. 이때 테이블은 사용하지 않습니다(Oracle에서도 23c부터는 DUAL 테이블이 더 이상 사용되지 않음).

이 문제가 쉽게 느껴진다면, 피보나치 수열(0, 1, 1, 2, 3, 5, 8, ...)을 생성하는 쿼리도 한번 만들어보세요.

부록: 연습 문제 해답

1장 해답 (연습 문제 ➡ 22페이지)

연습 1-1 DBMS 정보 확인하기

여러분이 사용하는 관계형 데이터베이스는 아마 1.2.3절에서 소개한 다섯 가지 DBMS(또는 이를 기반으로 한 클라우드 서비스) 중 하나일 것입니다. 최근에는 임베디드 시스템에서 사용할 목적으로 SQLite 등도 보급되고 있지만, 일반 업무 시스템에서는 잘 사용하지 않기 때문에 이 책에서는 다루지 않겠습니다.

❶ 버전 확인

DBMS의 최신 버전은 확인하는 시점에 따라 다르므로 정답은 생략합니다. 아래는 DBMS별로 버전을 확인하는 명령어입니다.

■ Oracle
```
select * from v$version;
```

■ SQL Server
```
SELECT
SERVERPROPERTY('productversion'),
SERVERPROPERTY('productlevel'),
SERVERPROPERTY('edition');
```

- **Db2(OS 명령어)**

```
db2level
```

- **PostgreSQL**

```
select version();
```

- **MySQL**

```
select version();
```

❷ 에디션

대부분의 DBMS는 사용 환경과 시스템 규모에 맞게 여러 에디션을 제공합니다. 기본적으로 중소규모용 **Standard Edition**과 대규모용 **Enterprise Edition** 두 가지로 나뉩니다. 물론 더 세분화된 버전도 있습니다(SQL Server의 Express Edition, MySQL의 Community Edition 등).

에디션에 따라 사용할 수 있는 기능과 구성 가능한 서버 수(또는 CPU 수, 사용자 수) 등의 제한이 달라집니다. 당연히 라이선스 비용도 차이가 나므로, 시스템에 도입할 때 에디션 선택은 중요한 결정 사항입니다.

❸ 매뉴얼

솔직히 매뉴얼 읽는 걸 좋아하는 사람은 거의 없습니다. 있다고 해도 정말 소수일 것입니다. 가전제품이 고장 났을 때 두꺼운 설명서를 넘기며 필요한 정보를 찾지 못해 화가 났던 경험은 누구나 한 번쯤 있을 겁니다.

하지만 가전제품 매뉴얼에 질려서, 수리를 포기하는 사람이라면 IT 업계에서 살아남을 수 없습니다. DBMS 매뉴얼은 가전제품 매뉴얼과는 비교도 안 될 정도로 정보량이 많고 복잡합니다. 최근 대부분의 DBMS는 매뉴얼이 매우 잘 정리되어 있어서, 개발자들이 궁금해하는 많은 질문에 대한 답이 이미 매뉴얼에 설명되어 있습니다. 따라서 엔지니어가 되고자 한다면, 매뉴얼을 꼼꼼히 읽는 것을 귀찮아해서는 안 됩니다.

> **핵심 포인트 77** DBMS 매뉴얼은 반드시 정독해보세요.

DBMS 매뉴얼은 모두 웹에 무료로 공개되어 있습니다. 지금 바로 여러분이 사용하는 DBMS의 매뉴얼 URL을 즐겨찾기에 추가하세요. 새 버전이 나올 때마다 매뉴얼도 업데이트되므로, 자신이 사용하는 버전(방금 문제에서 확인했죠?)에 맞는 매뉴얼이 어디에 있는지 파악해두기 바랍니다.

- Oracle

    ⇒ Oracle 데이터베이스 매뉴얼: https://docs.oracle.com/en/database/oracle/oracle-database/

- SQL Server

    ⇒ Microsoft SQL 문서: https://learn.microsoft.com/ko-kr/sql/?view=sql-server-ver16

- Db2

    ⇒ IBM Db2 자료: https://www.ibm.com/docs/ko/db2

- PostgreSQL

    ⇒ PostgreSQL 문서: https://www.postgresql.org/docs/ [1]

- MySQL

    ⇒ MySQL 매뉴얼: https://dev.mysql.com/doc/

연습 1-2 애플리케이션 수정 유형과 비용

문제 1의 해결 방법

데이터베이스에 쌓이는 데이터양은 계속 증가합니다. 그래서 성능 문제도 자주 발생합니다. 배치처리(batch processing)[2]처럼 대량 데이터를 한꺼번에 업데이트하는 SQL에서

---

[1] (옮긴이) PostgreSQL 13까지는 PgDoc 한국어 번역 팀이 번역했지만, 현재는 중단되었습니다. 버전 13까지의 내용은 https://postgresql.kr/docs/에서 확인할 수 있습니다.

[2] (옮긴이) 데이터가 들어오면 바로 처리하는 게 아니라, 여러 작업과 데이터를 모아뒀다가 한꺼번에 처리하는 방식을 말합니다.

지연이 생기는 일은 매우 흔합니다.

이런 상황에 대처하는 방법으로는 크게 다음과 같은 선택지가 있습니다. 아래 나열된 순서대로 점점 더 '수정 비용이 커지는' 대응책입니다.

1. SQL의 접근 경로 최적화하기
2. 애플리케이션 개선하기
3. 테이블 구조 변경하기

❶ SQL의 접근 경로 최적화하기

SQL 문은 DBMS 내부에서 절차적 코드로 변환되어 실행됩니다. 이 변환은 자동으로 이루어지지만, 항상 성능적으로 최적의 실행 계획이 선택되는 것은 아닙니다(이 메커니즘의 자세한 내용은 6장에서 설명합니다). 이로 인해 SQL 성능 문제가 발생할 수 있습니다. 이를 최적화하는 방법으로는 다음과 같은 것 등이 있습니다.

- 적절한 열에 인덱스 생성하기(6장)
- 힌트 구문 등을 사용해 실행 계획 직접 지정하기(DBMS에 따라 사용 제약이 있을 수 있습니다)

이 방법의 장점은 시스템 설계를 거의 변경하지 않는다는 점입니다(전문 용어로는 애플리케이션에 **투명하게** 적용된다고 합니다. 보안 관련 칼럼(143페이지)에서 언급한 '투명한 암호화'의 '투명'과 같은 의미입니다). 애플리케이션 코드를 수정할 필요도 없고, 테이블 구조도 바꿀 필요가 없습니다. 따라서 매우 적은 노력으로 문제를 해결할 수 있는 방법입니다.

다만, 실행 계획을 고정하면 미래에 데이터가 증가했을 때 그 계획이 부적절해져 다시 성능 문제가 발생할 수 있습니다. 따라서 성능 테스트는 항상 **최종 예상 데이터 규모**를 기준으로 하는 것이 좋습니다.

❷ 애플리케이션 개선하기

접근 경로 최적화만으로 해결되지 않을 경우, 다음 선택지는 애플리케이션 코드 자체를 수정하는 방법입니다. 즉, 더 효율적으로 데이터에 접근할 수 있도록 프로그램을 새로 작성하는 것입니다. 이 방법은 단순히 '비효율적인 코드를 제거하는' 수준부터 '가져오는 데이터양을 줄이는' 등의 요구사항 조정까지 다양한 접근 방법이 포함됩니다.

이 방법은 시스템의 구현과 설계를 직접 변경해야 하므로, 수정 비용이 상당히 큽니다. 만약 테스트 단계에서 이런 결정을 내려야 한다면, 매우 큰 결단이 필요합니다.

❸ 테이블 구조 변경하기

애플리케이션 개선으로도 해결되지 않는다면, 마지막 선택지는 가장 큰 희생이 따르는 방법입니다. 바로 테이블의 물리적 구조 자체를 변경하는 것입니다. 이 방법에는 비정규화(5장), 데이터 마트 구축(7장) 등이 포함됩니다.

사실 ❷에서 언급한 애플리케이션 개선은 테이블 구조 변경 없이 진행하기 어려운 경우가 많습니다. DOA(데이터 중심 접근법)의 기본 원칙인 '프로그램이 데이터를 결정하는 것이 아니라, 데이터가 프로그램을 결정한다'라는 말처럼, 애플리케이션 구현은 결국 데이터 구조에 의해 결정되기 때문입니다.

실제 시스템 개발에서 이 방법을 선택하는 것은 말 그대로 '최후의 수단'입니다. 테이블 구조를 변경하면 개선 대상 애플리케이션뿐만 아니라 다른 많은 애플리케이션에도 영향을 미치기 때문에, 최악의 경우 '시스템 전체를 다시 만들어야' 하는 상황이 발생할 수도 있습니다. 데이터 마트를 추가하는 정도라면 수정 비용이 비교적 적지만, 비정규화의 영향은 매우 광범위합니다.

워터폴 모델이든 애자일 모델이든, 초기 요구사항 정의와 설계가 얼마나 중요한지는 이런 간단한 상황을 생각하는 것만으로도 충분히 이해할 수 있을 것입니다.

문제 2의 해결 방법

문제 1처럼 성능 요건(비기능 요건)이 문제가 되는 경우에는 접근 방법에 따라 수정 비용을 낮출 수 있는 해결 방법도 있었습니다. 하지만 문제 2처럼 시스템의 **기능적 요구사항** 문제를 해결하려면 기본적으로 애플리케이션 자체를 직접 수정해야 합니다. 그만큼 비용도 높아지는 경향이 있습니다.

이번 문제는 보고서에 출력되는 정보가 부족하다는 것이었습니다. 이를 해결하기 위해 보고서 출력 애플리케이션의 코드를 수정해야 한다는 것은 분명하지만, 문제는 그것만으로 충분한지입니다.

만약 단순하게 테이블에 이미 존재하는 데이터(열)를 출력 항목에 포함시키는 것을 잊었을 뿐이라면, 해당 열을 출력용 SQL 문에 추가하면 되므로 간단합니다. 하지만 문제는 필요한 데이터 자체가 테이블에 존재하지 않는 경우입니다. 이런 상황에서는 결국 테이블 구조를 변경해야 합니다.

이런 경우에도 기존 테이블을 최대한 변경하지 않고 **'필요한 정보를 추가한 데이터 마트를 새로 만드는 방법'**과 같은 애드혹 수정으로 수정 비용을 줄일 수 있을지도 모릅니다. 실제 시스템 개발에서도 이런 목적으로 나중에 데이터 마트가 추가되는 경우가 많습니다. 필자는 수백 개의 데이터 마트가 만들어진 시스템을 본 적도 있을 정도입니다. ER 다이어그램을 보여달라고 했을 때 **'이건 인간의 이해력을 넘어선다'**고 느꼈습니다. 게다가 이렇게 무분별하게 추가된 마트들은 ER 다이어그램에 제대로 반영되지 않는 경우도 많아서, 결국 지도 없이 극지 탐험을 떠나는 것과 같은 상황이 됩니다.

2장 해답 (연습 문제 ➡ 81페이지)

연습 2-1 데이터베이스 서버 클러스터 구성

데이터베이스 서버(이하 DB 서버)의 구성 방법 중 가장 기본적인 형태는 **스탠드얼론(standalone, 단독 구성)** 방법입니다. 이는 말 그대로 서버 한 대만 사용하는 방법으로, 가장 단순하고 비용도 저렴합니다. 하지만 서버에 문제가 생기면 즉시 시스템이 멈추고, 성능 확장성도 거의 없어서 아주 소규모 시스템이 아니면 잘 사용되지 않습니다.

따라서 안정성과 성능을 높이기 위해 DB 서버를 여러 대로 구성하는 **클러스터링(clustering)**을 사용합니다.[3] 클러스터링에는 여러 가지 방법이 있습니다.

---

3 클러스터(cluster)는 '덩어리'나 '(포도와 같은) 송이'를 의미합니다.

액티브-스탠바이 방법

우선, 안정성 향상에 중점을 둔 방법으로 스토리지를 공유하는 **액티브-스탠바이** 방법이 있습니다. 일반적으로 액티브(주 서버)만 작동하고, 스탠바이(대기 서버)는 아무 처리도 하지 않습니다. 그리고 액티브에 장애가 발생하면 스탠바이로 전환합니다. 짧은 중단 시간 후 시스템을 복구할 수 있다는 장점이 있습니다.

이때 복구 속도가 빠른 방법으로는 스탠바이의 데이터베이스를 항상 실행 상태로 유지하는 **핫스탠바이(hot standby)** 방법이 있습니다. 반대로 복구 속도가 느린 방법으로는 평소에 서버를 종료해 두는 **콜드스탠바이(cold standby)** 방법이 있습니다. 그리고 서버의 운영체제는 실행 중이지만 DBMS는 실행하지 않는 중간 형태인 **웜스탠바이(warm standby)** 방법도 있습니다.

'복구가 빠른 게 좋은데 왜 콜드스탠바이를 쓰나요?'라고 생각할 수 있지만, 실제로 콜드스탠바이도 많이 사용됩니다. 그 이유는 **비용** 때문입니다. 콜드스탠바이 방법은 전력 소모와 냉각 비용이 적게 들고, 일부 DBMS 제품은 이 방법을 사용할 때 라이선스 비용이 더 저렴하기도 합니다.

액티브-액티브 방법

액티브-스탠바이 방법은 기본적으로 서버 2대로 구성되고 그 중 하나만 작동하기 때문에 성능 면에서는 스탠드얼론과 큰 차이가 없습니다. 여기에 성능 향상까지 고려한 방법이 바로 **액티브-액티브 방법**입니다. 이름에서 알 수 있는 것처럼 이 구성에서는 스탠바이 서버가 존재하지 않고, 모든 서버가 액티브입니다. 따라서 처리를 각 서버에 분산시킬 수 있고, 서버 대수도 (이론적으로는) 특별한 제한 없이 늘릴 수 있어서 안정성뿐만 아니라 성능 면에서도 유리한 방법입니다.

다만 웹/애플리케이션 서버 클러스터링에서는 액티브-액티브 방법이 매우 보편적으로 사용되지만 DB 서버에서는 요건을 충족하기 힘들어서, 액티브-액티브 방법으로 구현하기 어려운 상황이 많습니다(여기서 '어렵다'는 것은 벤더와 시스템 개발자 모두에게 해당됩니다).

액티브-액티브 방법은 두 가지로 나뉩니다. 첫 번째는 **shared everything(전체 공유) 방법**입니다(그림 A의 왼쪽). 이 방법은 스토리지만 서버들이 공유하고, CPU, 메모리, 네트워크 같은 자원은 각각 분리하는 구성입니다. 이 방법의 장점은 모든 서버가 공통 데이터를 참조/갱신할 수 있어서 어느 서버에 장애가 발생해도 나머지 서버에서 처리를 계속할 수 있다는 유연성입니다. 반면, 공유 자원인 스토리지가 병목 지점이 되기 쉬워 서버 대수를 늘려도 성능 향상이 일정 수준에서 한계에 도달하는 단점이 있습니다.

shared everything 방법을 지원하는 DBMS는 이 책을 집필하는 시점(2024년 7월)을 기준으로 Oracle(Oracle RAC)과 Db2(pureScale)뿐입니다(기술적으로 구현이 힘듭니다).

액티브-액티브 방법의 또 다른 선택지는 **shared nothing(공유 없음) 방법**입니다(그림 A의 오른쪽). 이 방법은 디스크를 포함한 모든 자원을 서버끼리 **공유하지 않는** 구조입니다. 구조적으로 병목 지점이 발생하지 않기 때문에 서버 수를 늘리면 성능도 계속해서 증가하는 장점이 있습니다. 하지만 데이터를 포함한 스토리지를 공유하지 않기 때문에 각 서버에서 접근할 수 있는 데이터가 제한됩니다(이를 국소화라고 부릅니다). 따라서 특정 서버가 다운되면 나머지 서버가 작동 중이더라도 일부 데이터에 접근할 수 없는 상황이 생깁니다. 예를 들어 지역 단위로 데이터를 분할한 shared nothing 방법에서는 서울 서버가 다운되면 나머지 서버가 정상 작동 중이더라도 서울 데이터에는 접근할 수 없습니다.[4]

---

[4] 물론 예를 들어 '부산'의 데이터베이스 서버가 '서울' 서버 역할까지 대신하도록 시스템을 구성할 수도 있습니다. 하지만 그렇게 되면 상황에 따라 '부산' 서버에 '서울'과 '부산'의 처리 요청이 몰릴 수 있으므로, 서버 용량 산정이 어려워지는 등의 문제가 생깁니다.

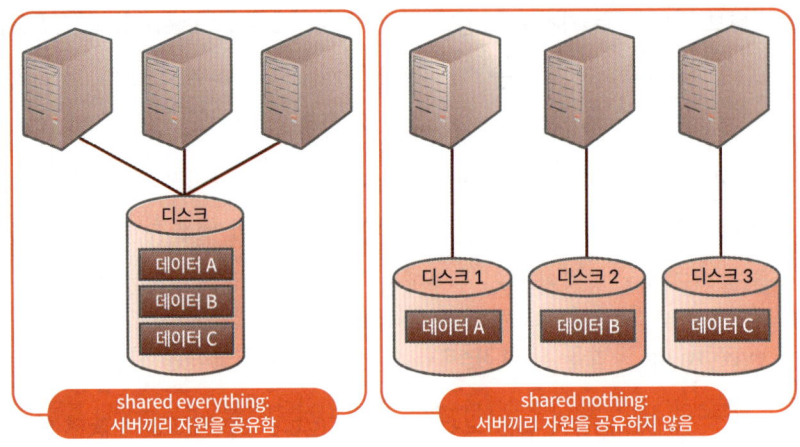

그림 A shared everything과 shared nothing의 차이점

요약하자면, 데이터베이스 서버의 클러스터링 구성은 그림 B와 같이 분류할 수 있습니다.

그림 B DB 서버 클러스터링 구성 분류

연습 2-2 하드웨어 자원 정보 수집하기

- 윈도우: 성능 모니터(Performance Monitor)
- 리눅스/유닉스 계열: `sar`, `vmstat`, `iostat`, `netstat`

`sar` 명령어는 코어별 CPU 사용률 등 시스템 전체 성능 데이터를 수집합니다. `vmstat`은 주로 스왑 발생 여부 같은 메모리 정보, `iostat`는 스토리지 대역폭, `netstat`는 네트워크 대역폭 사용량을 측정합니다.

일부 상용 Unix 시스템은 HP-UX의 `glance`와 같이 자체 자원 모니터링 도구를 제공합니다. 이런 특수 기능은 벤더(제조사)에서 제공하는 제품 메뉴얼을 참고해주세요.

연습 2-3 이론적으로 서버 CPU 용량 산정하기

현재 시스템에서 (심각하지는 않더라도) 이미 성능 문제가 나타난다는 것은 하드웨어 자원이 부족할 가능성을 보여줍니다. '가능성'이라고 표현한 이유는 성능 문제가 단순한 자원 부족뿐만 아니라 애플리케이션의 락 충돌 같은 다른 원인으로도 발생할 수 있기 때문입니다.

따라서 가장 먼저 해야 하는 일은 현재 시스템의 피크 시간대 접근 로그와 하드웨어 자원 로그(하드웨어 리소스 로그)를 확인하는 것입니다.

1. 접근 로그 확인하기

접근 로그로 피크 시간대(가장 바쁜 시간대)의 응답 시간과 처리량을 확인해 성능 요구사항에 명시된 목표를 달성하고 있는지 점검합니다. 예를 들어 성능 요구사항이 다음과 같다고 가정해봅시다.

- 응답 시간: 3초(90퍼센타일[5])
- 처리량: 100 TPS

피크 시간대 성능을 실제로 조사한 결과는 다음과 같았습니다.

- 응답 시간: 5초(90퍼센타일)
- 처리량: 50 TPS

이는 응답 시간과 처리량 모두 목표에 도달하지 못했음을 보여줍니다. 분명 심각한 문제이지만, 고객들이 불평하면서도 현재 시스템을 계속 사용하고 있는 상황입니다. 따라

---

[5] 'n 퍼센타일'은 응답 시간을 느린 순으로 정렬했을 때, 상위 n%를 제외한 나머지 중 가장 느린 응답 시간을 의미합니다. 즉, '90퍼센타일이 3초'라는 조건은 '전체 응답 중 90%가 3초 이내에 처리되어야 한다'라는 뜻입니다.

서 여기에서 문제를 더 확대하는 것은 현명하지 않습니다. 여러분의 핵심 임무는 '새 시스템의 서버 용량 산정'일 뿐입니다.

2. 하드웨어 자원 로그 확인하기

이어서 현재 시스템의 하드웨어 자원 로그를 확인해 피크 시간대에 자원 용량이 한계에 도달했는지 확인합니다. 자원 로그 수집 방법은 연습 2-2에서 설명했습니다. 확인해야 할 네 가지 핵심 항목은 다음과 같습니다.

- CPU 사용률
- 메모리
- 스토리지
- 네트워크

서버 자원은 주로 이 네 가지로 구성됩니다. 이 중 하나라도 한계에 도달하면 해당 부분이 병목 지점이 되어, 다른 자원이 충분히 남아 있더라도 효과적으로 활용할 수 없게 됩니다. 이는 마치 '**사슬의 강도는 가장 약한 고리가 결정한다**'는 것과 같습니다.

예를 들어 CPU가 피크 시간대에 지속적으로 90% 수준으로 높게 유지되는 것으로 확인되었습니다. 이때는 다른 자원에는 여유가 있으나 CPU가 병목 지점이 되고 있으므로, 새 서버에서 CPU 성능을 강화하는 것이 효과적일 것입니다.

3. 현재 서버와 새 서버의 성능 비율 계산하기

다음 단계는 현재 서버와 새 서버의 CPU 성능 비율을 계산하는 것입니다. 새 서버에서 피크 시간대 CPU 사용률을 50% 이하로 유지하려면, 단순 계산식은 다음과 같습니다.

90 / 50 = 1.8

즉, 현재보다 1.8배 성능이 좋은 CPU가 필요합니다. 안전율을 고려하여 성능이 2배인 CPU를 선택하는 것이 좋겠습니다. 그렇다면 CPU 간에 '성능이 x배'라고 판단할 수 있는 기준은 무엇일까요? 객관적인 공통 척도가 필요합니다.

이때 사용하는 것이 바로 벤치마크 지표입니다. 각 하드웨어 벤더들이 다양한 지표를 공개하고 있지만, 서로 다른 벤더의 하드웨어를 비교할 때는 앞에서 언급했던 비영리 업계 단체인 SPEC(Standard Performance Evaluation Corporation)의 지표를 사용하는 것이 일반적입니다. SPEC의 벤치마크 결과는 모두 웹에서 무료로 확인할 수 있습니다.[6]

SPEC은 다양한 지표를 제공하지만, 특히 CPU 성능을 평가할 때는 정수 연산 능력을 측정하는 SPECspeed 2017 Integer나 SPECrate 2017 Integer 지표를 사용합니다(https://www.spec.org/cpu2017/). 전자는 처리 속도를, 후자는 처리량을 나타냅니다. 이러한 지표들은 계속 업데이트되므로 항상 최신 버전을 확인해야 합니다.

이 SPECrate 2017 Integer 지표를 기준으로, 현재 시스템의 서버 점수가 50이라면, 최소 100점 이상의 성능을 가진 서버를 새 서버로 선택해야 한다는 결론이 나옵니다.[7]

3장 해답 (연습 문제 ➡ 130페이지)

연습 3-1 정규형의 단계

제1정규형입니다. 자세한 이유는 연습 3-2의 해답을 참고해주세요.

연습 3-2 함수 종속성

먼저 다음과 같은 부분 함수 종속성이 있습니다.

- {지사코드} → {지사명}
- {지사코드, 지점코드} → {지점명}

---

[6] https://www.spec.org/. 참고로 이런 용도의 벤치마크 지표를 제공하는 기관으로는 SPEC 외에도 같은 업계 단체인 TPC(https://www.tpc.org/) 등이 있습니다.

[7] 실제로는 연습 문제 2-1에서 살펴본 클러스터링 영향도 고려해야 합니다. 예를 들어 현재 시스템이 3대의 클러스터로 구성되어 있다면, 현재 시스템의 SPECrate 계산 능력은 50×3=150으로 추정됩니다(실제로는 오버헤드가 있어 150보다 낮습니다). 따라서 새 서버를 1대로 구성한다면 150의 성능이 필요하고, 2대로 구성한다면 1대당 75의 성능이 필요합니다. 어떤 경우든 이 계산은 대략적인 것이므로, 안전율을 고려하는 것이 필수적입니다.

- {상품코드} → {상품명, 상품분류코드, 분류명}

다음으로 다음과 같은 이행적 함수 종속성이 있습니다.

- {상품코드} → {상품분류코드} → {분류명}

부분 함수 종속성이 존재하므로 이 '지사-지점-상품' 테이블은 제2정규형을 만족하지 않습니다. 하지만 모든 셀이 스칼라값(단일값)으로 구성되어 있어 제1정규형은 만족합니다.

연습 3-3 정규화

세 가지 부분 함수 종속성을 해결하기 위해 다음과 같이 세 개의 테이블로 나눌 수 있습니다.

지사

지사코드	지사명
001	서울
002	부산

지점

지사코드	지점코드	지점명
001	01	강남
001	02	명동
002	01	해운대
002	02	광안리

상품

상품코드	상품명	상품분류코드
001	비누	C1
002	수건	C1
003	칫솔	C1
004	컵	C1
005	젓가락	C2
006	스푼	C2
007	잡지	C3
008	손톱깎이	C4

이어서 이행적 함수 종속성을 해결하기 위해 아래와 같은 테이블을 만듭니다.

상품분류

상품분류코드	분류명
C1	세면용품
C2	식기
C3	서적
C4	생활용품

이렇게 하면 최종적으로 '지점상품' 테이블에는 다음 세 개의 열만 남습니다. 문제에서 처음 사용했던 '지사지점상품'이라는 테이블 이름을 '지점상품'으로 바꿨습니다. 이렇게 하면 '지점'과 '상품' 간의 관계가 더 명확해집니다. 데이터 세분화 수준에 맞는 테이블 이름을 사용하는 것도 기본적이지만 매우 중요한 점입니다.

지점상품

지사코드	지점코드	상품코드
001	01	001
001	01	002
001	01	003
001	02	002
001	02	003
001	02	004
001	02	005
001	02	006
002	01	001
002	01	002
002	02	007
002	02	008

이상 다섯 개의 테이블이 정답입니다.

4장 해답 (연습 문제 ➡ 142페이지)

연습 4-1 ER 다이어그램

IE 표기법

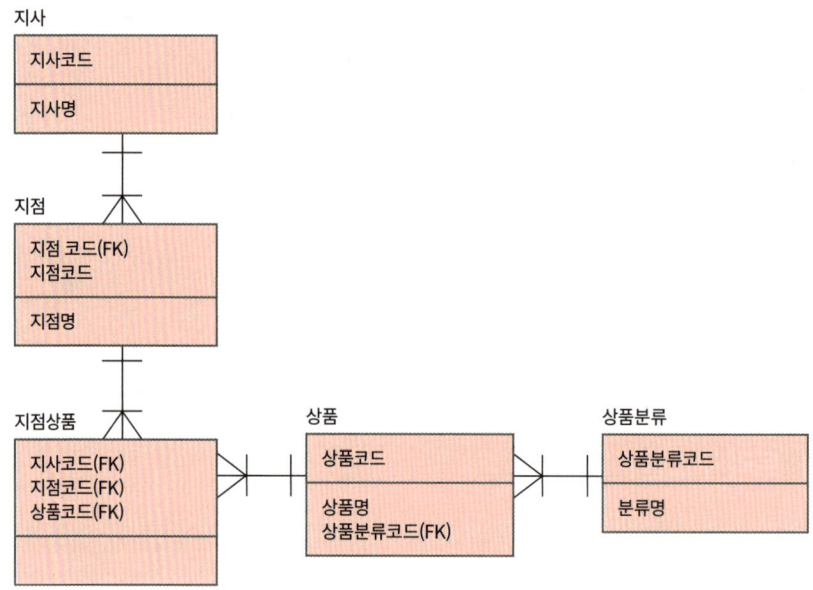

지사와 지점 사이에는 '지사가 여러 지점을 관할한다'는 일대다 관계가 성립합니다. 여기서 '지점이 하나도 없는 지사가 존재할까?'라는 의문이 생길 수 있지만, 테이블 데이터에서 그런 지사가 보이지 않으므로 '지사는 최소 하나 이상의 지점을 관리한다'고 해석했습니다. 만약 '지점이 없는 지사도 있을 수 있다'고 해석하여 '지점' 쪽 기호를 새발 대신 '○'로 표시했어도 틀린 것은 아닙니다.

이는 '상품'과 '상품분류' 관계에도 적용됩니다. 위의 답은 '상품이 하나도 없는 상품분류는 없다'고 해석했지만, 빈 분류가 있을 수 있다고 보고 '상품' 쪽 기호를 '○'로 표시해도 틀리지 않습니다. 이런 판단은 실제 업무 규칙에 따라 달라집니다.

IDEF1X

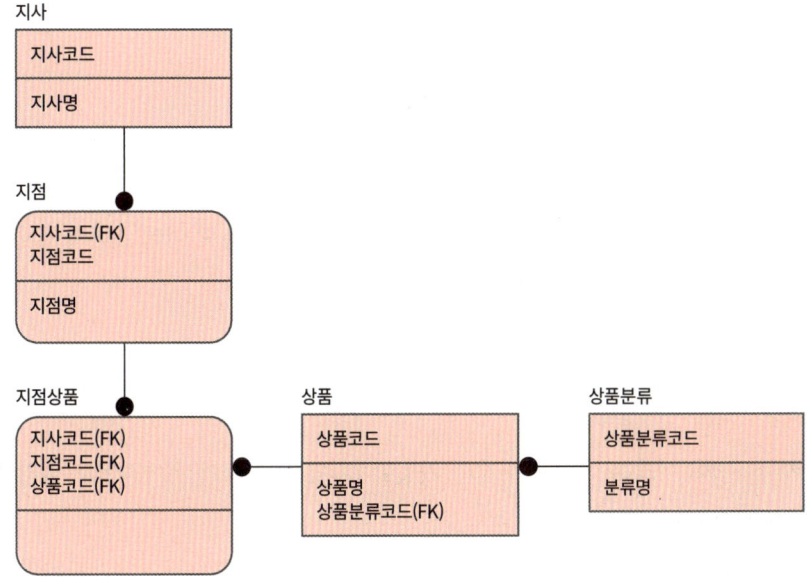

IDEF1X 방법도 IE 표기법과 큰 차이가 없습니다. 특별히 고려해야 할 점은 '지점'과 '지점상품'을 종속 엔터티로 표현하는 것입니다. '지점' 엔터티는 지사가 먼저 결정되어야 등록할 수 있고, '지점상품' 레코드는 '지점'과 '상품' 두 엔터티가 먼저 등록되어야 생성할 수 있습니다. 반면, '상품' 엔터티는 상품분류코드를 기본 키로 포함하지 않기 때문에, 상품분류가 정해지지 않아도 상품을 등록할 수 있습니다.

연습 4-2 관계 엔터티

다음이 관계 엔터티입니다.

　지점상품

'지점' 엔터티와 '상품' 엔터티는 다대다 관계를 갖습니다. 하나의 지점은 여러 상품을 취급하고, 하나의 상품은 여러 지점에서 판매되기 때문입니다. 따라서 이 두 엔터티를 ER 다이어그램에서 직접 연결할 수 없습니다. 이 문제를 해결하기 위해 '지점상품'이라는 중간 엔터티를 만들어 다대다 관계를 두 개의 일대다 관계로 나누었습니다.

연습 4-3 다대다 관계

예를 들어 다음과 같은 다대다 관계의 엔터티들이 있습니다.

① 소비자 - 상품

소비자 한 명이 여러 상품을 구매할 수 있고, 하나의 상품도 여러 소비자에게 판매될 수 있어 다대다 관계가 형성됩니다.

이 관계를 해결하기 위한 중간 엔터티는 '구매' 또는 '주문'입니다.

② 학생 - 동아리

학생 한 명이 여러 동아리에 동시에 가입할 수 있고, 하나의 동아리에도 여러 학생이 소속됩니다.

이 관계를 해결하기 위한 중간 엔터티는 '소속'입니다.

③ 저자 - 책

한 명의 저자가 여러 책을 쓸 수 있고, 한 권의 책도 여러 저자가 함께 쓸 수 있습니다.

이 관계를 해결하기 위한 중간 엔터티는 '저술'입니다.

5장 해답 (연습 문제 ➡ 162페이지)

연습 5-1 정규화된 테이블을 대상으로 SQL 작성하기

SQL1

```
SELECT 상품분류.상품분류코드,
       상품분류.분류명,
       COUNT(*) AS 상품수
  FROM 상품분류 INNER JOIN 상품
    ON 상품분류.상품분류코드 = 상품.상품분류코드
 GROUP BY 상품분류.상품분류코드, 상품분류.분류명;
```

결과

```
상품분류코드   분류명    상품수
------------  --------  ----
C1            수세용품   4
C2            식기       2
C3            서적       1
C4            일용잡화   1
```

여러 테이블을 조인하는 복잡한 SQL을 작성할 때의 요령은 'FROM 절부터 생각하는 것' 입니다. 즉 '이 SQL을 작성하기 위해 어떤 테이블이 필요할까'라고 먼저 생각하는 것입니다. SQL 초보자는 보통 SQL의 맨 앞부분인 SELECT 절부터 생각하기 쉽습니다. 그러나 SELECT 절은 사실 가장 마지막에 결정되는 요소이므로, FROM 절 → WHERE 절 → GROUP BY 절 순으로 생각하는 것이 더 효과적입니다.

이 방법에 따라 문제를 풀어보겠습니다. 이 문제를 해결하기 위해 필요한 테이블은 무엇일까요? 먼저 상품분류명이 필요하므로 '상품분류' 테이블이 필요합니다. 또한 상품의 개수를 계산해야 하므로 '상품' 테이블도 필요합니다. 따라서 이러한 두 테이블이 FROM 절에 필요합니다.

두 테이블을 '상품분류코드'로 조인한 후, 상품분류별로 레코드 수를 집계하면 됩니다. GROUP BY의 키는 실질적으로는 '상품분류코드'만으로도 충분하지만, SQL에서 GROUP BY 절을 사용할 때는 SELECT 절에 나오는 칼럼이 모두 GROUP BY 절에 포함되어야 하므로 '분류명' 칼럼도 GROUP BY 절에 포함했습니다.[8]

SQL2
```
SELECT 지사.지사명,
       지점.지점명,
       상품.상품명
  FROM 지사 INNER JOIN 지점
```

---

[8] 이 열은 있어도 없어도 결과 레코드 수에 영향을 주지 않습니다. 기본 키와 1:1로 대응되기 때문입니다.

```
          ON 지사.지사코드 = 지점.지사코드
       INNER JOIN 지점상품
          ON 지점.지사코드 = 지점상품.지사코드
         AND 지점.지점코드 = 지점상품.지점코드
       INNER JOIN 상품
          ON 지점상품.상품코드 = 상품.상품코드;
```

결과

```
지사명   지점명    상품명
------  ------   ------
서울     강남      비누
서울     강남      수건
서울     강남      칫솔
서울     명동      수건
서울     명동      칫솔
서울     명동      컵
서울     명동      젓가락
서울     명동      스푼
부산     해운대     비누
부산     해운대     수건
부산     광안리     잡지
부산     광안리     손톱깎이
```

이전과 마찬가지로 `FROM` 절부터 생각해봅시다. 우선 결과에 필요한 열은 '지사명', '지점명', '상품명'입니다. 이로부터 각 열을 포함하는 '지사', '지점', '상품' 테이블이 필요함을 알 수 있습니다. 또한 각 지점이 취급하는 상품을 파악하기 위해 '지점상품' 테이블도 필요합니다. 따라서 이번에는 총 네 개의 테이블을 사용합니다.

이제 각 테이블을 기본 키로 조인하면 '일대다' 관계의 조인이 완성됩니다. 문제에서는 '지사코드'나 '지점코드' 등의 코드 칼럼을 결과에 포함하라는 요구가 없었으므로, 이름만 `SELECT` 절에 포함했습니다(코드 칼럼을 포함해도 틀리지 않습니다).

`SELECT` 절을 보면 `FROM` 절에서 사용한 테이블 중 '지점상품' 테이블의 칼럼은 결과에 포함되지 않았습니다. 이는 관계 엔터티의 역할이 '지점'과 '상품' 간의 관계를 나타내는 것이므로, 조인을 통해 그 관계가 표현되는 순간 역할을 다했기 때문입니다.

SQL3

```
SELECT 지점.지사코드,
       지점.지점코드,
       COUNT(*) AS 최대상품수
  FROM 지점 INNER JOIN 지점상품
    ON 지점.지사코드 = 지점상품.지사코드
   AND 지점.지점코드 = 지점상품.지점코드
 GROUP BY 지점.지사코드, 지점.지점코드
HAVING COUNT(*) >=
       ( SELECT MAX(상품수)
           FROM ( SELECT 지점.지사코드,
                         지점.지점코드,
                         COUNT(*) AS 상품수
                    FROM 지점 INNER JOIN 지점상품
                      ON 지점.지사코드 = 지점상품.지사코드
                     AND 지점.지점코드 = 지점상품.지점코드
                   GROUP BY 지점.지사코드, 지점.지점코드) TMP );
```

부분 2 (HAVING COUNT(*) 이후의 서브쿼리 바깥쪽)
부분 1 (안쪽 서브쿼리)

결과

지사코드	지점코드	최대상품수
001	02	5

굉장히 흔한 요구사항인데도, SQL 코드가 생각보다 복잡하다고 느낄 수 있습니다.

이 SQL은 크게 두 부분으로 나뉩니다. 첫 번째는 `HAVING COUNT(*) >=` 이후의 서브쿼리 부분으로, 취급 상품 수가 가장 많은 지점의 상품 수를 찾습니다. 그 결과를 바탕으로 `HAVING` 절 앞부분에서 그 최대 상품 수를 가진 지점을 선택합니다. 참고로 이 문제는 윈도 함수를 사용해서도 해결할 수 있습니다. 관심 있는 분은 한번 도전해보세요(쿼리 복잡도는 비슷합니다).

연습 5-2 비정규화로 SQL 튜닝하기(성능 개선하기)

SQL1

해답 SQL에서 복잡한 부분은 다음 두 가지입니다.

- 조인
- 집계

따라서 이 두 작업을 하지 않아도 되게 테이블 구성을 변경하는 것이 방향성입니다. 이를 위해 '상품분류' 테이블에 '상품수' 열을 추가합니다.

■ **상품분류 테이블에 상품수 열 추가하기**

상품분류

상품분류코드	분류명	상품수
C1	수세용품	4
C2	식기	2
C3	서적	1
C4	일용잡화	1

이 테이블을 사용하면 SQL을 극도로 단순화할 수 있습니다.

■ **테이블 구성 변경 후 SQL1**

```
SELECT *
  FROM 상품분류;
```

이 테이블 변형은 5.2절에서 다룬 집계 데이터를 테이블에 저장하는 방법과 동일합니다. 본문의 예제에서는 제3정규형을 깨뜨리면서 집계 데이터를 저장했지만, 이 예제에서는 정규형을 유지했습니다. '상품수' 열은 {상품분류코드}라는 '상품분류' 테이블의 기본 키에 종속되기 때문입니다.

문제는 이 새로운 '상품분류' 테이블에서도 데이터의 실시간성과 갱신 성능이라는 집계 데이터의 문제를 여전히 고려해야 한다는 점입니다. 실제로 '상품수' 열은 빈번하게 갱신될 것으로 예상되므로, 갱신 지연으로 인한 데이터 신선도 저하와 갱신 부하 집중으로 인한 성능 저하 위험이 상당히 높습니다.

SQL2

해답 SQL에서는 세 번의 조인을 하고 있습니다. 조인 횟수를 줄이려면, 테이블 구성 변경이 필요합니다. 즉, 의도적으로 중복 데이터를 저장해서 조인을 줄이는 것입니다.

애초에 해답 SQL에서 조인을 하는 이유는 '이름' 정보를 결과에 포함시키기 위해서입니다. 지사, 지점, 상품 모두 '코드'만으로 충분하다면 '지점상품' 테이블에 이미 모든 정보가 있습니다. 즉 '지점상품' 테이블에 모든 이름 정보를 추가하면 됩니다.

■ 지점상품 테이블에 이름 열 추가하기

지점상품

지사코드	지점코드	상품코드	지사명	지점명	상품명
001	01	001	서울	강남	비누
001	01	002	서울	강남	수건
001	01	003	서울	강남	칫솔
001	02	002	서울	명동	수건
001	02	003	서울	명동	칫솔
001	02	004	서울	명동	컵
001	02	005	서울	명동	젓가락
001	02	006	서울	명동	스푼
002	01	001	부산	해운대	비누
002	01	002	부산	해운대	수건
002	02	007	부산	광안리	잡지
002	02	008	부산	광안리	손톱깎이

이 테이블을 사용하면 SQL을 극한까지 단순화할 수 있습니다.

■ 테이블 구성 변경 후 SQL2

```
SELECT 지사명, 지점명, 상품명
  FROM 지점상품;
```

하지만 이 테이블은 제2정규형조차 만족하지 않습니다. 이름 열들이 기본 키의 일부에만 종속되어 있어 부분 함수 종속이 존재하기 때문입니다.

- {지사코드} → {지사명}
- {지점코드} → {지점명}
- {상품코드} → {상품명}

따라서 비정규화로 인한 단점들(자세한 내용은 본문 참고)을 그대로 갖습니다.

SQL3

SQL1과 마찬가지로, '지점' 테이블에 처음부터 집계 데이터(상품 수) 열을 포함시키는 방법을 생각해볼 수 있습니다.

■ 지점 테이블에 상품수 열 추가

지점

지사코드	지점코드	지점명	상품수
001	01	강남	3
001	02	명동	5
002	01	해운대	2
002	02	광안리	2

이 테이블을 기준으로 하면 조인과 `HAVING` 절 없이, 다음과 같은 간단한 SQL로 답을 구할 수 있습니다.

■ 테이블 구성 변경 후 SQL3

```
SELECT 지사코드,
       지점코드,
       상품수
  FROM 지점
 WHERE 상품수 = (SELECT MAX(상품수)
                  FROM 지점);
```

이 SQL은 단순할 뿐 아니라 '지점상품' 테이블과의 조인이 없어져서 성능도 향상됩니다.

이 테이블 변경도 집계 데이터를 저장하는 방법입니다. 또한 제3정규형을 유지합니다. '상품수' 열은 {지사코드, 지점코드}라는 '지점' 테이블의 기본 키에 종속되기 때문입니다.

그러나 이 '지점' 테이블에서도 여전히 데이터의 실시간성과 갱신 성능이라는 집계 데이터의 고유한 문제를 고려해야 합니다.

6장 해답 (연습 문제 ➡ 196페이지)

연습 6-1 비트맵 인덱스와 해시 인덱스

비트맵 인덱스

비트맵 인덱스는 데이터값으로 비트 데이터를 생성하고, 이를 인덱스로 저장하는 방법입니다(그림 C).

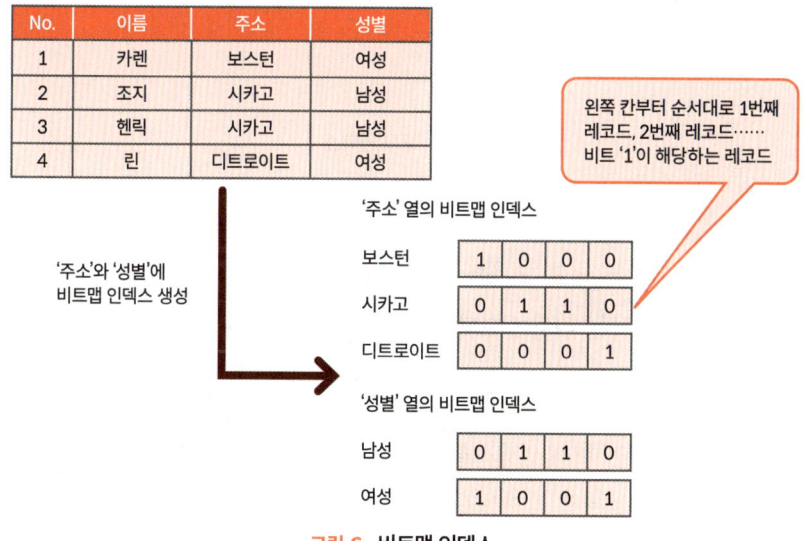

그림 C 비트맵 인덱스

이 인덱스 방법은 비트 연산으로 검색할 수 있으므로, B-tree가 약점을 보이는 낮은 카디널리티의(중복도가 높은) 열에서도 우수한 검색 성능을 제공합니다. 또한 B-tree 인덱스가 취약한 'OR' 조건 검색도 효과적으로 활용할 수 있습니다. 게다가 비트 데이터는 크기가 매우 작아 인덱스 자체의 크기도 작다는 장점도 있습니다.

비트맵 인덱스의 단점은 테이블 데이터가 갱신될 때마다 인덱스의 비트값도 함께 갱신해야 하므로 데이터 **갱신 때 성능이 저하**된다는 점입니다. 따라서 데이터가 자주 변경되는 시스템(예: OLTP)에서는 성능적으로 위험이 큰 인덱스입니다.

해시 인덱스

해시 인덱스는 해시 함수를 사용해 데이터값을 해시값으로 변환한 후, 이를 인덱스로 저장하는 방법입니다(그림 D). 해시 함수는 입력값이 다르면 출력값도 달라지는 함수로, 데이터를 고르게 분산시키는 데 사용됩니다.

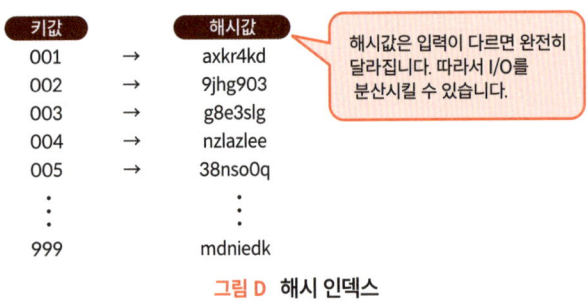

그림 D 해시 인덱스

이러한 특성 덕분에 해시 인덱스는 등가 비교(= 연산자)에서 매우 빠른 성능을 보입니다. B-tree 인덱스는 원하는 리프 노드를 찾기까지 여러 번의 읽기가 필요하지만, 해시 인덱스는 단 한 번에 원하는 위치에 도달할 수 있기 때문입니다.

해시 인덱스의 단점은 그 장점의 정반대입니다. **등가 검색 외에는 이 인덱스를 활용할 수 없습니다.** 범위 검색에는 해시 인덱스를 사용할 수 없는데, 이는 해시 함수로 변환된 값이 기존의 값과 순서 관계를 유지하지 않기 때문입니다. 따라서 해시값을 사용하는 범위 검색은 사용할 수 없습니다. `LIKE` 연산자를 이용한 부분 일치 검색도 같은 이유로 사용할 수 없습니다. 또한 B-tree를 사용할 때 정렬하지 않는다는 특징도 해시 인덱스에서는 적용되지 않습니다.

이처럼 비트맵 인덱스과 해시 인덱스는 특정 조건에서 B-tree 인덱스보다 뛰어난 성능을 보이지만, 활용 조건이 매우 제한적이라 사용하기 힘듭니다. B-tree 인덱스가 '올라운더'라면, 비트맵 인덱스와 해시 인덱스는 자신의 특정 분야에서만 능력을 발휘하는 '스페셜리스트'입니다.

연습 6-2 인덱스 재구성

일단 모든 DBMS에서 공통적으로 사용할 수 있는 가장 간단한 방법은 인덱스를 삭제한 뒤, 다시 생성하는 것입니다. 이 방법은 매우 간단하지만 위험성도 있습니다. 인덱스를 삭제한 후 재생성 명령이 어떤 이유로 실패하면 문제가 해결될 때까지 데이터베이스는 '인덱스가 없는' 상태로 남게 됩니다. 이 상태 동안 실행되는 SQL 문들은 인덱스를 사용할 수 없어 성능 문제가 발생할 수 있습니다.

이러한 단점을 보완하기 위해 DBMS는 인덱스를 삭제하지 않고도 재구성할 수 있는 방법을 제공합니다. DBMS별로 방법을 소개하겠습니다.

Oracle

```
ALTER INDEX 인덱스이름 COALESCE;
```

```
ALTER INDEX 인덱스이름 REBUILD;
```

위 두 명령어로 기존 인덱스를 삭제하지 않고 재구성할 수 있습니다. `COALESCE`는 리프 블록의 병합만 수행하므로 빠르지만 간단한 재구성만 가능하고, `REBUILD`는 더 철저한 재구성을 수행하지만 시간이 더 걸립니다.

SQL Server

```
ALTER INDEX 인덱스이름 REORGANIZE;
```

```
ALTER INDEX 인덱스이름 REBUILD;
```

SQL Server도 Oracle과 비슷하게 두 가지 수준의 재구성 명령어를 제공합니다. `REORGANIZE`는 간단한 방법으로 인덱스의 리프 레벨만 대상으로 하며, `REBUILD`는 전체적인 재구성을 수행하지만 실행 중에 인덱스 전체가 잠깁니다.

Db2

```
REORG INDEX 인덱스이름;
```

Db2는 `REORG` 명령어를 사용합니다. 명령어는 하나지만 다양한 옵션을 통해 세부 설정을 할 수 있습니다.

PostgreSQL

```
REINDEX 인덱스이름;
```

PostgreSQL은 `REINDEX` 명령어를 사용합니다. 역시 다양한 옵션으로 세밀한 제어를 할 수 있으므로, 자세한 내용은 공식 매뉴얼을 참고해주세요.

MySQL

```
OPTIMIZE TABLE 테이블이름;
```

MySQL에서는 인덱스 재구성을 할 때, 테이블 자체를 최적화하는 `OPTIMIZE` 명령어를 사용합니다. 이 명령은 기본적으로 테이블 재정비(디프래그)가 목적이지만, 동시에 해당 테이블의 모든 인덱스를 함께 재구성합니다.

이상으로 각 DBMS별 인덱스 재구성 방법을 간략히 설명했습니다. 실제로는 다양한 옵션으로 더 세밀한 제어가 가능하므로, 자세한 내용은 각 DBMS의 공식 문서를 참고해주세요. 이러한 문서는 290페이지에서 언급했던 것처럼 모두 웹에서 무료로 제공됩니다.

7장 해답 (연습 문제 ➡ 230페이지)

연습 7-1 머티리얼라이즈드 뷰

머티리얼라이즈드 뷰(materialized view)는 '실체화된 뷰'라는 의미로, 말 그대로 실제 데이터(레코드)를 저장하는 뷰입니다(그림 E).

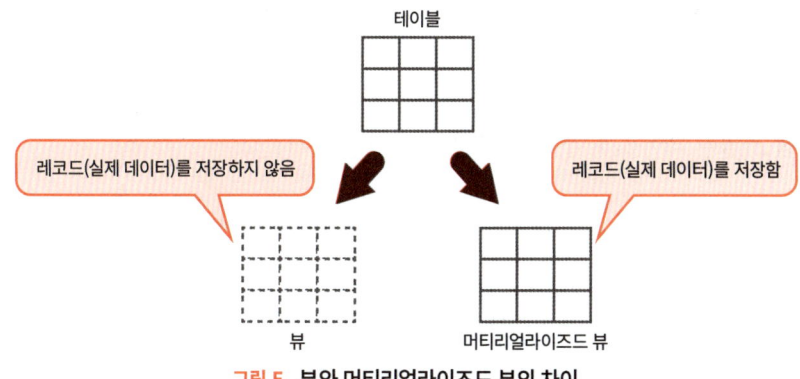

그림 E 뷰와 머티리얼라이즈드 뷰의 차이

머티리얼라이즈드 뷰는 사실 뷰보다는 거의 테이블에 가까운 존재입니다(실제로 Oracle 등에서는 내부적으로 뷰가 아닌 테이블 범주로 분류합니다). C. J. 데이트도 머티리얼라이즈드 뷰는 진정한 의미의 뷰가 아니라고 다음과 같이 설명합니다.[9]

> 적어도 관계형 모델에서는 실체화되지 않는 것이야말로 뷰의 본질이다. (…) 따라서 '머티리얼라이즈드 뷰(실체화된 뷰)'라는 표현은 매우 모순된 표현이다.

데이트는 머티리얼라이즈드 뷰를 '스냅샷', 즉 테이블의 특정 시점 **단면**을 구현한 기능이라고 설명하며, 이를 뷰라고 부르는 것은 오해를 불러일으킬 수 있다고 경고합니다. 이 비판은 타당하지만, 이미 '머티리얼라이즈드 뷰'라는 용어가 널리 사용되고 있어 앞으로 명칭이 바뀔 가능성은 낮습니다.

---

[9] 《Database in Depth》(O'Reilly, 2005)

머티리얼라이즈드 뷰가 성능적으로 유리한 이유는 다음 두 가지입니다.

- **장점 1**: 실제 데이터를 저장하고 있어, 일반 뷰와 달리 접근할 때 뷰 정의의 `SELECT` 문이 실행되지 않는다.
- **장점 2**: 기본 키를 비롯한 인덱스를 생성할 수 있다.

즉, 일반 테이블처럼 다룰 수 있다는 점이 가장 큰 장점입니다. 반면에 단점은 다음과 같습니다.

- **단점 1**: 리프레시 관리가 필요하다.
- **단점 2**: 일반 테이블과 마찬가지로 저장 공간을 소비한다.

이 두 단점은 일반 뷰를 사용할 때는 발생하지 않는 문제입니다. 리프레시를 제때 하지 않으면 원본 테이블과 데이터가 불일치합니다. 따라서 정기적으로 리프레시해서 원본 테이블과 데이터를 동기화해야 합니다. 이는 일반 테이블로 데이터 마트를 만들 때와 동일합니다. 또한 실제 데이터를 저장하므로 저장 공간도 차지합니다.

모든 것에는 장단점이 있다는 트레이드오프의 원칙이 여기서도 그대로 적용됩니다.

8장 해답 (연습 문제 ➡ 264페이지)

연습 8-1: 비즈니스 로직 구현 방법 검토

질문 1: 비즈니스 로직을 애플리케이션 코드로 구현하는 것의 타당성

결론부터 말하자면, 필자는 비즈니스 로직을 애플리케이션 코드로 구현하는 것이 허용되어야 한다고 생각합니다. 이 문제는 엔지니어들 사이에서도 의견이 크게 나뉘는데, 관계형 원리주의자들은 '비즈니스 로직은 테이블 제약으로 구현해야 하며, 애플리케이션에서 구현하는 것은 올바르지 않다'고 주장합니다.

예를 들어 어떤 테이블의 열 데이터가 '100 이하의 숫자여야 한다'는 비즈니스 로직이 있을 경우, 데이터 입력 때 애플리케이션에서 검사하는 것이 아니라, 테이블에 `CHECK` 제약을 설정하여 해결해야 한다는 것입니다.

필자도 기본적으로는 이 의견에 동의합니다. 절차(코드)를 선언(정의)으로 대체해나간다는 관계형 데이터베이스의 기본 사상에 맞는 합리적인 주장이기 때문입니다.

하지만 현실적으로 테이블 제약만으로 비즈니스 로직을 구현하는 데는 여러 어려움이 따릅니다. 크게 다음 두 가지입니다.

어려움 1: 복잡한 비즈니스 로직을 구현할 수 없다

방금 '어떤 열은 100 이하의 숫자여야 한다'라는 간단한 비즈니스 로직을 예로 들었습니다. 이런 단순한 로직은 `CHECK` 제약으로 쉽게 구현할 수 있습니다. 그런데 다음과 같은 로직은 어떨까요?

> 테이블 A의 열 a는 테이블 B의 열 b보다 작아야 한다(a, b 모두 숫자형 열).

수식으로는 `A.a < B.b`입니다. 굉장히 단순한 로직처럼 보일 수 있겠지만, 현재로서는 이렇게 간단한 조건도 테이블 제약으로는 구현하기 어렵습니다. `CHECK` 제약은 여러 테이블 사이의 관계를 정의할 수 없기 때문입니다. 또한 `CHECK` 제약은 같은 테이블 내에서도 서로 다른 레코드 사이의 조건은 정의할 수 없습니다. 따라서 현재 DBMS 기능만으로는 비즈니스 로직을 완전히 구현하는 데 한계가 있습니다.

이러한 복잡한 비즈니스 로직을 데이터베이스에서 구현하기 위한 기능으로 '주장(assertion)'이 있습니다. 이 기능은 표준 SQL에도 포함되어 있지만, 아직까지 대부분의 DBMS에서 제대로 지원하지 않고 있습니다.

'데이터베이스에서 구현 가능한 비즈니스 로직은 데이터베이스에서, 그렇지 않은 것은 애플리케이션에서' 처리하는 절충안을 사용하는 시스템도 많이 볼 수 있습니다. 하지만 이런 방법은 결국 비즈니스 로직이 여러 곳에 분산되어, 어떤 로직이 어디에 구현되어 있는지 파악하기 어렵고 관리가 어려워진다는 문제가 있습니다. 그래서 결국 데이터베이스와 애플리케이션 중 한쪽을 선택해야 하는 것이 좋습니다.

어려움 2: 오류 처리가 어렵다

비즈니스 로직을 데이터베이스에서 구현할 때의 또 다른 어려움은 오류 처리에 있습니다. 이전에 언급한 '100 이하' 제약이 있는 열에 '101'이라는 데이터를 포함한 `INSERT` 구문을 실행하면 어떻게 될까요? 당연히 명령은 실패하고 오류가 발생합니다. 문제는 이때 반환되는 오류 코드와 메시지입니다.

이런 오류는 DBMS가 생성하므로 메시지 형식과 내용이 제한적이며, 사용자가 원하는 대로 바꿀 수 없습니다. 따라서 애플리케이션에서 필요한 정보를 얻지 못하거나, 사용자가 이해하기 어려운 에러 메시지를 보여줄 수 있습니다. 이런 사용자 친화적이지 않은 시스템은 극단적인 예로 모든 오류를 '시스템 관리자에게 문의하세요'라는 메시지만 보여주고, 무엇이 잘못됐는지 전혀 알려주지 않는 경우입니다. 실제로 꽤 많은 시스템들이 이런 형태를 취합니다.

그럼 여기서 다음과 같은 의문이 들 수 있습니다.

> '비즈니스 로직을 데이터베이스에서 구현하기 어렵다면, 모든 로직을 애플리케이션에서 처리하면 안 될까? 기본 키 제약이나 참조 일관성 제약도 전부 데이터베이스가 아닌 애플리케이션에서 관리하면 되지 않을까?'

하지만 또 이 의견을 완전하게 인정한다면, 테이블에 처음부터 기본 키와 외래 키 같은 것들을 설정할 필요가 없다는 결론에 도달하게 됩니다(실제로 레드시프트나 빅쿼리와 같은 데이터 웨어하우스 전용 데이터베이스에서는 기본 키 제약과 외래 키 제약이 강제되지 않는 경우도 있습니다). 그럼 이런 주장은 어떻게 받아들여야 할까요?

필자는 이 주장에는 동의하지 않습니다. 기본 키와 참조 일관성 제약 같은 비즈니스 로직은 쉽게 바뀌지 않는 고정적인 규칙이며, 이런 영구적인 규칙은 영구 저장소인 데이터베이스 계층에 있는 것이 시스템 구성 측면에서 더 합리적이기 때문입니다. 또한 기본 키와 `NOT NULL` 제약을 데이터베이스에 구현하면, 성능적 이점도 있습니다. 데이터베이스가 SQL을 실행할 때 이런 정보를 활용해 효율적이고 빠른 접근 방법을 선택할 수 있기 때문입니다(기본 키 열에는 인덱스가 생성되므로 SQL 문에서 이를 활용하면 쿼리를 빠르게 실행할 수 있습니다). 따라서 필자의 결론은 다음과 같습니다.

결론: 기본 키, 참조 일관성 제약, `NOT NULL` 제약과 같은 관계형 데이터베이스의 기본 규칙은 데이터베이스에서 구현한다. 이 외의 비즈니스 로직은 애플리케이션에서 구현한다.

질문 2: 비즈니스 로직을 데이터베이스 '트리거'로 구현하는 것의 타당성

질문 1에서 대부분의 비즈니스 로직은 애플리케이션 코드로 구현하는 것이 좋다는 결론을 내렸습니다. 그런데 사실 관계형 데이터베이스에도 비즈니스 로직을 구현할 수 있는 두 가지 방법이 있습니다. 하나는 '저장 프로시저(stored procedure)'이고, 다른 하나는 이번 질문의 주제인 '트리거(trigger)'입니다.

두 가지를 간단하게 설명하면, '저장 프로시저'는 애플리케이션이 아니라, DBMS 내부에 코드를 작성(저장)하고 활용하는 절차형 언어입니다. 간단하게 그냥 '프로시저'라고도 부릅니다. Oracle의 'PL/SQL', PostgreSQL의 'PL/pgSQL' 등 많은 DBMS가 이러한 프로시저 기능을 지원합니다.

그리고 '트리거'는 절차적이라는 점이나 DBMS 내부에 코드가 저장된다는 점에서 저장 프로시저와 비슷하지만 큰 차이가 있습니다. 저장 프로시저는 사용자가 명시적으로 실행해야만 작동하지만, 트리거는 테이블에 변경(`INSERT`, `UPDATE`, `DELETE`)이 발생했을 때 자동으로 실행됩니다.

트리거를 매우 편리한 기능으로 생각할 수 있습니다. 예를 들어 한 테이블의 데이터가 변경되었을 때, 다른 테이블의 데이터도 함께 변경되어야 하는 상황이 있을 수 있습니다. 트리거는 이러한 처리를 한 곳에 모으는 '모듈화'와 같은 효과를 기대할 수 있습니다.

하지만 사실 트리거는 매우 위험한 기능입니다. 따라서 트리거로 구현하지 말고, 애플리케이션에서 구현하는 것이 좋습니다. 이유를 정리하면 다음과 같습니다.

- **이유 1**: DBMS마다 문법이 다르고 통일성이 없다.
- **이유 2**: 트리거에 있는 SQL이 실패하면, 이를 발생시킨 갱신 SQL도 함께 롤백된다.

- **이유 3**: 오류 처리가 어렵다.
- **이유 4**: 애플리케이션 외의 변경에도 작동하므로, 개발이 복잡해진다.

이유 1은 저장 프로시저에도 동일하게 적용됩니다. 따라서 원칙적으로 프로시저와 트리거를 프로시저 모두 사용하지 않는 것이 좋습니다. 또한 프로시저와 트리거 모두 개발 환경이 열악해서 코딩과 디버깅이 어렵고, 로직이 애플리케이션과 데이터베이스에 나뉩니다.

트리거는 오류 처리도 어렵습니다. 트리거 내부에 있는 INSERT/UPDATE 구문을 오류 처리하는 것은 힘들고, 트리거가 여러 개 연결되어 있는 경우 더욱 힘듭니다. 하나의 트리거가 다른 트리거를 실행시키고, 또 그 트리거가 다른 트리거를 실행하는 **연쇄 트리거**는 시스템 동작을 매우 복잡하게 만들어 'KISS 원칙'(258페이지)에 위배됩니다(그림 F).

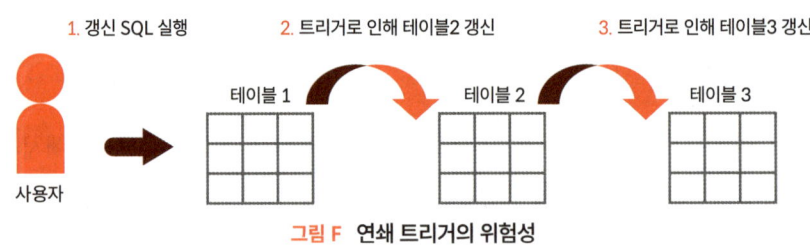

▶ **그림 F** 연쇄 트리거의 위험성

연쇄 트리거로 비즈니스 로직을 구현하는 방법을 필자는 **연쇄적 설계**라고 부릅니다(필자가 만든 용어입니다). 이런 설계를 사용하면 데이터 변경 과정 추적은 물론이고, 오류 상황을 재현하는 것도 매우 어려워집니다.[10] 또한 개발자도 모르는 사이에 테이블이 잘못 갱신되는 위험성도 있습니다. 반면 애플리케이션 코드는 완전하게 개발자의 통제 하에 둘 수 있습니다.

실제로 트리거는 DBMS를 만드는 회사(벤더)조차 부정적인 입장입니다. Oracle 공식 문서를 보면, 다음과 같은 트리거에 대한 주의 사항이 있습니다.[11]

---

[10] 첫 번째 트리거부터 연쇄적으로 모든 트리거가 한꺼번에 실행되므로, 트리거를 비활성화하지 않는 이상, 중간 단계의 데이터 스냅샷을 만들 수 없습니다.

[11] https://docs.oracle.com/cd/B28359_01/appdev.111/b28843/tdddg_triggers.htm

- 트리거는 데이터베이스를 사용자 정의하는 데 유용할 수 있지만, 정말 필요한 경우에만 사용하는 것이 좋습니다. 트리거를 과도하게 사용하면 상호 의존성이 복잡해져서, 특히 대규모 애플리케이션에서는 유지 관리가 어려워질 수 있습니다.
- 트리거의 크기는 32 KB 이하로 제한하는 것이 좋습니다. 트리거에 많은 코드 줄이 필요하다면, 비즈니스 로직을 트리거에서 호출되는 저장 프로시저로 분리하는 것을 고려해보세요.

'그렇게 부정적으로 말할 것이라면, 왜 트리거 같은 기능을 만든 걸까?'라는 의문이 들 수 있습니다. 이는 표준 SQL에서 정의한 기능이기 때문에 DBMS로서는 지원할 수밖에 없는 것입니다.

참고로 트리거는 감사 또는 로깅 용도로는 편리하며, 적절히 사용하면 강력한 도구입니다. 하지만 그만큼 위험성도 크기 때문에, 개발 때 엄격한 규칙을 두고 사용하는 것이 좋습니다. 데이터베이스 전문가 조 셀코도 "트리거가 존재하는 이유는 이전의 표준 SQL에 참조 일관성 제약을 통한 갱신 기능이 없었기 때문이다"라고 설명하며, 트리거를 최대한 사용하지 않을 것을 경고합니다.

핵심 포인트 78 트리거는 사용하지 않는 것이 좋습니다.

연습 8-2 임시 테이블

임시 테이블은 말 그대로 '일시적인 데이터'를 저장하기 위한 테이블입니다. '템포러리 테이블' 또는 '임시 표'라고도 부릅니다. 표준 SQL을 따르는 기능이므로 모든 DBMS에서 사용할 수 있습니다.

이런 테이블은 정해진 기간 동안만 데이터를 유지하며, 그 기간이 끝나면 (사용자가 `DELETE` 문을 실행하지 않아도) 데이터가 자동으로 삭제됩니다. 이러한 기간은 트랜잭션과 세션 등 여러 옵션 중에서 선택할 수 있습니다. 즉 임시 테이블은 필요할 때만 데이터를 저장했다가 사용이 끝나면 자동으로 제거되는 '일회용' 테이블입니다. 임시 테이블은 REDO 로그 감소, 세션 간 데이터 접근 차단으로 인한 보안성과 충돌 위험 감소, 스토리지 공간 절약 등 여러 장점으로 인해 자주 활용되는 기능입니다.

임시 테이블은 '데이터 마트'(7.8절 참조)를 구축할 때도 자주 사용됩니다. 뷰와 다르게 실제 데이터를 저장하므로, `SELECT` 문 실행 비용이 증가하지 않고, 머티리얼라이즈드 뷰처럼 영구적으로 데이터를 보관하지 않아 스토리지를 절약할 수 있는 등 많은 장점이 있습니다. 하지만 임시 테이블에도 단점이 있습니다. 꽤 심각한 단점임에도 불구하고 눈치채기 어려워서, 임시 테이블 때문에 문제를 겪는 시스템이 많습니다.

임시 테이블의 단점은 다음 두 가지입니다. 모두 성능과 관련 있습니다.

- **단점 1**: 통계 정보 수집 시점을 예측하기 어렵다.
- **단점 2**: 물리적인 I/O 분산이 어렵다.

단점 1: 통계 정보 수집 시점

관계형 데이터베이스는 SQL 문을 실행할 때 테이블과 인덱스에 저장된 데이터의 통계 정보를 기반으로 실행 계획(또는 접근 경로)을 결정합니다. 따라서 통계 정보가 오래되어 최신 데이터 상태와 일치하지 않으면, 최적의 실행 계획을 세우지 못해 성능적으로 문제가 발생합니다(6장 참조).

임시 테이블은 보통 비어 있어 한 행의 레코드도 포함하지 않습니다. 따라서 이 상태에서 통계 정보를 수집하는 것은 의미가 없습니다. 그런데 문제는 많은 레코드를 삽입했는데도, DBMS가 0행이 있는 것으로 판단해 잘못된 실행 계획을 세우는 것입니다. 따라서 **임시 테이블에 필요한 데이터를 삽입했을 때, 통계 정보를 수집하는 것이 좋습니다**(그림 G).

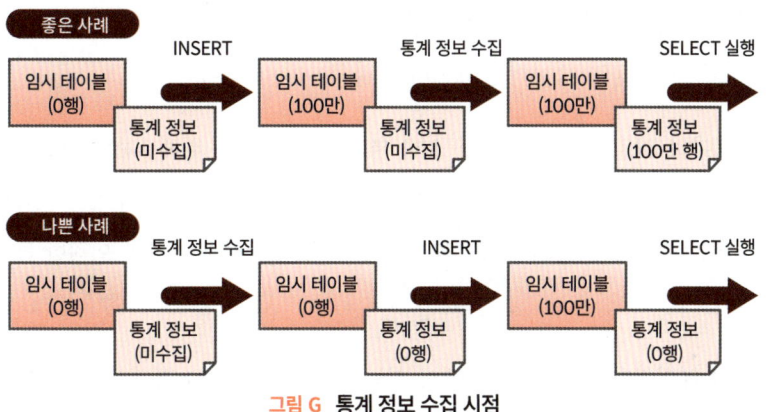

그림 G 통계 정보 수집 시점

이렇게만 설명하면 '임시 테이블에 데이터를 삽입한 후에 통계 정보를 수집하기만 하면 되는 것 아닌가?'라고 생각할 수도 있습니다. 하지만 통계 정보 수집은 테이블 크기가 클 경우 상당한 시간이 걸리는 작업입니다. 임시 테이블에 데이터를 넣을 때는 보통 그 데이터를 바로 사용하고 싶은 경우가 많습니다. 결국 데이터를 넣자마자 바로 사용할 수 없고, 중간에 통계 정보 수집 과정이 필요하므로 전체 처리 시간을 계산할 때 이를 고려해야 합니다.

단점 2: 임시 테이블의 물리적 I/O 분산

임시 테이블의 또 다른 문제는 I/O 분산 설계가 어렵다는 것입니다. 2장에서 살펴본 것처럼 관계형 데이터베이스의 정보는 다음 다섯 종류의 파일로 관리됩니다. 복습한다는 느낌으로 다시 살펴보겠습니다.

1. 데이터 파일
2. 인덱스 파일
3. 시스템 파일
4. 임시 파일
5. 로그 파일

여기서 질문입니다. 임시 테이블은 위 다섯 가지 파일 중 어디에 저장될까요?

이는 DBMS 구현에 따라 다를 수 있지만, 일반적으로 임시 파일(❹)에 저장됩니다. 즉, 일반적인 영구 테이블이 생성되는 데이터 파일(❶)이 아닙니다.

2장에서 데이터 파일과 임시 파일은 I/O 부하를 분산하기 위해 디스크(RAID 그룹)를 분리해야 한다고 설명했습니다. 임시 테이블은 임시 파일에 할당됩니다. 일반적으로 데이터 파일에는 가장 고성능의 스토리지를 할당하지만, 임시 테이블은 이러한 혜택을 받지 못합니다.

이처럼 임시 테이블은 두 가지 측면에서 성능 문제를 갖습니다. 필자는 임시 테이블 사용 자체를 그레이 노하우라고 생각하지 않지만, '임시 테이블은 성능적으로 상당히 까다로운 조건하에 있으므로 관련된 설계가 필요하다'라는 사실은 기억해야 한다고 생각합니다.

> **핵심 포인트 79** 임시 테이블은 성능적으로 불리한 조건에 있습니다.

참고로 데이터 마트를 구현할 때 활용하는 뷰, 머티리얼라이즈드 뷰, 임시 테이블의 특성을 정리하면 다음과 같습니다. 설계할 때 참고하기 바랍니다.

■ 뷰, 머티리얼라이즈드 뷰, 임시 테이블의 특징

종류	데이터 최신성	성능	데이터 보존	데이터 저장 위치
뷰	높음 (실시간)	낮음	보존하지 않음	-
머티리얼라이즈드 뷰	중간 (갱신 시점에 따라 다름)	높음	영구적으로 보존	임의 지정 가능 (주로 데이터 파일과 동일)
임시 테이블	중간 (갱신 시점에 따라 다름)	중간 (물리적 설계와 통계 정보 관리 필요)	일시적으로 보존	임시 파일

9장 해답 (연습 문제 ➡ 286페이지)

연습 9-1 트리 구조를 다루는 모델의 정규형

해답은 다음과 같습니다.

- 인접 리스트 모델: 제5정규형
- 폐쇄 테이블 모델
  - 조직도: 제3정규형
  - 폐쇄 테이블: 제5정규형

해설

모든 모델의 테이블에 부분 함수 종속과 이행적 함수 종속이 없으므로 제3정규형을 만족합니다.

인접 리스트 모델은 키가 아닌 열에서 키로의 함수 종속이 없으므로, 보이스-코드 정규형도 만족합니다. 또한 다치 종속(multivalued dependency, MVD)도 존재하지 않으므로 제4정규형과 제5정규형도 만족합니다.

폐쇄 테이블 모델의 두 테이블은 어떨까요? 먼저 조직도 테이블은 '트리ID' 열이 후보 키가 되므로, 보이스-코드 정규형이 아닙니다. 이 테이블은 {직원, 직책}, {직원, 트리ID} 형태로 무손실 분해가 가능합니다. 하지만 이렇게 분해하면 조인이 많아질 것이므로, 분해 이점이 크지 않습니다. 반면 폐쇄 테이블은 기본 키만으로 구성된 테이블이며 다치 종속성이 없으므로 제5정규형이라고 할 수 있습니다.

연습 9-2 리프 노드를 구하는 쿼리(오답 예)

이 쿼리를 실행하면 결과가 비어 있습니다(0행 반환).

이는 굉장히 욕 먹고 있는 SQL 사양 중 하나입니다. `boss` 열에 `NULL`이 포함되어 있어서 `NOT IN`의 결과가 `unknown`으로 평가되므로, 한 행도 검색되지 않습니다. 버그처럼 보이지만 SQL의 3값 논리(three-valued logic, 3VL)에 따른 명확한 언어 사양입니다. 이 책은 SQL 프로그래밍 책이 아니므로 진릿값과 관련된 자세한 연산은 다루지 않지만, 관심 있는 분은 필자의 책《SQL, 이렇게 하면 된다》1.4절 '3값 논리와 NULL'을 참고해주세요. 어쨌거나 NULL이 있을 때는 항상 주의해야 합니다.

연습 9-3 재귀 계산 연습

■ 재귀 공통 테이블 식으로 일련번호 생성하기

```
WITH RECURSIVE NumberGenerate (num) AS (
  SELECT 1 AS num /* 시작점이 되는 쿼리 */
  UNION ALL
  SELECT num + 1 AS num /* 재귀적으로 반복되는 쿼리 */
    FROM NumberGenerate
   WHERE num <= 99
)
SELECT num FROM NumberGenerate;
```

1부터 시작해 재귀 공통 테이블 식 내에서 num + 1을 반복하여 **일련번호를 생성**하는 쿼리입니다. WHERE num <= 99 조건이 없으면 무한 루프에 빠질 수 있으므로 주의하세요.

피보나치 수열을 생성하는 쿼리는 다음과 같습니다.

```
WITH RECURSIVE Fib (a, b) AS (
  SELECT 0 AS a, 1 AS b /* 시작점이 되는 쿼리 */
  UNION ALL
  SELECT b, a + b /* 재귀적으로 반복되는 쿼리 */
    FROM Fib
   WHERE b <= 99
)
SELECT a FROM Fib;
```

PostgreSQL과 MySQL 이외의 데이터베이스에서는 RECURSIVE 키워드를 제거해주세요. 참고로 Oracle에서는 왜인지 이 쿼리가 오류를 발생시켜 실행되지 않습니다(ORA-32044: '순환 WITH 질의를 실행하는 중 주기가 감지되었습니다'). 하지만 SQL Server, PostgreSQL, MySQL, 스노플레이크 등에서는 정상 작동합니다.

맺음말

지금까지 데이터베이스의 논리 설계와 물리 설계에서 발생하는 트레이드오프를 중심으로, 다양한 관점에서 설계에 대해 살펴보았습니다. 특히 데이터베이스에서 핵심 문제는 넓은 의미의 데이터 일관성과 성능 사이의 트레이드오프입니다. 철저하게 정규화해서 일관성을 높이면 높일수록 검색 SQL의 성능은 떨어집니다. 반면에 비정규화나 안티 패턴에서 소개한 여러 방법으로 성능을 극대화하려고 하면, 데이터의 실시간성이 낮아지고 갱신 때 문제가 발생할 위험이 커집니다.

최근에는 '빅데이터'라는 말을 굳이 언급하지 않더라도, 데이터베이스가 다루는 데이터 양이 빠르게 증가하고 있습니다. 예전에는 데이터베이스 용량 단위가 GB(기가바이트)가 일반적이었지만, 현재는 TB(테라바이트)급 데이터베이스도 흔해졌습니다. 더 높은 단위인 PB(페타바이트)를 기본으로 이야기하게 될 날도 머지않았습니다. 그때가 되면 DB 엔지니어는 더욱 까다로운 트레이드오프 사이에서 고민해야 할 것입니다.

DB 엔지니어의 본질적인 업무는 이런 상반된 벡터들 사이에서 균형점을 찾는 것입니다. 단순히 DB 서버를 구축하는 것으로 끝나지 않습니다. 게다가 실제 개발 현장에서는 벡터가 이 두 가지만 있는 것이 아닙니다. '예산', '사용자 요구사항', '사용 중인 DBMS의 기능적 한계' 등 다양한 방향을 가진 벡터를 함께 고려해야 합니다.' 이쪽이냐 저쪽이냐'가 아니라, '저쪽도 이쪽도' 고려하며 다차원 벡터 방정식을 풀어야 하는 것이 엔지니어의 일입니다(보통 엔지니어들은 이런 작업을 '조율' 또는 '합의'라고 간단히 표현하지만, 실제로는 내부적으로 이런 복잡한 과정을 포함합니다).

이 말을 듣고 '복잡한 물리 레벨의 일 따위는 생각하고 싶지 않아. 나는 논리 세계의 깔끔한 일만 생각하며 살고 싶어!'라며, '귀찮다'고 생각하는 분도 많을 것입니다.

이런 생각 자체는 결코 잘못된 것이 아니라고 생각합니다. 이런 태도를 '게으르다'고 보는 사람도 있지만, 인간은 본성적으로 모두 어느 정도 게으릅니다. 사실 누구도 물리 계층에 대해 생각하고 싶지 않은 것이고, 그런 마음은 시스템 사용자뿐 아니라 개발하는 엔지니어가 가져도 전혀 이상하거나 부끄러운 일이 아닙니다. DB 엔지니어도 가능하다면 논리 레벨 이상의 것만 생각하며 살고 싶을 것입니다.

'마지막에 무슨 말을 하는 거야, 그건 이 책이 주장해온 것과 정반대 아닌가!'라는 목소리가 들리는 느낌이 듭니다. 그러나 그렇게 생각했다면 오해입니다. 이 책의 메시지를 제대로 이해하지 못한 것입니다. 필자는 상황에 따라 일관성을 희생하는 설계가 필요할 수 있다는 점을 인정합니다. 하지만 그것은 어디까지나 예외적인 경우이며, 특별한 이유가 없는 한 논리 설계가 물리 설계보다 우선되어야 합니다. 이는 정규화와 비정규화에 관한 장을 포함해 이 책에서 반복해서 강조한 부분입니다. 인생에서 타협이 필요한 순간이 있다는 점은 인정하되, 문제에 부딪혔을 때 바로 타협부터 생각하는 자세를 갖지 않았으면 합니다.

물리 설계보다 논리 설계를 우선해야 하는 또 다른 이유가 있습니다. 성능 같은 물리 계층의 문제는 결국 하드웨어를 통해 해결될 가능성이 높기 때문입니다. 앞서 말했듯이 데이터베이스의 데이터양은 폭발적으로 증가할 것이고, 이 예측은 확정된 미래입니다. 따라서 데이터베이스에 요구되는 성능 기준도 점점 더 까다로워질 것입니다.

필자가 말하고 싶은 것은, 이런 요구사항에 대응하기 위해 논리 설계를 희생할 필요가 점차 줄어들 것이라는 점입니다. 현재 관계형 데이터베이스와 하드웨어는 논리와 물리 레벨을 완전히 분리하지 못합니다. 그 결과 논리 설계가 물리 레벨 구성에까지 영향을 미칩니다. 이것은 원래 있어서는 안 될 일이며, 3계층 스키마의 독립성이라는 개념도 무의미해집니다.

동시에 이것은 현재의 DBMS가 개념 스키마와 내부 스키마의 분리를 완전히 이루지 못했다는 의미이기도 합니다. 겉으로는 사용자에게 내부 스키마를 숨기더라도, 성능 저하라는 형태로 물리 계층의 '파일'이라는 투박한 실체가 드러납니다. 이상적으로는 이런 문제는 물리 계층에서 해결해야 하며, 논리 계층을 오염시키면 안 됩니다.

하지만 하드웨어나 DBMS 업체들도 이런 상황을 그냥 지켜보고만 있지는 않습니다. IT 업계의 하드웨어와 DBMS 성능 개선은 매우 빠르게 진행되고 있으며, DBMS는 계속해서 성능 향상을 위한 기능을 확장하고 있습니다. 최근에는 강력한 트랜잭션 일관성을 유지하면서도 확장성을 갖춘 NewSQL이라는 새로운 유형의 데이터베이스가 등장하고 있음을 본문에서도 언급했습니다. 이런 노력으로 앞으로는 논리 설계와 물리 설계를 명확히 구분해서 다룰 수 있는 날이 반드시 올 것입니다. 필자는 이 부분에 대해 낙관적이며 '결국은 물량으로 승부가 날 것'이라고 생각합니다. 그때가 되면 우리 엔지니어들의 트레이드오프 고민은 한결 줄어들 것입니다.

■ 진솔한 서평을 올려주세요!

이 책 또는 이미 읽은 제이펍의 책이 있다면, 장단점을 잘 보여주는 솔직한 서평을 올려주세요.
매월 최대 5건의 우수 서평을 선별하여 원하는 제이펍 도서를 1권씩 드립니다!

- **서평 이벤트 참여 방법**
  - ❶ 제이펍 책을 읽고 자신의 블로그나 SNS, 각 인터넷 서점 리뷰란에 서평을 올린다.
  - ❷ 서평이 작성된 URL과 함께 review@jpub.kr로 메일을 보내 응모한다.

- **서평 당선자 발표**

  매월 첫째 주 제이펍 홈페이지(www.jpub.kr)에 공지하고, 해당 당선자에게는 메일로 연락을 드립니다.
  단, 서평단에 선정되어 작성한 서평은 응모 대상에서 제외합니다.

독자 여러분의 응원과 채찍질을 받아 더 나은 책을 만들 수 있도록 도와주시기를 바랍니다.

찾아보기

기호/숫자

‖ 연산자	203
2계층 스키마	20
3계층 스키마 모델	18

A

Aurora QPM	191
AWS Fault Injection Service	62
AZ (Availability Zone)	52

B

B-tree 인덱스	168
B+tree	170
BCNF (Boyce–Codd normal form)	113

C

CHECK 제약	93
CI/CD	14
CircleCI	14
Cloud Spanner	265
COALESCE 함수	222
CockroachDB	265

D

D2D2C (disk to disk to cloud)	80
D2D2D (disk to disk to disk)	80
D2D2T (disk to disk to tape)	79
Data Guard	46
Db2	9
DBA (database administrator)	45
DBaaS (database as a service)	52
DBMS (database management system)	1, 2
DBMS 파일의 특징	44
DM (data mart)	216, 224
DOA (data-oriented approach)	15
DWH (data warehouse)	216

E, G, H

ER 다이어그램	27, 132
GDPR	62
GENERATED ALWAYS AS IDENTITY	244
GoldenGate	46
HTAP (hybrid transaction/ analytical processing)	197

I

IDEF1X 표기법	28, 132
IDENTITY 타입	244
IE 표기법	28, 132
innodb_parallel_read_threads	193
IS NULL 조건	177

J, K, L

Jenkins	14
JSON (JavaScript Object Notation)	7
KISS 원칙	257
KVS (key-value store)	6
LAMP	49
LIKE 조건	178
LOB (large object)	46

M, N

max degree of parallelism	193
max_parallel_workers_per_gather	193
MPP (massively parallel processing)	197
MySQL	9
n 퍼센타일	297
NewSQL	265
NoSQL	8
NOT NULL 제약	92

O

OLTP (online transaction processing)	196
OLAP (online analytical processing)	196
OODB (object-oriented database)	5
Oracle	9
Oracle Database	9
Oracle TimesTen In-Memory Database	194
OTLT (One True Lookup Table)	208

P, Q

POA (process-oriented approach)	15
PoC (Proof of Concept)	34
PostgreSQL	9
QPS (query per second)	33

R

RAID	35
RAID 그룹	36
RAID0	37
RAID1	37
RAID1+0	39
RAID10	39
RAID5	38
RAID6	41
RDB (relational database)	5
RDBMS (relational database management system)	10
Redis	6, 194
REDO 로그	43, 50
RPO (recovery point objective)	49, 57
RTO (recovery time objective)	49, 57, 78

S

shared everything 방법	295
shared nothing 방법	295
SLA (service-level agreement)	54
SPEC (Standard Performance Evaluation Corporation)	34, 299
SPECrate 2017 Integer	299
SPECspeed 2017 Integer	299
SPM	191
SQL 인젝션	144
SQL Server	9

T, V

TDE (transparent data encryption)	144
TiDB	265
TPS (transaction per second)	33

Valkey	6		논리 모델	30
			논리 설계	19, 24
W, X, Y			논리적 데이터 독립성	21
WAL (write-ahead logging)	43		논리적 복제	50
WAL 로그	50			
XML 데이터베이스(XMLDB)	6		**ㄷ**	
XMLDB (XML database)	6		다단계 마트	227
YugabyteDB	265		다대다	135
			다중 값 종속성	121
ㄱ			다중 AZ	52
가변 길이 문자열	91, 220		다중 AZ 데이터베이스 클러스터	54
가역성	108		다형성	209
가용성 영역	52		단일 참조 테이블	208
감사	144		대리 키	235
값	6		대용량 객체(LOB)	46
개념 스키마	18		더블 마스터	221
개념 증명(PoC)	34		더블 마이닝	204
개발	11		데이터	2
개인정보 보호법	143		데이터 독립성	20
객체 스토리지	56		데이터 동기화	216
객체지향 데이터베이스(OODB)	5		데이터 레이크	224
경로	270		데이터 마트(DM)	216
계층형 데이터베이스	8		데이터 보안	62
고차 정규형	112		데이터 설계	14
공유지의 비극	197		데이터 웨어하우스 (DWH)	216
관계 엔터티	25, 119, 141		데이터 중복 제거	261
관계형 데이터베이스(RDB)	5		데이터 중심 접근법(DOA)	15
구현	10, 11		데이터 클렌징	233, 258
균형 트리	170		데이터 투명성	167
그레이 노하우	231		데이터 파일	42
기본 키	86		데이터베이스	1, 2, 164
까마귀 발 표기법	132		데이터베이스 관리 시스템(DBMS)	1, 2, 288
			데이터베이스 관리자(DBA)	42
ㄴ			데이터베이스 서비스(DBaaS)	52
내부 노드	270		데이터베이스 설계	14
내부 스키마	19		데이터베이스 파일	42
노드	270		델타 백업	71

찾아보기 **333**

도메인	94
독립 엔터티	138
동기 복제	47

ㄹ

레드시프트	58, 247
로 기반 데이터베이스	218
로그 파일	43
롤 포워드	78
루트 노드	270
리스트 파티션	189
리프 노드	270

ㅁ

마트	216
머티리얼라이즈드 뷰	315
멀티클라우드	61
메타데이터	180
모듈	2
몽고DB	7
무손실 분해	108, 125
문서형 데이터베이스	7
물리 모델	30
물리 설계	19, 29
물리적 데이터 독립성	21
물리적 복제	50
미러링	37

ㅂ

배열 타입	200
백업 윈도	66, 73
백업의 기본 분류	71
범위 파티션	188
벤치마크 지표	299
병렬 쿼리	192
보이스-코드 정규형(BCNF)	113

복구	77
복원	77
복제	46
복제본	47
복합 키	88
부분 함수 종속	105
부하분산	48
분산 배치	52
불변성	220
뷰	18
블록	218
비동기 복제	47
비의존 관계	139
비일관성	97
비정규화	150, 153, 154
비트맵 인덱스	311
빅쿼리	58, 247

ㅅ

사이징	31
샤딩	218
서브 파티셔닝	190
선택 조건 중복 제거	154
설계	11
성능 요구사항	33
성능 향상	36
속성	26, 85
손실 분해	128
수직 분할	213
수평 분할	211
슈퍼 키	88
스칼라값	98, 202
스키마	17, 94
스탠드얼론	293
스탠바이	46
스토리지 I/O 병목현상	31, 194

스트라이핑	37	요구사항 정의	11
스프린트	13	요약 테이블	216
시스템 백업	64	워터폴 모델	12
시스템 파일	42	원본 테이블	256
시퀀스 객체	242	웜스탠바이	294
실시간성	161	웹 3계층 모델	21
실체	25	유일성 제약	93
실행 계획	180, 190	응답 시간	33
		의존 관계	139
		이중 전략	203

ㅇ

		인공적인 엔터티	141
아마존 RDS	52	인덱스	19, 165
아마존 S3	56	인덱스 샷건	168
아마존 VPC	53	인덱스 재구성	313
안티 패턴	17, 199	인덱스 정의	30
암호화	143	인덱스 파일	42
애드혹 집계 키	252	인메모리 데이터베이스	194
애자일 모델	13	인메모리 튜닝	194
애저 데브옵스	14	인접 리스트 모델	271, 284
애플리케이션 투명성	167	인터벌	239
액티브	46	일대다	135
액티브-스탠바이 방법	294	일대일	134
액티브-액티브 방법	294	읽기 전용 복제본	47
업무 시스템(OLTP)	196	임시 테이블	184, 321
엔터티	25	임시 파일	42
연쇄 트리거	320	입출력 비용	173
연쇄적 설계	320		
영구 증분 백업	70		

ㅈ

오토넘버링	241		
오프라인 백업	74	자연 키	235
온라인 백업	74	자유 형식 입력	262
옵티마이저	181	작은 규모로 시작	58
옵티마이저 힌트	180	장애 조치	52
완전 외부 조인	222	재귀 CTE	272
완전 함수 종속	105	재해 복구	48, 55
외래 키	89, 136	저널 파일	246
외부 스키마	18	전체 백업	65

정규형	96
정규화	8, 27, 96, 108, 124, 126, 152, 160
정규화와 SQL	147
정보	3
정보 시스템(OLAP)	196
제3.5정규형	113
제약	89
좀비 마트	224, 226
종속 엔터티	138
주장	317
죽음의 행진	229
준동기 복제	47
중복 제거	80
중복성	97
중복화	36
중첩 구간 모델	286
중첩 집합 모델	286
증분 백업	69
집계	215
집계 데이터 중복 제거	154

ㅊ

차등 백업	67
참조 일관성 제약	89
처리량	33

ㅋ

카디널리티	136, 175
카탈로그 매니저	181
칼럼 기반 데이터베이스	218
캐스케이드	90
콤퍼짓 파티션	189
콜드 백업	74
콜드스탠바이	294
쿼리 통조림	255
크로스 리전 복제	56

큰 성능 개선 효과	167
클라우드법	62
클러스터링	293
키	6, 26, 86
키-값 저장소(KVS)	6

ㅌ

타임스탬프	238
테스트	12
테이블	26, 85, 219
테이블 분할	105, 210
테이블 이름	84, 93
테이블 정의	30
통계 정보	165, 182
통제권	63
투명 데이터 암호화(TDE)	144
투명성	167
튜닝	193
트래픽 폭증	59
트랜잭션 로그	43, 50
트레이드오프	31, 152
트리 구조	269

ㅍ

파서	181
파티션	186
파티션 테이블	187
파티션 프루닝	187
패리티	38
패리티 분산	38
페이지	218
폐쇄 테이블 모델	279, 285
프로그램	2
프로세스 중심 접근법(POA)	15
프로토타입 시스템	34

ㅎ

하이브리드 클라우드	61
함수 종속성	103
핫 백업	74
핫스탠바이	294
해시 인덱스	312
해시 파티션	189
확장성	33
후보 키	88
힌트	42
힌트 구문	190